동력기계 신뢰성공학 실무

이민희 지음

Mobile Reliability Engineering

홍릉과학출판사

머리말

사회가 고도화되고 시장의 요구가 다양해지면서 제품이나 시스템은 점점 복잡해지는 반면 납기는 시장 환경 변화와 경쟁 심화로 점점 단축되고 사용조건 또한 다양화되면서 예상치 못한 환경에서 사용되는 경우가 많아졌다.

그러나 새로 적용되는 기술과 재료에 대한 신뢰성 평가 및 검증은 사내 인적, 물적 인프라 부족으로 충분하게 수행되지 못한 채 고객에 인도되어, 신뢰성 저하 위험이 증대되고 있다. 조사에 의하면 기업에서의 품질 실패로 인한 비용은 이익의 3~4배 이상이라 한다.

따라서 다양한 고객 요구에 부응하고 수익 증대를 위하여 고신뢰도 확보를 위한 개발, 제조 부문의 조직능력 고도화 및 검증시험을 위한 다양한 설비 구축, 사내외 협업체제 강화, 신뢰성 기반 개발 체제의 심화, 조직간 유기적인 협력체제를 이끌기 위한 리더쉽 확보 등이 기업의 당면 과제로 인식되고 있다.

더욱이 굳은 지면을 굴착하거나, 정지하고, 무거운 토사를 운반하는 굴착기, 로다 등의 건설기계는 그 작업이 다양하고 작업 환경에 따라 부품의 마모가 급속히 진행되므로, 제품의 전수명기에 걸친 신뢰성 관리와 보전성 확보가 중요하다.

이에 부응하기 위하여 제품개발을 수행하는 중에 개발담당자부터 관리자, 경영자까지 계층별로 다음과 같은 문제에 직면하게 된다.

개발담당자는

1) 새로 개발한 제품이나 시스템이 어떠한 환경에서도 설계 의도대로 문제없이 잘 작동하고, 고장없이 사용될 수 있는 것인가? 예상되는 고장은 무엇이며 사전 대비책은 무엇인가?
2) 고장이나 품질저하를 방지하기 위해 출시전에 어떤 검증을 해야 하는가?
3) 사용 중 문제가 발생하였을 경우 그 발생 원인은 설계의 문제인가? 혹은 품질관리 실패에 의한 것인가? 그것을 구분하는 기준은 무엇인가?
4) 그 원인이 설계 오류와 품질 불량 모두에 의한 것이라면 각각 어떻게 구분하여 대책을 마련하는가?
5) 각각의 원인에 대하여 조직간 이견은 없는가?
6) 밝혀진 원인 및 고장 메커니즘 이외 내가 인지하지 못한 것은 없는가?

Mobile Reliability Engineering

7) 개선 대책에 의한 효과는 어떻게 예상되는가? 즉 내용 수명은 얼마나 연장되고 신뢰도는 얼마나 높아졌는가?
8) 보증기간은 얼마로 설정하여야 하는가?
9) 문제 발생 시 Field 대책으로써 Recall 시행을 건의해야 하는가? 해야 한다면 그 이유는 무엇인가?
10) 개선 사항이 여러 조직과 연관되어 있어 타 부문의 협력을 받아야 할 경우 그들로부터 협력을 받기 위한 객관적인 근거는 무엇인가?
11) 신뢰성 확보 관점에서 내 업무가 타 부문과 어떤 관계가 있고 어떤 영향을 주는가?
12) 변경되는 사양이나 공법에 대하여 어떻게 신뢰성을 검증하고 제조 시에 어떻게 관리하도록 하여야 하는가?

관리자는

1) 새로 개발되는 제품이나 시스템의 목표 신뢰도는 얼마로 설정하고 각 서브 시스템이나 부품에 할당되는 목표 신뢰도는 어떻게 배분해야 하는가?
2) 각 서브 시스템이나 부품에 할당된 신뢰도를 달성하기 위한 방안은 무엇인가?
3) 새로 개발된 제품이나 시스템이 품질과 신뢰성을 확보하기 위하여 생산과 판매 준비 단계에서 각 부문이 무엇을 준비하여야 하는가?
4) 신제품 출시 시에 내용수명과 보증시간을 어떻게 설정할 것인가?
5) 문제 발생 원인에 대하여 실무자가 밝힌 원인과 대책 방향이 옳은가?
6) 문제에 대한 개선 대책이 이해관계에 의해 혹은 조직 역량의 부족으로 품질과 신뢰성 어느 한 부분만 개선을 강조하고 있는 것은 아닌가?
7) 문제 해결을 위해 타 부문과 협업을 해야 하는 부분은 무엇인가?
8) 조직 역량을 확보하기 위하여 인재 육성 프로그램은 적절한가?
9) 요소기술 이외 확보해야 할 관리기술은 무엇인가?
10) 지속적인 품질 및 신뢰성 개선을 위하여 시장으로부터 어떤 Data를 시스템적으로 Feedback 받아야 하는가?

경영자는

1) 품질보증을 위한 적절한 개발 체제가 확립되어 있는가?
2) 제품개발 각 단계에서 Verification 체계는 잘 갖추어져 있으며 적절히 수행되고 있는가?
3) 제품개발이 완료됨에 따라 시장 출시를 위해 양산 준시 개시 승인을 해도 좋은가? 승인 시 어느 부문을 어떻게 점검해야 하며 판단 기준은 무엇인가?
4) 출시하게 되는 당사 신제품은 경쟁사와 비교하여 고장이 적게 발생하도록 고려되어 있는가? 예상 고장 발생률은 어느 정도이고 경쟁사 대비 우위에 있는가?
5) 신제품 출시 시 예상되는 주요 고장은 무엇이며 사전에 고장 발생 대응 체제는 잘 갖춰져 있는가, 또 예산은 적절하게 확보되어 있는가?
6) 경쟁력을 확보하기 위하여 어느 조직 역량을 강화하여야 하는가?
7) 중대 문제 발생에 대한 Field 대책으로써 Recall은 실시하여야 하는가? 그 판단 기준은 무엇인가?
8) 중대 문제 발생 시 잠정적으로 생산을 중단하여야 하는가? 혹은 생산 체제를 유지하면서 개선하여도 좋은가? 그 판단 기준은 무엇인가?

9) Life Cycle Business 관점에서 고객 접점에서의 지원 체제는 적절하고 잘 작동하고 있는가?

10) 회사의 수익전략이 신제품이나 시스템에 제대로 반영되어 있는가?

저자는 대학 졸업 후 회사에서 30여 년간 기술제휴 없이 독자로 제품을 개발하면서 주로 당면 과제인 요소기술 개발에 주력해왔다. 그러나 관리자나 경영자 입장이 되면서 수익 기반 확립을 위한 체계적인 관리 기술이 필요하다는 것을 느끼게 되었고, 우연한 기회에 외국의 초빙 기술자로부터 신뢰성공학에 대한 자료를 접한 후, 여러 서적과 문헌을 수집하고 공부하면서, 제품 개발자라면 반드시 신뢰성공학과 품질관리에 대한 기초적인 지식을 이해하여 실무에 적용해야 한다는 생각을 하게 되었다. 또 현장에서 국내외 기업과 치열한 경쟁을 경험하면서, 외국 선진 경쟁사들의 많은 신뢰성에의 기술 개발과 투자를 목격하였다.

요소기술과 관련된 공학기술 지식만으로 품질과 신뢰성이 확보될 수 없으며, 위에 열거한 여러 문제에 대한 해답도 어느 정도 신뢰성공학에서 찾을 수 있다고 생각한다. 그러나 현장에서는 아직도 신뢰성이나 품질을 기술개발이나 생산 부문의 일로 한정하는 사고가 존재하여 결과적으로 보이지 않는 경제적인 손실이 발생하고 전사적인 경쟁력 확보가 지체되고 있는 경우도 경험하게 된다.

신뢰성공학은 신뢰성 데이터 해석을 위하여 통계, 확률이론, 신뢰성 이론을 기본으로 여러 가지 수법 (신뢰성 설계, 신뢰도 예측, 고장데이터 분석, 신뢰성 검사 및 수명 가속 시험 등)을 수행하게 되므로 통계 및 확률에 익숙하지 않은 공학도와 관리자, 경영자에게는 다소 접근하기가 어려운 면이 없지 않으나 신뢰성공학의 고장물리 해석과 통계적 사고는 문제해결 능력을 배양시켜 주고 경영과 관리 지식을 제공하여 주며, 회사의 안정적 수익 확보에 기여하므로 일반사원부터 경영진에 이르기까지 신뢰성공학에 대한 학습과 이해를 통해 유기적으로 상호 협력하는 분위기를 만들어야 한다고 생각한다.

그러나 기존의 신뢰성공학 관련 서적은 통계, 확률이론, 신뢰성 이론을 전공하지 않은 공학도나 경영자에게 수식적이거나 학문적인 내용으로 구성된 면이 없지 않아 실무적으로 연관 짓기 어려운 면이 있고, 품질보증을 위하여 품질 관련 지식도 동일 선상에서 다루어야 하나 신뢰성공학 관련 내용만 포함하고 있어, 본서에서는 30여 년간 제품개발을 담당하면서 겪은 경험을 바탕으로 후학과 후배들에게 신뢰성공학과 품질관리에 활용되는 통계적 기초 지식과 원리, 관리기법, 확률지 이용 방법. 상용프로그램의 활용 방법, 신뢰성 시험, 신뢰성 데이터 해석과 결과에 따른 개선 방향 등을 실무와 연관하여 쉽게 이해할 수 있도록 내용을 구성하였고, 품질보증(Quality Assurance) 입장에서 품질관리에 관한 내용도 포함하였다.

끝으로 동력기계 및 건설기계 산업에 종사하거나 입문하게 되는 후배들에게 신뢰성 및 품질 향상 업무에 조금이나마 이론적 배경을 제공하는 guide가 되기를 희망하며, 출간되기까지 세심하게 교정해주고 자료 정리 등을 지원해 준 전미자 선생에게도 감사의 말을 남긴다.

전미자 선생에게도 감사의 말을 남긴다.

2018. 10

이 민 희

차례

Mobile
Reliability
Engineering

제1장 신뢰성이란 / 11

제2장 통계와 확률분포 기초 / 23

Mobile
Reliability
Engineering

제8장 신뢰성 활동과 관리 / 205

제9장 고장물리분석 / 287

Mobile
Reliability
Engineering

제1장

신뢰성이란

1.1 신뢰성, 신뢰도란

1.2 광의의 신뢰성

1.3 신뢰성공학과 품질관리

1.4 신뢰성과 품질보증

1.5 신뢰성공학의 역사

1.6 건설기계에서 신뢰성의 중요성

1.7 신뢰성공학의 3가지 요소

1.1 신뢰성, 신뢰도란

사람과 사람과의 관계에서 약속대로 혹은 기대대로 행동하는 사람을 보통 "신용할 수 있다"라고 말하는데 산업이 고도화되고 복잡해지면서 사람에게 기대하는 신뢰의 중요성은 더욱 커지는 경향이다. 이것은 시스템과 부품에 대하여도 같다고 생각한다.

공학에서의 신뢰성 (Reliability 또는 Dependability)이란 "부품이나 시스템이 주어진 환경에서 주어진 일정 기간, 고장 없이 요구기능을 수행할 수 있는 능력"을 말하는데 경쟁사와 제품 경쟁력을 비교할 때 중요한 척도가 되기도 한다.

조금 더 구체적으로 설명하면 위의 정의 중 "주어진 환경에서"라고 되어 있다. 예를 들면 굴착기의 경우 제주도와 같은 화산 암반 지역에서 굴착 작업에 사용되는 것과 농지 개량 사업에 사용되는 것이 동일한 조건이라고 간주할 수 없으며, 또 굴착 작업과 같은 중부하 상태에서의 작업과 지면 고르기 등과 같은 정지작업 상태를 동일하게 비교하는 것도 불공평하다. 따라서 신뢰성을 논할 때는 우선 이러한 환경 조건을 고려해야 한다.

다음은 "주어진 일정 기간"이다. 건설기계와 같은 생산재는 소비재와 달리 가동이 곧 수익으로 연결된다. 즉 "고객이 기대하는 기간"과 "얼마나 오랫동안 사용 가능한가?"는 차원이 다른 이야기이다. 따라서 신뢰성에 관하여 이야기할 때는 객관적인 기준에 대한 기간을 정해 놓거나 기간을 척도로 정할 필요가 있다. 기간은 반드시 시간의 경과에 한하지 않고 운행거리, 혹은 사용횟수 등도 사용된다.

신뢰성의 정의 가운데 마지막이 "요구기능"이다. 동일 고장률의 엔진이 2개인 비행기와 엔진이 4개인 비행기를 비교할 경우, 고객이 요구하는 기능 중에서 추락하여 사망하지 않는 것을 우선으로 한다면 4개의 엔진을 장착한 비행기의 신뢰도가 높게 되지만, 엔진수가 많으면 고장 발생 확률이 높아지고 이에 따른 수리로 일정 지연이 발생하므로, 일정 지연을 방지하는 것을 우선으로 한다면 엔진이 2개인 쌍발기가 유리하다. 즉 고객이 무엇을 요구하는가에 따라 그 승패가 좌우된다.

인간의 경우에서도 정해진 것을 확실하게 수행하는가를 기대하는가, 아니면 임기응변으로 즉각 처리하는 것을 기대하는가의 기준에 따라 각 개인의 신뢰성에 대한 평가는 확연히 다르게 된다. 신뢰성을 요구할 때 혹은 평가할 때, 무엇이 요구되는 기능인가를 제품 개발단계에서 확실히 정의하여 놓지 않으면 안 된다.

그리고 신뢰성과 유사한 개념으로 신뢰도라는 것이 있다. 신뢰도는 시스템, 기기 또는 부품이 규정된 가동조건에서 의도하는 기간, 규정된 기능을 적절하게 수행하는 확률을 말한다.

다시 말하면 신뢰성이란 "무엇을 수행할 수 있는 능력"인 반면에 신뢰도란 "무엇을 수행할 수 있는 확률"로 그 능력을 확률이라는 수치를 사용하여 정량적으로 표현하는 것이다.

1.2 광의의 신뢰성

위의 정의에 의해 시스템이나 기기, 부품 등을 사용하고 싶을 때 그것들이 언제라도 정상적으로 가동하는 상태라면 그 시스템이나 기기 부품에 대하여 신뢰감을 갖게 될 것이다. 그러나 고객이 사용 중에 고장이 발생하면 할수록 신뢰감은 떨어지고 시스템이나 기기, 부품 등이 가동되지 못하게 되어 수익은 고사하고 고장 수리 기간 동안 손실로 신뢰감은 더욱 낮아진다.

따라서 가용도(Availability)를 신뢰성의 범주 내로 끌어들여 넓은 의미의 신뢰성으로 간주한다. 즉 "시스템이나 기기, 부품 등이 사용 중에 고장을 일으키지 않으며 만약 고장이 발생되었을 때 용이하게 회복할 수 있게 하는 성질이나 체제"를 광의의 신뢰성이라 한다.

바꿔 말하면 가용도(Availability)는 사용하고 싶을 때 사용될 수 있는 상태로 되는 확률이며 이것은 주로 사용자 측의 관점에서 이루어지는 평가이다. 따라서 가용도(Availability)를 사용 신뢰성이라 하고 시스템이나 기기, 부품 등이 고객에 전달되기 전에 공장 내에서 이루어지는 설계, 제작, 테스트 등의 과정을 거친 시스템이나 기기, 부품 등에 녹아있는 신뢰성을 고유 신뢰성이라 부른다.

한편 굳고 단단한 지면을 파거나, 정지하고 무거운 토사를 운반하는 작업을 하는 굴착기, 로더 등 건설기계는 그 작업이 다양하고 작업의 종류에 따라 부품의 마모 또한 급속하게 진행되게 되어, 전기기기와 같이 고장이 발생하지 않는 것을 목표로 하기 어려우므로 제품 판매 후의 메인터넌스(Maintenance)를 필수적인 요소로 하여 건설기계 산업은 발전하여 왔다.

따라서 건설기계뿐만 아니라 일반적인 시스템이나 기기, 부품 등은 사용자 측의 입장으로부터 본 신뢰성이 본연의 신뢰성이라 생각되며, 고객을 만족시키기 위해서는 사내 제품 제작 단계에서 고유 신뢰성 향상을 위한 노력뿐만이 아니라 고객이 사용하고 싶을 때 언제라도 정상적으로 가동하도록 사후 서비스 대응 체제 및 수리용 부품 공급체계 전반에 걸친 신뢰성 향상 활동을 포함하는 사용 신뢰성 제고에 노력을 기울여야 한다.

1.3 신뢰성공학과 품질관리

품질이란 시스템이나 기기, 부품의 유용성을 결정하는 성질 또는 제품의 사용 목적을 다하기 위하여 갖춰야 할 성질이다. 따라서 제품의 품질은 그것을 사용하게 되는 소비자에 의하여 평가되며 소비자의 사용 목적이나 조건에 맞는 품질이 좋은 품질이다. 그러므로 품질에 신뢰성도 포함된다고 생각하는 것이 자연스럽다.

그렇다 하더라도 품질관리와 신뢰성공학은 별개라고 주장하는 사람들도 적지 않다. 품질관리는 "제품의 길이와 중량 등이 사양대로 만들어져 있는가?" "사양을 만족하지 못한 불량품의 비율을 어떻게 관리하는가?" 등 만들어진 직후의 제품 품질에 초점을 맞추게 된다.

반면 신뢰성공학은 시스템이나 기기 또는 부품의 능력으로 규정된 기간 동안 그 기능을 제공하기 위한 것으로 때때로 확률의 형태로 보고된다.

품질관리와 신뢰성공학은 이론 구축을 위한 수학적인 기법이 다르고 기원 또한 다르며, 전문적인 서적에서 품질관리와 신뢰성공학이 동일하게 다루는 것도 거의 없다고 주장하는 사람들도 적지 않다.

통상 품질관리와 신뢰성공학은 표 1.1과 같이 구분되지만, 고객이 만족하는 시스템이나 기기, 부품 등을 개발하거나 제조 공급해야 하는 실제 산업현장의 기술자는 양쪽의 세계를 이해하고, 직능별로 정확하게 역할을 수행하여야 한다고 생각한다.

[표 1.1] 품질관리와 신뢰성공학

구분	품질관리	신뢰성공학
품질	합치의 품질	설계의 품질
	만듦새의 품질(완성 시점에서의 품질)	사용품질(미래품질의 보증)
개념	현상 유지 (현재)	현상의 개선 (미래)
역사	왜 산포가 일어나는가	왜 고장이 일어나는가
시간	정적인 시점에서의 품질	동적인 시점에서의 품질
관련 부문	공정 (제조, 검사)	설계, 보전
환경	공정에서의 환경	공정, 수송, 저장, 사용환경
결함 발생 시	통계적 검토	결함의 성질에도 주의(결함 고장분석)
개선방법	산포를 좁힌다	한계를 안다

정리하면 품질관리는 모수의 영역에서 불량의 분포를 통제하지만, 신뢰성공학은 시간의 영역에서 고장의 분포를 관리하게 된다.

신뢰성공학의 기능은 제품의 신뢰성 요구사항을 개발하고, 적절한 신뢰성 프로그램을 확립하며, 적합한 분석과 업무를 수행하여 제품이 그 요구사항을 만족하는 것을 보증하는 것이다.

신뢰성공학은 어떤 시스템의 개발, 시험, 생산과 운영의 수명주기(life cycle) 전체를 통하여 수행된다.

신뢰성공학은 통계, 확률이론, 신뢰성 이론을 기본으로 신뢰성 설계, 신뢰도 예측, 고장자료 분석, 신뢰성 검사, 수명가속시험 및 개선 활동 등을 다루는 학문이다. 제품 개발자는 신뢰성공학을 기반으로 소요비용 및 정책 등 상황에 따라 요구되는 신뢰성 수준과 신뢰성 확보 계획을 수립하고 체계화된 각각의 고유 특정 시스템으로 개발을 수행하여야 한다.

신뢰성공학은 초기에는 개발과 설계단계에 중점을 두면서 발달하였으나 점차 생산기술과 생산, 서비스, 경영에까지 그 활용영역을 확대하고 각 기업 내 기능 조직을 유기적으로 연결힌다.

최종적인 신뢰성공학의 목적은 보증비용, 제품 리콜 및 관련 소송 비용의 저감과 고객 불만족의 최소화로 경쟁력을 확보하고 수익 창출을 극대화하는 데 있다고 볼 수 있다.

1.4 신뢰성과 품질보증

제품이 주어진 조건에서 요구된 작동 및 성능의 시간적 안정성을 나타내는 성질을 신뢰성이라 하였다. 한편 수명이 길고 고장이 적으며, 에너지 소비가 적고 수리하기 쉬운, 신뢰성 높은 제품을 실현하는 것이 품질보증의 역할이다.

제품이나 설비의 고장률은 시간과의 관계를 그래프로 나타내면 배스터브곡선으로 표현할 수 있다. 즉 작동을 시작하면서 비교적 짧은 시간 내 제조상의 결함과 사용 조건의 불일치로 비교적 높은 비율의 고장이 발생한다. 이 기간이 지나면 일반적으로 낮은 고장률로 안정되며 후반기에는 피로, 마모, 열화에 따라 고장률이 점점 크게 되어 수명을 다하게 된다.

고장이 적은 제품을 제공하려면 신뢰성을 보증하기 위한 활동이 필요하다. 신뢰성을 위한 활동으로 설계개발 단계에서는 설계 FMEA(고장모드 영향도 분석), FTA(고장의 Tree 해석), 설계심사(DR) 등이 있다. 또 시작 단계에서는 신뢰성 시험을 시행하여 데이터의 수집과 해석을 실시한다. 제조단계에서도 공정FMEA, 불량품을 만들지 않고 다음 공정에 넘기지 않는 뽀카요케(Pokayoke) 등과 같은 프로세스를 연구하고 유지해야 한다. 그러나 신뢰성 확보를 위해 다양한 신뢰성 보증 활동이 충분히 이루어졌다 해도 현실적으로 절대 고장 나지 않는 제품을 만드는 것은 불가능에 가깝다고 생각한다.

따라서 신뢰성을 확보하는 활동에 더해 보전 활동이 중시됐다. 보전에는 고장이 발생하기 전에 실시하는 예방보전과 고장 난 후에 시행되는 사후보전이 있다.

또 보전하기 쉬움의 정도를 보전성이라고 하는데 고장이 나면 수리가 용이한 제품은 보전성이 좋은 제품이다. 보전성도 신뢰성 보증의 대상이다.

1.5 신뢰성공학의 역사

제2차 세계대전 후반 미국은 괌, 사이판, 데니안 등 극동의 섬에 대량의 군용기를 배치하였다. 그것은 일본을 공격하기 위함이었는데 그 반수 이상이 사용되지 못하였다. 조사에 의하면 비행기의 항법과 통신에 사용되는 무선장치에 고장이 속출하였고 예비품도 태반이 고장이 발생하였는데 그 원인은 거의 진공관의 고장이었다.

그것은 미군뿐만 아니라 미국 정부에 있어서도 중대한 문제였다. 또한, 함선용 전자기기도 정상적으로 작동하는 것이 적은 것으로 판명되어 군과 산업계가 그 대책을 검토하게 되었다.

우선 진공관 생산과정의 품질관리를 철저하게 하였다. 그때 이미 미국에서는 품질관리의 사고와 관리기법 등이 개발되어 있었으므로, 그것을 활용하여 제조 단계마다 도면대로 올바르게 만들어지도록 철저한 검사를 하면서 양품만을 만들도록 노력하였다. 이렇게 만들어진 진공관이었지만 사용해 보니 개선의 결과가 나타나지 않았다. 도면대로 정확하게 만들었지만 바로 고장 나 버렸다.

이에 미국 정부와 군, 기업이 하나가 되어 설계단계에서 "무엇을 보완하면 고장 나지 않는 제품을 만들 수 있는가?"를 고민하게 되었는데 이 "무엇"이 신뢰성이라는 개념의 시작이 되었다.

제2차 세계대전이 끝난 후 미국은 전승국이었으나 대량의 군 관계 기술자를 받아들일 민간 수요가 없었다. 이에 군이 중심이 되어 전쟁 중에 만들어진 기술 자료를 정리하게 되었고 그 가운데에서도 군인들을 힘들게 한 전자병기의 고장에 대하여 1950년에 군과 민간의 전문가를 모아 위원회가 발족되어 고장 데이터를 기반으로 전자기기의 신뢰성에 관한 조사연구가 시작되었다.

그런데 이즈음 한국에서 6・25 전쟁(1950~1953)이 발발하게 되고 제트 전투기가 처음 본격적으로 사용되게 되었지만, 전자기기의 고장이 원인이라고 생각되는 사고가 빈번히 발생되어 많은 제트 전투기의 손실이 있었다. 이것이 미국 의회에서 논란을 불러일으켜 정치 쟁

점화 되면서 신뢰성 관련 조사 연구가 더욱 활발히 진행되게 되었다. 그 결과 상기 위원회는 전자기기 신뢰성 위원회(통칭 AGREE)로 승격되게 되었고 1957년에 AGREE 리포트가 제출되었다.

이 리포트의 주된 내용은 신뢰성에 대한 정량적인 요구의 방법(수단)과 신뢰성을 확인하기 위한 시험법이었으며, 미군이 전자기기를 조달할 때의 방침과 프로세스에 획기적인 전환을 가져오게 하였다. 이것은 그 시기에 한국전쟁에 물자를 공급하게 되었던 일본에도 큰 영향을 주게 되었다.

한국의 6·25 전쟁에 의한 특수를 계기로 산업 부흥에 파도를 탄 일본에 미국에서의 신뢰성 연구의 성과가 전해진 것은 1960년이었다. 바로 그 기술을 미군으로부터 학습하여 방위청을 시작으로 국철(JR)과 NHK 등 대규모 시스템의 신뢰성 확보에 고민하던 관계자들이 일본과학기술연맹(통칭 일과기련)을 중심으로 연구회를 개최하고 세미나 등을 여는 등 보급활동을 시작하였다.

국내에는 1970년대에 신뢰성 이론과 기법이 도입되어 산업공학, 응용통계 등 학계와 전기·전자, 정밀기계 등 산업체 및 연구소를 중심으로 부분적으로 연구와 적용이 진행됐다. 특히 전자와 정보통신 분야부터 신뢰성에 관한 이론과 실제 적용을 위한 응용기술의 수요가 급증하였다. 1999년 12월에는 대한산업공학회, 통계학회 및 한국표준협회 소속「신뢰성연구회」와「RAM 기술연구회(RAM Tech.)」등을 하나로 결집하여 사단법인 한국신뢰성학회가 설립되어 일본 신뢰성 학회와 교류를 추진하고 산업자원부, 기술표준원 등과 부품 소재 신뢰성 Workshop을 개최하는 등 활발한 활동을 하였다.

정부(지식경제부)에서는 부품 소재의 신뢰성 향상을 위하여 2000년부터 2010년까지 11년간 총 4,155억 원을 투자하여 정부 출원 연구소에 부문별 18개의 신뢰성 센터를 설립하여 해당 분야별 어느 정도 충분한 시험/분석 인프라가 갖추어져 있다고 생각되지만, 아직 나가야 할 길은 멀다고 생각한다.

기계 부품류에 대해서는 한국기계연구원의 신뢰성 평가센터에서 신뢰성 평가 기준의 개발 및 신뢰성 인증사업을 하였으며 민간단체로는 한국신뢰성협회가 2010년 산업통상자원부로부터 설립인가를 받아 교육을 통한 인력양성, 기술도서의 발간, 고장분석 및 신뢰성 평가 등의 사업을 통하여 신뢰성 기술 경영의 보급, 확산 및 발전에 이바지하고 있다.

한편 2014년에는 건설기계부품연구원이 설립되어 건설기계는 물론 상용차, 특장차, 농기계, 로봇, 민군 장비 등 산업 전반을 아우르는 시험 인프라를 지속해서 구축해가고 있으며 완성차는 물론 부품에 대한 종합적인 인증사업을 추진하고 있다.

1.6 건설기계에서 신뢰성의 중요성

신뢰성 향상을 통하여 경영혁신에 성공한 일본의 건설기계 제조회사 고마쓰 예를 들어보자.

일본은 1963년 무역자유화, 자본자유화 하에서 일본 정부의 장래 기간산업으로 자동차와 전기 관련 산업 등을 육성하기로 하였으나, 건설기계산업에 대해서는 외국자본의 상륙을 인정하여 1964년에 CAT와 Mitsubishi의 합자회사인 SCM(현재 Caterpillar Japan)의 설립을 인정하게 되었다.

고마쓰 사는 이 상태가 지속되면 일본 건설기계는 외국자본에 잠식당한다는 위기감에 휩싸이게 되었다. 이에 외국제품 이상의 품질, 성능을 갖춘 신모델을 개발하자는 사내 공감대가 형성되게 되었다(당시 일본 건설기계와 외국제품 간에는 쉽게 메울 수 없는 품질의 차가 있었다고 한다.).

이에 대한 대책으로 단기간 내 세계 일류의 품질 및 신뢰성을 갖는 제품을 확보하기 위하여 (A) 대책을 실시하였다, 이는 제품의 품질 및 신뢰성, 성능의 향상을 도모하여 경영 전반의 합리화, 능률화에 이바지하는 것을 목표로 하였으며 당면 실시항목으로 「불량 발생 감소」 및 「공정능력의 파악」 등이 거론되었다.

우선 품질 목표를 구체화하였다. 첫 번째 Overhaul까지의 가동시간을 경쟁사와 동일하게 5,000시간으로 하고, 기능률 90% 이상, 수리비는 본체 가격의 1.3배 이내, 기계의 수명은 1만 시간으로 하는 한편 기계의 조작, 정비 용이화를 위하여 bolt 1개까지 일본공업규격(JIS)보다 엄격한 건설기계에 적합한 기준을 마련하고 이에 만족하지 않는 재료와 부품은 일절 사용하지 않도록 하였다.

신모델 시작기(Proto Machine)는 3 모델 각 32대씩 96대를 제작하여 철저한 내구시험을 실시함과 동시에 그중 70대는 고객이 실제 사용토록 하였다. 또한, 연료비 등은 자사가 부담하고, 전속 Serviceman도 배치하였으며, 6대는 실험실에서 내구시험을 실시토록 하였다. (A) 대책의 결과 고마쓰 사는 제품의 품질을 비약적으로 개선할 수 있게 되었고, 고객에게는 해외 경쟁사와 동일 품질임을 인식시키게 하여 위기 극복에 성공하게 되었다. 그러나 해외 시장에서는 고장이 적은 것은 물론 휴차 시간이 짧은 신뢰성 높은 제품을 요구하고 있다는 것을 알게 되었다.

이에 고마쓰 사는 (B) 대책으로서 상품 자체의 고유 신뢰성뿐만 아니라 Product Support 조직력에 대한 「사용신뢰성」 개념을 도입하였다. 지금까지 판매된 제품의 data를 철저히 분석하여 제품의 Field 신뢰성 정보를 파악하고, 이를 사내의 실험 data와 연결, 사내 Simulation 검증능력을 올리도록 하였다. 이를 위해 설계, 연구, 생산, 판매, 서비스 등 각

부문에서 선발한 25명을 6개 조 Project Team으로 하여 3개월간 대리점, 고객 등을 방문하면서 경쟁사와 품질 및 성능에 대하여 시장의 소리를 철저하게 조사하였다. 그 대상으로는 출시 후 2~5년 지난 6개 기종(고마쓰 사는 491대, 경쟁사 제품은 212대)을 1개월 가동하는 동안 고장에 의한 정지 시간(Down Time)과 발생 시기 및 부위, 수리에 소요되는 기간과 비용 등을 분석하고 그것을 통해 어느 부분의 내구성을 어느 정도 올리지 않으면 안 되는가를 정확히 파악하여 상품가치 지표(카탈로그 밸류, 작업량, MTBF, 기능률, 조작성 등 12분야, 2백여 개의 항목으로 세분화하고 가중치를 부여하여 백 점 만점이 되도록 함)를 만들어 최적의 제품을 개발토록 하였다. (B) 활동의 결과, 성능 향상은 물론, 사용, 수리, 서비스 방법 등을 고려하는 개발 system을 확립하게 되었다. 또한, 고유 신뢰성과 함께 사용 신뢰성 즉 hard(기계성능, 품질) & soft(관리기술), 판매 방법, 서비스 개선까지 품질개선을 추진하였다.

즉, 종합 기업경쟁력 확보를 위해 제품 고유 신뢰성뿐만 아니라 사용 신뢰성을 향상시킴과 동시에 판매, 서비스까지 전 부문이 협력하도록 하는 team work 중시의 사풍을 갖게 되었다. 이러한 신뢰성 향상 활동이 오늘날 고마쓰 사의 경쟁력 기반이 되었다.

1.7 신뢰성공학의 3가지 요소

보통 제품과 상품의 신뢰성을 제고하기 위한 기술을 2가지로 분류하여 생각하는 경향이 있다. 하나는 기존의 기계공학, 건축공학, 전자공학 등의 각 전문 분야에서 연구되고 실행되어 온 기술이다. 예를 들면 기계공학의 분야에서는 편상흑연이 없는 균일한 주조 방법, 미끄럼 부분의 마모방지 방법, 하중과 응력의 집중 회피방법 등이 제품의 고장을 방지하고 신뢰성을 높이기 위한 필수 불가결한 기법으로써 지속적으로 연구가 진행되고 있다. 이와 같은 전문 분야별 기술을 고유기술이라고 총칭한다.

이와는 별개로 어느 전문 분야라도 제품의 신뢰성을 높일 수 있는 공통의 기술이 존재한다. 그 기법을 정리하여 체계화한 것이 신뢰성공학이다. 즉, 높은 신뢰성을 얻는데 필요한 (1) 설계의 기본 룰(rule) 및 프로세스 (2) 제품의 신뢰성을 예측하는 방법 (3) 신뢰성에 관한 데이터 수집과 해석 방법 (4) 신뢰성 관리 방법 등이 신뢰성공학의 주된 내용이다.

그러나 대다수 신뢰성공학 관련 도서에서는 신뢰성공학의 기법 중 데이터에 의한 해석 방법이 상세하게 설명되어 있어 그것에 매료되어 신뢰성공학의 기법만을 다용하면 제품의 신뢰성이 높아진다고 생각하는 사람도 적지 않다. 신뢰성 시험을 하고 신뢰성 데이터를 모아 와이블 확률지 등을 사용하여 MTBF(평균고장기간, Mean Time Between Failure)와 형상 파라미터 m을 구하는 것이 신뢰성 관련 업무라고 착각하는 경향도 있다.

그러나 신뢰성공학의 사명은 제품의 신뢰성을 정확하게 파악하고 개선의 방향을 제시하며 (그러기 위해서는 회사의 구성원이 각각 문제해결 능력을 배양하여야 한다.) 그 결과를 예측하거나 보증하며 투자효율과 위험부담에 관한 판단 자료를 확보하여 회사가 지속해서 수익을 창출하게 하는 것이라고 생각한다. 회사에서는 이와 별개로 분야마다 고유기술을 연마하여 제품의 신뢰성을 지속적으로 높여 나가지 않으면 안 된다.

또한, 제품의 신뢰성은 인간의 심리와 행동을 고려하지 않으면 안 된다. 자동으로 가동되어 사람의 힘을 빌리지 않고 작동되고 있다고 생각하는 시스템과 부품도 그들이 만들어내는 과정에서 반드시 사람과 밀접한 관계를 갖고 있다. 좋은 예가 정보공학의 고유기술인 Parity Bit이다.

혹자는 신뢰성은 설계의 단계에서 만들어진다고 생각하기도 한다. 한정된 범위에서는 그렇다고 생각하지만, 신뢰성은 결과의 승부이다. 기술적인 문제는 물론이지만 품질관리 실패와 경영진의 신뢰성 인식 부족에 의한 의사결정이 미국 우주탐사선 첼린저호 폭발과 같은 대형 사고를 일으키기도 한다.

종종 제품 신뢰도에 문제가 발생하면 경영진은 신뢰성 설계 및 시험과 데이터의 해석 등 기술적인 요소에만 중점을 두어 제품 개발 관련 부서 및 기술자의 탓으로 치부해 버리고 정작 매니지먼트에 관심을 멀리하면 결과적으로 승부의 세계에서 패배의 길로 가는 우를 범할 수 있다.

따라서 신뢰성공학을 구성하는 3가지 요소는 확률 계산을 기반으로 하는 데이터 처리와 분석, 신뢰성공학 기반의 고유기술 등과 같은 공학기술, 신뢰성 기반의 경영 및 관리기술이라고 생각한다.

제2장

통계와 확률분포 기초

2.1 데이터와 분포

2.2 확률과 조합

2.3 이산형(계수형) 분포

2.4 연속형(계량형) 분포

2.5 추정

2.6 검정

앞 장에서 신뢰성공학을 구성하는 3가지 요소 중의 하나는 "확률 계산을 기반으로 하는 데이터의 처리와 분석"이라 하였다. 여기서는 신뢰성공학과 품질관리 등과 관련된 통계와 확률에 대한 기초적인 지식을 공부해 보자.

통계의 어원은 국가(State)의 상태(State)를 알아보는 것이라 하여 Statistics라 하게 되었다고 한다. 옛날부터 정치상 필요성에 따라 인구수와 종교, 산업에 관한 많은 데이터를 수집하는 것으로 시작된 통계학은 17세기경 영국에서 수차례 페스트가 유행함에 따라 런던 시민들은 사망과 출생의 숫자에 큰 관심을 갖게 되었고 페스트와 전쟁이 인구와 성별의 비율에 어떤 영향을 주는가에 관련된 논문들이 많이 발표되었다. 이들 논문은 대량의 숫자를 모아 그 숫자를 정리하여 어떠한 결론을 도출하였다. 이렇게 수집된 대량의 숫자를 어떻게 정리하면 도움이 되는가를 연구하는 것이 기술 통계학이며 17세기부터 현재까지 이러한 기술이 개발되어 활용되고 있다.

한편 우리가 조사하고자 하는 숫자에는 본질적으로 전부를 조사할 수 없는 것도 많다, 따라서 일부를 조사해서 전체의 상태나 성질을 추론하지 않을 수 없다. 이러한 경우 조사하고자 하는 전체를 모집단이라 하며 그 모집단의 상태나 성질을 조사하기 위해 추출한 샘플을 표본이라 한다.

이 표본의 성질을 조사하여 모집단의 성질을 추론한다든지 그 추론이 어느정도 신뢰할 수 있는가를 다루는 학문이 추론 통계학이다.

2.1 데이터와 분포

모집단으로부터 무작위로 추출한 표본의 데이터로 그 집단의 성질을 표현하기 위해서는 데이터의 개수, 대푯값, 편차의 크기, 분포의 형 등 4가지를 같이 표현하는 것이 정석이다.

대푯값은 그 선택 방법이 목적에 따라 다르게 되지만 그룹의 성질을 가장 잘 대표하는 의미로 중심에 가까운 값을 선택하는 것이 보통이다. 그런데 "무엇이 중심에 가까운 값인가?"는 그리 간단하지 않은데 평균값을 대푯값으로 하는 경우 산술평균, 상승평균, 중앙값(메디안), 최빈값 (모드) 등을 선택하게 된다.

또 그룹의 성질을 알기 위해서 편차의 크기를 나타내지 않으면 안 되는데 편차의 크기를 나타내는 방법에는 Range와 표준편차가 있다. Range는 최대치와 최소치의 차이를 편차의 크기로 하는 수인데 보통 R이라 표시하며, 편차(Deviation) 는 관측값에서 평균 또는 중앙값을 뺀 값을 말하고, 분산(Variance)은 관측값에서 평균을 뺀 값을 제곱하고, 그것을 모두 더한 후 전체 개수로 나눠서 구한 값이다. 즉, 차이값의 제곱의 평균이다. 관측값에서 평균을 뺀 값인 편차를 모두 더하면 0이 나오므로 제곱해서 더한다. 표준 편차(Standard Deviation)는 분산을 제곱근 한 것이다. 모표준편차(Population Standard Deviation) σ는 모집단의 표준 편차로 모분산 σ^2에 제곱근을 씌워서 구하며 표본표준편차(Sample Standard Deviation) s는 표본의 표준편차로 표본분산 s^2에 제곱근을 씌워서 구한다.

여기서 표준편차 σ를 식은 나타내면

$$\sigma = \sqrt{\frac{\sum (x_i - \overline{x})^2}{n}}$$

로 표현할 수 있으며 표준편차를 나타내는 기호로 일반적으로 사용되는 σ라는 문자는 $\sum$의 소문자로 시그마라고 읽는다.

모집단으로부터 무작위로 추출한 표본의 데이터에는 편차가 있다고 설명하였다. 데이터의 성격에 따라 다양한 분포가 있다. 데이터를 히스토그램으로 하면 그 분포의 형을 알 수 있으며 분포에는 정규분포, 이항분포, 포아송 분포, 초기하분포 등이 있다.

취득한 데이터를 정리하고 판단을 내려 실행에 옮기기 위해서는 확률적인 사고의 이해가 필요하므로 데이터의 특성과 대표적인 확률분포에 대하여 알아보기로 하자.

확률분포를 다룰 때 데이터는 질적 자료(Categorical or Qualitative Data)와 양적 자료(Numerical or Quantitative Data)로 나눌 수 있으며 데이터의 종류에 따라 분석 방법이 다르게 된다.

또한 양적 자료(Numerical or Quantitative Data)는 다음과 같이 2개로 나눌 수 있다. 하나는 어느 로트를 검사하여 한 개, 두 개…와 같이 카운트되는 불량품과 같이 불연속적인 이산적 데이터가 있다. 이와 같은 이산형 데이터(Discrete Data)를 계수형 데이터라 한다.

다른 하나는 전류(A), 전압(V), 온도(℃), 강도(kg/mm^2)와 같은 연속적인 데이터(Continuous Data)가 있다. 이와 같은 연속적인 데이터를 계량형 데이터라 한다.

계수형은 불연속, 이산적인 값이므로 모집단의 분포도 불연속, 이산적으로 되며 이것을 이산분포, 불연속분포라 하고 계량형은 연속적인 값이므로 연속분포라 한다.

또한 종단자료와 횡단자료로도 나눌 수 있는데 주로 품질관리에서는 종단자료를, 신뢰성공학에서는 횡단자료를 다루게 된다.

2.2 확률과 조합

신뢰성공학과 품질에서 다루는 확률을 공부함에 있어 확률이란 무엇인가에 대하여 알아보자.

우리가 사는 세상에는 여러 가지 현상이 일어나고 있다. 이 "여러 가지"를 파고들면 확실히 엄밀한 인과법칙에 의해 우리 주변에 일어나고 있다고 생각한다. 그중 어느 정도는 이해가 되는 것도 적지 않고 어느 것들은 과학의 발전에 따라 설명할 수 있으리라고 기대되는 것도 많다. 그러나 아직 우리가 그 인과를 정확하게 설명하기 어렵거나 너무 복잡하여 그것을 밝히는데 경제적으로 무의미한 "여러 가지"를 우리는 "우연"이라고 부르고 있다. 이러한 우연이라는 현상은 급속한 자연과학과 사회과학의 진보로 물리현상과 사회현상의 인과에 대한 설명이 가능해지면서 "우연"이라는 것은 점점 감소하고 있다. 그러나 현재까지는 많은 경우 인간이 그 인과를 밝혀냈다 하더라도 우리가 알고 있는 범주 내에서의 인과에 불과한 경우가 많다고 생각된다.

실제로 생산현장에서 새로운 제품이 끊임없이 개발되고 생산되어 고객이 사용하는 사이에 우리는 여러 가지 문제를 경험하게 된다. 그 문제의 해결책을 찾기 위해 회사의 각 부분에서 다양한 노력을 기울여 그 결과로 많은 개선이 이루어지고 있다. 그러나 저자의 경험에 의하면 많은 경우가 그 인과의 규명이 우리가 알고 있는 제한된 지식 범주 내에서 이루어지거나 조직의 이해관계에 의하여 왜곡되어 모두가 인과가 밝혀지고 개선이 완료되었다고 생각하지만 일정 기간이 지나 다시 유사한 문제가 재발하는 경우가 많다.

따라서 이 "우연"의 인과를 규명하는데 과학과 조직이 갖고 있는 역량과 고유기술로 이 "우연"의 출현 과정을 무리하게 해석하려 하지 않고 또 과신하지 않으며 그 "우연"의 인과를 밝혀냈다 하더라도 어느 정도 유효성이 있는지, 우리가 밝혀낸 인과 이외 아직 밝혀내지 못한 다른 인과는 어느 정도 있을 수 있는지를 알기 위하여 "우연"이라는 다발 중에 규칙성을 찾아내 대처하는 방법을 고안하게 되었는데 이것이 확률론이라는 방법이다.

확률론은 우연의 집단 중에 있는 규칙성 위에 성립한다. 다수의 우연을 취합하여 취급하는 경우에 확률론은 위력을 발휘한다. 특히 날로 심해지는 경쟁에서 살아남아야 하는 기업이 다루는 문제는 각각 작은 우연을 개별로 취급하는 것보다 우연을 묶음으로 취급하는 것이 능률적이고 보다 좋은 결과를 얻을 수 있다.

그러한 확률론을 공부하기 위해 먼저 순열과 조합에 대한 개념과 약속을 이해하는 것이 중요하다고 생각한다.

우선 순열이 있다. 서로 다른 n개 중에서 r개($n \geq r$)를 취하여 일렬로 세울 때, n개 중에서 r개 취하는 것이며 이 순열의 총수를 ${}_nP_r$로 표시한다. 이 기호는 Permutation(순열)의 머리글자에서 따온 것이며

$$ {}_nP_r = n(n-1)(n-2)\cdots(n-r+1) \quad (2.1)$$

로 계산된다. 이를테면 서로 다른 5개인 것 중에서 3개를 취하는 순열의 수는 ${}_5P_3 = 5 \cdot 4 \cdot 3 = 60$이 된다. 계승(Factorial)을 사용하면

$$ {}_nP_r = n!/(n-r)! \quad (2.2)$$

과 같이 된다. 또 n개인 것을 일렬이 아니고 원형으로 배열할 때의 순열을 원순열이라 하고, 이때의 원순열의 수는 다음과 같다.

$$ {}_{n-1}P_{n-1} = (n-1)! \quad (2.3)$$

그리고 중복순열이 있다. n개인 것 중에서 r개 취하는 순열에서, 중복을 허락하는 것이다. 이 중복순열의 수를 구하는 데는 우선 최초의 1개 취하는 방법의 수는 n가지, 다음 1개 취하는 방법의 수도 n가지, …인데 이것을 r 회 계속하는 것이 되므로 이 순열의 수는 n^r이다. 중복순열의 수를 ${}_n\Pi_r$로 표기하며

$$ {}_n\Pi_r = n^r \quad (2.4)$$

이다.

다음은 조합에 대하여 알아보자. 서로 다른 n개 중에서 r개($n \geq r$)를 취하여 조를 만들 때, 이것을 조합이라고 한다. 이 조합의 총수는 ${}_nC_r$로 표시하는데 이 기호는 Combination(조합)의 머리글자에서 따온 것이다. ${}_nC_r$의 계산은

$$ {}_nC_r = \binom{n}{r} = \frac{n(n-1)(n-2)\ldots\ldots(n-r+1)}{r(r-1)(r-2)\ldots2\,1} = \frac{n!}{r!(n-r)!} \quad (2.5)$$

와 같다.

중복조합이란 n개 중 r개를 중복으로 취하는 조합을 말한다. 이 수는 ${}_{n+r-1}C_r$로 구하며, 중복조합의 수는 ${}_nH_r$로 나타낸다.

$$ {}_nH_r = {}_{n+r-1}C_r \quad (2.6)$$

이제 화제를 바꾸어 실질적인 품질과 관련된 이야기를 진행하여 보자. 일본의 어느 유명한 명의가 대학교수로서의 마지막 퇴임 강연에서 “내 재직 중 오진율은 14.2%였다”라고 하여 큰 화제가 되었다. 일반 사람들은 명의라도 그런 오진이 있었냐고 놀랐고 의사들은 역시 명의는 다르다고 느꼈다고 한다.

품질관리의 관점에서 말하면 오진율이라는 것은 진단하는 상품에 포함된 불량품의 비율, 즉 불량률에 해당한다. 여기서 진단 건수와 오진 건수는 1건, 2건, …. 이라고 세는 것이 가능하므로 정의에 따라 이산형이며 이것을 관찰 혹은 측정하는 입장에서 말하면 계수형이다. 비율과 % 는 연속적으로 변화하므로 계량형과 같은 인상을 주지만 본질은 계수형이다. 불량률은 일반적으로 계수형의 값으로 취급한다.

계수형이라 하여도 언제나 양품, 불량품과 같이 2개의 분류로 나누어 수를 센다고는 할 수 없다. 5단계 평가의 성적표와 같이 5가 1개, 4가 3개, 3이 4개, 2가 1개, 0은 0개 등과 같이 5단계로 세는 것도 많다. 그러나 지금은 확률의 이야기를 하고 있으므로 양품과 불량품의 개수를 주체로 하여 제품의 검사 관점에서 이야기를 진행하자.

출하 직전의 제품을 선택하는데 있어 양품 (이하 양이라고 표기) 과 불량품(이하 불이라고 표기)이 있는데 비율은 p 대 1- p이다. 즉 어느 로트로부터 1개의 제품을 꺼냈을 때, 그것이

양품인 확률 : p (2.7)

불량인 확률 : 1- p (=q로 한다) 로 된다. 그러면 첫 번째의 양품에 이어 두 번째 이 제품을 선택하는 조합을 계속하면

양 양, 양 불, 불 양, 불 불과 같은 경우가 있고 그런 것이 일어날 확률은

양, 양인 확률 p p (2.8)

양, 불인 확률 p q

불, 양의 확률 q p

불, 불의 확률 q q이므로, 꺼낸 2개의 제품 가운데

양이 2개인 확률 p^2 (2.9)

양이 1개인 확률 2pq

양이 제로인 확률 q^2이다. 따라서 이들의 3가지 경우 중 반드시 어느 하나는 일어나므로

$$P^2+2pq+q^2=1 \tag{2.10}$$

로 된다. 이 식은 또 $(p+q)^2=p^2+2pq+q^2=1$이며 $p+q=1$인 가정과 일치하는 이항식의 전개이다. 이어 연속 3개의 제품을 꺼내는 경우 어떻게 되는지 제품이 나타나는 확률은

양양양	p^3
양양불 양불양 불양양	$3p^2q$
양불불 불양불 불불양	$3pq^2$
불불불	q^3이다.

즉 양이 3개인 확률이 p^3, 2개인 확률이 $3p^2q$, 1개인 학률 $3pq^2$, 전부 불량인 확률 q^3이다.

$$따라서\ p^3+3p^2q+3pq^2+q^3=1 \tag{2.11}$$

임과 동시에 $(p+q)^3=p^3+3p^2q+3pq^2+q^3=1$이다. 이번에도 이항의 전개가 연출되게 된다.

시행 횟수를 더 증가시켜도 동일하게 이항식의 전개를 이용할 수 있다. 예를 들면 4개의 제품을 빼면

$$(p+q)^4=p^4+4p^3q+6p^2q^2+4pq^3+q^4=1 \tag{2.12}$$

이다. 또 시행 횟수를 증가시켜도 이 형태가 유지된다.

파스칼은 이항정리 전개의 계수와 조합의 수를 연관 지어 다음과 같이 표현하였다. 시행 횟수를 n이라 하면

$$(p+q)^n={}_nC_n\ p^n+{}_nC_{n-1}p^{n-1}q+{}_nC_{n-2}p^{n-2}q^2+\ \cdots\cdots+{}_nC_r\ p^rq^{n-r} \\ +C_1\ pq^{n-1}+{}_nC_0\ q^n \tag{2.13}$$

과 같은 이항전개의 각 항의 값이 그대로 확률로 보여지게 된다. 이 식의 우변의 각항이

${}_nC_n\ p^n$	은 양이 n개, 불이 제로의 확률
${}_nC_{n-1}p^{n-1}q$	는 양이 n−1 개, 불이 1개의 확률

${}_nC_r\ p^rq^{n-r}$	는 양이 r개, 불이 n−r개의 확률

$_nC_1\ pq^{n-1}$ 는 양이 1개, 불이 n−1개의 확률

$_nC_0\ q^n$ 은 불이 n개, 양이 제로의 확률을 의미하며 이들 확률의 총계는 1로 된다.

또 $_nC_r$이라는 값을 이항계수라 부르며 n개로부터 r개를 뽑는 조합의 수를 나타낸다. 예를 들면 A,B,C 라는 3개의 문자로부터 2개를 뽑을 경우 조합은 AB, BC, CA의 3가지가 있으므로

$_3C_2=3!\ /\ 2!\ (3-2)!$ 이다.

일반적으로 n개로부터 r개를 뽑는 조합 $_nC_r$는

$$_nC_r = \binom{n}{r} = \frac{n!}{r!(n-r)!} \tag{2.14}$$

로 계산할 수 있다.

2.3 이산형(계수형) 분포

2.3.1 이항분포

그러면 이를 바탕으로 확률에 대하여 생각해 보자. 위에서 $_nC_r\ p^r q^{n-r}$는 양품이 r 개, 불량이 n−r 개의 확률이라고 하였다. 이것을 식으로 표현하면 확률 p의 사상이 n회의 시행 가운데 딱 r회만 일어나는 확률 P(r)는

$$P(r) = {_nC_r}\ p^r q^{n-r} (\text{여기서 } q=1-p) \tag{2.15}$$

이라는 것으로 된다.

이 식에서 p도 q도 0.5인 동전 던지기를 생각해 보자. 동전을 던져서 앞면이 나오는 것(p)을 기대하고 있다고 생각하자. 동전을 8번 던져서 r=0, 1, 2,……,7, 8 즉 앞면이 나타나는 횟수가 0, 1, 2, … 7, 8회 확률을 계산해보면 이것은 8개의 동전을 동시에 던졌을 때, 앞면이 0개, 1개, …, 8개의 확률을 생각해도 동일하다. 이하 p(3) 라는 표현 (앞이 3회만 나오는

확률)을 의미한다. 바로 계산을 하면 ${}_{n}C_{r}$ 값을 사용하는데 파스칼의 삼각형을 참조하면 편리하다.

${}_{8}C_{0}=1$, ${}_{8}C_{1}=8$, ${}_{8}C_{2}=28$, ${}_{8}C_{3}=56$, ${}_{8}C_{4}=70$, ${}_{8}C_{5}=56$, ${}_{8}C_{6}=28$, ${}_{8}C_{7}=8$, ${}_{8}C_{8}=1$ 임을 쉽게 알 수 있다. 이들 값을 식 (2.15)에 대입하여 계산하면

$$P(0)=1\times0.5^{0}\times0.5^{8}=0.004$$

$$P(1)=8\times0.5^{1}\times0.5^{7}=0.031$$

$$P(2)=28\times0.5^{2}\times0.5^{6}=0.109$$

$$P(3)=56\times0.5^{3}\times0.5^{5}=0.219$$

$$P(4)=70\times0.5^{4}\times0.5^{4}=0.274$$

$$P(5)=56\times0.5^{5}\times0.5^{3}=0.0219$$

$$P(6)=28\times0.5^{6}\times0.5^{2}=0.109$$

$$P(7)=8\times0.5^{7}\times0.5^{1}=0.031$$

$$P(8)=1\times0.58\times0.50=0.004 \qquad (2.16)$$

이며 확률의 합계는 1.000이다.

다음은 20%의 불량으로 양산하고 있는 제품이 있다고 하자. 이 불량률 20%의 제품을 10개씩 상자에 채우고 1상자에 불량품이 포함되지 않을 확률, 1개의 불량품이 포함되어 있을 확률… 등의 확률은 얼마나 되는가? ${}_{10}C_{r}$의 값은 파스칼 삼각형으로부터 읽을 수 있다. 계산식과 계산 결과는 다음과 같다.

$$P(0)=1\times0.20\times0.810=0.107$$

$$P(1)=10\times0.21\times0.89=0.268$$

$$P(2)=45\times0.22\times0.88=0.302$$

$$P(3)=120\times0.23\times0.87=0.201$$

$$P(4)=210\times0.24\times0.86=0.088$$

$$P(5)=252\times0.25\times0.85=0.026$$

$$P(6)=210\times0.26\times0.84=0.006$$

$$P(7)=120\times0.27\times0.83=0.001$$

$$P(8)=45\times0.28\times0.82=\text{무시 가능}$$

$$P(9)=10\times0.29\times0.81=\text{무시 가능}$$

$$P(10)=1\times0.21\times0.80=\text{무시 가능} \qquad (2.17)$$

불량률이 20%이므로 10개 채운 상자에는 2개의 불량품이 포함되어 있을 확률이 높은 것은 예상대로지만, 1개도 포함되어 있지 않은 것도 있는 반면에 5개, 6개 들어있을 가능성도 의외로 많다.

위에서 동전을 던져서 앞면이 나오는 확률 50%인 경우의 발생확률을 계산해 보았는데, 그 결과를 막대그래프로 그려본 것이 그림 2.1이다.

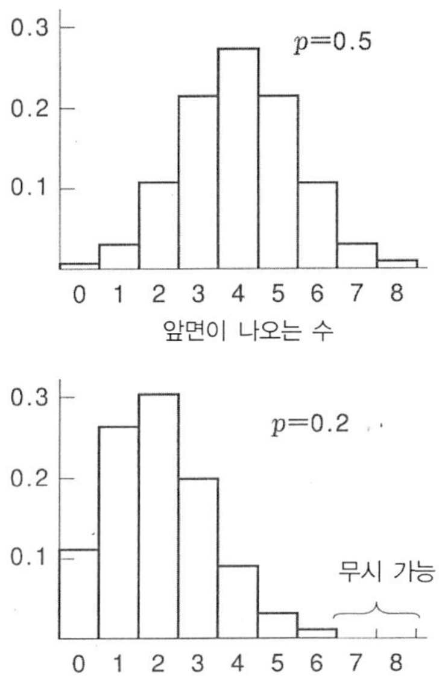

[그림 2.1]

그림 2.1에서 위의 그림이 동전 던지기, 아래의 그림이 불량률 20%의 제품을 10개씩 채운 것인데, 어느 것이든 막대그래프 높이(발생확률)의 합계는 1이며 막대의 폭도 1이므로 면적이 1로 된다. 이와 같은 분포의 형을 이항분포라 한다. 이항식의 전개와 이항계수로 특징되는 분포이다.

연속형 분포의 꽃이 정규분포라면 이산형 분포의 꽃은 이항분포이다. 또 이항분포에서는 p가 0.5일 때 좌우 대칭으로 된다. (양품이다)(불량이다) 혹은 (발생한다)(발생하지 않는다) 등은 대칭의 사상이기 때문이다.

그리고 p가 적을수록 일어나지 않는 쪽으로, p가 클수록 일어나는 쪽으로 기울어진 분포로 되는 것도 당연하다.

그렇다면 그림 2.1의 위의 막대그래프는 정규분포와 같은데 발생확률이 0.5이므로 시행횟수를 점점 크게 하면 극한의 모습인 정규분포가 된다.

2.3.2 포아송 분포 - 작은 확률

불량률 1%의 제품을 50개씩 상자에 넣어 1상자 중에 1개라도 불량품이 포함되어 있지 않을 확률, 1개만 들어 있을 확률, 2개 들어있을 확률 등을 구하자

$$P(r) = {}_{n}C_{r}\ p^{r} q^{n-r} \tag{2.18}$$

의 식에 따라 계산하면 된다. 그러나 실제는

$$P(0) = {}_{50}C_{0} \times 0.01^{0} \times 0.99^{50} \tag{2.19}$$

$$P(1) = {}_{50}C_{1} \times 0.01^{1} \times 0.99^{49}$$

$$P(2) = {}_{50}C_{2} \times 0.01^{2} \times 0.99^{48}$$

--------- 이하 생략

를 계산해야 한다. ${}_{50}C_{r}$을 구해야 하는데 보통 성가신 일이 아니다. 그런데 이에 대한 좋은 방법이 있다. 좀처럼 일어나지 않는 것을 대상으로 하였을 때, 이항 분포의 근사적인 계산법으로 포아송 분포가 있다.

포아송 분포는

$$P(r) = \frac{(np)^{r}\ e^{-np}}{r!} \tag{2.20}$$

이라는 식으로 표현된다. 또 np는 n 회의 시행 사이에 확률 p의 사상이 일어나는 횟수의 평균치를 의미하므로

$$np = m \tag{2.21}$$

로 하면 포아송 분포는

$$P(r) = \frac{(m)^r \ e^{-m}}{r!} \tag{2.22}$$

으로 된다. 식 (2.20)을 조금 상세하게 적으면 불량이 딱 r개 들어가 있을 확률 P(r)는

$$P(0) = \frac{(m)^0 \ e^{-m}}{0!} = e^{-m} \tag{2.23}$$

$$P(1) = \frac{(m)^1 \ e^{-m}}{1!} = me^{-m}$$

$$P(2) = \frac{(m)^2 \ e^{-m}}{2!} = \frac{1}{2}m^2 \ e^{-m}$$

$$P(3) = \frac{(m)^3 \ e^{-m}}{3!} = \frac{1}{6}m^3 \ e^{-m}$$

등으로 구할 수 있다. 그러면 예제에서 p=0.01, n=50이면 $m=np=50\times0.01=0.5$이다. $e^{0.5}=0.6065$이므로

$$P(0) = \frac{(m)^0 \ e^{-m}}{0!} = e^{-0.5} = 0.607 \tag{2.24}$$

$$P(1) = \frac{(m)^1 \ e^{-m}}{1!} = 0.5e^{-0.5} = 0.303$$

$$P(2) = \frac{(m)^2 \ e^{-m}}{2!} = \frac{1}{2}0.5^2 \ e^{-0.5} = 0.076$$

$$P(3) = \frac{(m)^3 \ e^{-m}}{3!} = \frac{1}{6}0.5^3 \ e^{-0.5} = 0.001$$이다.

즉 불량률 1%의 제품을 50개씩 상자에 채우면 약 61%의 상자에 불량품이 혼입되지 않고 약 30%의 상자에는 1개의 불량이 포함되며, 약 8%의 상자에는 2개의 불량품이, 약 1%의 상자에는 3개의 불량이 들어가지만 4개 이상의 불량품이 혼입되는 것은 거의 없다는 것을 알 수 있다.

포아송 분포의 식은 이항분포의 식으로 $np=m$의 값을 고정한 채 n을 점점 크게 하든가, p를 점점 작게 하여 가면서 구할 수 있다. 포아송 분포는 n이 크게 (가능한 한 50 이상), p는 작게 (적어도 0.1 이하) 그리고 평균치 np가 0~10 정도 값일 때 성립하는 이항분포의 근삿값이다.

참고로 포아송 분포가 알려진 것은 1875~1894년의 20년간 프랑스 육군에서 매년 말에서 떨어져 사망한 병사의 수를 10개 부대 즉 연 200부대를 조사한 결과가 포아송 분포의 계산치와 잘 맞는다는 사실이었다. 이것은 말에 떨어져 죽는 것이 좀처럼 일어나지 않는 것이기 때문이다.

2.3.3 초기하 분포

표본을 취함에 있어 뽑아 확인한 후 되돌리는 작업을 하면서 샘플링을 반복할 때 이것을 복원추출이라 하는데 반하여, 표본으로 뽑은 것을 원래 상태로 되돌리지 않고 계속 샘플링을 하는 것을 비복원 추출이라고 한다. 복원추출일 때에는 매번 확률이 독립적으로 일정하지만 비복원 추출에서는 두 번째 이후의 확률은 조건이 붙는 확률이 된다.

모집단의 크기를 N, 그중 특정한 성질을 지닌 원소의 개수를 r이라 하면, 모집단으로부터 n개의 원소를 추출 시 그중 특정한 성질을 지닌 원소가 x개인 확률은 다음과 같이 주어진다.

$$P(x) = \frac{\binom{r}{x}\binom{N-r}{n-x}}{\binom{N}{n}}$$

$$= {}_{r}C_{x}\ {}_{N-r}C_{n-x}\ /\ {}_{N}C_{n}$$

이러한 x의 분포를 초기하 분포라고 하며 평균은 nr/N이고 분산은 $(\frac{nr}{N})(1-\frac{r}{n})(\frac{N-n}{N-1})$이다. N이 크고 n이 N에 비해 작으면 초기하 분포는 이항분포로 근사할 수 있다.

정리하여 예를 들어 설명하면 N개의 공 중에 하얀 공이 m개, 검은 공이 (N−m)개 있다면 k개의 공을 복원추출로 뽑을 때 하얀 공의 수는 모수가 (k, m, N)인 이항분포를 따르며, k개의 공을 비복원추출로 뽑을 때 하얀 공의 수는 모수가 (N, m, k)인 초기하 분포를 따르게 된다.

2.4 연속형(계량형) 분포

2.4.1 정규분포

분포라는 것은 조밀과 퍼짐의 정도이므로 횡축에 따라 밀도가 변하는 모습을 나타내는 곡선을 분포곡선이라 부른다.

정규분포는 여러 분포 중에서 가장 중요한 분포라고 할 수 있다. 정규분포는 실제로 많이 사용되기 때문에 중요하기도 하지만 이론적으로 중심극한정리가 성립하여 그 중요성이 부각 된다고 할 수 있다. 중심극한정리란 간단히 말해 동일분포를 갖는 분포들의 평균은 그 개수가 많아지면서 언제나 정규분포로 수렴한다는 것이다.

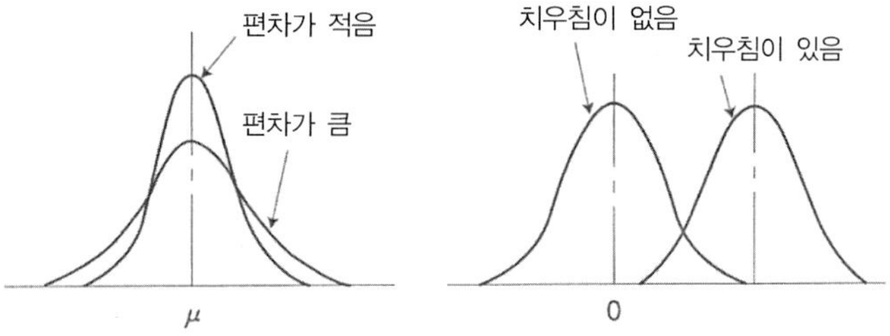

[그림 2.2] 정규분포의 여러 가지

그림 2.2의 오른쪽에는 중심이 제로인 정규분포와 중심이 제로로부터 치우쳐진 정규분포가 그려져 있다. 편차의 크기가 같으므로 양자의 위치가 다르더라도 곡선의 모습은 동일하다.

이처럼 정규분포라 해도 위치와 형은 다양하지만 정규분포로서 공통점도 물론 있다.

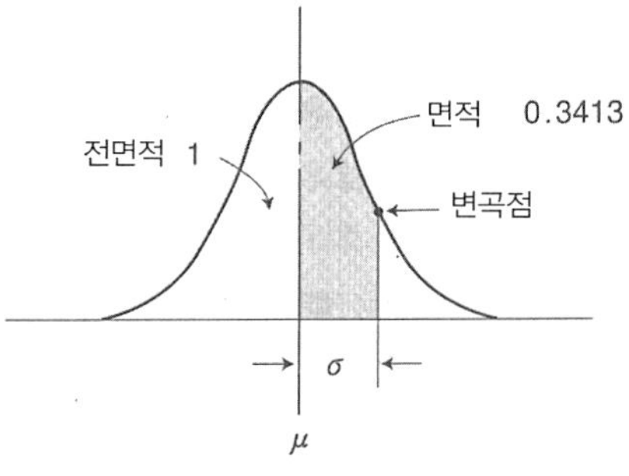

[그림 2.3] 정규분포의 특징

그림 2.3을 보면 우선 곡선이 좌우 대칭인 것은 이미 설명한 바와 같다. 이 곡선은 중심부에 가까운 곳에서는 밥그릇을 엎은 것 같이 아래로 향해 있지만, 중심으로부터 멀어짐에 따라 위로 향하는 형태로 바뀐다. 그리고 곡선이 아래로 향하다가 위로 바뀌는 점을 변곡점이라 하며 그 변곡점의 위치는 중심선으로부터 좌우에 정확히 표준편차 σ 만큼 떨어진 곳이다.

이 표준편차 σ는 물론 그 정규분포를 만들어내는 모든 값으로부터 구한 것이다. 표준편차의 값과 변곡점의 위치가 일치한다.

위 그림에서 음영 처리된 면적은 중심선으로부터 한쪽으로 표준편차 σ만큼 떨어진 부분이고 그 구간의 면적은 0.3413으로 정해져 있다. 분포 전체의 면적은 1이므로 어떠한 정규분포에도 그 구간에 34.13%의 면적이 포함되어 있다는 뜻이다.

또한, 중심선으로부터 한쪽으로 표준편차 σ의 2배만큼 자르면 0.4773이며, 표준편차 σ의 3배만큼 자르면 0.4987이다.

횡축의 눈금을 표준편차 단위로 나타내면 표에 의해 그 값을 쉽게 구할 수 있어 실용상 가치가 크다.

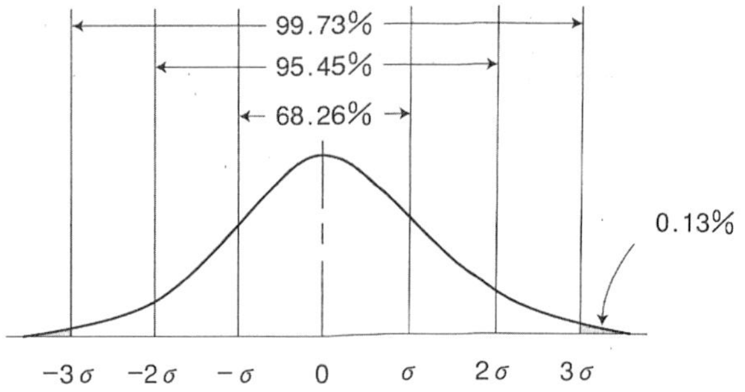

[그림 2.4] 정규분포와 표준편차 σ

2.4.2 정규분포와 표준정규분포

정규분포를 나타내는 확률 밀도 함수는 평균과 표준편차에 따라 모습이 달라지는데, 이 평균과 표준편차를 표준화시켜서 단 한 개의 함수식이나 분포표로 나타낼 수 있다. 즉 정규분포 밀도 함수에서 $Z=\dfrac{X-\mu}{\sigma}$를 통해 X를 Z로 정규화함으로써 평균이 0, 표준편차가 1인 표준정규분포를 얻을 수 있다. Z-분포라고도 부른다.

다음 표 2.1은 표준정규분포의 중심으로부터 우측으로 Z만큼 떨어진 위치까지 포함된 면적(음영부 면적)을 표로 나타내었다.

[표 2.1]

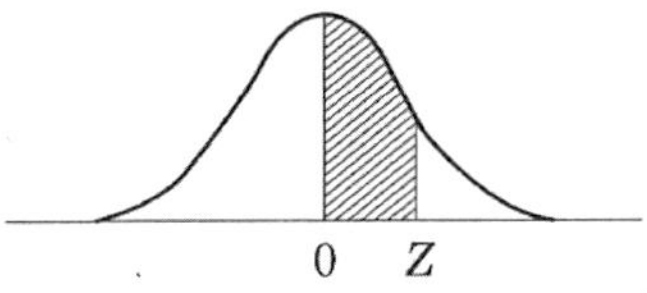

Z	음영부 면적
0	0.0000
0.5	0.1915
1.0	0.3413
1.5	0.4332
2.0	0.4773
2.5	0.4938
3.0	0.4987
∞	0.5000

이 표 중에 Z가 1.0인 곳을 보면 그 면적은 0.3413으로 되어 있다. 이것이 앞에서 설명한 34.13%와 같다. 또한, Z가 2.0인 곳을 보면 그 면적은 0.4773이므로 정규분포의 집단에 속하는 요소의 47.73%는 평균치에 표준편차의 2배를 곱한 값과 동일함을 알 수 있다. 즉 평균치가 μ, 표준편차를 σ라 하면 정규분포는

$\mu \sim \mu+\sigma$의 구간에 34.13% (2.25)

$\mu \sim \mu+2\sigma$의 구간에 47.73%

면적을 차지하고 있는데, 이것은 정규분포하는 집단으로부터 무작위 1개의 표본을 취했을 때 그 표본이

$\mu \sim \mu+\sigma$의 구간에서 뽑힐 확률은 34.13%

$\mu \sim \mu+2\sigma$의 구간에서 뽑힐 확률은 47.73%

인 것을 의미한다.

또 정규분포는 좌우 대칭이므로 평균치 μ를 끼고 양측에 σ 만큼의 폭을 취하면

$\mu \pm \sigma$의 구간에 $34.13 \times 2 = 68.26\%$ (2.26)

$\mu \pm 2\sigma$의 구간에 $47.73 \times 2 = 95.45\%$

가 포함되게 되는 것이다. 이들 값을 약 2/3와 약 95%로 기억하면 편리하다. 또 표 2.1에서 Z가 3인 곳을 보면 0.4987이라는 수치를 읽을 수 있다. 이것은 $\mu \pm 3\sigma$의 구간에 $49.87 \times 2 =$ 99.74%가 포함되어 있음을 나타내고 있다. 나머지는 미미하지만 0.26%이다. 이것은 1,000 중의 3보다도 작은 수치이다. 이와 같이 드물게 나타나면 예외적인 현상으로 생각하여 무시해 버리든지 이상한 현상이므로 요주의라고 생각하여 원인을 규명하든지 어느 쪽을 선택하게 될 것이다. 품질관리에서도 3σ는 중요한 의미가 있다.

표준정규분포의 곡선과 면적을 나타내는 수식은

$$곡선\ y(z) = \frac{1}{\sqrt{2\pi}} e^{-\frac{z^2}{2}} \quad (-\infty < z < \infty) \tag{2.27}$$

$$면적\ I(z) = \int_0^x y(z)dz \tag{2.28}$$

이지만 그 곡선에 둘러싼 면적을 수학적으로 구하는 것은 까다로우므로 표 2.2와 같은 표를 이용하면 실무상 편리하다.

대표적인 네 종류 표는 표 2.2와 같다.

[표 2.2] 여러 가지 스타일의 표준정규분포표

Z	(a) 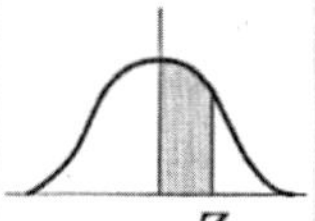 Z	(b) 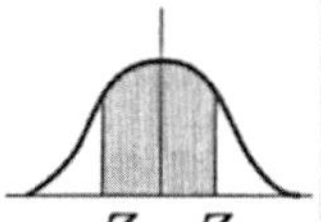 -Z Z	(c) 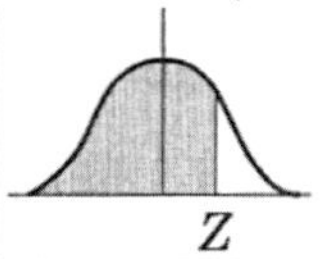 Z	(d) 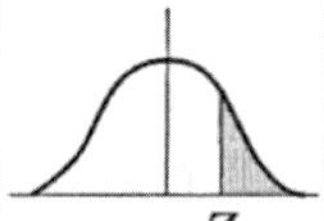 Z
$-\infty$			0.0000	1.0000
-3.0			0.0013	0.9987
-2.0			0.0228	0.9773
-1.0			0.1587	0.8413
0.0	0.0000	0.0000	0.5000	0.5000
1.0	0.3413	0.6826	0.8413	0.1587
2.0	0.4773	0.9545	0.9773	0.0228
3.0	0.4987	0.9973	0.9987	0.0013
∞	0.5000	1.0000	1.0000	0.0000

(a)는 표 2.2와 같이 중심 0부터 Z(단위는 표준편차)까지의 면적을 표로 한 것이다. Z의 폭은 0.01, 나타낸 수치는 소수점 이하 4자리가 보통이지만 더 상세한 것도 있다.

(b)는 중심축을 대칭으로 한 경우의 면적이며 (a)에 2배의 값이 표시된다.

(c)는 마이너스 무한대로부터 Z까지의 면적이며 (a)에 0.5를 더한 값으로 되어 있다.

(d)는 Z로부터 플러스 무한대에 걸쳐 면적이 표시되므로 1.0으로부터 (c)의 값을 뺀 것이다.

이처럼 어떠한 형태의 정규분포에서도 상호 쉽게 환산할 수 있으므로 편리하게 활용할 수 있다.

평균치가 μ이고, 표준편차가 σ인 정규분포를 $N(\mu,\ \sigma^2)$이라 표기한다. N은 Normal distribution(정규분포)의 머리글자, σ^2은 분산이다. 이 표기법에 따르면 표 2.1과 표 2.2는 $N(0,\ 1^2)$에 대해 작성된 표이며 μ가 0이고 σ^2이 1인 정규분포를 표준정규분포라 한다.

2.4.3 정규분포의 연산과 활용

일반적으로 2개의 정규분포

$$N(\mu_1,\ \sigma_1^2) \tag{2.29}$$

$$N(\mu_2,\ \sigma_2^2) \tag{2.30}$$

가 있을 때 양방의 정규분포로부터 하나씩 값을 뽑아 전자로부터 후자를 뺀 값을 모으면 이들의 값은

$$N(\mu_1 - \mu_2,\ \sigma_1^2 + \sigma_2^2) \tag{2.31}$$

의 정규분포로 된다. 또 식 (2.30)과 식 (2.31)로부터 하나씩 뽑은 값을 더하면 이들 값은

$$N(\mu_1 + \mu_2,\ \sigma_1^2 + \sigma_2^2) \tag{2.32}$$

의 정규분포가 된다. 그림 2.5와 같은 이 성질을 정규분포의 가법성이라 하여 아주 편하게 사용된다.

이 성질을 이용하여 건설기계에서의 실제 예를 들어보자. 어느 축과 부싱의 끼워맞춤에 대하여 생각해보자. 축의 직경을 설계에서 $100^{+0.0}_{-0.1}$ 부싱의 내경을 $100^{+0.1}_{-0.0}$로 지정하였다 하자. 그러면 생산에서는 축은 99.95 ± 0.05를 목표로 또 부싱내경은 100.05 ± 0.05를 목표

로 제품을 만들게 될 것이다. 이때 제품의 편차 (표준편차 σ)에 대하여 3σ의 오차가 생겨도 지정된 공차에서 벗어나지 않도록 품질을 관리하게 되는데 그렇게 하면 축과 부싱에서 허용되는 제작 오차는 ±0.05 밖에 없으므로 $\sigma = 0.05 / 3 = 0.0167$로 관리해야 한다. 생산현장의 표현으로 하면 3걸음 안으로 관리되게 하기 위해서는 한 걸음의 보폭 (표준편차)를 0.0167로 관리하여야 한다.

이 경우 무작위로 조합한 축이 부싱에 들어가지 않을 확률을 구해보면, 축과 부싱에 끼워 맞춤 시 생기는 틈새는 (B) 식과 (A) 식의 차가 있으므로

$N(100.05-99.95,\ 0.0167^2+0.0167^2)=N(0.1,\ 0.0236^2)$의 분포를 한다. 이 분포에는 $0.1/0.0236=4$이므로 4σ로부터 나오는 확률밖에, 틈새가 마이너스는 될 수 없다. 그 확률은 표준정규분포표에 의해 0.000032 즉 10만분의 3.2라는 미미한 값이다.

그러나 생산기술이 확보되지 못하여 1.5σ의 수준으로 생산되게 되면 $0.05 / 1.5 = 0.0333$, 즉 표준편차가 0.0333일 것이다. 이때 축이 부싱에 들어가지 않을 확률을 구해보면 $N(100.05-99.95,\ 0.0333^2+0.0333^2)=N(0.1,\ 0.0471^2)$의 분포를 하게 된다. 여기서 축의 외경이 부싱의 내경보다 크게 될 확률을 구하면 $0.1/0.0471=2.1231\sigma$의 확률이 된다. 이를 표준정규분포표로부터 구하여 계산하면 $0.5-0.483=0.017$로 되게 되어 약 1.7% 정도의 조립 불가가 발생하여 생산에 공정 차질을 유발할 수 있다.

즉 정상적으로 품질관리가 이루어져 제작된다면 너무 꽉 끼인다든지 너무 헐거울 가능성은 거의 없음에도 불구하고 종종 조립 불가에 의한 공정지연의 대책으로 설계에 공차의 조정을 요구하게 되는 경우가 있다. 이럴 경우 틈새가 과다하게 되어 소음이 발생하거나 유격에 의한 충격 및 편하중에 의한 내구성능의 저하 등 또 다른 문제점을 일으킬 수 있다.

또 다른 예로 어느 고등학교의 남학생 신장이 $N(175, 7^2)$ 로 분포되어 있고 여학생의 신장은 $N(162, 6^2)$ 로 정규분포를 하고 있다 하자. 남학생, 여학생 집단으로부터 무작위로 한 사람씩 선출하고 두 사람의 신장을 측정한다.

이러한 작업을 반복하여 만든 많은 데이터는 대개 남자 쪽이 크므로 플러스 값이 된다. 때에 따라서는 여자 쪽이 커 마이너스 값이 나타나는 것도 있을 것이다. 원래 평균신장이 13cm의 차이가 있으므로 13cm 정도의 데이터가 많을 것이다. 그러나 남자 쪽이 극단적으로 큰 것은 적으므로, 30cm라든가 40cm인 값은 드물 것이다. 또 여성 쪽이 클 때도 20cm 이상 차가 있는 것도 별로 없으므로 -20cm보다 적은 것도 드물다. 어쨌든 남녀의 신장 차의 데이터는 13cm 정도를 중심으로 하여 정규분포를 할 것이다.

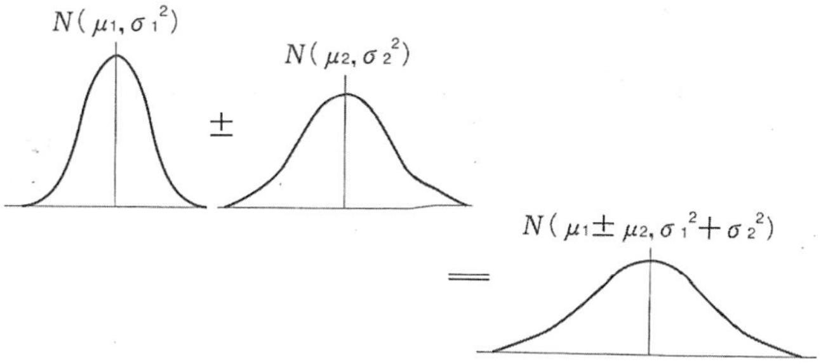

[그림 2.5]

정규분포의 가법성을 남학생과 여학생의 신장차에 응용해 보자.

$$N(175-162,\ 7^2+6^2) \tag{2.33}$$
$$=N(175-162,\ 49+36)=N(13,85)$$
$$=N(13,\ 9.2^2)$$

의 정규분포가 된다.

여기서 미지의 남학생과 여학생이 우연히 만났을 때 여자 쪽이 키가 클 확률을 구해보자. 이는 그림 2.6과 같다. 남자와 여자의 신장 차는 13cm를 평균으로 9.2cm의 표준편차로 정규분포를 하고 있다. 여기서 여자 쪽의 신장이 남자 쪽보다 클 확률을 구하고 있으므로, 신장차가 0의 곳으로부터 좌측 사선의 면적(확률)을 표준정규분포표에서 구하면 된다. 남녀 신장 차의 평균치 (13cm)로부터 남녀의 신장 차가 같게 되는 남녀신장 차 0까지의 거리는 13cm인데 이것은 표준편차(한걸음의 보폭)를 단위로 하여 측정하면

13/9.2=1.4 (걸음)이다.

여기서 표준정규분포표에 의해 Z가 1.4일 때 그 면적(확률)은 0.4192로 된다. 우리는 표준정규분포의 좌측 부분 가운데 사선을 긋지 않은 부분, 즉 남녀 신장 차가 － 로 되게 되는 면적(확률)을 구하고 있으므로 그 면적은 0.5－0.4192＝0.08이다.

따라서 여학생의 키가 남학생보다 클 확률은 아래 그림에서 사선 친 부분 면적인 확률 8%이다.

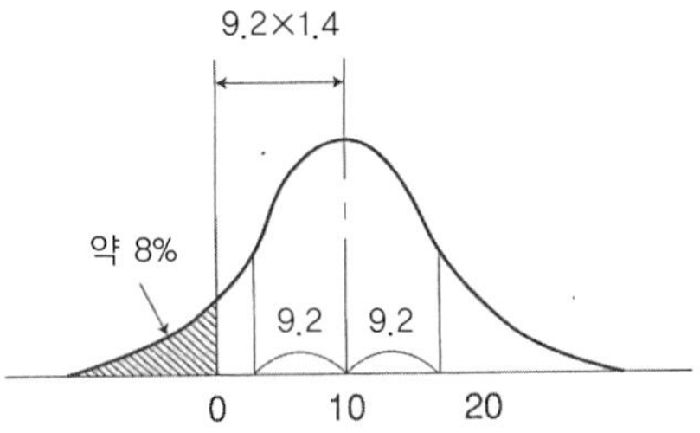

[그림 2.6] 두 집단의 비교

2.4.4 표본의 평균치 분포

전장에서 모집단으로부터 랜덤하게 n개의 데이터를 뽑아 평균치를 계산한 값을 구하면 그것을 모집단 평균치의 불편추정치라 한다. 즉 큰 쪽의 데이터가 선정되는 확률과 작은 데이터가 선정되는 확률이 같으므로 확률적으로 공평한 추정치라는 의미이다.

그러나 큰 데이터가 선정될 때도, 작은 데이터가 선정될 때도 있으므로, n개의 표본을 뽑아 평균치를 구하는 작업을 몇 번이고 반복하면 이들의 평균치는 어느 분포를 만들 것이다. 이 분포는 구한 평균치의 흔들림 폭을 체크하는 수단으로 이용된다.

모집단의 평균치를 μ, 표준편차를 σ라 하자. 첫 번째의 표본을 추출한 값은 $N(\mu, \sigma^2)$에 따른다. 이어 두 번째의 표본을 추출해도 $N(\mu, \sigma^2)$의 분포를 따른다.

그러면 이 두 개의 표본의 평균치는 어떠한 분포를 따르는가? 그것은 평균치를 양방의 값을 더해 2로 나눈다. 우선 양방을 더한 분포는 식 (2.32)를 참조하면

$$N(\mu+\mu, \ \sigma^2+\sigma^2)=N(2\mu, \ 2\sigma^2)=N(2\mu, \ (\sqrt{2}\sigma)^2)$$

로 될 것이다. 이어서 2로 나누자. 2로 나누면 분포의 중심 2μ와 표준편차의 크기를 다 같이 2로 나누는 것이므로 분포는

$$N(\mu, \ (\sigma/\sqrt{2})^2) \tag{2.34}$$

로 된다. 이것이 2개의 평균치의 분포이다. 그림 2.7과 같다. 분포의 평균치는 변하지 않고 표준편차는 $1/\sqrt{2}$로 줄어들게 된다.

그러면 표본이 3개로 늘어나면 어떻게 되는가? 우선 3개의 표본의 합의 분포는 식 (2.32)를 참고하여 $N(2\mu, 2\sigma^2)$와 $N(\mu, \sigma^2)$ 로부터 하나씩 값을 추출하여 합한 값의 분포이므로,

$N(2\mu+\mu,\ 2\sigma^2+\sigma^2)=N(3\mu,\ 3\sigma^2)$이다. 그래서 평균치로 하기 위해 중심의 값 3μ와 표준편차 $\sqrt{3}\,\sigma$를 3으로 나누자. 그렇게 하면 3개의 표본의 분포는

$$N(\mu,\ (\sigma/\sqrt{3}\,)^2) \tag{2.35}$$

로 되는 것을 알 수 있다.

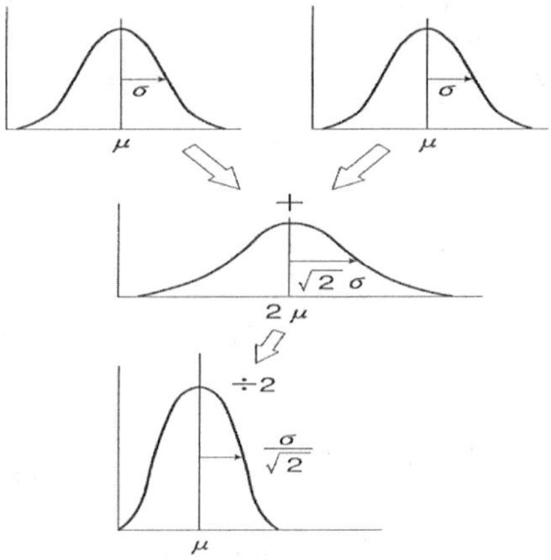

[그림 2.7] 두 개 표본의 평균치 분포

즉 N개의 표본의 평균치는

$$N(\mu,\ (\sigma/\sqrt{n}\,)^2)\text{의} \tag{2.36}$$

분포를 하게 된다. n개의 표본의 평균치에 따라 모집단의 평균치를 추정하는 경우 추정의 정도는 모집단의 편차의 $1/\sqrt{n}$ 인 것을 알 수 있다. 예를 들어 표본의 개수는 100개이면, 추정의 편차가 모집단의 편차의 $1/\sqrt{100}$ 즉 1/10이 되므로, 소수점 이하 1자리 수가 적어지게 된다.

2.4.5 정규분포 활용 : σ를 알 때 평균 차이 검정

그러면 요구 사양이 100±10mg인 제품을 흐름 작업으로 생산하고 있다고 하자. 그중 무작위로 80개의 표본을 측정하여 얻은 80개의 평균이 100.25mg이라는 가정을 바탕으로 모집단의 품질에 대하여 많은 사실을 추론할 수 있을 것이다.

그렇다면 다음과 같은 의문점이 있다. 첫 번째는 80개의 데이터로부터 평균치 100.25mg이라는 값은 어느 정도 신용 가능한가? 두 번째는 100±10mg의 품질규격에서 벗어난 제품이 나오는 확률은 어느 정도인가?

이들은 품질관리 관점에서 상당히 중요한 사항이다. 정규분포의 성질을 충분히 이해하여 정확하게 답하여 보자.

우선 80개의 표본으로부터 구한 100.25mg이라는 평균치는 어느 정도 신용가능한 것인가? 이것은 신뢰구간을 구하면 되는데, 이 100.25mg이 모집단의 평균치 μ의 불편추정치이다. 따라서 정규분포로부터 나온 n개의 표본의 평균치는

$$N(\mu,\ (\sigma/\sqrt{n})^2) \tag{2.37}$$

의 정규분포를 하였다. 따라서 모집단의 표준편차 σ 대신 거의 조금의 오차는 각오하고

$$s = \frac{\sqrt{\sum(xi-\bar{x})^2}}{n-1} \tag{2.38}$$

를 사용하여 구할 수 있는데 s=2.80(=σ)라는 값을 구하였다 하자. 그러면 80개의 표본평균치 $\bar{x}$는 이들의 값을 위의 식에 대입하면 $N(100.25,\ (\frac{2.80}{\sqrt{80}})^2) = N(100.25,\ 0.31^2)$이라는 정규분포로부터 나온 하나의 값으로 간주할 수 있다.

여기서 그림 2.8을 보자. $\bar{x}$은 $N(\mu,\ \sigma^2)$이라는 모집단으로부터 나온 값으로 그것이 $\mu\pm\sigma$의 범위로부터 나올 확률은 68.26%이며 그것은 모집단의 평균치 μ가 $\bar{x}\pm$ s의 범위에 존재하는 확률과 같다. 또한 $\pm2\sigma$와 $\pm3\sigma$의 범위에 대하여도, 그 성질은 변하지 않는다. 즉 $\bar{x}$의 분포와 μ의 분포는 동일한 것이다. 따라서 모집단의 평균치 μ도 $N(100.25,\ 0.31^2)$이라는 정규분포에 속하는 하나의 값이라고 생각할 수 있다. 그러면 μ의 참값은

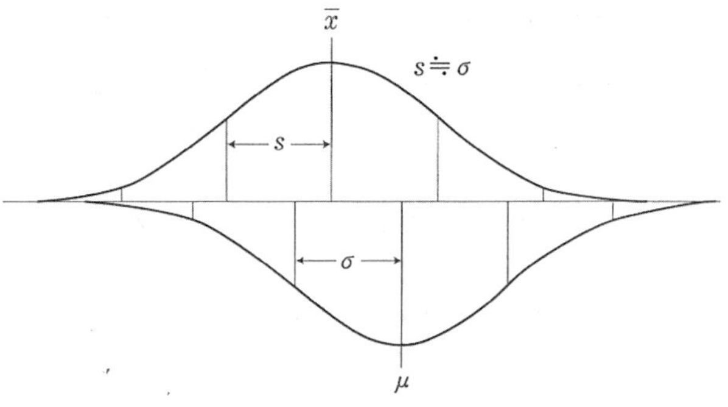

[그림 2.8] 모집단과 표본의 관계

68.26%의 확률로 100.25±0.31 (2.39)

95.00%의 확률로 100.25±0.31×1.96

95.45%의 확률로 100.25±0.31×2

99.00%의 확률로 100.25±0.31×2.58

99.73%의 확률로 100.25±0.31×3

의 구간에 있다.

μ의 참값은 99.73%라는 높은 확률로

100.25±0.93 즉 99.32~101.18(mg) (2.40)

의 사이이다. 이것은 100±10mg이라는 품질관리의 목표와 비교하면 충분히 만족할 수 있는 값이다.

또 통계처리의 실무는 95% 확률의 구간이 자주 사용된다. 95%의 구간은 정규분포를 거꾸로 하면 ±1.96의 구간이므로, 95%의 확률로 100.25±0.31×1.96이 된다.

다음은 100±10mg이라는 품질규격에서 벗어난 제품이 어느 정도 확률로 발생하는 가를 보자. 규격에서 벗어날 확률을 표준정규분포표에서의 Z값에 대한 면적 값을 구하면 되는데 표본평균은 100.25mg이었다. 제품이 허용하는 상한은 110mg이다. 그 간격을 표준편차 2.80으로 나누면

(110－100.25) / 2.80＝3.48

이다. 정규분포의 표에서 표준편차의 3.48배 이상의 확률을 조사하면 0.0002 정도이다. 즉 1만 개의 2개 정도가 약간 규격치를 상회하는 정도이다. 이 정도라면 제조공정에 보완할 필요는 없다고 생각할 수 있다. 규격치를 밑돌 확률은 (100.25−90) / 2.80=3.66이다. 표준편차의 3.66배 이상의 확률은 1 만분의 1 정도이므로 이것 또한 무시할 수 있다.

2.5 추정

2.5.1 추론통계의 여러 가지 용어

전장에서 대량 생산되고 있는 제품(모집단)으로부터 80개의 표본을 추출하여 그 데이터를 해석한 결과 모집단의 평균치 μ는 99.73%라는 높은 확률로 99.32~101.18(mg)의 범위에 있고, 또 95%의 확률이라면 100.25±0.31×1.96 즉 99.64~100.86의 범위에 있다고 하였다.

이처럼 표본의 값을 기준으로 하여 모집단의 평균치와 분산의 값 등을 추론하는 것을 추론통계학이라 한다. 그리고 표본의 평균치가 100.25mg이므로 모집단의 평균치도 100.25mg이라고 간주한다고 하는 것과 같이 전체를 일정의 값으로 추정하는 것을 점추정이라 하며, 위와 같이 추정점이 포함된 범위와 그 확률을 병기하는 것을 구간추정이라 한다.

구간추정은 추정 구간을 좁히면 맞힐 확률이 떨어지고, 맞출 확률을 높이고자 하면 추정 구간이 넓어지는 딜레마가 있다. 품질관리에서는 보통 95%를 채택하고 상황에 따라 90%와 99%의 추정구간을 구하여 표시하는 것이 일반적이다.

$$\text{따라서 } \mu \text{의 95\% 신뢰구간은 } 99.64 \sim 100.86(\text{mg}) \tag{2.41}$$

등으로 말하곤 하다. 또 여기서 사용되는 95%와 같은 추정의 확률을 신뢰수준 혹은 신뢰계수라 한다.

왜 95%를 많이 이용되는가 하면, 그것은 일상적으로 5%가 작은 확률이기 때문이다. 20회에 1회 정도는 틀려도 어쩔 수 없다는 것이다. 이것은 추론통계의 여러 분야에 사용된다. 전에도 언급했듯이 표본을 사용하여 모집단의 평균과 표본편차 등을 추정하는 것, 그들의 값이 요구를 만족하고 있는가 아닌가를 판정하는 것, 혹은 두 집단의 차가 있는가를 판정하는 것과 같은 통계처리를 취급하는 분야를 추론통계라 한다. 또한, 대량의 데이터를 수집 정리하고 모집단 전체를 이해되기 쉽도록 평균치와 도수분포 등을 구해 표와 그림으로 보여주는 것과 같은 분야를 기술통계라 한다.

2.5.2 t 분포 : 데이터 수가 적고 모집단의 표준편차 σ를 모를 때

위 예제에서와같이 100±10mg의 규격을 목표로 하여 대량 생산하고 있는 제품 중에서 랜덤하게 80개의 표본을 발취, 그 중량을 측정한 결과 표본의 데이터는 거의 정규분포하고 있고 그 평균치 $\bar{x}$는 100.25mg 표준편차 s=2.80mg인 것을 알게 되었다 하자.

이로부터 대량생산되고 있는 모든 제품(모집단)의 중량도 정규분포하고 있을 것이고, 또 데이터로부터 구한 100.25mg이라는 평균치 $\bar{x}$는 모집단의 평균치 μ의 불편추정치이며, 또한 2.80mg이라는 표준편차 s는 모집단의 표준편차 σ의 불편추정치에 가깝다는 것을 알았다.

또한, 정규분포의 특징 중의 하나로 정규분포하는 모집단으로부터 추출한 n개의 표본의 평균치는 N(μ, (σ / $(\sigma/\sqrt{n})^2$))의 정규분포라는 것을 알았다. 그러나 σ의 값을 모르므로 σ값에 가까운 s의 값으로 대용하면, 모집단의 평균치 μ는

$$N(100.25\ \ (2.8/\sqrt{n})^2)$$
$$=N(100.25,\ 0.31^2)$$

의 정규분포에 속하는 하나의 값으로 간주하고, μ의 참값은 95%의 확률로 99.64~100.86 mg 의 사이에 있다고 구간 추정하고 있다는 것이다. 이 작업에 있어서 선뜻 이해가 되지 않는 것은 σ의 값을 모르기 때문에 σ의 값에 가까운 s의 값으로 대신 이용한다는 것이다.

우선 데이터의 평균치 $\bar{x}$에 의존하는데, 모집단의 평균치 μ를 구간 추정할 때를 기억하자. $\bar{x}$는 μ를 중심으로 하여 $\sigma/\sqrt{n}$의 표준편차로 정규분포하고 있는 것이다. 따라서 $\bar{x}$와 μ와의 거리를 표준편차를 단위로 하여 측정한 값을 $(\bar{x}-\mu)/\sigma/\sqrt{n}$으로 읽고 그것이 N (0, 1)의 정규분포를 한다고 하여 표준정규분포표를 이용하고 있다.

그러나 사실은 σ의 정확한 값을 알 수 없다. 어쩔 수 없이 s를 이용하는데 σ 대신에 s를 사용하여 μ의 구간 추정을 하여도 오차를 동반하지 않는 정규분포표와 같은 표를 만든다.

$$\text{정규분포의 경우에는 } (\bar{x}-\mu)\ /\ \sigma\ /\ \sqrt{n} \text{ 의} \tag{2.42}$$

값에 대하여 표를 만들었지만 이번에는 σ 대신에 s를 사용해야 하므로 σ 대신에 s를 넣어

$$(\bar{x}-\mu)\ /\ s\ /\ \sqrt{n-1} \tag{2.43}$$

로 한다. 이것을 t로 놓고 이 t에 대하여 표를 만든다. 그렇게 하면 σ의 참값을 모르더라도 데이터로부터 구해진 s의 값을 사용하여 μ를 구간 추정할 수 있다.

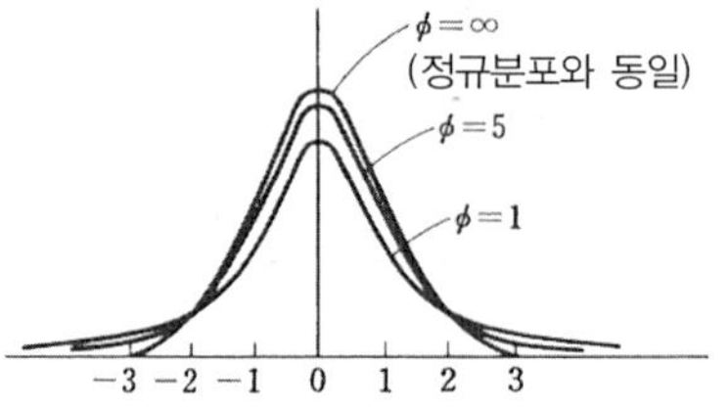

[그림 2.9] t 분포의 형

표준정규분포표에서는 중심으로부터 거리를 찾아내어 그것에 대응하는 분포의 면적(확률)을 표로 하였지만, t 분포에서는 분포의 양쪽 구석의 면적(확률)을 찾아내어 그에 대응하는 중심으로부터 거리를 표로 하고 있다.

t 분포표를 사용하는 목적이 90%인가 95%인가의 확률에 포함되는 구간을 추정하기 위해 이용되는 것이 많기 때문이다. 표 2.3에서는 양 끝자락의 면적이 0.1, 0.05, 0.01로 되어 있지만, 그것은 각각 90%, 95%, 99%의 신뢰구간을 구하기 위한 것이다.

[표 2.3] t 분포표 예

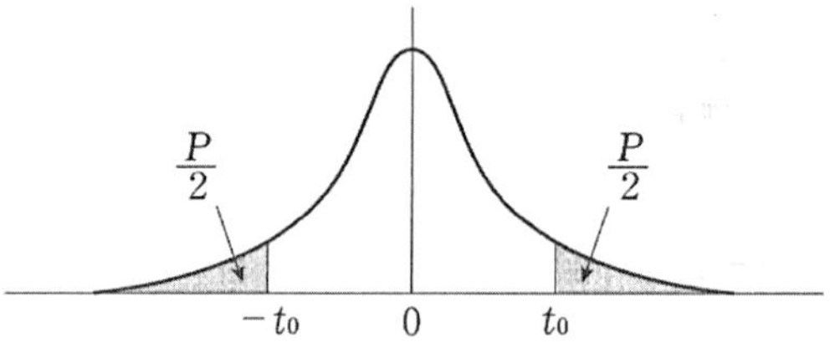

ϕ 자유도 $(n-1)$	양단면적(확률 P)		
	0.1	0.05	0.01
1	6.314	12.706	63.657
2	2.920	4.303	9.925
3	2.353	3.182	5.841
4	2.132	2.776	4.604
5	2.015	2.571	4.032
⋮	⋮	⋮	⋮
9	1.833	2.262	3.250
⋮	⋮	⋮	⋮
∞	1.645	1.960	2.576

2.5.3 이항분포를 표준정규분포로 하여 퍼센트로 구간 추정한다.

흔히 일상생활에서 여러 가지 통계조사 발표를 접한다. 지지하는 정당의 조사, 국민의 기호품 조사, 야생동물의 행동 조사 등 조사 결과가 퍼센트로 발표되는 것이 많은데 그 퍼센트에는 오차와 신뢰구간을 같이 발표하게 된다.

예를 들어 대학생 1000명에게 당신은 매일 영어 공부를 하는가? 라고 물으면 Yes가 250명, No가 750명 이었다고 하자. 이 결과에 따르면 공부의 비율은 25%이지만 고작 1000명을 조사한 결과에 지나지 않으므로 진짜 공부하는 학생의 비율은 이보다 다소 크든지 작게 될 가능성도 있다. 따라서 진짜 매일 영어 공부하는 학생의 비율을 구간 추정하여 보자.

예를 들어 그 비율을 p라고 하자. 모집단으로부터 n명을 뽑았을 때 그중에 딱 r명 공부하는 학생이 포함되어 있을 확률은 이항분포라는 분포를 따른다.

그림 2.10의 좌측을 보면 공부하는 학생의 비율이 25%라고 하면 1000명의 표본 가운데 포함되는 공부하는 학생 수를 횡축으로 하고 그것이 생기는 확률을 히스토그램으로 그린 이항분포의 그래프이다. 횡축이 학생 수를 단위로 하는 이산형 값이므로 가는 막대그래프로 되어 있다. 그중 250명의 학생이 포함되어 있을 확률이 가장 높은 것은 당연하다. 이 이항분포로 모집단의 p를 구간 추정해 보자.

우선 그림 2.10의 이항분포의 외형을 보자. 히스토그램의 정상을 연결한 곡선이 정규분포와 똑 닮았다. 그도 그럴 것이 수학적으로는 이항분포의 식에서 n을 점점 크게 하여 극한의 형태로 하는 정규분포를 만들 수 있다. 그렇다면 정규분포로 이항분포를 대용할 수 있을 것이다.

여기서 이항분포의 평균과 표준편차를 계산하여 보면

$$\text{평균} = np \tag{2.44}$$

$$\text{표준편차} = \sqrt{np(1-p)} \tag{2.45}$$

으로 된다. 그렇다면 이항분포를 식 (2.44)와 식 (2.45)의 특징을 갖는 정규분포로 대용하는 것으로 하자. 그림 2.10의 우측과 같다. n이 1000, p가 0.25이므로

$$\text{평균 } \mu = 1000 \times 0.25 = 250$$

$$\text{표준편차 } \sigma = \sqrt{1000 \times 0.25(1-0.25)} = 13.7$$

의 특성을 갖는 정규분포로 대응하는 것으로 된다.

이렇게 하면 표준정규분포의 성질에 따라

95%의 신뢰구간은 $250 \pm 1.96 \times 13.7 = 250 \pm 26.8 = 223 \sim 277$이라는 것으로 된다.

따라서 매일 영어 공부를 하는 대학생의 비율은 95% 확률로 22.3~27.7% 사이에 있다고 추정할 수 있다.

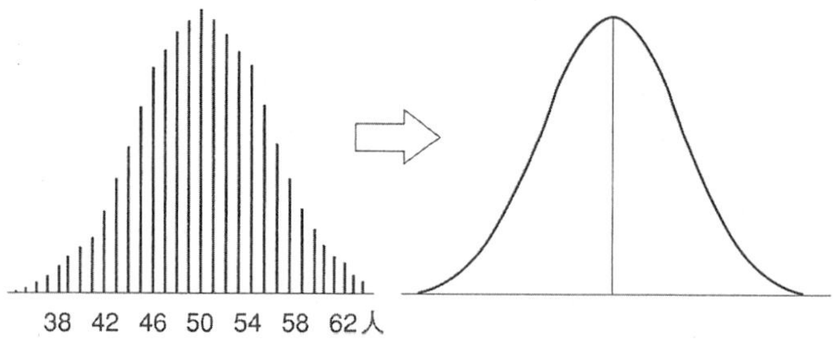

평균	np	$\mu = np$
표준편차	$\sqrt{np(1-p)}$	$\sigma = np\sqrt{np(1-p)}$

[그림 2.10] 이항분포를 반복하면 정규분포로 나타낼 수 있다.

2.6 검정

2.6.1 검정이란

추정이란 미루어 본다는 개념인데 반하여 검정은 판정을 내린다는 행위로, 표본으로부터 계산된 통계량을 이용하여 모집단의 모수나 분포에 대한 가설이 참인지 거짓인지를 판단하는 통계적 방법이다. 가설검정은 일반적으로 다음과 같은 단계를 거쳐 수행된다.

1) 모집단의 모수나 분포에 대하여 가설을 세운다.

2) 가설검정을 위하여 사용되는 적절한 통계량을 선택한다.

3) 가설을 기각하거나 채택하기 위하여 규칙을 정한다. 이런 규칙은 통계량의 표본분포를 이용한 기각 역을 정의함으로써 만들어진다.

4) 모집단으로부터 수집된 표본을 이용하여 통계량을 계산하고 3)의 규칙에 따라 가설을 기각하거나 채택하는 결정을 한다.

검정을 설명할 때 자주 예로 사용되는 것이 동전 던지기이다. 동전을 던졌을 때 앞면이 나올 확률과 뒷면이 나올 확률은 똑같이 0.5라고 생각하자. 여기서 앞면을 H, 뒷면을 T로 하면 첫 번째 토스에서 H가 나왔다. H가 나올 확률은 가설에 따라 1/2이므로 첫 번째 H의 확률 1/2, 이어서 두 번째 토스를 한 후, 이번에도 H가 나왔다. 계속해서 두 번째도 H가 나왔다 하더라도 "H와 T가 나올 확률이 같다"라는 가설이 틀린 것은 아니다. 충분히 일어날 수 있는 현상이다. 여기까지는 이해할 수 있다.

첫 번째도 두 번째도 H가 나올 확률은 $1/2 \times 1/2 = 1/4$이다.

그런데 세 번째 토스도 H가 나왔다 하자 .

세 번 연속 H의 확률$= 1/2 \times 1/2 \times 1/2 = 1/8$이다.

그러면 어떤가? 1/8 확률밖에 일어나지 않는 것이 지금 눈앞에 일어났다고 이 동전은 H가 나오기 쉬운 것이라고 단정할 수 있을까? 이어 네 번째도 H가 나왔다 하자.

H와 T가 나올 확률이 같은데도 우연히 네 번째도 H가 나올 확률은 네 번 연속 H가 나올 확률$= (1/2)^4 = 1/16$밖에 되지 않는다. 1/16은 6.25%이다. 상당히 작은 확률이다. 이런 현상이 지금 눈앞에서 우연히 일어난다고 생각하는 것보다는 이 동전은 H 쪽이 나오기 쉬운 것이라고 의심을 갖기 시작할 것이다.

그런데 6.25%가 작은 확률인가 아닌가는 사회적 상식의 문제가 발생한다. 6.25%를 작다고 느끼는가 아닌가는 주관적 문제일 수 있으며 상황과 입장에 따라 서로 다르다. 따라서 약속으로 5% 이하의 확률은 낮다고 간주하고 5%보다 크면 이 정도는 작은 확률이 아니라고 정한다. 이처럼 약속하면 H가 나오는 확률이 0.5라 하더라도 4회씩 H가 나오는 것이 때때로 일어나므로 H의 확률은 1/2이라는 가설은 부정할 수 없다고 판정해 버리는 것이다. 여기서 다시 한번 동전을 흔든 후 또 H가 나왔다 하자. 다섯 번 연속 H가 나올 확률은

$$\text{다섯 번 연속 H의 확률} = \left(\frac{1}{2}\right)^5 = 1/32 = 3.12\%$$

가 된다. 3.12%는 위의 약속보다 작은 확률이다. 따라서 이것은 작은 확률밖에 일어나지 않는 현상이 일어나는 것은 부자연스럽고 H와 T가 나오는 확률은 동등하다는 가설을 버리고 이 동전은 H와 T의 확률에 차가 있다고 판정을 내리는 것으로 한다. 이럴 때 H와 T의 확률에는 유의차가 있다고 말한다. 즉 우연에 의한 차가 아니라, 의미가 있다고 주장하는 것이다.

공장에서 일어날 수 있는 예를 들어보자. 만약 어느 제품을 만드는데 A와 B라는 제조공법이 있는데 어느 쪽을 채택하는가에 고민하고 있다고 생각하자. 8명의 작업자에게 양쪽의 제조공법으로 작업을 수행하게 한 후 불량이 발생하지 않고 편리하게 작업이 가능한 공정을 선택하도록 했다. 그 결과 A, A, A, B, A, A, A, A

A를 선택한 사람이 7명이고 B를 선택한 사람이 1명이다. 이 결과로부터 A와 B 사이에 유의차가 있는가 아닌가? 위험률 5%로 검정해 보자.

통계학의 입장에서 보면 이 문제는 8회의 동전 던지기 결과가 H가 7회, T가 1회라든가 가위바위보의 결과가 7승 1패일 때의 유의차 검정과 똑같다.

우선, 귀무가설을 A와 B의 확률은 동등하다고 하자. 그리고 A인가 B인가가 시행을 8회 했을 때 8회 다 같이 A가 나올 확률, A가 7회이고 B가 1회일 확률, A가 6회 B가 2회일 확률, ……. A가 1회이고 B가 7회일 확률, 8회 모두 B일 확률은 이항분포라는 분포를 한다.

A와 B의 발생 확률이 똑같음에도 불구하고 8회 중 7회가 A가 나타나는 확률은 0.031, 즉 3.1%에 불과하다. 이것은 위험률 5%보다 작은 값이다. 그러나 아직 "A와 B와의 출현률은 같다"라는 가설은 부정하고 "A와 B 사이에 유의차가 있다고 검정할 수 있다"라고 판정하기에는 이르다. A가 7승 1패로 결정되게 되면 A가 8승 0패일 때도 당연히 A로 결정되지 않으면 안 된다. A의 7승 1패 이상의 확률을 위험률 5%와 비교하지 않으면 안 된다는 것이다. A가 8승 0패의 확률은 0.004이므로

$$\text{A의 7승 1패 이상의 확률} = 0.031 + 0.004 = 0.035 \tag{2.46}$$

즉 3.5%로 되더라도 또 위험률 5%에는 도달하지 못한다. 따라서 A와 B의 확률이 동등하다는 귀무가설을 기각하는데 위험이 5%에 도달하지 못하여, 가설은 기각되고 A에는 유의차가 있다고 확인된다.

이처럼 우연에는 별로 일어나지 않는 현상이 일어나면 우연히 일어난 것이 아니고 그 현상을 일으키는 원인이 존재한다고 판정하자는 통계적인 수법을 검정이라 한다.

그런데 여기서 검정이 틀려도 통상 중대한 일이 일어나지 않아 곤란하지 않을 때는 5%의 위험률을 채택하지만, 틀리면 큰 문제가 발생할 경우 1%라든지, 때에 따라서는 0.1%를 채택해야 한다.

이와 같은 판정에는 두 종류의 오류가 생긴다. 위험률을 크게 취하면 거의 유의차가 없는데 있다고 속단하는 오류가 생기고, 위험률을 작게 하면 유의차가 있는데 인지하지 못할 가능성이 증대한다. 이런 경우 속단하는 쪽을 1종 오류, 인지하지 못하는 쪽을 2종 오류라 한다. 그리고 전자의 확률을 α, 후자의 확률을 β로 나타내기도 한다.

또한 이 α와 β를 생산자 리스크와 소비자 리스크로 부르기도 한다.

또 이 가설의 사용방법을 생각해 보자. H와 T가 나오는 확률이 같다라는 가설을 세우면, 마음속에는 이 가설이 부정되어 H에 결심을 내리는 것을 기대하고 있었던 것은 아닌가?

이와 같은 가설은 제로로 돌아간다는 것을 기대하고 있는 경우가 많은데, 이와 같은 가설은 귀무가설이라 부른다. 이 귀무가설은 H_0, 대립가설은 H_1으로 표시하게 되는데 주로 우리가 참인 것으로 증명하기를 원하는 가설은 H_1으로 하고, 거짓인 것으로 증명하기를 원하는 가설을 H_0로 취한다. 따라서 H_0와 H_1은 서로 반대되는 가설로 만일 H_0가 기각된다면 H_0는 거짓이고 H_1은 참이라는 것을 의미한다. 그러나 만약 H_0가 기각되지 않는다고 해서 H_0가 참이라는 것을 의미하지는 않는다. 다만 H_0가 거짓이라고 할 만한 충분한 증거가 없다는 것을 의미한다.

기각역은 귀무가설 H_0를 기각하는 검정 통계량의 집합으로 정의되는데, 만약 표본으로부터 계산된 검정 통계량의 값이 기각역에 속하면 H_0를 기각하게 된다. 또 가설검정의 유의수준이라는 것은 귀무가설 H_0가 사실임에도 H_0를 기각함으로써 대립가설 H_1을 참으로 채택하는 오류를 범하는 최대확률(일반적으로 α로 표시되며 제1종오류라 불리기도 함)로 정의하며, 계산된 검정통계량의 값에 대하여 H_0가 기각될 수 있는 최소유의수준이 p 값으로 정의된다.

2.6.2 σ를 모를 때 t 검정으로 평균치를 검정

어느 화학 공장의 예를 들어보자. 분말을 삽입하는 흐름 작업을 이어가고 있다. 넣는 양의 편차가 생기는 것은 어쩔 수 없지만 평균치만은 7.5g을 지켜야 안정적인 화학 반응이 일어나므로 이를 지키고 싶다. 그것을 조사하기 위하여 5개의 표본을 취하여 중량을 재본 결과 5, 6, 6, 7, 8g이었다. 이 데이터에 따라 흐름 작업에서 채워지고 있는 화학 분말의 평균치 μ가 7.5인가를 검정하자.

우선 $\mu=7.5$g이라는 가설을 세우자. 그리고 이 가설을 검정해보고 가설이 기각되면 평균치를 수정하자.

5개의 데이터로부터 구해진 값은

$$\bar{x}=6.4$$

$$s=\sqrt{5.2/(5-1)}=1.14$$

이며 가설에 따라 μ는 7.5이다. $n=5(\phi=4)$이므로 t는

$t=\pm(\bar{x}-\mu)\ /\ (s\ /\sqrt{n-1})$이므로 상기의 값을 대입하면

$$t=\pm(6.4-7.5)\ /\ (1.14/\sqrt{5-1})=\pm1.93 \tag{2.47}$$

으로 된다. 다음은 t 분포표와 비교하여 판정을 내리면 된다.

표 2.4에 t 분포로부터 t의 값이 95%의 확률(양끝단의 면적이 0.05)에 존재하는 범위는 ±2.776임을 알 수 있다.

[표 2.4] t 분포표의 일부

n	ϕ	양단 면적 (확률)		
		0.1	0.05	0.01
5	4	2.132	2.776	4.604

예제에서 t의 값 ±1.930은 ±2.776보다 작은 범위에 들어와 있다. 즉 목표 평균값이 7.5인데 표본이 5개에 평균 $\overline{x}$은 6.4이고 5~8 사이에서 편차하고 있어 5개의 표본이 뽑히는 확률이 5%보다 크므로 참값 μ가 7.5라는 가설을 기각하는데 위험성이 크다는 결론이 내려질 수밖에 없다. 이 결론에 불만이 있으면, 표본의 수를 늘려 다시 검정을 해 볼 수밖에 없다. 표본 수가 증가하면 판단이 정확하게 되기 때문이다.

그러면 데이터를 10개로 하여 5,5,6,6,6,6,7,7,8,8이었다고 하자. $\overline{x}$의 값은 앞의 예와 같이 6.4이지만 n이 10개로 늘어나

$s=\sqrt{10.4/(10-1)}=1.075$로 바뀌며 새로운 10개의 데이터로부터 구한 t의 값은

$$t=\pm 6.4-7.5\ /\ (1.075/\sqrt{10-1})=\pm 3.070 \tag{2.48}$$

으로 된다. 한편 표 2.3에서 양 끝자락의 면적이 0.05인 t 값은 2.262이므로 위에서 계산된 t의 값은 완전히 양 끝자락의 구역에서 벗어난다. 따라서 μ가 7.5이라는 가설은 기각하지 않으면 안 된다. 이와 같이 데이터의 수가 늘어남에 따라 판단이 달라지는 것이 적지 않은데 데이터의 수가 많을 때의 판단이 일반적으로 정확하다. 따라서 추론통계의 정도는 일반적으로는 데이터 수의 $\sqrt{\ }$에 비례하여 향상된다고 생각하면 좋다.

정리하면, 추정이라는 것은 데이터로부터 구한 t의 값이 어느 확률 (예를 들면 95%)에 포함되는 구간을 구하는 행위이며, 검정이라는 것은 데이터로부터 구한 t의 값이 그 구간에 포함되어 있는가 아닌가를 판단하는 행위이다. 따라서 추정할 수 있으면 일반적으로는 검정도 가능하다고 생각해도 좋다.

2.6.3 양측 검정과 단측 검정

위에서 $\mu=7.5$로서 구한 t의 값이 t 분포 양끝단에 색칠한 2.5%씩의 면적에 포함되지 않았으므로 $\mu=7.5$라는 가설을 기각하지 못했다. 따라서 평균치를 수정할 필요가 없다고 판단한 것이다. 거꾸로 말하면 t의 값이 우측의 2.5%의 범위에 포함되거나 좌측의 2.5% 범위에 포함돼야만 평균치를 수정할 필요가 있다는 것이다.

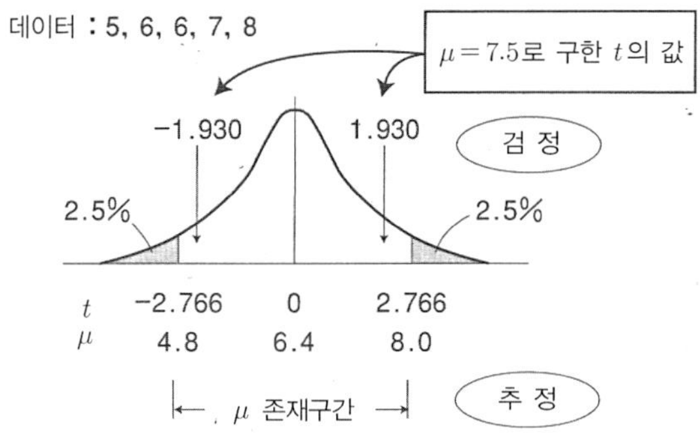

[그림 2.11] 추정과 검정의 관계

그러나 실제로 생산되는 과정에서 화학 분말이 규격보다도 클 경우 이상 화학 반응이 일어난다고 하면 판단기준은 달라진다. 그런 입장에서 검정하면 t 분포의 한쪽 구석의 면적을 5%로 하여 검정하지 않으면 안 된다. 한쪽 구석의 면적이 5%로 되도록 한 t의 값은 2.132이다.(표 2.4) 표본이 5개인 예제에서 t값은 1.93이었으므로 단측 검정의 경우라도 가설을 기각하는 것은 안 되므로, 평균치를 수정할 필요가 있다고 말할 수 없다.

정리하면 t 분포의 양쪽 끝의 면적을 판정 기준으로 하도록 한 검정을 양측 검정이라고 하고 한쪽 구석의 면적에 따른 검정을 단측 검정이라 한다.

제3장

신뢰성 척도와 수명 분포

앞에서는 신뢰성공학에 입문하기 전에 기본적으로 알아야 할 확률과 통계에 대한 기초를 알아보았는데, 이와 관련된 지식은 품질관리에서 많이 활용되고 있으나, 신뢰성공학을 공부하는데 있어서 이에 관한 지식을 갖지 않으면, 나무를 보지 못하고 숲만 보는 우를 범할 수 있다고 생각하여 공부하였다.

이제 본격적으로 신뢰성공학적 사고를 갖기 위하여 신뢰성에 대한 척도인 신뢰도, 고장률, MTBF(평균고장시간, Mean Time Between Failure), MTTR(평균고장수리시간, Mean Time To Repair)과 수명 분포에 대하여 알아보자.

3.1 신뢰성 척도

3.1.1 배스터브 곡선

같은 날에 태어난 100인의 신생아를 전원이 사망하기까지 약 100년에 걸쳐 추적한 사망 데이터를 분석해 보면 태어나서 세상에 적응하기까지는 의술이 발달함에 따라 사망자 수가 점점 줄어들지만 여러 가지 예기치 않은 사고로 비교적 많은 비율로 사망한다. 그 후 10대, 20대 30대에는 사망이 적게 되고 40대부터 서서히 사망자 수가 증가하여 60대와 70대가 가장 사망자 수가 많게 된다.

그 후는 80대, 90대로 급격히 사망자 수가 줄지만, 이것은 다시 건강하게 되는 것은 아니고 생존자가 적어짐에 따른 것에 불과하다.

그런데 나이가 들어감에 따라 어느 정도로 사망하게 되는가? 사망자 수를 보는 것만으로는 알 수 없다. 생존자 가운데 어느 정도 비율로 사망하는가를 조사할 필요가 있다. 이것이 사망률이다.

이를 조사 대상 수와 관계없이 일반화한 것이 그림 3.1, 3.2와 같다.

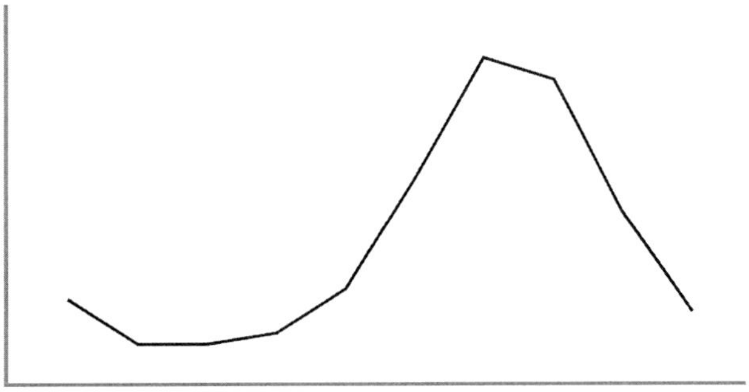

[그림 3.1] 사망자 수 그래프

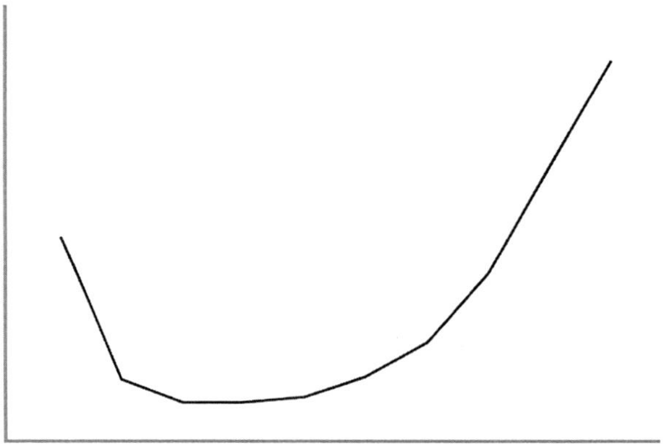

[그림 3.2] 사망률 그래프

그림 3.1은 일반화한 사망자 수의 그래프이며 그림 3.2는 사망률 그래프인데 종축은 사망률을 나타내며 일반적으로 시간이 경과할수록 사망률이 높다. 즉 인간은 태어난 직후에 사망률이 약간 높은 시기가 있고 그것을 지나면 사망률이 낮은 안정된 기간을 맞이하고 장년기부터는 서서히 사망률이 상승하기 시작, 그 후는 노령화에 맞물려 사망률은 상승하게 된다.

위 그래프는 시스템과 부품 등의 고장률에 대해서도 동일하게 나타난다. 그 경향을 일반화하여 표현한 것이 그림 3.3이다. 곡선의 형이 욕조와 닮았다 하여 배스터브(Bathtub)라 부르며 신뢰성공학의 상징적인 용어 중 하나이다.

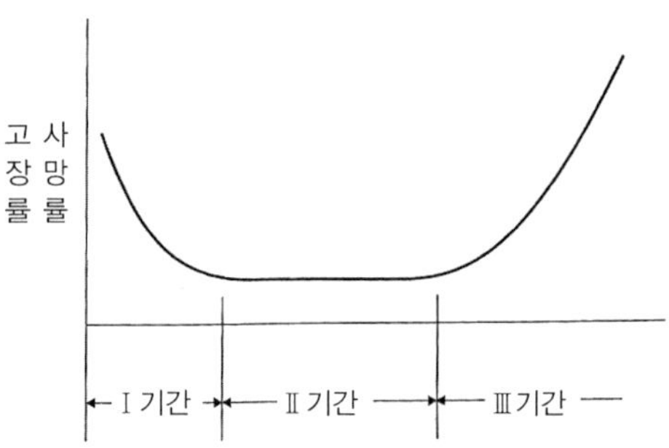

[그림 3.3] 배스터브 곡선

그림의 좌측, 즉 초기는 높은 사망률과 고장률이 시간의 경과에 따라 급격하게 저하하고 있는 기간을 제 I 기간이라 하자.

전기제품이나 건설기계, 비행기 등 기계제품에 대해서도 제조 직후는 고장이 잦은 것이 보통이다. 설계에 생각지 않은 실수가 있거나 혹은 제품 중에 불량한 부품이 포함되어 있어 고장의 비율이 높게 된다. 따라서 이 기간에 생기는 고장을 초기고장(Initial Failure 또는 Early Failure)이라고 한다.

대개의 제품에서는 이와 같은 초기고장이 발생하는 기간이 있으므로 제조된 그대로 제품을 시장으로 보내면 고객으로부터 불만과 비난을 받는다. 따라서 제조자 측에서는 출하 전에 검사 및 길들이기 운전 등을 실시하여 초기고장을 일으키는 불량을 개선하고, 제품을 출하시키는 것이 보통이다. 이와 같이 제품에 잠재해 있는 결함을 조기에 적발해 내는 것을 디버깅(Debugging)이라 한다.

다음은 배스터브 곡선의 바닥 부분을 제Ⅱ기간이라고 하자. 이 기간은 사망률과 고장률이 낮은 값으로 거의 일정하다. 인간의 경우 소년기로부터 청년기까지는 생리적으로 활발하여 대부분 우발적인 사망밖에 없으므로 제Ⅱ기간의 사망률은 거의 일정하다.

디버깅이 끝난 제품에도 우발적인 고장 예를 들면, 비행기의 엔진에 조류가 빨려 들어가 일어나는 고장, 낙뢰에 따른 전자펄스로 IC가 오작동하는 것에 의한 고장, 우박을 맞는다든지 원인불명으로 돌연 발생하는 고장 등이 발생하는 제Ⅱ의 기간이 있고 이것도 우연히 발생하므로 고장률은 거의 일정한데 이와 같은 성격의 고장을 우발고장(Random Failure)이라 한다.

그러나 우연히 일어나 버린다고 내버려 두는 것은 무책임하다. 비행기의 엔진에 새가 빨려 들어가면 새가 빨려 들어가지 않도록 대응을 하여야 하고, 전자펄스로 IC가 오작동하면 그 대책을 강구해야 한다. 한편 고장이 빈번하지 않고 손실이 크지 않아 신뢰성에 대한 영향이 크지 않을 경우, 특별한 대책을 강구하지 않고 미리 확보된 보증비용으로 처리하는 경우도 적지 않다.

고장이 일어나는 메커니즘의 본질에 들어가 그 원인과 방지책을 도출하는 사고와 수법을 고장해석(Failure Analysis)이라 한다.

고장해석의 연구가 진행되어도 우발고장이 없어지게 된다고 생각되지 않는다. 그러면 우연이란 무엇인가? 사실은 우연이라는 것은 없고 모든 것이 인과응보에 따른다고 생각할 수 있다.

주사위를 던져 1이 나온다면 주사위가 손을 떠나는 순간의 높이, 방향, 각도 등 공기의 밀도와 흐름, 주사위의 무게 중심 등 모든 제원이 정확하게 규명되면 1이 나오는 것은 필연적일 것이다.

그러나 이들 조건이 너무 복잡하여 그것을 규명하는 것은 현실적으로 어려우므로 우연히 1이 나온다고 단정 짓는 것이다. 이와 같이 인과응보의 사리가 너무 복잡하여 그것에 집착해서는 이야기가 진행되지 않을 때 우리는 그것을 편의적으로 우연으로 취급하게 된다.

만약 측정이라든가 계산 등의 과학적인 수법이 더 진보하면 1이 나오는 것도 우연이지 않고 과학적인 결론의 하나로 될지 모르겠다. 그러나 그렇다 하더라도 그 대신에 공기의 흐름이 왜 그렇게 되었는가, 왜 주사위를 던지는 손에 힘이 들어가 있는가 등 더 많이 해명하기 어려운 문제가 나타나게 될 것이다. 따라서 그것을 해명할 수 있다 하더라도 그 외의 더 많은 난제가 나타나 인간의 지혜와 우연의 관계는 지속될 것이다. 그러므로 고장해석이 발전하여도 우발고장이라는 개념이 없어진다고 기대하지 않는 것이 일반적이다.

다음은 배스터브곡선의 Ⅲ의 기간이다. 제Ⅱ의 기간에서는 낮은 값으로 안정되었던 사망률이나 고장률이 서서히 증가하고 마침내는 가속도적으로 급상승하는 기간이다.

제품의 경우 마모에 따라 균열이 발생하거나 재료가 피로로 파손되어 요구된 기능을 수행하지 못하게 되는 기간이다. 이 시기의 고장 원인은 마모로 대표되어 마모고장(wear out failure)이라 하고 이 기간을 마모고장기간이라 부른다.

그런데 제Ⅰ의 기간은 설계와 제조 등에 잠재되어 있던 결함이 노출되는 시기, 제Ⅱ의 기간은 우발고장이라고 말할 수밖에 없는 고장만이 조금 발생하는 기간, 제Ⅲ의 기간은 장기간 사용되어 균열이 발생한 시기라는 뜻이므로, 제품으로서의 사용되는 시기는 제Ⅱ의 기간, 즉 우발고장기간 만이라고 말할 수 있다. 따라서 우발고장기간을 내용수명이라 부른다.

3.1.2 우발고장과 신뢰성

우연을 하나하나로 취급하지 않고 우연의 집합으로 관찰하면 거기에 명료한 규칙성을 읽을 수 있다. 그 규칙성을 체계적으로 한 것이 확률론이며 통계학이다. 즉 확률과 통계적인 사고로 우발고장기간에 일어나는 현상을 알아보자.

우선, 고장률이 일정하다는 것은 어느 현상인가? 고장률이라도 사망률, 감소율과 같은 것이므로 1년 도달 시마다 10%씩 감소하는 경우를 생각해보자.

라듐, 우라늄과 같은 방사성 물질은 자신의 중량에 비례하여 방사선을 방출하여 자연적으로 감소하여 가므로, 이와 같은 물질의 감소를 고장에 따른 마모로 간주하여 생각해 보자.

최초 100g의 물질이 있고 1시간 경과마다 10%씩 감소하여 간다고 생각한다. 1시간 후에는 10% 줄어들어 90g, 1시간 후에는 90g으로부터 10% 줄어든 81g, 1시간 후에는 더 10% 줄어들어 72.9 ….

이 모습을 그래프로 그린 것이 그림 3.4이다. x 축은 시간이고 y 축은 잔량이다. 처음에는 잔량이 급격하게 감소하지만, 시간의 경과에 따라 그 감소가 부드럽게 된다. 이는 시간과 함께 잔량도 줄어들므로 10%로 감소하기 때문이다. 이와 같이 잔량은 시간에 따라 점점 줄어들지만, 잔량이 제로로 근접해 간다고 하더라도 제로로는 되지 않는다. 이것이 일정의 비율로 감소할 때의 특징이다.

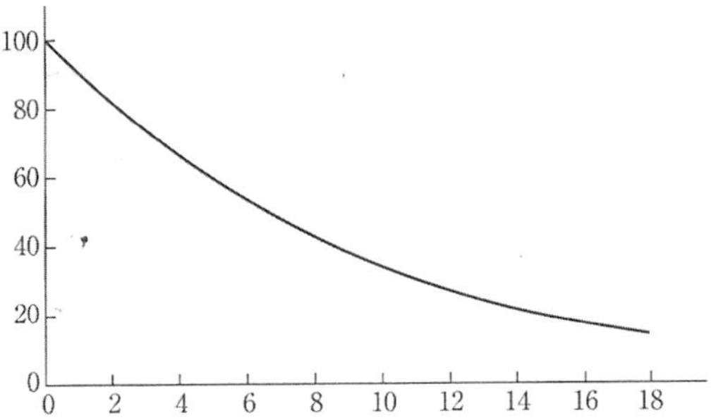

[그림 3.4] 감쇄곡선

이 곡선은 시간의 흐름에 따라 감쇄하여 가는 모양을 나타내므로 감쇄곡선이라 부른다. 그림 3.5에 여러 가지 감쇄곡선을 나타내 보았다. x축은 시간 혹은 주행거리, 사용횟수 등 시계열 변수이며 자유자재로 설정 가능하다.

그림을 보면 고장률의 대소와 관계없이 최초는 급격하게 감소되지만 그 경향은 고장률이 크게 될수록 급격하게 줄어든다. 그리고 시간의 경과에 따라 감소가 부드럽게 제로로 점점 근접해가지만, 결코 제로로 되지 않는 공통점을 읽을 수 있다.

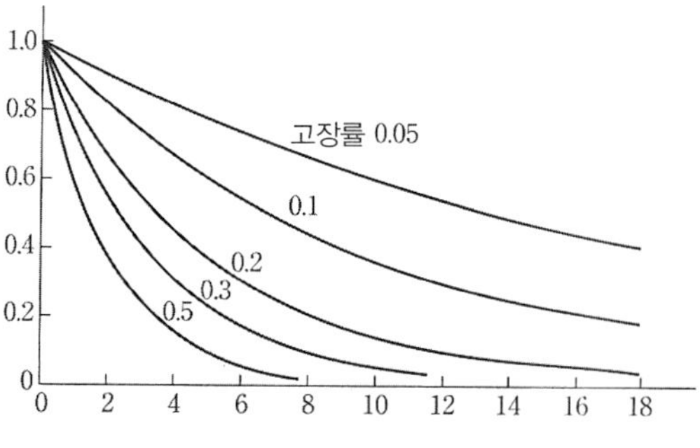

[그림 3.5] 고장률과 잔량률

이제 수학적으로 접근하여 보면, 시간의 흐름과 고장률과 잔량의 관계는 그림 3.5와 같지만 그대로는 평균수명을 계산한다든지, 잔량이 반으로 되는 시간(반감기)을 구하는 것은 불가능하므로 수식을 알지 않으면 안 된다.

어느 순간의 잔량을 y라 하자. y의 감소는 y 자신에 정비례하므로 이 관계를 식으로 적으면

$$\frac{dy}{dt} = \lambda y \tag{3.1}$$

λ ; 비례정수 즉 고장률, t : 시간

이식을 변형하여 적분하자.

$$\frac{dy}{y} = -\lambda\, dt \tag{3.2}$$

$$\int \frac{dy}{y} = -\lambda \int dt \tag{3.3}$$

$$\log y = -\lambda t + C \tag{3.4}$$

여기서 $t = 0$일 때 $y = A$이므로

$$C = \log A$$

여기서 식 (4)에 대입하여 정리하면

$$\log y - \log A = -\lambda t$$

$$\log \frac{y}{A} = -\lambda t$$

$$\frac{y}{A} = e^{-\lambda t}$$

$$y = A e^{-\lambda t} \tag{3.5}$$

가 된다.

즉 시간의 경과가 제로일 때의 양이 A였다고 하자. 그것이 단위 시간당 λ의 고장률로 감소해 나가면 t만큼 경과했을 때 잔량 y는 식 (3.5) 과 같다. e는 2.71828 … 라는 자연의 연속성장을 나타내는 자연상수로 끝없는 수가 계속되는 원주율 π와 같은 무리수이다.

위의 식 (3.5) 을 곡선으로 나타낸 것이 그림 3.6이다. 동일한 감쇄곡선이다. 이번에는 당초의 양을 A라 약속하였으므로 곡선은 y축의 A의 위치로부터 출발한다.

그런데 그림 3.4와 그림 3.5에서는 x축은 시간이지만 이번에는 그것에 고장률 λ를 곱한 값으로 눈금이 만들어져 있다. 식 (3.5) 을 보면 알 수 있듯이 A도 e도 상수이므로 λt에 의해 y가 결정된다. 따라서 x축에 λt의 값을 표시하도록 하면 식 (3.5) 은 단 하나의 곡선으로 나타낼 수 있는 것이다. 만약 x축의 눈금을 t만으로 하면 그림 3.5의 경우와 같이 λ의 값에 따라 많은 곡선을 그리지 않으면 안 되므로 λt로 한 것이다.

$e^{-\lambda t}$의 값은 쉽게 계산되는 값이 아니므로 표로 하여 사용된다. 이 경우 x를 λ와 t의 곱으로 하여 여러 가지로 변화시키면서 e^{-x}의 값을 표로 만든 것이다.

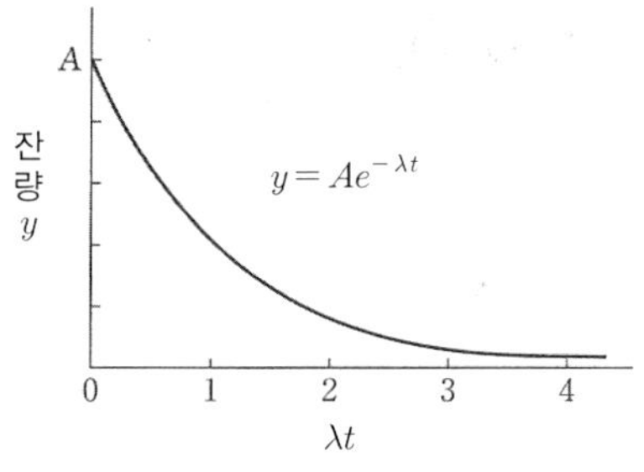

[그림 3.6] 감쇄곡선

3.1.3 고장률과 평균수명 MTBF

배스터브곡선의 우발고장 기간에서는 잔량 $y = Ae^{-\lambda t}$라 하였다. 평균수명을 구하는 것을 도식화하면 그림 3.7과 같이 된다.

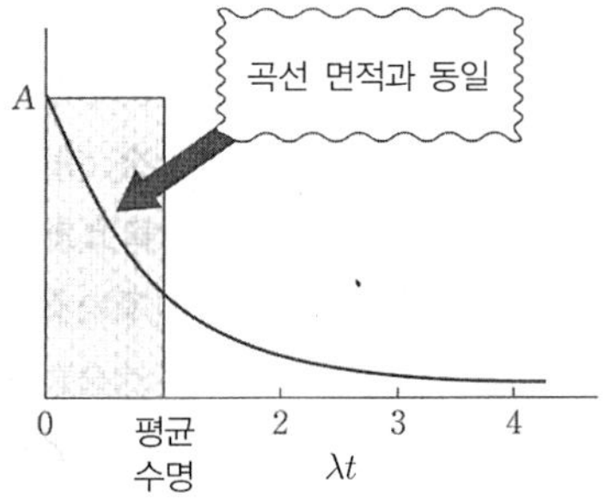

[그림 3.7] 평균수명

그림 중에 음영부의 직사각형 면적은 감쇄곡선과 x축과 y축으로 둘러싸인 면적과 동일하게 한 것이다. 감쇄곡선과 x축 및 y축에 둘러싸인 면적을 구하면

$$\int_0^\infty y\,dt = \int_0^\infty Ae^{-\lambda t}\,dt = \left[-\frac{A}{k}e^{-\lambda t}\right]_0^\infty = \frac{A}{\lambda} \tag{3.6}$$

이다. 즉 수명의 총합계인 것이다. 따라서 수명의 평균값은 이것을 A로 나누어 구할 수 있다. 즉 평균수명은 $1/\lambda$로 된다. 직사각형의 폭이 $1\lambda t$로 되어 있다.

즉, $\lambda t = 1$ (3.7)

일 때 바꿔말하면

$$t = 1/\lambda \tag{3.8}$$

일 때 평균수명인 것이다.

평균수명은 각각의 제품에 대한 평균적인 고장 간격이라고 말할 수 있다. 이런 까닭에 신뢰성공학에서는 평균수명을 평균고장간격이라 하고 수리가능계에서는 보통 이것을 MTBF (Mean Time Between Failure)라 명칭하고 있다. 따라서 식 (3.8)은

MTBF= 1/고장률 (3.9)

로 표현할 수 있다.

제품 혹은 시스템의 신뢰도를 나타내는 지표로써 MTBF를 자주 이용한다. 그 주된 이유 중 하나는 건설기계와 같은 내구재의 부품 등은 납품 후, 장비에 조립되어 시장에서 완성된 장비로서 사용되는데, 그 제품의 사용시간은 사용 용도와 조건에 따라 제각각이다. 그런데도 불구하고 부품으로서의 신뢰성을 신뢰도로 표시하고자 하면 각 부품 제조사가 미리 사용시간을 상정하지 않으면 안 되는데 그것은 업체마다 각각의 입장에서 정하는 것은 의미가 없다. 따라서 제조사에서는 사용 시간이라는 것과는 무관한 MTBF 로 표시하여 사용자가 각각의 사용시간 및 조건에 따른 신뢰도를 산출하게 된다.

또 대다수 부품이나 제품은 고장 나면 그 순간에 더 사용하지 못하게 되는 것이 아니고 고장이 발생하면 그 즉시 수리를 하여 재사용되도록 하는 것이 보통이다. 이때 긴 기간을 상정하여 신뢰도를 표시하는 것은 현실적이지 않다. 고장이 발생되자마자 수리할 것이므로 평균고장간격(MTBF)으로 신뢰성을 표시하는 것이 일반적으로 이해하기 쉽다.

물론 MTBF가 아니고 고장률로 신뢰성의 정도를 나타내는 것도 적지 않다. 어쨌든 MTBF와 고장률은 식 (3.9) 와 같이 상호 역수의 관계가 있으므로 수월하게 상호 환산할 수 있다. 한편 남은 수가 최초 수의 반으로 되는 시기는 언제인가? 위의 식 (3.5) 에서

$e^{-0.7}=0.49659=0.5$이므로

$$\lambda t = 0.7 \tag{3.10}$$

$$t = 0.7 / \lambda \tag{3.11}$$

일 때에 잔량이 반으로 되는 것을 알 수 있다.

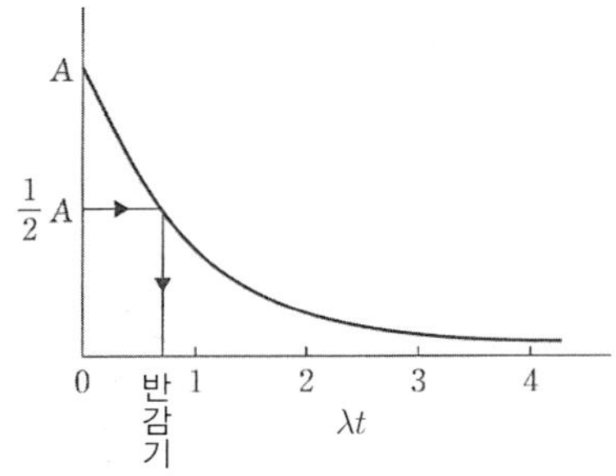

[그림 3.8] 반감기

우발고장기간에 있는 제품의 경우 평균수명(MTBF)을 지나면 반수의 제품이 고장 난다고 생각하는 경향이 있으나 그렇지 않다. 평균수명은 식 (3.7) 과 그림 3.7과 같이

$\lambda t=1$(λ는 고장률)

로 되는 t로 나타내진다. 따라서 처음 수량 A 제품은 $kt=1$ 시간이 경과한 후 식 (3.5)에 따라 $y=Ae^{-1}$까지 줄어들게 된다. $e^{-1}=0.36788=37\%$이므로 MTBF 만큼 경과하면 약 37%로 줄어드는 것이지 결코 반으로 줄어드는 것은 아니다.

한편 반으로 줄어들기까지의 시간을 반감기라 한다. 앞에서 설명하였듯이 $\lambda t=0.7$로 되는 t로 나타내진다. 따라서 평균수명을 나타내는 식 (3.7) 과 비교하면

$$\text{반감기} = \text{평균수명 (MTBF)} \times 0.7 \tag{3.12}$$

이라는 관계가 되는 것을 알 수 있는데 이는 신뢰성공학 사고의 기초이다.

3.1.4 신뢰도의 식들

신뢰도는 규정의 시간을 통틀어 기능을 수행하는 확률이므로 어느 규정의 시간을 경과하였을 때 기능을 계속하고 있는 잔량 수가 y로 줄어들면 그 제품의 신뢰도 R은

$$R = y/A \tag{3.13}$$

이다. 따라서 A로부터 시작하는 감쇄곡선의 y축 값을 A로 나누고 1부터 시작하도록 하게 하면 그것이 신뢰도를 나타내는 것이다,

그림 3.9는 신뢰도를 나타내는데 y축이 신뢰도 R로 되어있는데 신뢰도 R은 시간 t에 따라 저하하는 값, 즉 R은 t의 함수이므로 $R(t)$이라고 적어 놓았다.

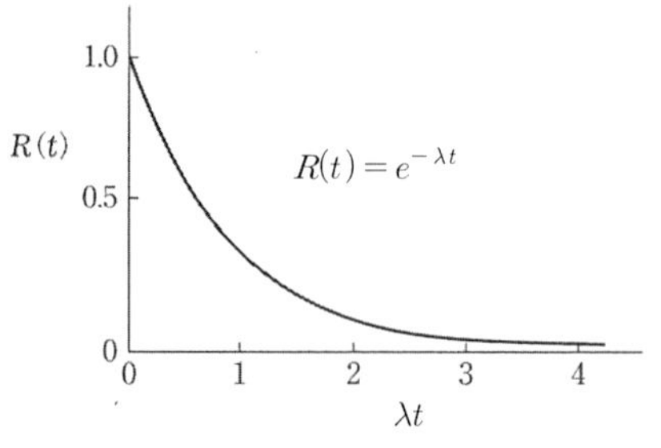

[그림 3.9] 신뢰도 곡선

3.1.5 신뢰성 척도

우리가 신뢰성을 이야기할 때 표 3.1과 같은 척도들을 사용한다. 신뢰성 척도는 신뢰성을 데이터로 하여 신뢰성을 쉽게 확인하거나 비교할 수 있고, 제품의 수명을 알 수 있으며 사용시간과 고장 발생의 관계를 알 수 있다. 또한, 개선의 확인 및 가동 중 제품의 장래 가동 상황을 예측할 수 있다.

[표 3.1] 신뢰성 척도 예

사용조건	수리가능성	보전종류	신뢰성척도 예	제품 예
연속사용	수리가능	예방보전	평균고장간격 내용수명 가동률	건설기계 차량 항공기 생산설비
		사후보전	평균고장간격 내용수명 초기고장률(1년)	가정용전기기기
	수리불가능	마모까지 사용	고장률 평균수명 고장분포형과 그 파라미터	전자부품
		일정기간 사용후 폐기	고장률 교체수명 고장분산형과 그 파라미터	원자력
돌발사용	수리가능	예방보전	성공률 불발률	고부하계전기 구명기구
	수리불가능		동작률	신관

1) 평균수명

수리가 불가능한 제품에 있어서 고장이 날 때까지의 평균 시간을 MTTF(Mean Time To Failure)라 하고 수리가 가능한 제품에 있어서 고장과 다음 고장 사이의 평균 간격을 MTBF (Mean Time Between Failure)라 한다.

2) 백분위수

제품 총 수의 p%가 고장 나는 시간을 말하며 t_p, 혹은 B_p라 표기한다.

3) 고장확률

제품이 정해진 시간 t 내에 고장이 발생할 확률을 말하며 $F(t)$로 표기한다. 또 초기 시료 수를 N, t 시각에 고장 나지 않고 남아 있는 시료 수를 $n(t)$이라고 하면 고장확률 $F(t)$는

$$F(t) = (N-n(t))/N \text{이다.} \quad (3.14)$$

4) 신뢰도

제품이 정해진 시간 T까지 정상적으로 동작할 확률을 말하며 $R(t)$로 표기한다. 초기 시료 수를 N, t 시각에 고장 나지 않고 남아 있는 시료 수를 $n(t)$이라고 하면 신뢰도 $R(t)$은

$$R(t) = \text{n(t)/N}\text{이다.} \tag{3.15}$$

5) 고장률

시간 t까지 고장 나지 않은 제품 중 다음 순간 고장 날 제품의 비율을 말하며 $\lambda(t)$로 표기한다. 초기 시료 수를 N, t 시각에 고장 나지 않고 남아 있는 시료 수를 $n(t)$이라고 하면 시간 간격 Δ에서의 고장률 $\lambda(t)$는

$$\lambda(t) = \frac{[n(t_i) - n(t_i + \Delta t_i)]/n(t_i)}{\Delta t_i}\text{이다.} \tag{3.16}$$

6) 확률밀도함수, 누적분포함수, 신뢰도 함수, 고장률 함수 관계

(1) 확률밀도 함수

확률밀도함수(pdf, Probability Density Function)는 통상 $f(t)$의 기호로 표시한다. 이 $f(t)$은 시각 t로 단위시간당 고장발생확률을 나타내는 함수이다, dt라는 시간폭 중에 발생확률은 $f(t)dt$이다.

예를 들면, 지수분포의 밀도함수는

$$f(t) = \lambda(t) \cdot R(t) = \lambda e^{-\lambda t} \tag{3.17}$$

이므로 어느 아이템의 수명(이것을 t로 표시한다)이 지수분포를 따르고 그 수명의 평균 (지수분포의 평균은 1/λ이다)이 1.0(시간)이라면 t=2.0(시간)에서의 확률밀도 함수는

$$f(2.0) = 1.0/\text{시간} \times e^{-1.0/\text{시간} \times 2.0\text{시간}} \tag{3.18}$$
$$= 0.1353/\text{시간}$$
$$= 0.14/\text{시간}$$

으로 된다. 이 아이템의 사용을 개시하면 2.0 시간 후에 고장 나는 시간당 확률은 약 0.14이다. 여기서 e는 자연상수이며 e=2.71828이다. 분포를 나타내는 식은 이 자연상수가 자주 나온다. "e(exponential의 약자)"의 다른 기호로서 "exp"가 있다.

확률밀도함수의 형상을 가시화하기는 쉽다. 지수분포의 예를 들면 t의 값을 변화시켜 $f(t)$의 값을 구하고 그것을 그래프용지에 타점 후 부드러운 곡선으로 연결하면 된다.

$\lambda=1.0$ 시간인 지수분포의 그래프를 작성하여 보면 그림 3.10과 같이 된다.

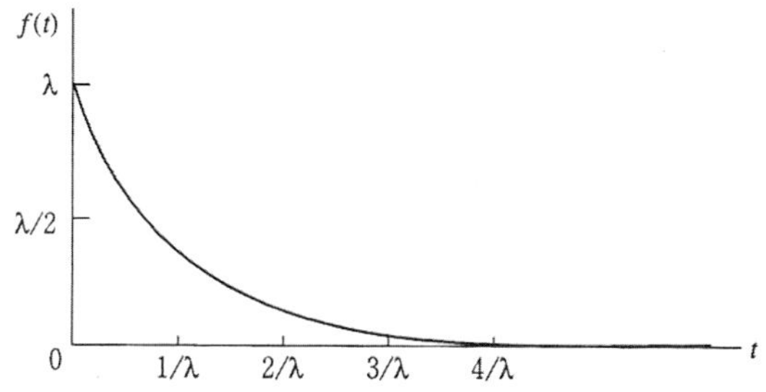

[그림 3.10] 지수분포의 확률밀도 함수

(2) 누적분포함수, 신뢰도 함수

누적분포함수(Cumulative distribution function) 은 통상 "$F(t)$"의 기호로 나타낸다.

이 $F(t)$는 어느 시각 t까지 고장이 발생하는 확률을 나타내고 있다. 즉 어느 값 t의 미소한 시간폭 dt에서의 발생확률은 확률밀도함수를 사용하여 $F(t)dt$로 표기하므로 $F(t)$의 값은 $-\infty$로부터 t까지의 범위에서 적분하여 구할 수 있다. 이것을 지수분포의 예로 들면

$$F(t)=\int_{-\infty}^{t} f(t)dt \tag{3.19}$$

$$=\int_{-\infty}^{t} \lambda e^{-\lambda x}dx$$

지수분포의 t는 음의 값이 될 수 없으므로 0 이상의 범위에서 적분하면

$$=\int_{0}^{t} \lambda e^{-\lambda x}dx$$

$$=1-e^{-\lambda t}$$

와 같이 구할 수 있다. 앞서 구한 $f(2.0)=0.14$ / 시간은 어느 부품의 고장이 2.0(시간)에서 일어날 확률이 약 0.14라는 것을 나타낸다. 동일한 조건에서 F(2.0)를 다음과 같이 구할 수 있다.

$$\mathrm{F}(2.0)=1-e^{-1.0/\text{시간}\times 2.0\text{시간}} \tag{3.20}$$

$$=1-0.1353$$

$$=0.865$$

이 값은 이 아이템이 사용을 개시하고 2.0 시간까지 고장에 도달하는 확률이 0.86(약 86%)이라는 것을 의미한다. 즉 고장 난 아이템을 수리하여 재사용하지 않으면 사용 개시하여 2.0 시간 후에는 전체의 약 86%의 아이템이 고장 나는 것을 의미한다.

누적분포함수는 어느 시각까지 고장에 이르는 확률을 나타내고 있으므로 불신뢰도함수라고도 불린다. 한편 어느 시각까지 고장 나지 않고 가동하는 확률을 신뢰도라 하며 신뢰도를 나타내는 함수를 신뢰도 함수(일반적으로 $R(t)$과 같이 표기한다.)라 한다. 모두 가동하고 있는 확률은 1(100%)이므로

$$\text{신뢰도 } R(t) = 1 - \text{불신뢰도 } F(t) \tag{3.21}$$

의 관계가 성립한다.

지금까지 예를 이용하면 지수함수의 경우에는

$$\begin{aligned} R(t) &= 1-(1-e^{-\lambda t}) \\ &= e^{-\lambda t} \end{aligned} \tag{3.22}$$

와 같이 표시할 수 있다. 예를 들면 어느 전자부품의 수명이 평균 5만 시간의 지수분포를 따른다고 한다. 1년간의 평균사용시간을 2600시간이라면 가동 1년 후 신뢰도 및 불신뢰도를 구하면 2600시간=0.26만 시간이므로 신뢰도 추정치는

$$\begin{aligned} R(t) &= e^{-\left(\frac{1}{5\text{만 시간}}\right) \times 0.26\text{만 시간}} \\ &= 0.949 \text{이며} \end{aligned} \tag{3.23}$$

불신뢰도는

$$\begin{aligned} F(t) &= 1 - R(t) \\ &= 1 - 0.949 \\ &= 0.05 \text{이다.} \end{aligned} \tag{3.24}$$

따라서 이 부품을 1년간 사용하였을 때 불신뢰도는 약 0.05(1년 후 약 5%가 고장이 발생하고 있다.)이며, 신뢰도는 0.95(1년 후까지는 약 95%가 정상작동하고 있다.)인 것을 알 수 있다.

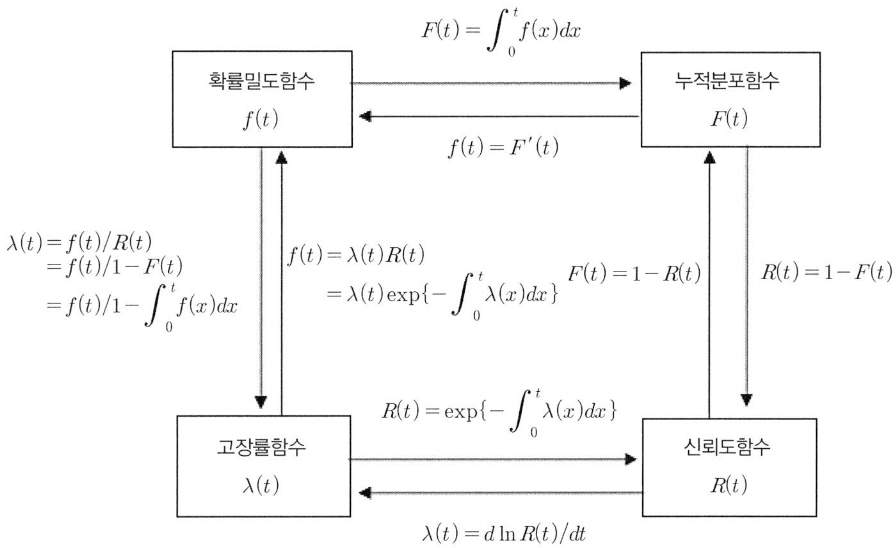

[그림 3.11] 확률밀도함수, 누적분포함수, 신뢰도함수, 고장률함수 관계

(3) 파라미터

분포의 특성을 결정하는 요소를 파라미터라고 한다. 지수분포에서는 λ가 파라미터이다. 지수분포의 경우 $1/\lambda$가 평균수명을 나타내고, $1/\lambda^2$이 분산을 나타내므로 λ가 바뀜에 따라 확률밀도함수의 형상이 바뀐다.

일반적으로 지수분포에서는 파라미터가 하나밖에 없으므로 1 파라미터(지수)의 분포라고 불리기도 한다. 한편 복수의 파라미터를 갖는 분포도 존재한다. 지수분포의 경우도 파라미터 γ를 이용하여 확률밀도함수의 t를 $t-\gamma$와 같이 표시하는 경우도 있다. 이 경우 시각 0에서 그려진 지수분포의 확률밀도함수는 그림 3.12와 같이 γ 만큼 좌측 또는 우측으로 이동된다.

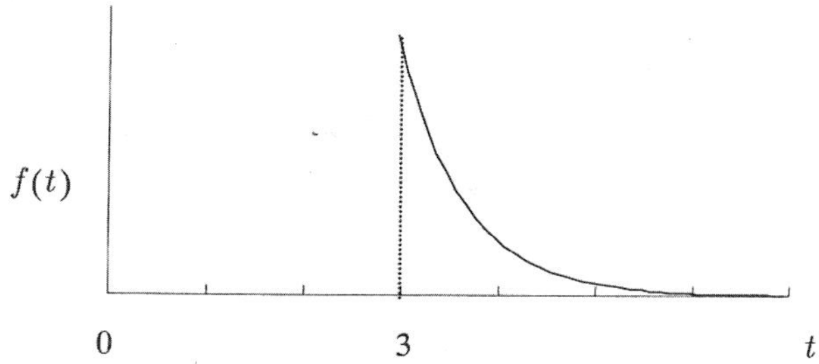

[그림 3.12] 위치 파라미터가 존재하는 지수분포(γ = −3의 경우)

이처럼 확률밀도함수의 위치를 변화시키는 작용을 하는 파라미터를 위치 파라미터라고 부르고 많은 경우 γ로 표시한다. 와이블 분포 등에서도 동일한 위치 파라미터가 존재하는 경우가 있다.

위치 파라미터 γ가 음의 값을 갖는 경우, 예를 들면 $\gamma=-3$(시간)인 경우에는 확률밀도함수의 t는 $t-\gamma=t-(-3)=t+3$으로 바뀐 그림이 그림 3.12와 같이 $t=3$으로 시작하고 있다. 즉 시각 $t=3$ 이전에는 고장이 발생하고 있지 않은 것을 의미하고 있다. 이와 같은 시간을 고장 발생이 없는 것을 보증하는 시간이라는 의미로 보증시간(guarantee time)이라 부른다.

예를 들어, 도금재의 부식에 대한 강도를 측정하는 경우에는 표면의 코팅이 일정 시간 부식을 늦추는 것으로 생각할 수 있다. 또 출하 후 가동까지 일정 기간 대기해도 위치 파라미터 γ를 도입하는 것이 설명하기 쉽게 된다.

이밖에도 많은 파라미터가 존재한다. 예를 들면 와이블 분포 등에서는 "위치 파라미터 γ"와 확률밀도함수의 형의 변화에 영향을 주는 "형상 파라미터 m", 좌우(x축 방향)의 길이에 영향을 주는 "척도 파라미터 η" 3가지의 파라미터를 갖고 있다.

3.2 신뢰성 해석에 이용되는 수명분포

신뢰성 데이터의 해석에는 일반적으로 다음의 5가지 분포가 이용된다.

(1) 지수분포

(2) 와이블 분포

(3) 극치분포

(4) 정규분포

(5) 대수정규분포

(6) 감마분포

기타 포아송 분포 등 많은 분포가 이용되고 있지만 여기서는 위의 6개 분포의 특징에 대하여 설명한다.

3.2.1 지수분포

1950년대에 B.Epstein 등에 의해 수명분포로서 유효성이 검증된 이후 신뢰성 분야에서 많이 이용되고 있다.

지수분포의 특징은 표 3.2와 같다. 위치 파라미터 γ가 존재할 때의 확률밀도함수는 $f(t) = \lambda e^{-\lambda(t-\gamma)}$이다. 신뢰도함수는 $R(t) = e^{-\lambda(t-\gamma)}$이며 이 분포의 고장률은 시각 t에 관계없이 그림 3.14와 같이 일정의 값 λ를 취한다. 즉 CFR 형의 고장률의 패턴을 나타내고 시각 t까지 가동하고 있던 품목이 일정 비율로 고장 나는 우발고장형의 고장발생 패턴을 나타내는 분포이다. 또 지수분포의 확률밀도함수 형상은 그림 3.13과 같다. 신뢰도 함수는 표 3.2에서 알 수 있듯이 확률밀도함수의 $1/\lambda$이므로 그 형상이 그림 3.15와 같게 되는 것을 알 수 있다.

[표 3.2] 지수분포의 특징

고장률의 패턴	CFR	신뢰도함수	$e^{-\lambda t}$
고장률함수	λ	평균	$1/\lambda$
확률밀도함수	$\lambda e^{-\lambda t}$	분산	$1/\lambda^2$
불신뢰도(누적고장함수)	$1-e^{-\lambda t}$	정의역	$t \geq 0,\ \lambda > 0$

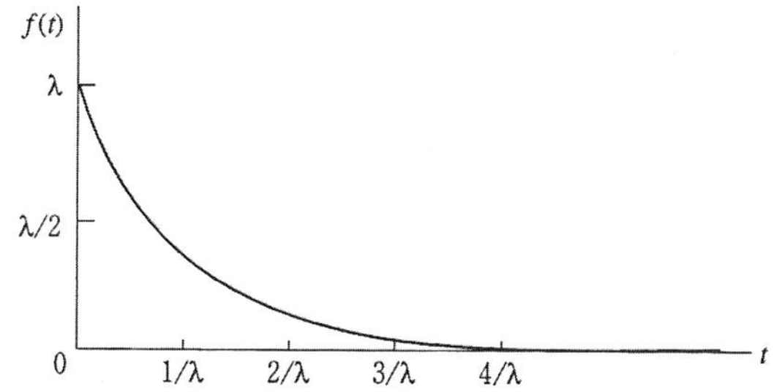

[그림 3.13] 지수분포의 확률밀도함수의 형상

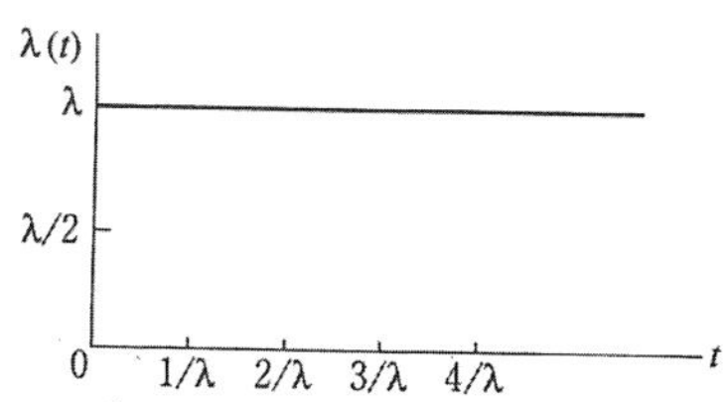

[그림 3.14] 지수분포의 고장률 함수 형상

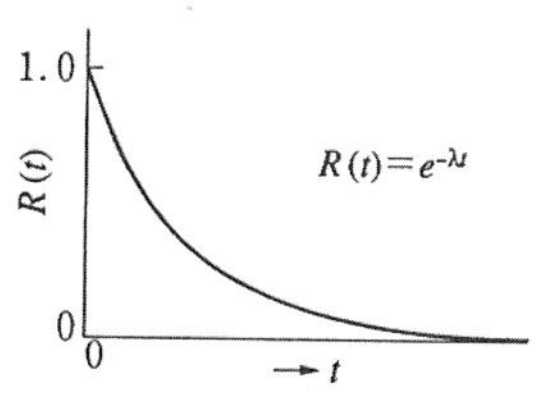

[그림 3.15] 지수분포의 신뢰도함수 형상

지수분포는 취급하기 쉽고 운용범위가 넓어 신뢰성에 대한 많은 문제를 지수분포를 이용한 모델로 표시하고 있다. 또 고장시간 간격이 지수분포를 따를 때는 어느 시각 t까지 발생하는 고장횟수는 포아송 분포를 따른다.

3.2.2 와이블 분포

1939년 W.Weibull에 의해 가장 취약한 사슬 모델을 나타내는 분포로서 제창되었다. 가장 취약한 사슬이라는 것은 복수의 사슬에 따라 구성되는 고리의 양단에 힘을 가했을 때, 가장 약한 고리에 파괴가 일어나 사슬이 끊어진다는 현상을 모델화한 것이다.

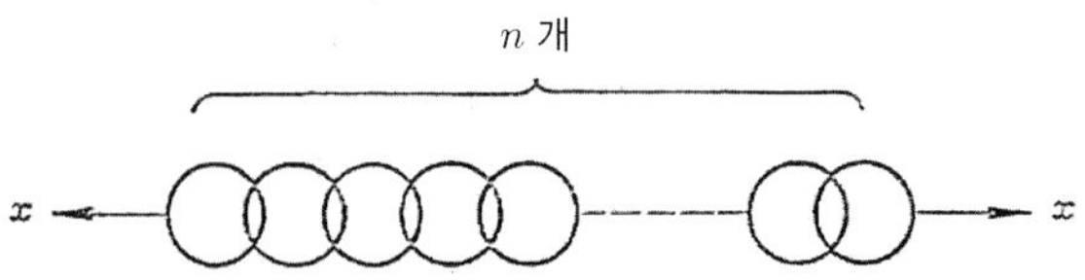

[그림 3.16] 가장 약한 사슬 모델

1) 와이블 분포의 성립

와이블 분포의 성립에 대하여 설명하면 확률변수 X의 분포함수를 $F(x)$로 하자. $F(x)$는 랜덤하게 선택한 X가 x 이하의 값을 취할 확률로 한다.

$$\text{즉 } \Pr(X \leq x) = F(x) \tag{3.25}$$

이므로 위의 식 (3.25)을 다음과 같이 나타낼 수 있다.

$$F(x) = 1 - e^{-\phi(x)} \tag{3.26}$$

$\phi(x)$의 형을 적당히 선택함에 따라 분포도 식 (3.26)과 같은 형으로 표현할 수 있다. 식 (3.26)를 $1-F(x)=e^{-\phi(x)}$로 하면 이것은 X가 x보다 큰 값을 취하는 확률로 된다.

이럴 때 n개의 링크로부터 구성되는 체인이 끊어지는 확률 P_n은 어떻게 되는가? 체인은 구성 링크의 어느 하나가 끊어지더라도 끊어지게 된다. 체인이 끊어지지 않는 확률$(1-P_n)$은 모든 링크가 동시에 끊어지지 않는 확률이므로 확률의 승법정리에 따라

$$(1-P_n) = (1-p)^n$$

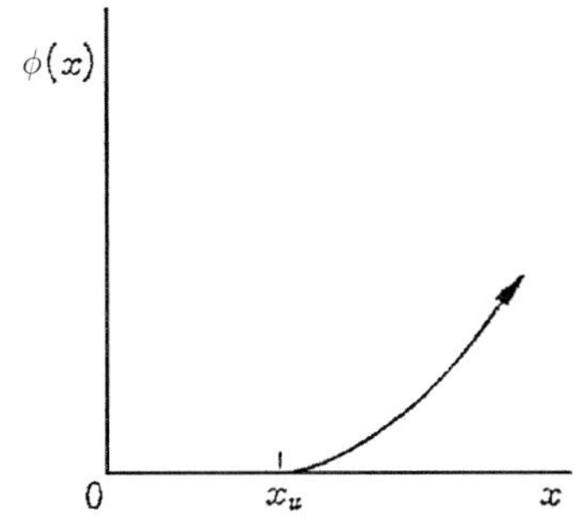

[그림 3.17]

만약 단일 링크의 분포함수가 식 (3.26)의 형을 취하고 있다면 x 이하의 하중에서 체인이 끊어져 버리는 확률로서 다음 식을 얻을 수 있다.

$$P_n = 1 - (1-p)^n = 1 - (1 - F(x))^n = 1 - e^{-n\phi(x)} \tag{3.27}$$

식 (3.27)은 체인의 가장 약한 링크 원리를 나타내는 식으로 일부 가장 약한 부분의 파괴가 전체 기능의 파괴로 나타나는 경우를 확률적으로 표현한 식이므로 재료의 항복 현상, 전기 파괴적인 파괴강도, 전자기기의 신뢰도, 인간의 수명 등 통계적 취급에는 가장 적절한 표현법이다.

여기서 $\phi(x)$에 대하여 생각해보자.

체인의 강도는 반드시 양의 어느 강도 이상의 값으로 그 하한치를 x_u로 하면

$$\phi(x) \geqq 0, \qquad x = x_u$$

$$\phi(x) = 0, \qquad 0 < x < x_u$$

이다. 또 $\phi(x)$는 x_u에서 0으로 되고 $x > x_u$에서 단조 증가 하는 함수가 된다. (그림 3.17)

이와 같은 조건을 만족하는 함수에서 가장 단순한 형은

$$\frac{(x - x_u)^m}{x_0} \quad (\mathrm{m} > 0,\ x_0 > 0)$$

이다. 따라서

$$F(x) = 1 - e^{\frac{(x - x_u)^m}{x_0}} \tag{3.28}$$

를 얻을 수 있는데 이것을 와이블 함수라 부른다.

2) 와이블 분포의 함수

고장확률밀도함수 $f(t)$가 지수분포를 따르는 경우 고장률함수 $\lambda(t)=\lambda=$일정으로 되고, 고장확률밀도함수가 정규분포를 따르는 경우 고장률함수 $\lambda(t)$는 증가형이 된다. 즉 고장확률밀도함수 $f(t)$에 따라 고장률함수의 분포가 달라진다.

와이블 분포는 1960년대에 들어 전자부품의 수명 등을 표시하는 분포로서 주목을 받기 시작한 이후, 지수분포와 함께 신뢰성 해석에 많이 이용되고 있다. 특히 와이블 분포의 형상 파라미터 m이 1.0인 경우에는 와이블 분포는 지수분포와 일치하고 있다. 이와 같이 지수분포를 와이블 분포의 특별한 케이스로 간주하여 취급하는 경우도 있다.

와이블 분포는 형상 파라미터 m의 값에 따라 DFR형, CFR형, IFR형 등 모든 고장의 패턴을 하나의 분포로 표현할 수 있는 것도 그 특징 중의 하나이다.

와이블 분포는 통상 표 3.3과 같이 형상 파라미터 m, 척도 파라미터 η, 위치 파라미터 γ의 3개 파라미터를 갖는다.

$m=1.0$, $\gamma=0$일 때

$$R(t)=e^{-(\frac{t}{\eta})^{1.0}}=e^{-(\frac{1}{\eta})t}$$

로 되어 $1/\eta=\lambda$로 바꾸면 지수분포와 일치한다. 또 형상 파라미터 m의 값을 알고 있을 때에는 t^m은 지수분포에 따른다.

[표 3.3] 와이블 분포의 특징

고장률의 패턴	m < 1 : DFR, m=1 : CFR, m=1 : IFR
고장률함수	$\frac{m}{\eta}(\frac{t-\gamma}{\eta})^{m-1}$
확률밀도함수	$\frac{m}{\eta}(\frac{t-\gamma}{\eta})^{m-1}e^{-(\frac{t-\gamma}{\eta})^m}$
불신뢰도함수	$1-e^{-(\frac{t-\gamma}{\eta})^m}$
신뢰도함수	$e^{-(\frac{t-\gamma}{\eta})^m}$
평균	$\eta\Gamma(1+\frac{1}{m})$
분산	$\eta^2(\Gamma(1+\frac{2}{m})-\Gamma^2(1+\frac{1}{m}))$
정의역	$t\geq 0,\ m>0,\ \eta>0$

따라서 드물게는 m을 이미 알고 있다면 지수분포를 전제로 한 여러 수법을 사용할 수 있다. 그림 3.18~그림 3.20에는 와이블 분포의 확률밀도함수 $f(t)$, 신뢰도함수 $R(t)$, 고장률 함수 $\lambda(t)$의 형상을 제시한다.

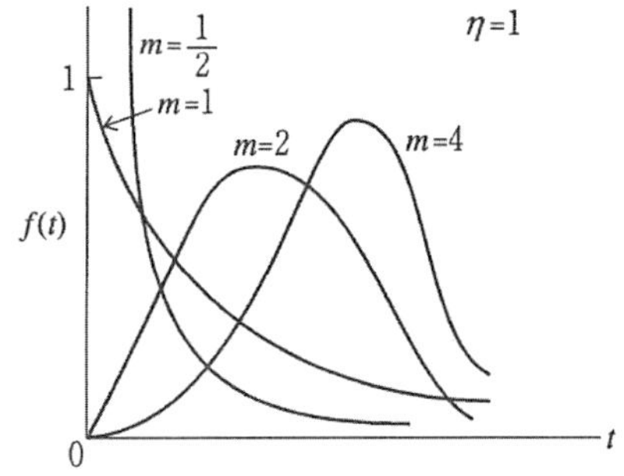

[그림 3.18] 와이블 분포의 확률밀도함수의 형상

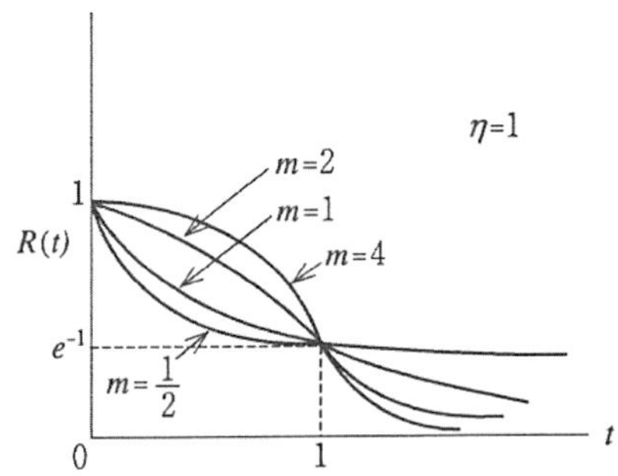

[그림 3.19] 와이블 분포의 신뢰도함수의 형상

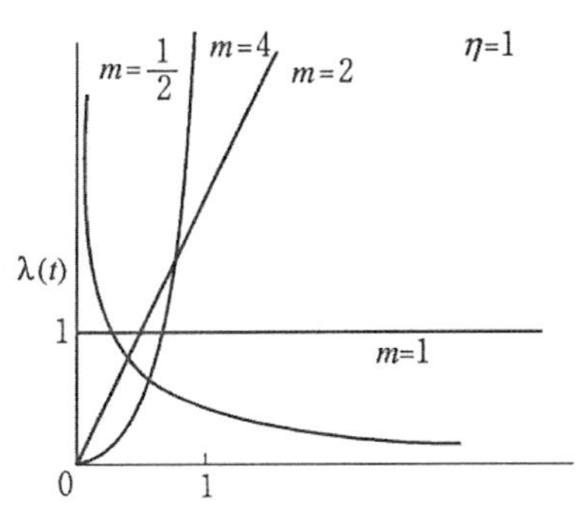

[그림 3.20] 와이블 분포의 고장률함수의 형상

3.2.3 극치분포

기계부품이 1주일간 가동하여 받는 최대충격력 분포 등 무언가의 최대치 혹은 최소치에 따르는 분포를 극치분포라 한다. 1960년대 E.J.Gumbel 등의 연구에 의해 이 분포의 성질이 규명되기 시작하였다. 특히 극소치분포의 하나인 이중지수분포는 와이블 분포에 따르는 확률변수에 대수를 취한 값에 따른 분포로 알려져, 고유의 분포로서 데이터 해석에 이용되는 등 와이블 분포의 파라미터 추정에도 이용되고 있다.

극치분포는 그림 3.21과 같이 분류된다. 최소치의 분포함수 $F_s(t)$와 최대치분포의 분포함수 $F_L(t)$와의 사이에는 $F_s(t)=1-F_L(t)$의 관계가 존재한다. 이것은 각각의 형상을 그려 볼 때 대칭의 관계에 있다는 것을 알 수 있다.

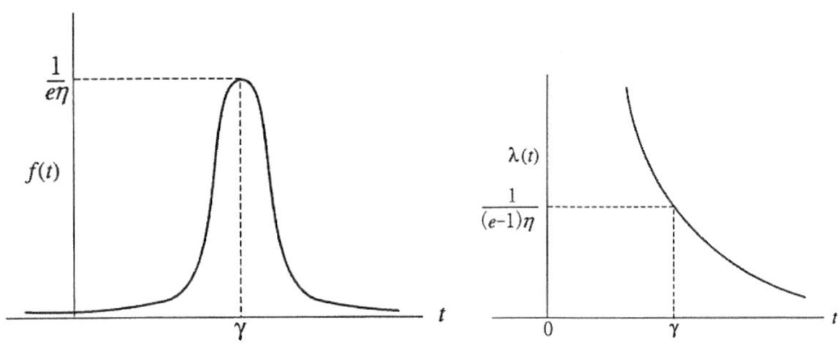

[그림 3.21] 극치분포의 분류

[표 3.4] 이중지수분포의 특징

고장률의 패턴	IFR
고장률함수	$\alpha e^{\frac{t-\mu}{\alpha}}$
확률밀도함수	$\frac{1}{\alpha} e^{\frac{t-\mu}{\alpha}} e^{-e^{\frac{t-\mu}{\alpha}}}$
신뢰도함수	$e^{-e^{\frac{t-\mu}{\alpha}}}$
평균	$\mu-\gamma\alpha$(γ=0.577 : 오일러의 정의)
분산	$\frac{\pi}{6^2}\alpha^2$
정의역	$-\infty < t,\ \mu < \infty,\ \alpha > 0$

표 3.4에 이중지수분포의 특징을 정리하였다.

3.2.4 정규분포

오차의 분포로 알려져 있으며 품질관리의 분야에서도 많이 이용되는 분포의 하나이다. 신뢰성 분야에서도 IFR 형의 고장패턴을 나타내는 분포로써 이용되고 있다. 확률변수 t가 $-\infty$ 로부터 ∞ 까지의 값을 가지므로 강도 등의 분포에 사용하기 쉽지만 값이 음의 값을 갖지 않는 수명 등에 이 분포를 사용할 때에는 일정의 주의가 필요하다. 정규분포는 비교적 잘 알려진 분포이며 표 3.5에 그 특징을 모아 보았다.

[표 3.5] 정규분포의 특징

고장률의 패턴	IFR
고장률함수	$\dfrac{e^{\frac{-(t-\mu)^2}{2\sigma^2}}}{\int_0^t e^{\frac{-(\tau-\mu)^2}{2\sigma^2}} d\tau}$
확률밀도함수	$\dfrac{1}{\sqrt{2\pi}\,\sigma} e^{\frac{-(\tau-\mu)^2}{2\sigma^2}}$
불신뢰도(누적고장함수)	$\dfrac{1}{\sqrt{2\pi}\,\sigma} \int_0^t e^{\frac{-(\tau-\mu)^2}{2\sigma^2}} d\tau$
신뢰도함수	$\dfrac{1}{\sqrt{2\pi}\,\sigma} \int_t^\infty e^{\frac{-(\tau-\mu)^2}{2\sigma^2}} d\tau$
평균	μ
분산	σ^2
정의역	$-\infty < t,\ \mu < \infty,\ \sigma > 0$

3.2.5 대수정규분포

확률변수에 대수를 취한 것이 정규분포에 따르는 분포를 대수정규분포라 한다.

정규분포와 달리 확률변수가 음의 값을 취하지 않는 등 신뢰성을 나타내는 분포로써 적당한 것이 많지만, 고장률 함수가 특정의 경향을 보이지 않는 등 취급에 어려운 부분도 있다. 표 3.6에 대수정규분포의 특징을 정리하였다. 또 그림 3.22, 3.23에는 대수정규분포의 확률밀도함수 $f(t)$, 고장률 함수 $\lambda(t)$의 형상을 표시해 보았다.

[표 3.6] 대수정규분포의 특징

고장률의 패턴	일정치 않음
고장률함수	$\dfrac{\frac{1}{t}e^{\frac{-(lnt-\mu)^2}{2\sigma^2}}}{\int_0^t \frac{1}{\tau}e^{\frac{-(ln\tau-\mu)^2}{2\sigma^2}}d\tau}$
확률밀도함수	$\dfrac{1}{\sqrt{2\pi}\,\sigma t}e^{\frac{-(lnt-\mu)^2}{2\sigma^2}}$
불신뢰도(누적고장함수)	$\dfrac{1}{\sqrt{2\pi}\,\sigma t}\int_0^t e^{\frac{-(ln\tau-\mu)^2}{2\sigma^2}}d\tau$
신뢰도함수	$\dfrac{1}{\sqrt{2\pi}\,\sigma t}\int_t^\infty \frac{1}{\tau}e^{\frac{-(ln\tau-\mu)^2}{2\sigma^2}}d\tau$
평균	$e^{2\mu+\sigma^2}(e^{\sigma^2}-1)$
분산	σ^2
정의역	$-\infty < t,\ \mu < \infty,\ \sigma > 0$

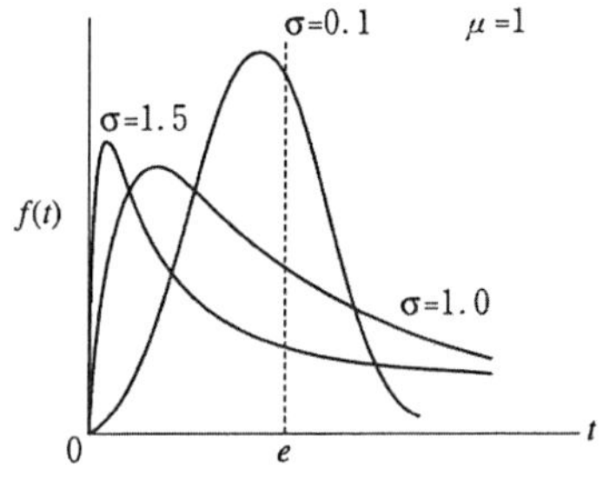

[그림 3.22] 대수정규분포의 확률밀도 형상

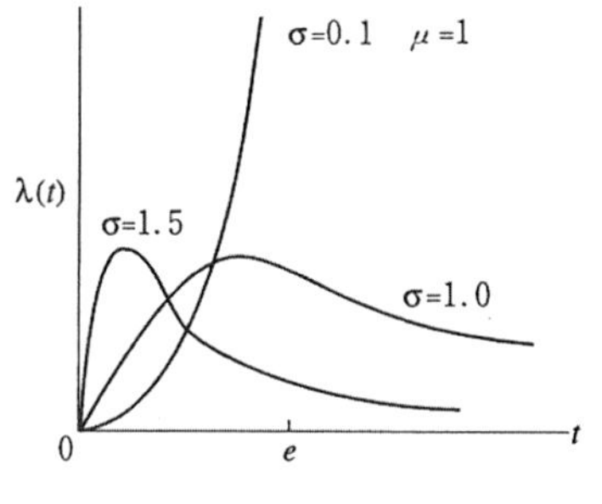

[그림 3.23] 대수정규분포의 고장률 함수 형상

3.2.6 감마분포

감마분포는 지수분포를 보다 일반화시킨 수명분포로 신뢰성 이론과 응용 분야에서 매우 중요한 역할을 차지하고 있으며, 모수가 특정한 값일 때 지수분포, 카이제곱분포, 얼랑분포 등으로 변환된다.

감마함수의 정의를 보면

$$\Gamma(m) = \int_0^\infty x^{m-1} e^{-x} dx \tag{3.29}$$

로 표현된다. 이 식을 부분 적분하면

$$\Gamma(m+1) = m\Gamma(m) \tag{3.30}$$

가 됨을 알 수 있고 다음과 같은 식이 성립된다.

a) $\Gamma(n+1) = n!$ (3.31)

b) $\Gamma(n+\frac{1}{2}) = \frac{1 \cdot 3 \cdot 5 \cdot (2n-1)}{2^n}\sqrt{\pi}$ (3.32)

c) $\Gamma(\frac{1}{2}) = \sqrt{\pi}$ (3.33)

그런데 식 (3.29)의 양변을 $\Gamma(m)$로 나누면

$$1 = \int_0^\infty \frac{x^{m-1} e^{-x}}{\Gamma(m)} dx \tag{3.34}$$

그런데 위의 식 (3.34)는 면적이 1인 pdf 함수이다. 따라서

$$F(t) = \frac{x^{m-1} e^{-x}}{\Gamma(m)} = \frac{\lambda^m t^{m-1} e^{-\lambda t}}{\Gamma(m)} = \frac{1}{n\Gamma(m)}(\frac{t}{\eta})^{m-1} e^{(-\frac{t}{\eta})} \tag{3.35}$$

가 된다. 또한 3모수의 감마분포도 존재하는데

$$F(t) = \frac{1}{n\Gamma(m)}(\frac{t-\gamma}{\eta})^{m-1} e^{(-\frac{t-\gamma}{\eta})} \tag{3.36}$$

이다.

감마분포는 고장률 형태가 복잡하여 와이블 분포보다 덜 사용되고 있으나 여러 가지 수명 분포에 잘 적용되는 모형이라는 것이 입증되어 자료를 분석할 때 유용한 분포이다.

그림 3.24, 3.25와 같이 감마분포는 오른쪽으로 치우쳐 있다. 형상모수 m이 1보다 작은 경우 t 값이 0에 가까울수록 확률밀도함수 값은 무한대가 된다. 형상모수 $m=1$인 경우 감마분포는 지수분포와 동일하게 t=0에서 확률밀도함수의 값은 $1/\eta$이며 t가 커짐에 따라 감소하는 특징을 보인다. m이 1보다 큰 경우의 감마분포는 비대칭 종 모양으로 되는데 t=0일 때 $F(t)=0$이며 증가한 후 감소하는 형상이다. 이러한 형상은 와이블 분포와 유사하다.

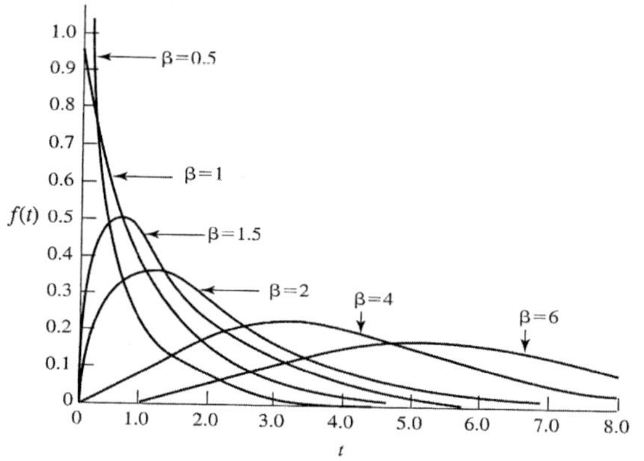

[그림 3.24] 감마분포의 확률밀도함수 ($\eta=1$)

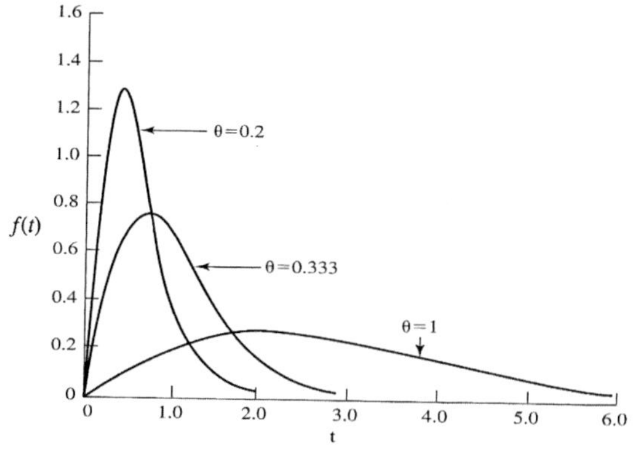

[그림 3.25] 감마분포의 확률밀도함수 (m=3)

[표 3.7] 감마분포의 특징

고장률의 패턴	m < 1 : DFR m=1 : CFR m=1 : IFR
고장률함수	$\frac{1}{n\Gamma(m)}(\frac{t}{\eta})^{m-1}e^{(-\frac{t}{\eta})}$
평균	ηm
분산	$\eta^2 m$
정의역	$t \geq 0,\ m > 0,\ \eta > 0$

제4장

부품, 시스템, 완제품의 신뢰도

신뢰도의 계산은 응력-강도 모델 등을 이용하거나 파손시간을 확률변수로 하는 분포를 이용하여 단일특성을 갖는 시스템이나 부품을 대상으로 하는 것과 특성이 다른 많은 구성요소로 이루어진 시스템을 대상으로 실시하는 것으로 나뉘어 질 수 있다. 시스템의 신뢰도는 여러 구성요소와 각 구성요소의 신뢰도에 따라 결정된다. 여기서는 단일 특성을 갖는 부품과 여러 요소로 구성된 시스템의 신뢰도 계산에 대하여 알아보자.

4.1 부품의 신뢰도 계산

4.1.1 응력-강도(Stress-Strength) 모델을 사용한 신뢰도 계산

어떤 기기나 구조물의 구성요소(component)가 파손된다는 것은 그 요소의 재료 강도보다 큰 응력이 작용하기 때문이다.

구성요소에 작용하는 응력은 주위 환경의 여러 가지 조건, 온도, 풍압 등에 의해 달라질 것이며, 부하 상태가 달라지면 또한 그 영향을 받을 것이다. 그 외에 구성요소에 존재하는 노치 같은 응력집중원도 작용응력에 영향을 미칠 것이다. 이러한 여러 인자는 언제나 일정하게 제어할 수 있는 것은 아니므로, 구성요소에 작용하는 응력의 크기도 변동되어 어떠한 분포를 갖게 될 것이다.

따라서 재료 강도와 작용 응력(또는 하중)은 그림 4.1과 같이 확률분포를 갖는 확률변수(random variable)로 생각하여 다루는 것이 합리적이다. 기기나 구조물의 신뢰성은 재료 강도와 작용 응력(또는 하중)의 확률분포를 생각하여 파손확률 등을 고려함으로써 평가할 수 있다.

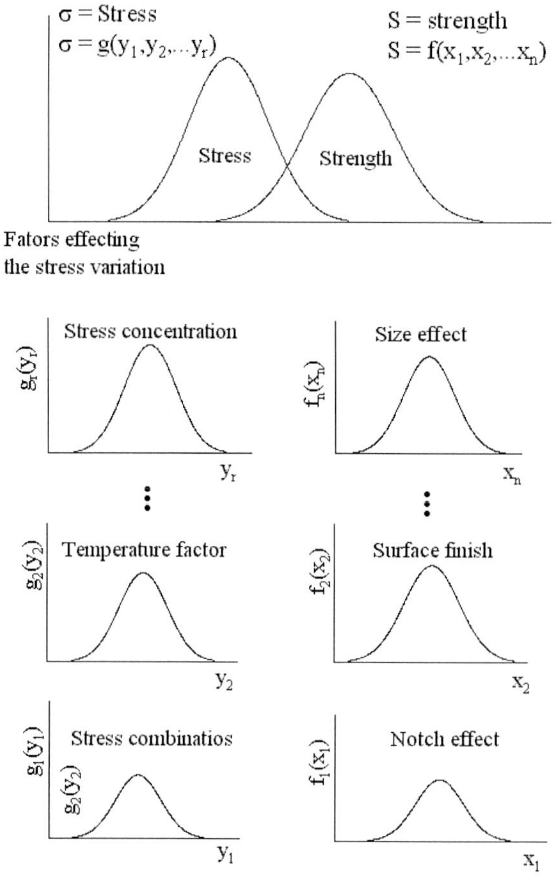

[그림 4.1] 응력 강도분포와 응력과 재료 강도의 확률분포에 영향주는 각종 인자

응력의 확률분포와 재료 강도의 확률분포가 각각 어떠한 확률분포로 잘 나타내지는 경우에는 그에 대응하는 확률밀도함수(pdf)를 사용하여 신뢰도를 구할 수 있는데, 외부하중에 의해 재료에 발생하는 응력의 확률분포와 재료 강도의 확률분포를 알면 파손확률(probability of failure) 또는 신뢰도(reliability)는 응력-강도 모델(Stress-Strength model or S-S model) 또는 간섭이론(interference theory)을 사용하여 구할 수 있다(이하는 K. C. Kapur and L. R. Lamberson, Reliability in Engineering Design, John Wiley & Sons, 1977의 Chap. 6을 참조).

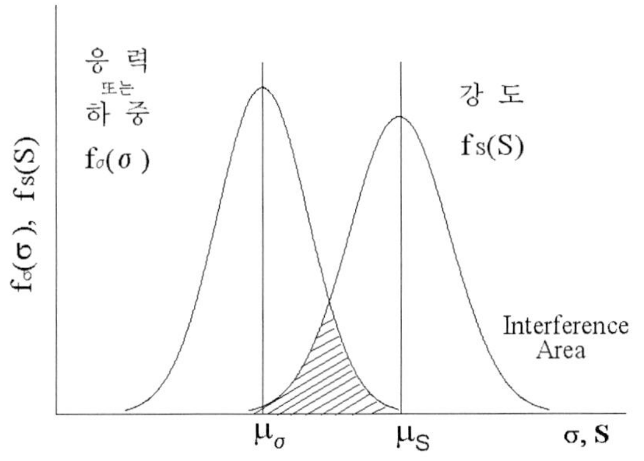

[그림 4.2] 응력-강도 모델(stress-strength model)

파손확률 및 신뢰도는 다음과 같이 정의된다.

파손확률(Probability of failure),

$$P_f = P(S \le \sigma) = P(S - \sigma \le 0) \tag{4.1}$$

신뢰도(Reliability),

$$R = P(S > \sigma) = P(S - \sigma > 0) \tag{4.2}$$

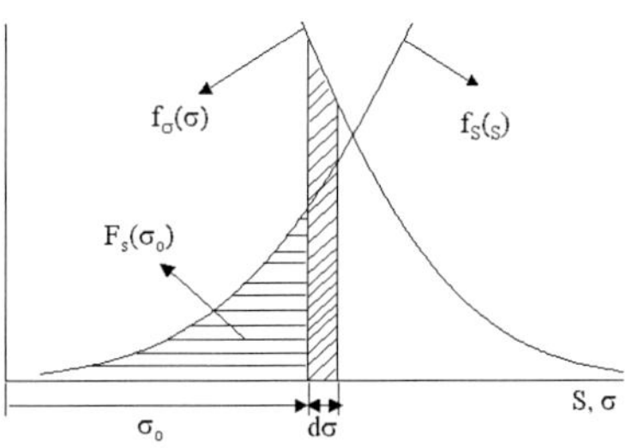

[그림 4.3] 신뢰도의 계산-1

지금 하중이 임의 값 σ_0, $\sigma_0 + d\sigma$ 사이의 확률은

$$P(\sigma_0 \le \sigma \le \sigma_0 + d\sigma) = f_\sigma(\sigma_0) \cdot d\sigma \tag{4.3}$$

강도 S가 하중 σ_0보다 작은 확률은

$$P(S<\sigma_0)=\int_0^{\sigma_0} f_S(S)dS \tag{4.4}$$

강도 S가 하중 σ_0보다 클 확률은

$$P(S\geq\sigma_0)=\int_{\sigma_0}^{\infty} f_S(S)dS \tag{4.5}$$

하중이 σ_0가 되고 강도가 σ_0보다 작을 확률은 하중 및 강도 확률 분포가 독립이라면

$$f_\sigma(\sigma_0)d\sigma\cdot\int_0^{\sigma_0} f_S(S)dS \tag{4.6}$$

또는 하중이 σ_0가 되고 강도가 클 확률은

$$f_\sigma(\sigma_0)d\sigma\cdot\int_{\sigma_0}^{\infty} f_S(S)dS \tag{4.7}$$

이고, 파손 확률 P_f라고 하는 것은 가능한 모든 하중 σ 값에 대하여 $S<\sigma$가 되는 확률이므로 $S\geq 0$, $\sigma\geq 0$이라 하면

$$P_f=\int_0^{\infty} f_\sigma(\sigma)\cdot\left[\int_0^{\sigma} f_S(S)dS\right]d\sigma$$

$\left[\int_0^{\sigma} f_S(S)dS\right]=F_S(\sigma)$로 나타내면,

$$P_f=\int_0^{\infty} f_\sigma(\sigma)\cdot F_S(\sigma)d\sigma \tag{4.8}$$

가 된다.

한편 신뢰도 R은 모든 가능한 하중 σ에 대해 $S>\sigma$가 되는 확률이므로

$$R=\int_0^{\infty} f_\sigma(\sigma)\cdot\left[\int_{\sigma}^{\infty} f_S(S)dS\right]d\sigma=\int_0^{\infty} f_\sigma(\sigma)\left[1-\int_0^{\sigma} f_S(S)dS\right]d\sigma$$

$$= \int_0^\infty f_\sigma(\sigma) \cdot [1 - F_S(\sigma)] d\sigma$$

$$= 1 - \int_0^\infty f_\sigma(\sigma) \cdot F_S(\sigma) d\sigma = 1 - P_f \tag{4.9}$$

가 된다.

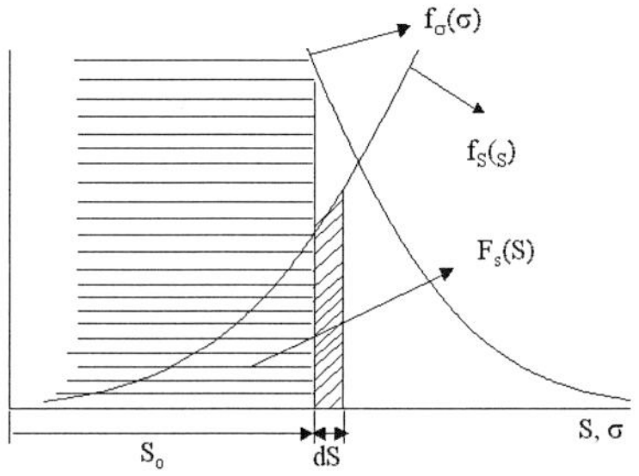

[그림 4.4] 신뢰도의 계산-2

4.1.2 강도와 응력이 모두 정규분포를 따르는 경우

재료 강도가 다음과 같이 $N(\mu_s, \sigma_s^2)$ 정규분포를 따르고 응력이 다음과 같이 $N(\mu_\sigma, \sigma_\sigma^2)$ 정규분포를 따른다고 하면

$$f_s(S) = \frac{1}{\sqrt{2\pi}\,\sigma_s} e^{-\frac{1}{2}\left(\frac{s-\mu_S}{\sigma_S}\right)^2} \tag{4.10}$$

$$f_\sigma(\sigma) = \frac{1}{\sqrt{2\pi}\,\sigma_\sigma} e^{-\frac{1}{2}\left(\frac{s-\mu_\sigma}{\sigma_\sigma}\right)^2} \tag{4.11}$$

가 된다. 여기서 이 모두 정규분포를 따르므로 $y = S - \sigma$라 하면 확률변수 y는 정규분포의 성질을 따라 $N(\mu_s - \mu_\sigma,\ \sigma_s^2 + \sigma_\sigma^2)$의 정규분포를 따르게 된다.

여기서 $\mu_s - \mu_\sigma = \mu_y$, $\sigma_s^2 + \sigma_\sigma^2 = \sigma_y^2$라 하면, 확률변수 y에 대한 확률밀도함수는 다음과 같다.

$$f(y) = \frac{1}{\sqrt{2\pi}\,\sigma_y} e^{-\frac{1}{2}\left(\frac{y-\mu_y}{\sigma_y}\right)^2} dy \text{가 된다.} \tag{4.12}$$

여기서 우리가 구하고자 하는 것은 신뢰도인데 신뢰도 R은 모든 가능한 응력 값 σ에 대한 재료 강도 S>σ인 확률이므로

$$R=P(Y>0)=\int_0^\infty \frac{1}{\sqrt{2\pi}\,\sigma_y} e^{-\frac{1}{2}\left(\frac{y-\mu_y}{\sigma_y}\right)^2} dy \tag{4.13}$$

가 된다.

여기서 $\frac{y-\mu_y}{\sigma_y}$=z로 놓으면 z는 N(0,1)인 표준정규분포가 되어 신뢰도는 다음과 같이 계산할 수 있다.

$$R=P(Y>0)=\int_{\frac{-\mu_y}{\sigma_y}}^\infty \frac{1}{\sqrt{2\pi}} e^{-\frac{1}{2}(z)^2} dy$$

위에서 $\mu_y=\mu_s-\mu_\sigma$, $\sigma_y^2=\sigma_s^2+\sigma_\sigma^2$라 하였으므로 신뢰도는 다음과 같다.

$$R=P(Y>0)=\int_{\frac{-(\mu_s-\mu_\sigma)}{\sqrt{\sigma_s^2+\sigma_\sigma^2}}}^\infty \frac{1}{\sqrt{2\pi}} e^{-\frac{1}{2}(z)^2} dy \text{이므로} \tag{4.14}$$

표준정규분포표를 이용하여 값을 구할 수 있다.

4.2 시스템 신뢰도

4.2.1 직렬시스템

그림 4.5와 같이 3개의 부품이 직렬로 연결된 시스템에 대하여 신뢰성 관점에서 생각해보자. 이들의 부품을 수도 밸브라고 보고, 1개라도 막혀버리면 물이 흐르지 않는다. 또 각각이 정보처리 기기일 경우 1개라도 고장 난다면 시스템으로써 기능이 불가능하게 되어 버린다. 이와 같은 부품의 연결방법을 직렬이라고 하고 AND로 설명한다. 첫 번째 부품, 두 번째 부품, 세 번째 부품이 정상이었을 때 시스템으로써 정상적으로 작동하게 된다.

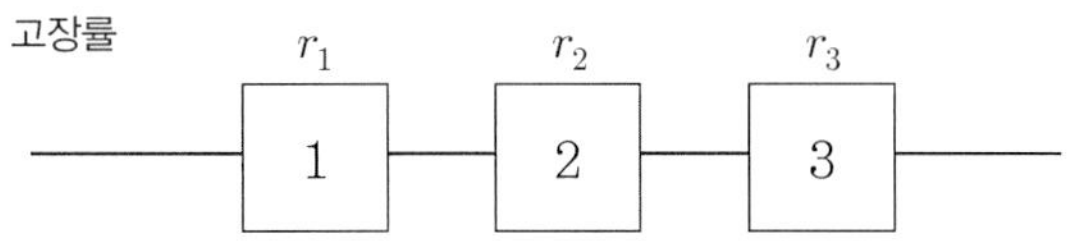

[그림 4.5]

시스템은 많은 아이템으로 구성되어 있다. 그들의 아이템은 그림 4.5와 같이 일렬로 정연하게 연결되어 있다고는 할 수 없지만, 1개의 아이템이 고장 나면 시스템으로 기능하지 못하게 되는 경우가 적지 않다. 신뢰성공학에서는 이와 같은 경우 아이템은 직렬로 간주한다. 그런데 그림 4.5와 같이 각각의 부품의 신뢰도 즉 규정된 기간 고장 나지 않고 작동하는 확률을 r_1, r_2, r_3로 하면 시스템으로서 고장 나지 않는 확률 R, 즉 시스템의 신뢰도는

$$R = r_1 \times r_2 \times r_3 \tag{4.15}$$

로 된다. 첫 번째의 부품이 고장 나지 않고 AND, 두 번째의 부품이 고장 나지 않고 AND, 세 번째의 부품이 고장 나지 않는 경우에만 시스템이 고장 나지 않고 정상 작동한다.

구체적인 예를 하나 계산해 보자. 첫 번째 부품의 MTBF가 1000시간, 두 번째 부품의 평균고장시간은 2000시간, 세 번째는 2500시간일 때, 시스템이 100시간은 정상으로 기능하도록 규정되어 있다면 이 시스템의 신뢰도는 어느 정도라고 생각되는가?

첫 번째 부품의 MTBF는 1000시간이므로 고장률 λ_1는

$$\lambda_1 = 1\ /\mathrm{MTBF} = 0.001\ /\ \text{시간} \tag{4.16}$$

이다. 그리고 100시간만 기능하도록 규정되어 있으므로

$k_1 t = 0.001$ /시간×100시간=0.1로 된다. 따라서 첫 번째의 신뢰도 r_1은 우발고장인 지수분포에서

$r_1 = e^{-\lambda_1 t} = e^{-0.1} = 0.905$로 된다. 동일하게 2번째와 3번째의 신뢰도를 구하면

$r_2 = e^{-0.05} = 0.951$

$r_3 = e^{-0.04} = 0.961$로 계산되며 식 (4.15)에 의해 시스템 신뢰도는

$$\begin{aligned} R &= r_1 \times r_2 \times r_3 \\ &= 0.905 \times 0.951 \times 0{,}961 = 0.827 \end{aligned} \tag{4.17}$$

로 계산된다.

부품이 직렬로 시스템이 구성될 때 시스템의 신뢰도는 부품 신뢰도의 곱으로 된다. 만약 n개의 부품의 신뢰도가 r이라고 하면 직렬시스템의 신뢰도 $R=r^n$으로 이 관계는 그림 4.6과 같다.

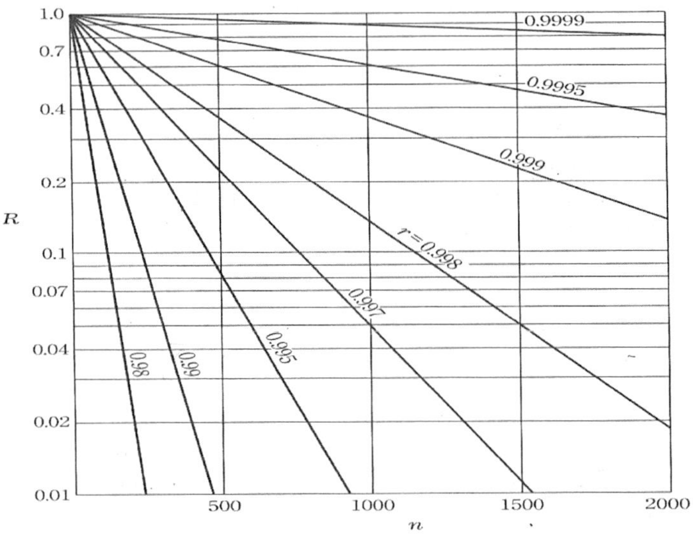

[그림 4.6]

부품의 신뢰도 r이 0.98, 0.99 정도면 부품 수 n의 증가에 따라 시스템 신뢰도 R은 급격히 저하되는 것을 보여준다. r이 0.99인 경우 n이 100이면 R은 0.37, n이 300이라면 R은 0.05로 된다.

시스템 신뢰도 0.37은 고장 나는 확률이 63%인 것을 의미하는데 R이 0.05라면 신뢰도는 기대할 수 없는 정도이다. 그렇다면 r을 0.999까지 올린다고 하여도 n이 500이면 R은 0.61, n이 1000이면 R은 0.37로 된다. 시스템 신뢰도가 61%와 37% 정도라면 고객이 만족해 줄까?

시스템 신뢰도를 99%로 하기 위해서는 부품 수가 1000이면 r을 0.99999로 부품 수가 100의 경우 r을 0.9999로 해야 한다. 건설기계는 수천 점의 부품으로 구성되어 있으며 그 부품에 가해지는 부하 또한 상상 이상의 것이 많다.

수많은 부품이 조립되어 하나의 시스템이나 제품으로 완성되는 과정에서 규모의 변화가 질의 변화에 영향을 준다. 예를 들면 신뢰도 r이 0.999인 부품으로 직렬 시스템을 만들면

부품 수 10의 시스템 R=0.99

부품 수 1,000의 시스템 R=0.37

부품 수 10,000의 시스템 R=0.00005이므로

부품 수가 10, 1000, 10000으로 늘어남에 따라, 고장 나지 않는 시스템, 종종 고장 나는 시스템, 고장이 많아 불편한 시스템으로 질적으로 바뀌게 된다.

최근의 시스템은 효과적인 성능을 목표로 첨단화, 고기능화 해가고 있는데 필연적으로 사용되는 부품의 수도 증가하고 있다. 과거 그대로의 사고와 수법으로 시스템을 설계하거나 부품의 신뢰도에 대한 요구를 안일하게 해서는 시스템의 신뢰도가 고객이 만족하는 수준에 도달할 수 있다고 말할 수 없다. 여기에 신뢰성공학을 필요로 하는 이유의 하나가 있다.

4.2.2 병렬시스템

그림 4.7은 부품이 병렬로 되어 있는 것을 보여주고 있다. 이들의 부품이 수도의 밸브라 하자. 밸브가 1개라도 열려있으면 물이 흐르고, 동력 전달장치라면 1개라도 정상으로 기능하는 경우 동력은 전달된다. 이와 같은 부품의 연결방법을 병렬이라고 한다. 혹은 OR로 되어 있다고 말한다. 첫 번째 부품 혹은 두 번째 부품 혹은 세 번째 부품 중 어느 하나라도 정상이면 시스템은 정상 작동하기 때문이다.

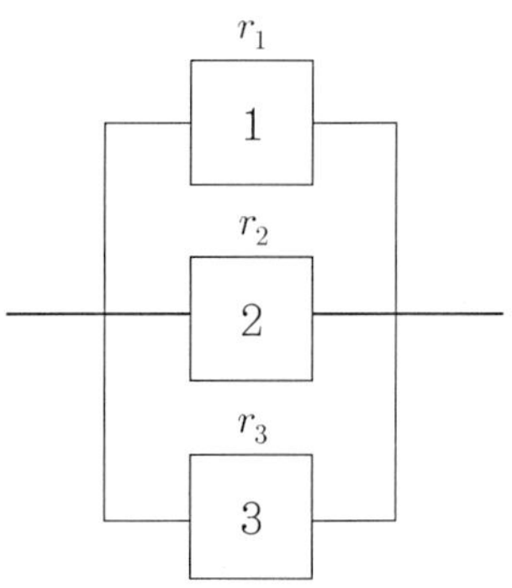

[그림 4.7]

시스템을 구성하는 부품(아이템)의 연결방법으로 그림 4.7과 같이 병렬로 연결되지 않아도 어느 1개의 부품이 기능하면 시스템의 기능이 상실되지 않게 될 때, 신뢰성공학에서는 부품(아이템)은 병렬이라고 간주한다. 따라서 이와 같은 특성, 즉 미리 여분의 아이템과 수단이 부가되어 있고 어느 부품(아이템)이 고장 나도 시스템의 기능이 손상되지 않는 성질을 중복성(redundancy)이라고 부른다.

그림 4.7과 같이 병렬로 연결된 3개의 부품의 신뢰도를 r_1, r_2, r_3라 하자. 이때 병렬시스템의 신뢰도는 어느 정도로 되는가?

병렬시스템에서는 부품이 1개라도 살아있으면 시스템이 살아있지만 이 확률을 계산하는 것은 경우의 수를 따져야 하는 등 조금 까다롭다. 즉 (1) 이 살고 (2) (3) 이 죽고, (2) 가 살고 (1) (3) 이 죽고, (3) 이 살고 (1) (2) 가 죽고, (1) (2) 가 살고 (3) 이 죽고, (1) (3) 이 살고 (2) 가 죽고, (2) (3) 이 살고 (1) 이 죽고, (1) (2) (3) 이 모두 살아있는 7가지 경우에 대하여 확률을 계산하고 그들을 합산하지 않으면 안 된다.

그리고 접근법을 바꿔 시스템이 죽는 확률부터 계산한다. 3개의 부품이 각각 규정 기간 중에 고장 나는 확률은

$f_1 = 1 - r_1$

$f_2 = 1 - r_2$

$f_3 = 1 - r_3$이며 3개의 부품이 동시에 죽을 때만 시스템이 고장 나므로 그 확률은

$F = f_1, f_2, f_3$이다. 물론 시스템 신뢰도는

$R = 1 - F$이므로 따라서

$R = 1 - f_1 f_2 f_3$이며

$$R = 1 - (1 - r_1)\ (1 - r_2)\ (1 - r_3) \tag{4.18}$$

로 나타낼 수 있다.

구체적으로 계산해 보면 첫 번째 부품의 MTBF가 1000시간, 2번째는 2000시간 3번째는 2500시간일 때, 시스템이 100시간 정상 기능하도록 규정한다고 하면 그 시스템의 신뢰도를 구해보자.

각각의 신뢰도는 직렬일 때의 계산방식과 동일하므로

$r_1 = 0.905$

$r_2 = 0.951$

$r_3 = 0.961$이다.

따라서 R은

$$R=1-(1-0.905)\ (1-0.951)\ (1-0.961)$$
$$=1-(0.00018)=0.99982$$

로 되어 이 병렬시스템은 상당히 높은 신뢰성을 갖는 것을 알 수 있다. 직렬시스템에서는 0.827이었으므로 시스템 신뢰도는 20.9% 향상된다고 말할 수 있다.

또한, 그림 4.7의 3가지 부품이 각각 r_1, r_2, r_3라는 신뢰도를 갖는다는 조건에서 계산하여 보았는데, 3개의 부품 신뢰도가 전부 같아 r이라고 가정하면 식 (4.18)은

$$R=1-(1-r)^3$$

로 된다. 일반적으로 신뢰도가 같은 m개의 아이템이 병렬일 경우

$$R=1-(1-r)^m \tag{4.19}$$

로 나타낼 수 있다. 이때, m을 중복도라 부른다. 본래 1개의 아이템으로 기능을 수행해야 할 때 일부러 m개의 아이템 혹은 루트를 배치하기 때문이다.

아이템의 신뢰도가 0.6이라도 중복도를 증가시킴에 따라, 시스템의 신뢰도는 향상되게 되는데 5개를 병렬로 연결하면 99%의 신뢰도를 얻을 수 있다.

또 아이템의 신뢰도 r이 0.98일 때 5개를 병렬로 연결하면 신뢰도가 100%라는 것은 과학적으로 있을 수 없지만 시스템의 신뢰도는 거의 1로 될 수 있다.

한편 정보전달시스템에서는 정보전달의 계통을 다중으로 한다고 하여 그대로 중복성이 향상된다는 뜻은 아니다. 정보의 전달이 (있다) 혹은 (없다) 라면 중복도는 증가되지만 정보의 전달이 (바르다) 혹은 (틀렸다)로 규정한다면 다른 이야기가 되어 버린다. 만약 전달계통이 이중으로 되었다고 하자. 그때 전달된 2개의 정보에 차이가 있으면 어느 쪽이 바른 정보고 어느 쪽이 틀린 것인가 알 수 없다. 따라서 이와 같을 때는 계통을 3중으로 하여 그 가운데 2개 이상이 같은 정보를 전달하면 그것이 바른 정보라고 판단한다든가, 혹은 5중의 계통 가운데 3개 이상이 동일한 정보를 전하면, 그것을 채택하도록 하는 방법 등으로 신뢰성을 확보하게 된다.

여기서 부품이 고장 나는 확률을 f, 고장 나지 않는 확률을 r이라 할 때 m개의 부품 가운데 딱 s개만 고장 나는 확률은

$$ {}_{m}C_{s}f^{s}r^{m-s} = {}_{m}C_{s}(1-r)^{s}r^{m-s} \tag{4.20} $$

이므로 3중의 계통 중에 2개 이상이 정보를 전달하는 확률 즉, 이 계의 신뢰도는

$$ \begin{aligned} R &= {}_{3}C_{0}(1-r)^{0}r^{3} + {}_{3}C_{1}(1-r)^{1}r^{2} \\ &= r^{3} + 3(1-r)r^{2} = 3r^{2} - 2r^{3} \end{aligned} $$

로 계산할 수 있다.

또한 중복 시스템에서는 몇 개인가의 아이템이 항상 기능하고 있는 것과, 본래의 아이템이 고장난 경우 대기하고 있던 아이템이 기능을 시작하는 것도 있다.

4.2.3 직렬, 병렬 등이 혼합된 시스템

시스템 중에는 많은 아이템이 직렬 혹은 병렬로 연결되어 시스템을 구성하고 있다. 그러나 단순하게 직렬 혹은 병렬로 연결된 것만으로 시스템의 신뢰도를 계산하면 조금도 어렵지 않다.

즉, 지금까지 설명한 바와 같이

직렬의 시스템에서는

$$ R = r_{1}r_{2}r_{3} \text{의 법칙을 따르고} \tag{4.21} $$

또 병렬의 부분은

$$ R = 1-(1-r_{1})(1-r_{2})(1-r_{3}) \tag{4.22} $$

로 순차적으로 계산하면 된다.

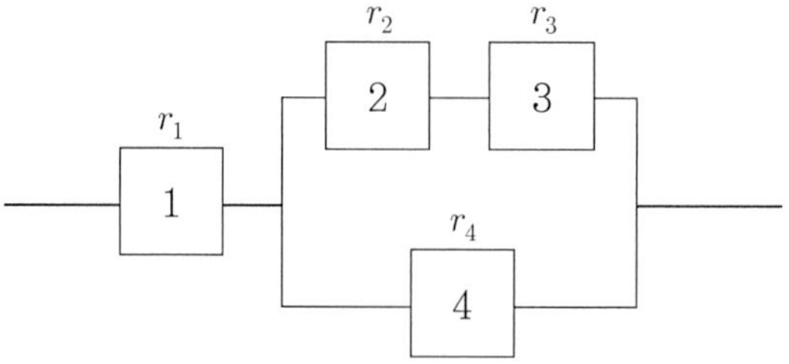

[그림 4.8]

예를 들면 그림 4.8과 같이 직렬과 병렬이 혼합된 시스템의 신뢰도를 계산해 보자. 우선 ②와 ③의 범위에 대하여 식 (4.15)의 법칙에 적용하면

$R_{23} = r_2 r_3$ 이다.

다음은 이것을 병렬로 연결된 ④를 더하여 식 (4.18) 의 법칙을 사용하면

$R_{234} = 1-(1-r_2 r_3)(1-r_4)$로 된다. 따라서 전체의 신뢰도는

$R_{1234} = r_1(1-(1-r_2 r_3)(1-r_4))$가 된다.

아이템의 수가 많아져도 이와 같이 계산을 반복하면 된다.

그런데 까다로운 것은 그림 4.9와 같은 경우이다. 좌측부터 우측으로 기능이 흐르는 것을 생각하여 보자.

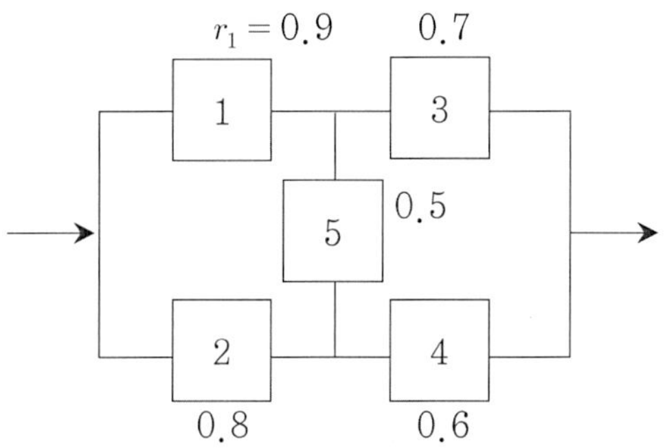

[그림 4.9]

①과 ②가 함께 죽는다면 시스템은 죽는다. ②가 죽어도 ①이 살아 있으면 ③이 정상이든가 혹은 ④와 ⑤가 살아있으면 시스템으로서 기능한다. ①이 죽고 ②가 살아있을 때는 … 또 ①과 ②가 동시에 살아있을 때는 … 등의 흐르는 루트를 더듬어

① → ③ →

① → ⑤ → ④ →

② → ④ →

② → ⑤ → ③ →

의 각각에 대하여 확률을 계산하여 합계하면 시스템의 신뢰도가 구해질 거라고 생각할지 모르겠다. 그러나 그렇게 쉽지 않다.

위의 4개의 흐름은 각각 배반사상으로, ①~⑤의 모두가 살아있을 때는 위의 네 가지 흐름이 동시에 일어나는 것은 아니다.

따라서 다음과 같은 작업을 하게 되는 것이다. ①~⑤의 5개의 아이템은 살아있거나 죽었거나 어느 쪽이다. 따라서 어느 아이템이 살아 있는가의 모든 조합을 생각할 수 있다. 표 4.1이 그것이다.

[표 4.1] 모든 조합에서의 시스템 상태를 조사

아이템	시스템	아이템	시스템
①②③④⑤	○	④⑤	×
②③④⑤	○	③ ⑤	×
① ③④⑤	○	③④	×
①② ④⑤	○	② ⑤	×
①②③ ⑤	○	② ④	○
①②③④	○	②③	×
③④⑤	×	① ⑤	×
② ④⑤	○	① ④	×
②③ ⑤	○	① ③	○
②③④	○	①②	×
① ④⑤	○	⑤	×
① ③ ⑤	○	④	×
① ③④	○	③	×
①② ⑤	×	②	×
①② ④	○	①	×
①②③	○		×

좌측의 제일 위의 행에 ① ② ③ ④ ⑤라고 적혀 있는 것은 ①~⑤ 전부 아이템이 살아 있는 것을 나타낸다. 이 경우에는 시스템도 살아 있으므로 시스템 난에 ○이다. 또 2행이 ② ③ ④ ⑤로 되어 있으므로 ①은 죽어 있지만 ② ③ ④ ⑤가 살아있는 것을 나타내고 ①이 죽어도 ② ④와 ② ⑤ ③은 살아있으므로 시스템으로서는 ○이다.

7행을 보자. 여기는 ①과 ②가 죽고 ③ ④ ⑤가 살아있지만 그림 4.9에서 알 수 있듯이 ①과 ②가 동시에 죽으면 시스템도 죽는다. 따라서 시스템은 ×로 된다. 표의 좌측은 살아있는 아이템이 5개, 4개, 3개이지만 우측에서는 아이템이 2개든지 1개밖에 살아있지 않고 제일 아래의 행에서는 5개의 아이템이 전멸이다. 그리하여 표 4.2에서는 어느 아이템이 살아있는가 32개 전 조합에 대하여 시스템이 ○인가 ×인가를 전부 조사한다.

그러면 확률계산으로 가자. 이번에는 이들의 32가지 경우가 서로 배반사상이므로 시스템이 ○인 행의 확률을 계산하여 이들을 합계하면 시스템의 신뢰도가 구해진다.

계산과정은 표 4.2의 좌측과 같다. 시스템이 ○으로 되는 경우이다. 우선 ① ② ③ ④ ⑤ 전부 살아있을 확률은 ① AND ② AND ③ AND ④ AND ⑤가 살아있는 확률이므로 식 (4.15)의 경우와 같이 5개 아이템의 신뢰도의 곱이다.

각각의 아이템의 신뢰도는 그림 4.9에 기재되어 있듯이 0.9, 0.8, 0.7, 0.6, 0.5이므로 그 값은 0.9×0.8×0.7×0.6×0.5=0.1512로 된다. 표 4.2에는 이것을 생략하여 9 8 7 6 5 0.1512로 적는다.

다음은 ①만 죽고 ② ③ ④ ⑤가 살아있는 확률은 ①이 죽는 확률이 1−0.9=0.1이므로 0.1×0.8×0.7×0.6×0.5=0.0168이 된다. 표 4.2의 2행이 1 8 7 6 5 0.0168로 되어 있는 것은 이것을 나타낸 것이며, ①의 위에 점이 붙어 있는 것은 살아있을 확률이 아니고 죽어있을 확률의 표시이다.

이렇게 표 4.1에서 시스템이 ○로 되어있는 16행에 대하여 확률을 계산하면 표 4.2의 좌측과 같이 되고, 이들 16개의 값을 합하면 0.8350을 얻는다. 이것이 그림 4.9에 그려진 시스템의 신뢰도이다.

또 계산의 의미로 표 4.2의 우측에 시스템이 고장 나는 확률, 즉 불신뢰도를 계산하여 놓았다. 표 4.1에서 시스템이 ×로 된 16행에 대하여 확률계산을 하고 합계하면 0.1650으로 되고

$$R=1-F=1-0.1650=0.8350 \tag{4.23}$$

로 되어 앞뒤가 맞는 것을 알 수 있다.

그림 4.9와 같이 직렬과 병렬의 단순한 조합이지 않고 우회로 등이 포함되어 있으면 신뢰도의 계산은 꽤 까다롭다. 아이템이 단 5개라도 32개의 조합에 대하여 검토할 필요가 있다. 만약 아이템이 6개가 되면 64개, 7개이면 128개, 8개이면 256개로 아이템이 1개 늘어나면 검토하지 않으면 안 되는 조합의 수는 2배로 되므로 상식적으로 아이템의 수가 6~7개 정도가 이 수법을 사용하는 한도이다.

따라서 아이템 수가 많을 때에는 시스템을 가능한 한 작은 부분으로 분해하여 부분마다 신뢰도를 계산하고 그것을 합하여 시스템의 신뢰도를 구하도록 해야 한다.

[표 4.2] 시스템이 정상 조합에서의 계산

신뢰도 계산		불신뢰도 계산	
$9\ 8\ 7\ 6\ 5$	0.1512	$\dot{1}\ \dot{2}\ 7\ 6\ 5$	0.0042
$\dot{1}\ 8\ 7\ 6\ 5$	0.0168	$9\ 8\ \dot{3}\ \dot{4}\ 5$	0.0432
$9\ \dot{2}\ 7\ 6\ 5$	0.0378	$\dot{1}\ \dot{2}\ \dot{3}\ 6\ 5$	0.0018
$9\ 8\ \dot{3}\ 6\ 5$	0.0648	$\dot{1}\ \dot{2}\ 7\ \dot{4}\ 5$	0.0028
$9\ 8\ 7\ \dot{4}\ 5$	0.1008	$\dot{1}\ \dot{2}\ 7\ 6\ \dot{5}$	0.0042
$9\ 8\ 7\ 6\ \dot{5}$	0.1512	$\dot{1}\ 8\ \dot{3}\ \dot{4}\ 5$	0.0048
$\dot{1}\ 8\ \dot{3}\ 6\ 5$	0.0072	$\dot{1}\ 8\ 7\ \dot{4}\ \dot{5}$	0.0112
$\dot{1}\ 8\ 7\ \dot{4}\ 5$	0.0112	$9\ \dot{2}\ \dot{3}\ \dot{4}\ 5$	0.0108
$\dot{1}\ 8\ 7\ 6\ \dot{5}$	0.0168	$9\ \dot{2}\ \dot{3}\ 6\ \dot{5}$	0.0162
$9\ \dot{2}\ \dot{3}\ 6\ 5$	0.0162	$9\ 8\ \dot{3}\ \dot{4}\ \dot{5}$	0.0432
$9\ \dot{2}\ 7\ \dot{4}\ 5$	0.0252	$\dot{1}\ \dot{2}\ \dot{3}\ \dot{4}\ 5$	0.0012
$9\ \dot{2}\ 7\ 6\ \dot{5}$	0.0378	$\dot{1}\ \dot{2}\ \dot{3}\ 6\ \dot{5}$	0.0018
$9\ 8\ \dot{3}\ 6\ \dot{5}$	0.0648	$\dot{1}\ \dot{2}\ 7\ \dot{4}\ \dot{5}$	0.0028
$9\ 8\ 7\ \dot{4}\ \dot{5}$	0.1008	$\dot{1}\ 8\ \dot{3}\ \dot{4}\ \dot{5}$	0.0048
$\dot{1}\ 8\ \dot{3}\ 6\ \dot{5}$	0.0072	$9\ \dot{2}\ \dot{3}\ \dot{4}\ \dot{5}$	0.0108
$9\ \dot{2}\ 7\ \dot{4}\ \dot{5}$	0.0252	$\dot{1}\ \dot{2}\ \dot{3}\ \dot{4}\ \dot{5}$	0.0012
	0.8350		0.1650

4.3 완제품 신뢰도

4.3.1 완제품의 계층구조 및 보증수명

완제품은 다음 그림 4.10과 같이 여러 개의 모듈과 부품들로 이루어진 계층구조를 가지고 있다. 하부 부품들의 신뢰도가 상부 부품의 신뢰도에 그대로 반영되기 때문에 사용자의 요구사항인 완제품의 보증수명을 확보하기 위해서는, 하부 부품들에 적절한 신뢰도 배분 및 할당이 필요하게 된다. 이를 수행하기 위해서는 먼저 완제품을 구성하고 있는 주요 모듈 및 주요 부품에 한정하여 완제품의 보증수명을 확보하고, 필요시에 확대하여 관리하는 방법도 있다.

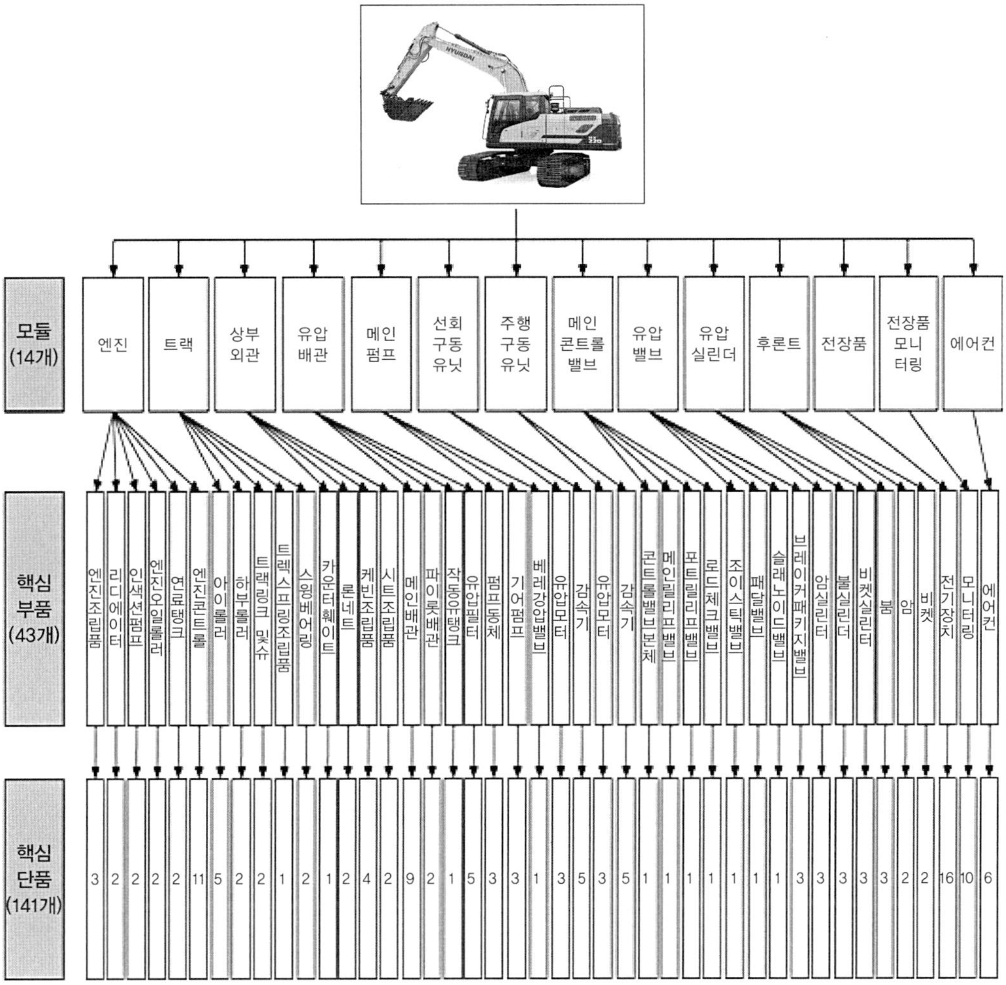

[그림 4.10] 완제품의 계층구조 예

4.3.2 모듈의 신뢰성에 따른 완제품 신뢰도 확보 및 개선

그림 4.11과 같이 완제품을 구성하고 있는 모든 모듈의 신뢰도가 확보되어 있고 모듈의 고장이 지수분포를 따른다면, 관련 수식으로부터 완제품의 신뢰도를 산출할 수 있는데, 이 경우 완제품의 신뢰도는 274시간이다. 이미 알고 있는 바와 같이, 완제품의 신뢰도는 신뢰도가 가장 낮은 모듈에 영향을 크게 받는다. 즉 신뢰도가 가장 낮은 모듈의 신뢰도를 향상시키면 완제품의 신뢰도 개선에 크게 이바지할 수 있게 된다.

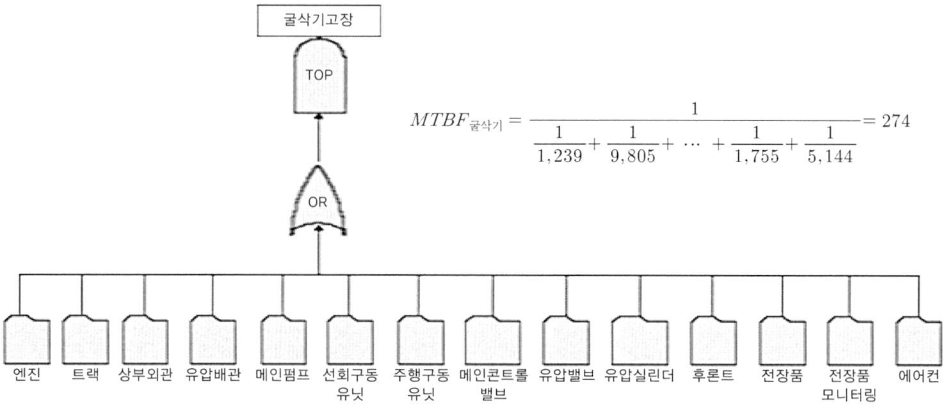

$$MTBF_{굴삭기} = \frac{1}{\frac{1}{1,239} + \frac{1}{9,805} + \cdots + \frac{1}{1,755} + \frac{1}{5,144}} = 274$$

No	모듈명	MTBF(시간)	No	모듈명	MTBF(시간)	No	모듈명	MTBF(시간)
1	엔진	1,239	6	선회구동유닛	8,346	11	후론트	9,704
2	트랙	9,805	7	주행구동유닛	54,476	12	전장품	2,510
3	상부외관	3,280	8	메인콘트롤밸브	31,644	13	전장품모니터링	1,755
4	유압배관	1,748	9	유압밸브	3,900	14	에어컨	5,144
5	메인펌프	12,041	10	유압실린더	11,154	굴삭기 MTBF = 274(시간)		

[그림 4.11] 완제품신뢰도 계산

여기서 신뢰도가 가장 낮은 전장품 모니터의 평균수명을 1,755시간에서 획기적으로 3,000시간까지 연장하였다고 한다면 완제품의 평균고장시간은 274시간에서 7%가 향상된 293 시간으로 된다는 것을 알 수 있다.

4.3.3 굴착기 완제품의 MTBF 계산

굴착기의 하루 작업시간이 약 8시간이고 한 주 운행일수가 약 5일이므로 5년간 사용시간을 산출하면 약 10,000시간이 된다(약 10,000시간≒8시간/일×5일/주×52주/년×5년).

디젤엔진과 메인펌프의 사용시간은 굴착기의 사용시간과 동일하지만 주행구동유닛, 선회구동유닛, 유압실린더, 메인 컨트롤 밸브(MCV)는 장비 가동시간 대비 가동률이 100% 이하이기 때문에 사용시간도 10,000시간보다 적다. 이를 가중치로 환산하면, 주행모터의 경우는 10%의 가동률로 인하여 사용시간이 1,000시간이지만 굴착기의 사용시간은 10,000시간에 해당한다. 신뢰도 관점에서 보면, 주행모터의 경우는 모듈의 보증수명은 1,000시간이지만 굴착기의 보증수명을 산출할 때는 10,000시간으로 간주하면 된다.

[표 4.3] 등가사용시간의 환산

모듈	가동가중치 [%]	모듈 기준 실제 사용시간 [Hr]	굴착기 기준 등가 사용시간 [Hr]
디젤엔진	100	10,000	10,000
메인펌프	100	10,000	10,000
실린더	60	6,000	10,000
주행구동 유닛	10	1,000	10,000
선회구동 유닛	40	4,000	10,000
컨트롤 밸브 유닛	80	8,000	10,000

1) 주행모터의 MTBF

신제품 개발 시 주행모터의 보증수명 목표는 B_{10} 1,000시간으로 하면 형상계수 $m=2.0$일 경우 특성수명 η는 3,082시간이 되고 MTBF는 약 2,731시간이 된다.(8.6.5 신뢰성 평가 참조)

$$\text{MTBF}=\frac{B_{10}}{(-\ln(1-p))^{\frac{1}{m}}}\,\Gamma(1+\frac{1}{m})=\frac{1000}{(-\ln(1-0.1))^{\frac{1}{2}}}\,\Gamma(1+\frac{1}{2})=2{,}731\text{시간}$$

여기서 $\Gamma(1+\frac{1}{2})=0.886227$

2) 선회모터의 MTBF

선회모터의 보증수명 목표는 B_{10} 4,000시간으로 하면 형상계수 $m=2.0$일 경우 특성수명 η는 12,327시간이 되고 MTBF는 약 10,324시간이 된다.

$$\text{MTBF}=\frac{B_{10}}{(-\ln(1-p))^{\frac{1}{m}}}\,\Gamma(1+\frac{1}{m})=\frac{4000}{(-\ln(1-0.1))^{\frac{1}{2}}}\,\Gamma(1+\frac{1}{2})=10{,}324\text{시간}$$

여기서 $\Gamma(1+\frac{1}{2})=0.886227$

3) 실린더의 MTBF

암 실린더의 보증수명 목표는 B_{10} 28만 사이클이므로 이를 시간으로 전환하기 위하여 먼저 1 사이클 당 소요시간을 정의한다. 시험조건에서는 전 행정 거리를 최대속도로 작동하였을 때 약 5.4초가 소요되지만, 현장조건에서는 다양한 작업환경(행정 거리, 속도 등)을 고려하여 약 30초로 가정한다. 현장조건에서 사이클 당 소요시간이 10초이면 28만 사이클은 약 2,330시간이 된다. 동일하게 형상계수 m=2.0일 경우 특성수명은 7,180시간이 되고 MTBF는 약 6,363시간이 된다.

$$MTBF = \frac{B_{10}}{(-\ln(1-p)^{\frac{1}{m}}} \Gamma(1+\frac{1}{m}) = \frac{2330}{(-\ln(1-0.1)^{\frac{1}{2}}} \Gamma(1+\frac{1}{2}) = 6,363\text{시간}$$

$$\text{여기서 } \Gamma(1+\frac{1}{2}) = 0.886227$$

4) 메인펌프의 MTBF

메인펌프의 보증수명은 B_{10} 10,000시간으로 하면 형상계수 m=2.8이라 하면, 특성수명 η는 22336시간이 되고 MTBF는 약 19,890시간이 된다.

$$MTBF = \frac{B_{10}}{(-\ln(1-p)^{\frac{1}{m}}} \Gamma(1+\frac{1}{m}) = \frac{10,000}{(-\ln(1-0.1)^{\frac{1}{2.8}}} \Gamma(1+\frac{1}{2.8}) = 19,890\text{시간}$$

$$\text{여기서 } \Gamma(1+\frac{1}{2.8}) = 0.890451$$

5) 디젤엔진 & 컨트롤 밸브 MTBF

- 디젤엔진 : MTBF 3,000시간(형상모수 m이 1.2인 와이블 분포 가정)
- 컨트롤 밸브 : MTBF 15,000시간
  (B_{10} 500,000 사이클(형상모수 m이 1.5인 와이블 분포 가정)

6) 굴착기 완제품의 MTBF 산출

그림 4.10과 같이 완제품을 구성하고 있는 14개의 모듈에서 신뢰도가 낮은 주요 모듈 6개에 대한 신뢰도를 알게 되고, 이러한 모듈들의 고장은 와이블 분포를 따른다고 하면 관련 수식들로부터 완제품의 신뢰도를 산출할 수 있다.

[표 4.4] 모듈별 등가 MTBF 계산

모듈	가동가중치 [%]	모듈 기준 MTBT [Hr]	굴착기 기준 등가 MTBF [Hr]
디젤엔진	100	3,000	3,000
메인펌프	100	19,890	19,890
실린더	60	6,360	10,600
주행모터	10	2,731	27,310
선회모터	40	10,324	25,810
컨트롤 밸브	80	15,000	18,750

따라서 굴착기 완제품의 MTBF는 약 1,648시간이 되게 된다.

제5장

신뢰성 설계

신뢰성을 확보하기 위하여는 신뢰성 설계에 대하여 논하기 이전에 시스템을 구성하는 최소 아이템 즉 부품의 품질 수준을 높여야 한다는 것을 지적하고 싶다. 이것은 주로 품질관리의 일이다. 금속의 작은 부품에 가공에 의한 버(Bur)가 남아 있거나 이물질이 혼입된 채 조립되어 기계적 마찰로 오작동을 일으키는 사례가 종종 발생하곤 한다. 따라서 품질관리 없이는 신뢰성을 논할 수는 없다고 생각한다.

5.1 신뢰성 설계의 포인트

5.1.1 부품 수의 최소화

신뢰성은 설계의 단계에서 만들어지는 것, 품질은 제조의 단계에서 만들어지는 것이라고 한다. 즉 설계할 때 어디까지 신뢰성이 고려되어 설계되었느냐에 따라 제품의 신뢰성이 결정되며, 또 설계된 대로 확실하게 제작하면 높은 품질의 제품이 될 수 있다고 생각하여 왔다.

그러나 지금은 이와 같은 사고는 통용되지 않는 면도 많이 있다. 신뢰성은 설계 단계에서 창조되는 고유의 신뢰성만이 아니라 보전의 능력까지 포함되어 폭넓게 취급되고 있다. 특히 품질에 대해서는 설계대로 물건을 만드는 것은 단순히 제조의 품질에 지나지 않는다. 신뢰성이라는 것은 본래는 품질의 일부이며 또 서비스 및 경영에도 품질은 당연히 확보되어 있어야 한다.

그러나 이 신뢰성에 한정하여 말하면 설계 단계에서 신뢰성은 거의 정해져 버린다 해도 과언이 아니다. 설계 시에 보전의 용이에 대해서도 배려하는 연구를 하지 않으면 현장의 노력으로 가능한 것은 한계가 있다. 매니지먼트도 신뢰성을 확보하는데 중요한 요소이지만, Management로 설계 시에 뒤처진 신뢰성을 회복시키는 것은 거의 불가능하다.

따라서 설계 시에 신뢰성이 확보되지 못한 제품은 그 후 어떻게 대응하느냐에 관계없이 신뢰성이 비약적으로 향상되는 것은 있을 수 없다라고 생각하면 틀림이 없다.

점점 시스템이 정교하고 다양해짐에 따라 부품 수도 많아지고 있다, 따라서 부품 수의 증가는 신뢰성에 있어서 극복해야 할 대상이다.

예를 들면, 신뢰도가 0.999인 부품의 경우, 부품 수가 10개의 시스템이면 신뢰도 R=0.99이지만 부품 수가 10,000개의 시스템이 되면 신뢰도 R=0.00005로 되고 만다. 시스템의 거대화, 복잡화에 의한 부품 개수의 증가는 시스템의 신뢰성에 있어서 최대의 적이다.

그렇다면 시스템을 복잡하게 하지 않으면 좋지 않은가 하고 생각할 수 있지만 그렇지 않다. 왜냐하면, 원래 각각의 요소는 각각 흩어져 기능하고 있는 것이 아니고 상호 밀접한 관련을 하는 것을 전제로 성능을 발휘하고 임무를 수행하게 된다.

따라서 시스템화가 진행됨에 따라 시스템이 더욱 고급화되고 효과적인 성능을 추구하게 되므로 가능한 한 많은 아이템이 상호 밀접한 관계를 갖게 할 필요가 있어 부품 수의 증가는 어찌할 수 없다.

그렇다고 마냥 손을 놓아서는 안 된다. 무엇보다도 부품 수를 줄이는 것이 시스템의 신뢰성을 향상하게 하는 첩경이다. 많은 요소를 넣어 교묘하게 관계시키는 것이 시스템의 기본적인 동기인데 그 반대로 부품 수를 줄이는 것이므로 어려운 일이지만 불가능한 것은 아니다.

먼저 설계 시 시스템의 목적을 정확하게 이해하여 그것을 달성하는 데 필요한 기능을 정리하여 보는 것이다. 새로운 시스템을 설계할 때에 이것도 가능하고 저것도 기능하게 하는 경향이 있다. 불필요한 기능을 빼버리고 단순하고 경쾌한 시스템으로 만드는 것에 익숙치 않다.

어쨌든 시스템의 설계에서는 이 기능이 정말로 필요한 것인가? 이 기능이 사용되는 경우는 상당히 적으므로 약간의 불편을 참고 이 기능을 없애는 것이 가격과 신뢰성 면에서 유리하지 않은가? 를 설계자가 영업부문 등과 허심탄회하게 협의하는 것이 중요하다.

부품 수가 줄어들면 신뢰성은 높아지고 기능을 줄이면 부품 수는 준다. 그러므로 차별화 대상과 신뢰성 확보 대상을 확실히 구분하여 필요하지 않은 불필요한 기능을 배제하는 것은 시스템의 신뢰성을 높이기 위한 필수 불가결한 요건이다.

5.1.2 계층 구조화

무엇보다 많은 요소를 넣고 정교하게 관련짓는 것이 시스템이므로 부품 수는 많고 복잡해진다. 이 복잡함에 대응하는 유효한 수단이 계층구조이다.

계층구조라는 것은 그림 5.1과 같이 시스템 전체를 몇 개의 서브 시스템으로 구성하고, 각각의 서브 시스템은 또 몇 개의 서브 시스템으로 구성하며 그 서브 시스템도 필요에 따라 더욱 하위의 그룹으로 분할되도록 하는 체계이다.

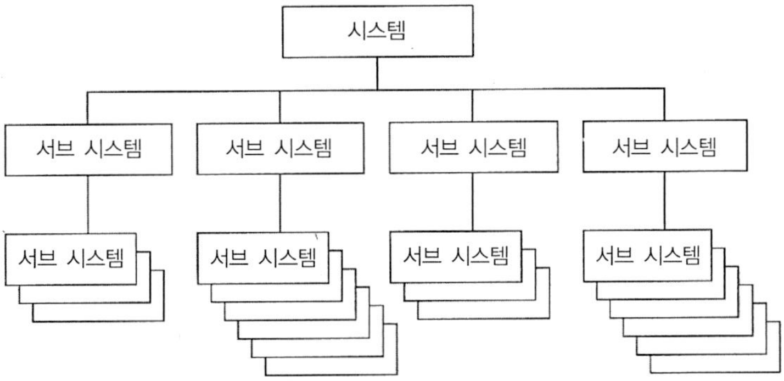

[그림 5.1] 시스템의 계층구조화

여기에 A와 B라는 두 개의 시스템이 있고 각각 100개의 부품으로 구성되어있는데, A는 100개가 조합된 시스템으로 되어 있고, B는 10개씩 서브 시스템이 조합되어 있는 시스템으로 되어있다고 하자. 어느 부품에 고장이 발생하면 바로 다른 부품으로 고장이 전이되지만, 옆의 서브 시스템에는 전이되지 않는다고 약속하자. 1개의 부품에 고장이 발생하는 확률을 100분의 1이라고 할 때 시스템의 부품이 작동하지 않는 확률은 각각의 시스템에서 어느 정도인가?

우선 A 시스템의 경우 어느 부품인가 고장이 발생하면 바로 시스템은 작동되지 않는다. 그 확률은 식 (4.18)과 식 (4.19)일 때와 같이 100개 부품이 어느 것도 고장 나지 않는 확률을 1로부터 뺀 값이다.

$$\text{A 시스템이 작동하지 않을 확률} = 1-(1-0.01)^{100}$$
$$= 1-0.99^{100} = 0.634\text{로 된다.} \tag{5.1}$$

이에 대하여 B 시스템은 어느 1개의 서브 시스템을 구성하는 10개의 부품이 작동할 수 없게 되는 확률이 $1-0.99^{10}=0.0956$이며 10개의 서브 시스템이 동시에 작동 불능할 때만 시스템이 작동되지 않으므로

$$\text{B 시스템이 작동하지 않을 확률} = (1-0.99^{10})^{10}$$
$$= 0.0956^{10} = 6.4\times10^{-11} \tag{5.2}$$

라는 매우 작은 값이다.

식 5.1과 식 5.2의 값을 비교하여 보자. 엄청난 차이이다. 만약 부품이 전부 작동하지 않는 것으로 신뢰성을 평가한다면 계층구조를 갖는 B 시스템의 신뢰도는 99.9999999936%이므로 계층구조가 신뢰성에 얼마나 공헌하는지 알 수 있다.

5.1.3 중복 설계의 강화

신뢰도가 r인 시스템을 병렬로 m개 연결하면 시스템의 신뢰도는 $R=1-(1-r)^m$으로 된다. 이 m을 중복성(Redundancy)이라 부른다. 1 개의 아이템으로 기능을 수행시키는데 m개를 배려하게 되므로 중복이라는 표현을 쓰게 되었다.

현존의 시스템은 치명적인 장소에는 반드시 중복성을 준다. 예를 들면 건설기계용 유압회로에서는 파일럿 회로의 안전(솔레노이드)밸브는 고장 발생 시 장비 작동이 불가능하게 되므로, 수동으로 스풀 절환을 가능하게 하는 메뉴얼 오버라이드 기능을 장착한다.

5.1.4 고장 확산 방지

시스템의 어디인가 작은 고장이 발생하고 그 고장으로 인하여 다른 큰 고장을 일으키는 것은 훌륭한 설계라고 할 수 없다. 작은 고장을 그 부분만으로 국한할 수 있다면 시스템 전체의 기능은 그다지 저하되지 않고 끝나는 예도 있다. 또 작은 고장이면 수리도 쉬우므로 가용도에도 그렇게 나쁜 영향이 없다. 따라서 발생한 고장을 그 부분에 국한하여 다른 곳으로 파급시키지 않도록 하기 위한 연구가 필요하게 된다.

이러한 전형적인 예가 퓨즈이다. TV와 세탁기 등의 전기 제품에는 퓨즈를 내장하고 있는 것이 많다. 고장이 일어나서 과대한 전류가 흐르면 퓨즈가 끊어져 전류를 차단해 버린다. 그 결과는 전기 제품의 하나만 기능이 정지되도록 하여 가정의 전체 전기 시스템에는 피해가 없다. 만약 전기 제품에 각각 퓨즈가 들어가 있지 않으면 전기 입력반의 퓨즈라든가 서킷 브레이크가 끊어져 가정의 전기 전체 시스템이 작동되지 않게 된다.

퓨즈는 이처럼 고장을 전염시키지 않는 효과가 있다. TV의 퓨즈가 끊어지면 고장은 TV에서만 일어나므로 TV의 고장을 발견하여 수리하든가 그 밖의 판단과 조치가 쉽게 된다. 이에 비하여 만약 TV에 퓨즈가 없어 가정에 정전이 일어나면 가정의 전체 전기 계통을 하나하나 조사하지 않으면 안 된다.

퓨즈는 의도적으로 약한 장소를 만들어 놓아 무리가 생기면 그 장소가 파손되어 다른 피해가 생기지 않도록 하고 또 그 위치가 빨리 발견되도록 하며 교환하기 쉽도록 고안해 낸 지혜의 하나이다. 이와 같은 지혜는 전기회로의 퓨즈만이 아니고 타방면에도 응용할 수 있다.

기어 체인 샤프트 등을 조합시켜 동력을 전달하는 경우 무리한 힘이 걸려 기어가 절손되거나 체인이 끊어지면 그 파편이 다른 부분에 끼어 들어가 큰 파괴로 이어질 수 있다. 따라서 발견하기 쉽고 교환하기 쉬운 곳에 있는 샤프트에 의도적으로 약한 곳을 만들어 고장나면 그곳을 우선 점검하도록 하는 체계로 설계하여 피해가 최소화되도록 하여야 한다.

또한 기어펌프의 입력 스플라인축에도 홈을 설치하여 그곳에서 파손이 일어나도록 하고 있다.

5.1.5 Fool Proof

실험실에서 파일럿 조작 밸브 부품을 교환하면서 성능을 시험하던 때에 아찔한 사고를 간접 경험한 적이 있었다. 부품을 교환 후 선회동작을 시킨 뒤 작업을 멈추려고 운전자가 Pilot Control Valve(Joystick)를 중립으로 조작하였으나 실제 선회 동작은 멈추지 않고 계속되는 돌발적인 사고가 발생하였다. 이때 운전자가 순간적으로 기지를 발휘하여 엔진을 정지시켜서 오작동으로 인한 중대사고를 방지하였던 아찔한 사고를 지금도 잊을 수 없다. 이의 원인은 간단하였다. Pilot Control Valve(Joystick)의 P Line과 T Line을 서로 반대로 조립함으로써 발생한 것이다. 그러나 이런 문제는 한 번에 그치지 않고 수년 후 공장의 시작실에서 다시 발생하였다. 이때도 인명사고는 발생하지 않았지만, 주의의 시설을 파괴하는 손실이 발생되었다.

문제는 사고의 발생 가능성을 알았으면서 P Line과 T Line이 바뀌어 조립되지 않도록 Port Size의 변경 등 적극적인 대응이 필요하였으나 설계자는 주변 공간 부족 등의 이유로 이에 대한 확실한 방지 대책을 실시하지 못한 결과였다.

실수가 생길 수 있도록 만들면 언젠가 누군가 실수를 한다. 이것은 머피의 법칙이라고 부르고 있지만, 신뢰성공학의 사상으로 말하면 실수가 일어나는 것은 실수가 일어나도록 설계한 쪽이 책임이다.

유사한 사건이 다른 곳에서도 발생하였다. 어느 한 병원에서 산소와 마취 가스의 배관이 거꾸로 연결되어 수술환자가 사망하는 사고가 있었다. 마취의 의학적 지식이 없는 배관공에 공사를 시킨 것이 잘못이라고 판정하였지만 신뢰성공학의 관점에서 말하면 산소용 배관과 마취용 배관크기를 다르게 설계하여 오작이 일어나지 않도록 해야 한다. 크기가 같으면 마취를 숙지한 전문가가 공사하여도 실수가 발생하지 않는다는 보장은 없다.

Fool proof라는 말이 있다. 직역하면 바보 방지이지만 바보 같은 일이 반복되어 일어나지 않도록 배려한 설계를 의미하고 있다.

설계자는 제품이 조립되고 사용되는 현장의 상태를 면밀히 숙지하고 공부하지 않으면 안된다. 설계자의 입장에서 보면 일어날 수 없는 바보스러운 오작이라 하여도 현장에서는 당연한 것이 적지 않게 일어나기 때문이다.

5.1.6 신뢰성에의 세심한 배려

신뢰성은 설계 시 많은 부분이 결정된다. 신뢰성을 높이기 위해서는 우선 불필요한 기능을 배제하고 부품의 수를 줄이며 계층구조를 이용하여 고장의 영향을 최소화하는 동시에

1) 제품 또는 시스템을 설계할 때 사용되는 개개의 요소는 높은 신뢰성이 보증된 것을 선정하지 않으면 안 된다. 신뢰성이 낮은 요소 부품을 모아 시스템을 구성하거나 조립하면 아무리 노력해도 높은 신뢰성을 달성하지 못한다.

2) 신뢰성이 높은 요소 부품을 선택하는 가장 쉬운 것은 표준품을 적용하거나 이미 적용중인 부품을 적용하는 것이다. 하드웨어의 경우 KS 규격 또는 사내 규격에 적합한 부품이나 사용실적이 있는 요소 부품은 일정의 신뢰도가 검증된 것이 많으므로, 사용실적을 신뢰도 관점에서 분석하여 이를 근거로 적용하면 큰 실패는 없게 된다.

   그렇지만 언제나 표준품에 의존해서는 안 된다, 시스템에는 점점 높은 성능을 요구하고 있으므로 표준품의 조합만으로는 요구에 대응할 수 없는 것도 있고 표준이라도 더 높은 신뢰성을 필요로 하는 것도 있다. 따라서 표준품에만 의존해서는 경쟁에서 이길 수 없다.

지속적으로 신뢰성을 높이기 위해 이와 관련된 많은 고유기술을 적용하지 않으면 안 된다. Fool Proof 설계 등 여러 가지 분야에서 개발되고 있는 수법을 주의 깊게 검토하면서 적용해 갈 필요가 있다. 때로는 새로운 아이디어를 대담하게 채용하는 것이 좋다.

결론적으로 시스템의 높은 신뢰성은 각각 요소 부품의 높은 신뢰성을 기반으로 달성된다는 것을 명심하자.

다양한 기능에 초점을 맞춰 복잡함 시스템을 설계했다 하더라도 신뢰성 관점에서 하나하나의 요소에 세심하게 주의를 기울이고 여러 가지 신뢰성과 관련된 고유기술을 적용하는 것이 시스템을 성공시키는 첩경이라는 것을 잊지 말자.

노력할 만큼 하였다 하여도 신뢰성이 부족하다면 마지막 비장의 카드로서 중복설계(Redundant Design)를 할 수밖에 없다. 중복 설계를 하면 신뢰성이 향상된다는 것은 제4장 신뢰성 모형에서 설명하였지만 어쩔 수 없이 필요한 곳에서는 중복설계를 할 수밖에 없다. 그렇게 되더라도 제품의 비용을 낮추고 효율성을 높일 수 있록 여러 수단을 찾아 적용하여야 한다.

5.1.7 보전성

설계할 때에 반드시 배려하지 않으면 안 되는 것이 보전성이다. 광의의 신뢰성이라고 말할 수 있는 가용도(Availability)에 대하여 보전성은 협의의 신뢰성과 동일하게 영향을 주기 때문이다.

보전성을 높이는데 첫 번째 고려할 점은, 고장 발생 장소를 발견하기 쉽게 하는 것이다. 어딘가의 서브 시스템과 서브 서브 시스템에 고장이 일어났을 때 다른 곳으로 전이되지 않도록 하고 그곳에 고장이 일어났다는 것을 표시하도록 하는 것이다. 가능하면 모든 표시장치를 한 곳으로 모은다.

최근 건설기계에서는 운전석 모니터에 고장이 발생하면 빨간 램프가 점등하여 고장과 그 징후를 알리게 하고 있지만, 예방보전을 위하여 테스트 기능을 넣는 것도 보전성 향상의 일환으로서 좋다. 테스트 기능은 스스로 내장하는 것도 있지만 FMC(Full Maintenance Contract)의 경우 별도로 테스트 기재를 준비하여 가동 전 일정한 주기로 점검하는 경우도 있다.

두 번째, 고장 발생 장소의 접근성(Accessibility)이다. 고장 난 장소에 접근하기 쉽고 정비가 용이하도록 하는 것은 고장 예상 장소의 위치와 구조, 개구부의 위치와 치수, 부품의 배치와 방법 등에 따라 결정된다.

시스템은 완성 후에 간단하게 개량하기 어려운 것이 보통이다. 물론 시스템 모두를 접근성 좋게 하는 것은 불가능하므로 보전 작업이 발생하기 쉬운 장소를 중점적으로 우선하지 않으면 안 된다. 그렇게 하기 위하여 어디에 보전 작업이 일어나기 쉬운가의 예상과 필요하면 퓨즈같이 Weak Point를 두고 접근성이 좋은 장소에 배치하는 등의 배려도 필요하다. 이를 위하여 거의 모든 제조사는 접근성(Accessibility)에 대한 평가 장소와 점수를 명시하여 신제품 개발 시 평가하도록 규정하고 있다.

세 번째는 교환의 용이함이다. 제품이 고장이 일어나면 최소한의 부품 교환은 어쩔 수 없다 해도 가능한 한 원래의 부품을 사용하여 수리하는 것이 보통이다. 그러나 이것은 수리를 하는 사이 주 시스템의 기능이 멈추므로 가용성이 떨어져 버린다.

따라서 높은 가용성을 유지할 필요가 있는 시스템과 제품에는 고장 난 장소를 통째로 교환하도록 한다. 이렇게 하면 시스템과 제품이 정지되는 것은 고장 부위를 교체하는 시간만 소요되므로, 정지시간은 짧고 높은 가용도를 유지할 수 있는 것이다.

5.1.8 실패에서 배우자

경쟁이 심화함에 따라 경영환경이 열악해지면서 경영합리화라는 명분으로 일부이지만 실패에 대하여 담당자의 책임을 묻는 경향이 있다. 이에 엔지니어는 실패의 두려움에 도전을 피하고 안전하게 설계하고, 새로운 과제에 도전하여 난제를 극복하기보다는 실패의 책임에서 자유로워지려 한다. 하지만 제품의 제조와 판매를 통해 부가가치를 창출하고 그 수익을 기반으로 발전하는 회사의 경쟁력 기반은 엔지니어와 조직의 문제해결 능력이다. 그러한 중요한 위치의 엔지니어는 근본적으로 실패를 경험하면서 성장하게 되고 그 경험(재발 방지 기술의 배양과 조직의 역량 향상)이 회사 경쟁력의 기반이 되는 것이다. 따라서 문제가 발생하였을 때, 그 문제에 책임을 묻기보다는 재발을 방지하기 위하여 Fact Base 원인 규명과 재발 방지 시스템 구축이 중요하다. 조직에 활력을 주고 문제가 발생하였을 때, 문제를 조기에 가시화하여 비용 및 손실을 최소화하기 위해서는, 발생 책임보다는 책임 회피 및 은폐에 대한 책임을 묻는 분위기를 조성하여 비용의 낭비와 사기 저하를 방지하여야 한다. 좋은 예가 코메트 제트여객기 사고이다.

세계에서 최초로 제트여객기로서 화려하게 등장한 코메트기가 취항 2년 후인 1954년 계속되는 추락사고를 일으키게 되었다. 영국 항공국을 중심으로 조사팀에 의해 피로파괴라는 현상이 원인으로 지적되어 그 후 항공기와 차량 등의 설계에 큰 교훈을 남겼다.

피로파괴를 고려한 설계, 이것은 기계공학 혹은 항공공학의 고유기술이지만 항공기와 차량에서 신뢰성을 확보하기 위하여 없어서는 안 되는 기술이다. 금속에 힘을 가할 때 힘을 서서히 증가시켜 가면 금속은 힘에 정비례하여 조금씩 늘어난다. 힘과 신장이 작은 범위에서는 힘을 제거하면 제자리로 돌아오며, 어떠한 변형도 남지 않는다. 이것을 탄성한계라고 부른다.

힘을 더욱 가하여 어느 점을 넘으면 신장이 급격히 증가하기 시작한다. 그리고 다른 한 점에 왔을 때 힘을 제거하여도 신장은 제로로 되돌아가지 않고 제거한 후에도 신장한 채로 남는다. 또한 그 점을 초과하여도 계속 힘을 가하여 가면 신장은 증가하여 어느 점에서 파열된다. 이것이 파단점이다.

코메트기 이전의 설계에서는 탄성한계까지 힘을 몇 번이고 가하여도 괜찮다고 생각하였었다. 힘을 제거하면 완전하게 후유증 없이 원래의 상태로 되돌아오므로 강도 상 어떠한 걱정도 없다고 생각하였다. 실제로는 작용하는 힘은 어느 정도 오차가 있고 금속재료의 강도에도 다소 편차를 각오하지 않으면 안 되므로, 안전하게 재료의 탄성한계 내에 부하가 걸리도록 설계하는 것이 상식이다.

그런데 탄성한계 내에 있다 하더라도 대단히 작은 힘으로 하중을 가했다 제거하기를 반복하는 사이 금속은 점점 피로하여 결국 파손에 이르는 현상이 나타난다. 이것을 금속의 피로파괴라 한다.

코메트기의 경우는 다음과 같다. 고공에서는 공기가 희박하여 항공기는 객실 내를 여압해야 할 필요가 있다. 즉 항공기의 동체는 매회 비행마다 여압을 반복하여 하중을 받는다. 이 반복하중에 따라 동체 구조가 피로하여 파괴된 흔적이 뚜렷하게 나타났다.

그러면 어느 정도의 힘을 몇 회 정도 반복하면 피로파괴하는가? 그 예로 그림 5.2를 보라.

어느 금속재료에 대하여 실험해 본 결과 1kg의 힘을 10,000회 반복하면 파괴를 일으키고 또 2kg의 힘이면 1,000회, 3kg의 힘이면 100회로 4kg의 힘이면 10회에서 파괴된다고 하자.

이들의 실험데이터를 편대수의 그래프용지에 기록하여 선으로 연결하면 그림과 같이 거의 직선으로 되는 것이 보통이다. 이와 같이 직선 또는 곡선을 S-N 곡선이라고 통칭하고 있다.

여러 가지 금속재료에 대하여 실험을 하여 각각의 S-N 곡선이 만들어져 있으므로, 설계자는 그것을 사용하여 설계하게 되지만 실제 건설기계에서는 일정한 힘만이 반복하여 가해지지 않고 크고 작은 여러 가지 힘이 가해진다. 그 경우 S-N 곡선의 확률은 다음과 같다.

1kg의 힘이 1,000회 반복한다면 어떻게 되는가? 1kg의 힘이 10,000회 정도 반복되면 피로수명이 다하므로 1000회면 1,000/10,000=10%만 수명 한도를 사용하게 된다. 똑같이 2kg이 500회 걸리면 50%의 수명 한도를 사용한다. 이와 같이 여러 가지 힘에 소모되는 수명을 합하여 그것이 딱 100%로 되었을 때 피로파괴가 일어난다고 생각하는 것이 합리적이다.

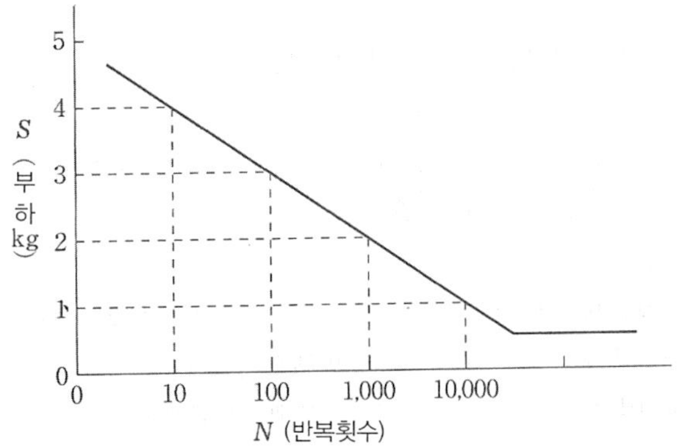

[그림 5.2] S-N 곡선 예

이 사고를 마이너 룰이라고 부른다. 그림 5.2와 같은 S-N 곡선을 갖는 금속재료의 경우 1kg이 1,000회로 수명의 10%, 2kg이 500회로 수명의 50%, 3kg이 40회로 수명의 40%에서 파괴된다는 계산이다.

건설기계 및 요소부품의 설계에서는 어느 강도의 힘이 몇 회 반복되는가를 예상 혹은 계측하여 그래도 피로파괴가 일어나지 않도록 마이너룰을 적용하여 신뢰성을 확보한다.

5.2 건설기계 신뢰성 설계 사례

건설기계 신뢰성 설계의 한 예로서 대형굴착기의 예를 들어보자.

일반적으로 건설기계 설계에서는 부하를 특정하기 어려워 정량적으로 파악할 수 없다는 것이다. 즉 지구의 지역별로 다양한 토양과 암반을 상대로 작업하므로 굴착에 의한 부하나 충격이 제각각이고 또 중량물의 이송에서도 비포장 지면에 의한 충격은 물론이고 바람 및 온도 조건 등 다양한 환경에 의하여 그 하중 및 반복횟수 등을 정량화하기 어렵다. 따라서 실패의 경험으로부터 축적되는 노하우를 제품개발과 제조에 적극적으로 활용해야 한다.

대형굴착기의 경우 수명에 도달하기까지 경비가 전혀 소요되지 않는 것은 아니다. 가동되는 사이 발생하는 유지 수리비가 합리적인 범위내에 있어야만 비로소 그 기간을 수명이라고 정의할 수 있다. 유지 수리비는 수리 작업자의 인건비, 부품 가격, 운송비, 관세 등이 포함되므로 사용되는 나라 및 지역에 따라 달라 정확하게 수명을 일반화하기 어렵지만 일반적으로 20ton 굴착기의 경우 5년에 8,000~10,000시간, 1,000ton 이상의 대형굴착기 경우 10년에 40,000시간을 목표로 한다. 40,000시간이라고 말하는 것은 선회베어링의 마모수명과 동일하며 선회베어링이 교환되기까지 사용하는 것은 경제적이지 않다는 사고에 근거한다.

전체수명은 위와 같지만 그사이 엔진의 Overhaul, 유압기기의 교환, 무한궤도의 마모부품 교환 등을 실시할 필요가 있다.

그림 5.3은 가동시간에 따른 누적 유지 수리비(구매비, 감가상각비, 연료비, 운전자 급여 등을 포함한 모든 경비)가 어떻게 누적되어 가는지를 나타내는 한 예이다. 12,000시간대에서 급격히 증대하는 것은 그때 즈음에서 엔진의 분해 수리 등을 실시하기 때문에 최종적인 누적 금액은 기계구매비, 연료비 등 소요되는 비용이 기계를 가동해서 얻을 수 있는 수익과 균형을 이루지 않으면 안 된다.

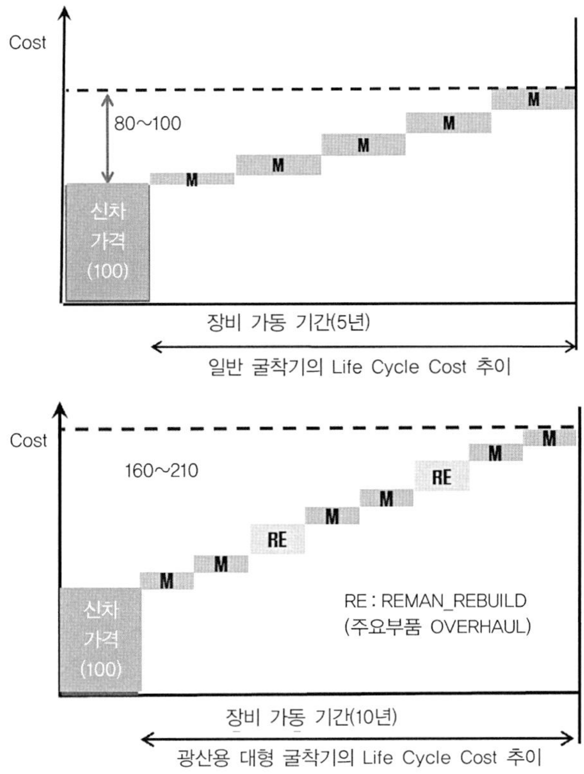

[그림 5.3] 굴착기의 Life Cycle Cost

대형굴착기의 경우 기계 구매 시 Life Cycle Cost를 고객이 예측하는 것은 더욱 불가능하므로 이 금액을 포함하여 계약하는 FMC(Full Maintenance Contract)가 증가하고 있다. 즉 고객 입장에서 리스크를 최소화하고, 기계의 메인터넌스 수리를 기술력이 있는 제조사 측에 의존하는 것이다. 어쨌든 유지수리비를 최소화하는데 있어 교환 및 수리되는 부품 자체의 품질 및 신뢰성 확보가 중요하다.

5.2.1 구조물

작업장치의 Boom, Arm 및 상부 Frame, 하부 Frame은 기본적으로 부품으로 교환하지 않고 용접 수리하면서 사용된다. 용접 보수도 결코 쉬운 작업이 아니므로 가능하면 발생하지 않도록 하여야 한다. 따라서 각 구조물에 대하여 대형굴착기의 경우 20,000시간 경과 시 균열 발생 확률을 10% 이하로 관리하기 위해 편차가 많은 용접작업에 대하여 다음과 같은 방안을 실시하는 제조사도 있다.

(1) 각 구조물을 각각의 부위마다 강도 판정 기준을 작성한다. 이때 과거의 균열 발생 사고를 강도 판정 기준의 최우선 기준으로 한다.

(2) 강도해석은 그림 5.4와 같이 전체를 동시에 FEM(Finite Element Method, 유한요소법) 계산하여 불확실한 모델화의 영향을 최소화한다.

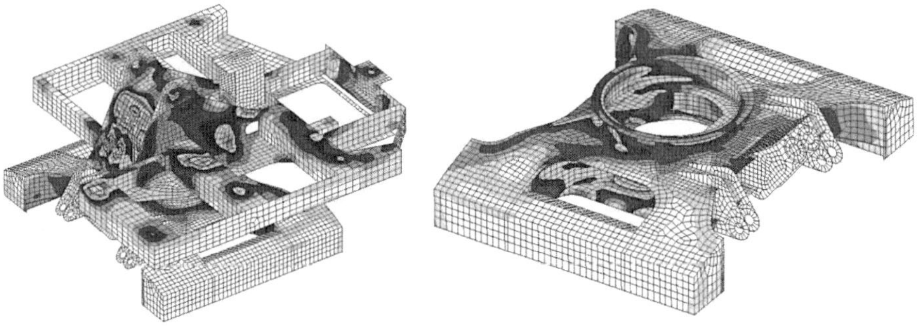

[그림 5.4] 구조물 FEM 해석 예

(3) 시작기가 완성되면 수천 개의 응력 측정용 게이지를 구조물에 붙여 사내에서 정형적인 동작에 의한 강도 검증을 한다.

(4) 일부 게이지는 장착된 상태로 실차 작업에서 장시간 응력을 측정하여 피로강도 검증을 실시하여 이에 대한 신뢰도를 높인다.

(5) 구조물의 최약점인 용접비드 끝단 응력 집중 부는 그라인드 사상하여 용접부의 품질 안정성을 확보한다.

(6) 그림 5.5와 같이 편측 필렛용접에 의한 미용접 부를 기점으로 하는 균열 발생을 방지하기 위하여 양측 용접을 원칙으로 한다. 대형굴착기의 경우는 Box 구조물은 그림 5.6과 같이 비교적 저응력부인 측판 중앙부에 창을 내고 내부용접을 한 후 뚜껑을 씌워 편측 용접으로 하는 것은 이 부분만으로 한정시킨다.

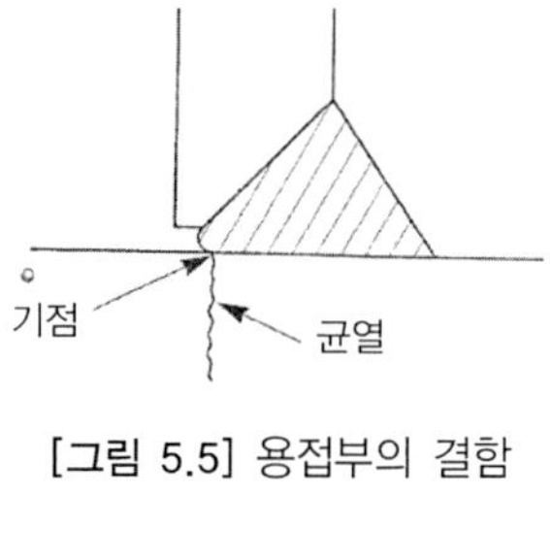

[그림 5.5] 용접부의 결함

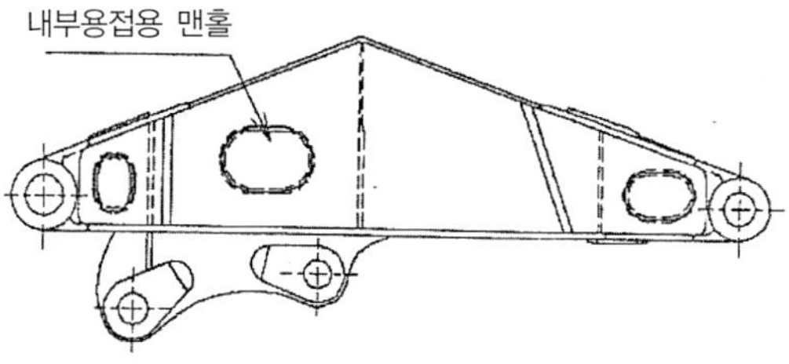

[그림 5.6] 내부용접용 맨홀 예

(7) 응력집중이 일어나기 쉬운 보스 부는 주강을 적용하여 경량화와 함께 신뢰성 향상을 도모한다.

한편 그라인드 사상 없이 응력집중이 방지되는 용접 및 편측 용접으로 백비드가 형성되는 용접 등도 활발하게 연구 개발 적용되고 있다.

5.2.2 유압

모든 유압기기의 신뢰성 확보에 관계되는 것은 작동유이므로 작동유를 적정 온도로 유지하는 것이 유압기기의 신뢰성 확보에 관건이 된다. 따라서 지구상에서 가장 가혹하다고 생각되는 대기 온도 45℃ 기준에서 작동유 온도가 75℃가 유지될 수 있는 오일쿨러의 용량을 확보하는 것이 중요하다.

(1) 최근 작동유의 교환수명을 4,000시간으로 연장하였는데 리턴 관로에 수 미크론 단위의 휠터링 능력을 갖는 바이패스 휠터를 장착하여 유압기기 내에서 발생하는 마모분을 제거하고 작동 중 유압유의 청정도를 최소 NAS 9등급 이내로 유지하도록 한다.

(2) 고압배관은 그림 5.7과 같이 고장력 파이프와 단조 플랜지의 조합으로 용접되도록 한다. 용접은 파이프 내부에 결함이 생기지 않도록 TIG 용접을 하도록 한다. 차체 수명과 같도록 강도 설계한다. 파이프의 벤딩부는 편평률과 내측 결함을 규정하여 강도 저하를 방지한다.

(3) 고압부의 오링 재질은 불소 성분이 함유된 바이톤계열 씨일로 하여 열 열화에 대응하도록 하고 고무호스의 재질도 내열재 및 오존 열화 방지가 가능한 재료가 선택되도록 한다.

(4) 파일럿 배관계에서는 정격압력의 2배 압력에서 기능을 발휘할 수 있도록 스틸 보강된 고무호스를 적용하여 유압 진동에 따른 파손이 발생하지 않도록 한다. 또 고무호스 적용 부위를 규정하여 부품교환 및 Maintenance도 배려한다.

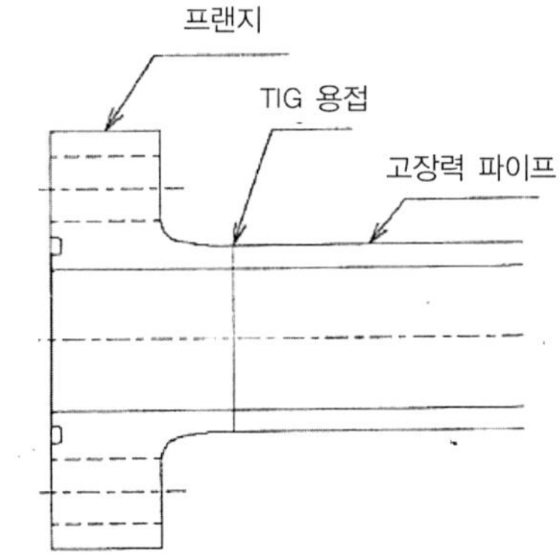

[그림 5.7] 배관부 TIG 용접

(5) 리턴 흡입배관은 저압이면서 지름이 크므로 조립의 용이성 등을 고려하여 스웨징 등을 하지 않는 양단 절단형의 고무호스를 적용하는 대신에 T－bolt 클램핑 등을 적용하여 누유를 방지하지만, 근본적으로는 이와 같은 호스조인트 부위를 최소화하거나 체결형의 호스조인트를 개발 적용한다.

5.2.3 전기

일반적으로 극한의 가동환경에서 사용되는 건설기계의 특성상 전기 부분의 문제로 가동이 정지되는 빈도가 제일 높다. 또한 문제 원인은 현상을 재현하기 어려워 눈으로는 발견하기 어렵다. 최근 전자기기의 적용이 확대되어가는 추세에 따라 건설기계의 신뢰성 확보에 중요한 부분으로 되었다. 특히 와이어 하니스에 관해서는 상세한 기준을 정해야 한다.

1) 와이어 절연 피복은 내열 내유재로 한다.

2) 와이어 선의 두께는 허용전류 통과 용량보다 내진동 강도로 결정한다.

3) 완전 방수형 커넥터로 한다.

4) 와이어를 연결한 후 내열 콜게이트 튜브로 보호한다.

5) 고온 환경에 의해 수명이 저하되는 엔진룸의 하니스는 분리, 교환을 쉽게 한다.

6) 신호선과 일반 하니스를 분리한다.

7) 유압 배관 호스와 완전히 독립하여 배선 고정한다.

5.2.4 하부 주행체

마모에 의한 수명은 주행 빈도와 작업현장의 상황에 따라 크게 좌우된다. 대형굴착기의 경우 마모수명이 20,000시간이 되도록 강재의 표면경도를 높이고 접촉면압을 낮춘다. 또 중량 증대에 따른 영향으로 효과가 반감되는 것을 방지하기 위하여 고급강재를 사용하여 표면경화 깊이를 확보한다. 접촉이 일어나는 모든 부위에 경화처리를 실시한다.

5.2.5 정비

정비의 용이성과 비용 절감을 위한 Maintenance를 중시하여, 각 기기의 용이한 접근, 정비공간 확보, 기기의 독자 교환을 용이하게 하고 정비시간을 단축하게 하는 배려가 필요하다.

최근에는 많은 부위에 센서류가 장착되어 각 기기의 가동상황을 모니터링하고 있다. 고장원인 분석과 빠른 수리, 돌발 가동정지에 의한 손실을 방지하기 위하여 장비의 가동 및 고장상황을 모니터링하여 운전자 및 정비 요원에게 제공하는 기술들이 개발되어 적용되고 있다.

제6장

신뢰성 데이터 해석 및 특징

6.1 데이터의 특징

6.2 신뢰성 데이터 해석

신뢰성 데이터의 해석에 이용되는 데이터는 테스트에 따라 얻어지는 경우와 Field로부터 얻어지는 경우로 구별된다. 데이터 해석에는 해석의 목적을 데이터 수집 이전부터 명확하게 하고 적절한 데이터를 얻도록 하여야 한다. 여기서는 테스트 데이터와 Field 데이터 각 경우에 있어서 구체적인 해석의 목적과 데이터의 특징에 대하여 알아본다.

6.1 데이터의 특징

6.1.1 데이터의 목적과 데이터의 분류

1) 실험실 Data

신뢰성 해석에 이용되는 데이터는 주로 실험실 내에서 의도적으로 고장을 일으키는 방법 등을 모사 시험하여 확보한 데이터로 제품이나 부품이 고객에게 인도되어 사용되기 전에 그 신뢰성을 미리 알고자 하는 것이다. 실제 일반적으로 행해지는 신뢰성 테스트는 목적에 따라 다음과 같이 여러 가지가 있다.

(1) 시작품, 완성품의 신뢰성 특성치의 평가(특성치의 열화, 신뢰도, 고장률, 수명 등)

(2) 대상이 되는 부품이나 제품에 대하여 개발 검증시험 혹은 초기 유동 단계에서 불량과 약점의 추출, 고장 원인의 해석과 개선(재료 등 설계 부적합, 제조 프로세스의 불량 발생, 사용조건과 테스트의 영향, 내환경성, 맨/머신의 적합성 등)

(3) 가속수명시험, 촉진시험(설계의 타당성, 수명, 다수의 시작품 비교, 초기 스크리닝 효과 확인, 로트 혹은 메이커 간의 비교 등)

한편 이와 같은 목적으로 시행하는 테스트를 구별하면 다음의 표 6.1과 같이 결정시험과 적합시험으로 나뉜다.

[표 6.1] 신뢰성 시험의 분류

신뢰성 시험	결정시험	특성치를 구한다. 예를 들면 신뢰성과 수명 분포와 그 파라미터의 통계적 추정 등
	적합시험	계약 등으로 요구되는 신뢰성 특성치와 비교하여 합격여부를 판단한다.

신뢰성 시험은 어느 경우라도 통계적으로 요구 신뢰수준(CL : Confidence Level 혹은 신뢰 계수)에 만족하도록 시행해야 한다. 예를 들어 제한된 표본 크기의 데이터로부터 "추정된 신뢰도 90%라는 값의 신뢰수준은 어느 정도인가?"와 제한된 표본으로부터 합격 여부를 결정할 때 동반되는 불확실성을 고려한 "표본 크기 및 시험시간"에 부합하는 데이터를 취득하지 않으면 안 된다. 또한, 데이터 수집의 처리와 결과에 있어 객관적으로 인정되는 평가법을 선택하거나 개발해야 한다.

2) Field data

Field Data 취득의 목적은 다음과 같다.

(1) 출하된 아이템이 최초 요구대로 신뢰성을 만족하는 것인가? 초기고장은 어떠한 것인가? 사용 환경조건은 적절한 것인가? 또 이것에 대한 개선책은 무엇인가?

(2) 고객으로부터 클레임에 대한 해석 및 대책을 어느 부분에 Feedback 하여 대책을 세워야 하는가?

(3) 발생한 고장에 대하여 보전성의 평가, 즉 수리보전의 방법은 적절한가? 수리가 늦어지는 부분은 어디인가? 개선해야 할 곳은 없는가? 시스템과 설비가동률을 저해하고 있는 문제점은 무엇인가? 오퍼레이터의 기능, 훈련은 충분한가?

(4) 경쟁사 간 시장에서의 신뢰성(보전성) 특성치의 비교, 장기에 걸친 시스템 및 제품의 신뢰성, 보전성, 가동률의 추적 또는 그 판매실적, 신제품 개발 시기의 판단 등이 있다.

6.1.2 데이터의 제약

위와 같이 각종 해석 목적에 따른 필요한 데이터를 취득하는 경우 수집하는 측에서는 담당자 인원수, 공수, 비용 및 시간적인 제약이 존재한다. 또 취득해야 할 정보원에 대해서도 요구된 정도와 양이 항상 의도대로 확보되는 것만은 아니다. 특히 테스트 데이터와 같이 계획적으로 획득하는 경우에 비하여 Field Data는 제약이 크다. 고객으로부터의 정보는 항상 신뢰할 수 있는 데이터라고만은 할 수 없고, 경쟁사와의 비교 데이터도 수정돼야 하는 경우가 많이 있다. 또 동일한 기업 내에서도 조직상의 제약이 있고, 조사자가 생각하는 데이터가 처음부터 수월하게 확보되는 것은 아니다. 따라서 해석의 목적에 부합되는 데이터가 의도대로 취득될 수 있도록 사전에 충분한 준비와 예비 해석이 필요하게 된다.

테스트 데이터의 경우는 Field data보다 제약이 적고 계획을 세우기 쉽지만 그렇다 하더라도 각종의 제약에서 벗어날 수가 없다. 발주자 측에서 외주부품의 시험을 시행하는 것을 생각해보자. 1개의 부품을 랜덤하게 선택하여 신뢰성을 시험기준에 따라 평가하려 한다면 많은 경우 이 부품이 어떤 제조과정을 거친 것인가의 정보는 없다. 또 초기 특성치를 측정하는 것은 당연하지만 그 후 고장까지의 상태를 경시적으로 연속하여 모니터링하는 것은 좀처럼 특별한 경우를 제외하고는 기대할 수 없다. 24시간 후, 1주 후, 100시간 후, 1000시간 후와 같이 미리 정한 시점에서 관측하여 고장 열화의 정도를 점검하는 것이 보통이다. 어쨌든 단 한 개라도 또 자동으로 특성치를 계측한다 해도 많은 노력과 비용이 소요된다.

또한 테스트 Data와 Field Data도 동일생산 로트, 동일 모집단이라고 생각되는 다수의 대상에 대하여 고장시간을 계측하므로 각각의 고장시간을 연속적으로 모니터링하는 것은 실제로 불가능하다. 상술한 바와 같이 설정한 시간(일정한 거리, 횟수) 마다 예를 들면 1000시간, 매주, 매월, 반년마다 취합하여 그 구간에서 발생한 고장모드(증상, 원인)에 따른 고장 개수의 누계를 구하여 기록하게 된다. 이와 같이 하여 얻어진 데이터를 구간 데이터라 한다.

6.1.3 중단된 분포와 순서 통계량

테스트에 대상이 되는 모집단에 대한 정보는 이미 설명한 바와 같이 발주자 측에서 알지 못한다. 입수한 수십 개의 부품이 동일 모집단에 속하는 것인가? 제조사 측에서 결함으로 판단되는 부품이나 제품을 제거한 모집단의 표본일지도 모른다. 예를 들면 어느 부품의 강도가 정규분포에 따른다고 하여도 강도가 낮은 부분을 사전에 선별(스크리닝)한 후 출하되면, 그 분포는 처음부터 낮은 쪽이 절단된 분포(truncated distribution)로 취급해야 한다. (그림 6.1)

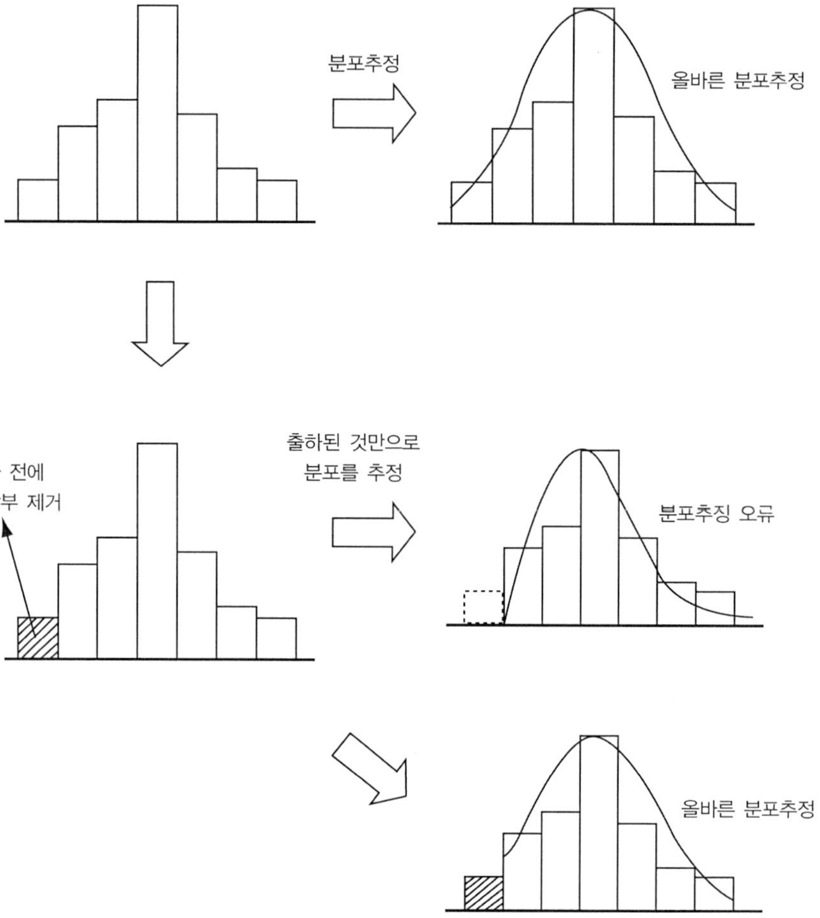

[그림 6.1] 초기가 걸러진 분포

수명시험에서는 일정 시간을 경과한 후 중단하는 정시중단과 일정 개수가 고장 난 시점에서 중단하는 정수중단 등과 같이 중도에 중단되는 경우가 있는데, 이 경우는 그 이후의 수명시간의 분포는 관측되지 않게 된다. 그러나 원래 중단된 시간 이후의 분포는 처음부터 끊어져 있는 것은 아니다.

올바른 해석을 하기 위해서는 이와 같은 정보를 발주자 측에 전달하는 것이 필수 조건이다. 이와 같은 경우에는 처음부터 제거된 분포를 모집단 분포로 가정하여 해석하지 않으면 잘못된 결과를 얻는 것이 된다.

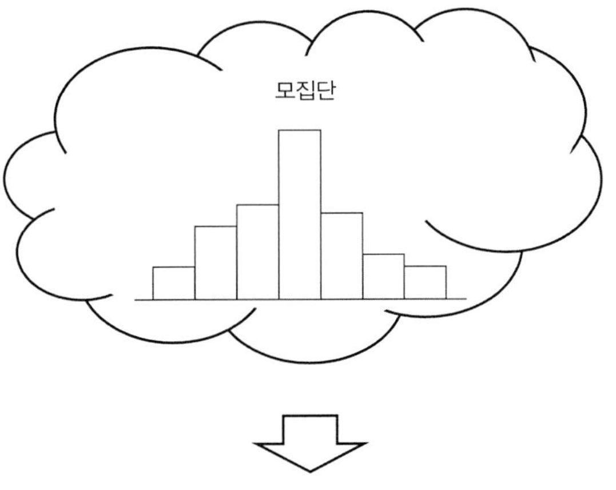

$$x_1 \le x_2 \le x_3 \le x_4 \le x_5$$

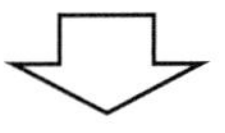

$$x_{(1)} \le x_{(2)} \le x_{(3)} \le x_{(4)} \le x_{(5)}$$

[그림 6.2] 순서통계량

또 다른 하나의 전제로 수명 데이터는 아이템의 치수와 중량과 같이 랜덤하게 관측되는 것이 아니라는 것이다. 예를 들면 그림 6.2 예의 $x_1 \sim x_5$는 처음에 붙인 표본 번호 1~5의 수명시간을 나타내고 있다. 따라서 $x_1 \sim x_5$가 어떠한 순서로 관측되는가는 데스트의 실시 이전에 알 수 없지만 수명시간이 짧은 것부터 관측되며 수명시간에 관계없이 랜덤하게 관측되는 것은 아니다. 따라서 수명시간에 따른 순서의 정보를 조사, 수명이 적은 것부터 순서대로 다시 번호를 붙인 것이 $x_{(1)} \sim x_{(5)}$이다. 이와 같이 순서를 붙인 데이터를 순서 통계량이라 부른다. 이것은 테스트 데이터뿐만 아니라 Field Data도 마찬가지이다. 순서의 정보는 데이터 해석을 하는 한 대단히 중요한 정보이다.

관측된 모집단이 동일한가에 대해서는 1호기, 2호기 등과 같이 시작 혹은 생산이 진행됨에 따라 시험에 투입하게 된 것이 동일 설계 사양, 동일 생산체제에서 제조되었으면 동일 모집단이라고 생각할 수 있다. 그러나 개량을 하여 사양이 변경되는 경우에는 그렇지 않다. 또, 각 로트마다 생산이 진행됨에 따라 서서히 출하되는 아이템의 Field Data에 대해서도 동일하다.

6.1.4 불완전 Data와 중도 중단 Data

n개의 표본 수명(고장시간) 데이터로 수명분포를 추정하고자 하는 경우, n개의 모든 데이터가 확보되면 이것을 완전 데이터라고 한다. 반대로 일부의 데이터만 얻어지게 되면 이것을 불완전 데이터라고 한다.

제품이나 부품은 제조 즉시 출하되면 통상 장기간에 걸쳐 진행되는 신뢰성 평가는 불가능하다. 따라서 신뢰성이 확보된 제품이나 부품은 쉽게 고장 나지 않도록 설계되고 제조되고 있다고 전제되므로 가속수명시험 등을 하지 않는 한 용이하게 고장을 확인할 수 없다. 따라서 어느 시점으로부터 관측을 시작하여 어느 일정 시간 후 또는 어느 일정 개수가 고장 난 시점에서 관측을 중단(Censoring 혹은 Censorship이라 하며 이와 같이하여 얻어진 데이터를 Censored Data라 한다.)하는 방식을 취한다. 일정 시간에서 중단된 방식을 정시중단(혹은 일정시간방식, Type Ⅰ의 중단이라고도 한다.), 일정 수량이 고장난 시점에서 중단하는 방식을 정수중단(혹은 일정개수방식, Type Ⅱ의 중단이라 한다)이라고 한다.

[표 6.2] 데이터의 분류

<table>
<tr><td rowspan="4">데이터</td><td>완전데이터</td><td></td></tr>
<tr><td rowspan="3">불완전데이터</td><td>정시중단데이터</td></tr>
<tr><td>정수중단데이터</td></tr>
<tr><td>랜덤중단데이터</td></tr>
</table>

만약 제품이나 부품의 수명분포를 알면 이론적으로 몇 시간까지 몇 개의 고장이 발생하는가를 알 수 있다. 따라서 어느 로트가 요구된 신뢰도를 만족하고 있는가를 보는 적합 시험(Compliance Test)에서는 우발고장(수명분포는 지수분포)이라 가정하면 어느 시간 경과 후, 고장이 발생하지 않았더라도 규정의 신뢰 수준(예를 들면 75%)으로 요구 신뢰도의 하한을 추정할 수 있다.

1) 정시 및 정수 중단

그림 6.3과 6.4는 정시 및 정수 중단의 불완전 데이터의 예이다. 단 고장 발생 시 ×로 표기하였고 하나의 고장 모드라고 가정한다. T는 정시중단시간이며 t^*는 정수중단시간이고 ○는 중도중단(Censored Observation)된 것이다.

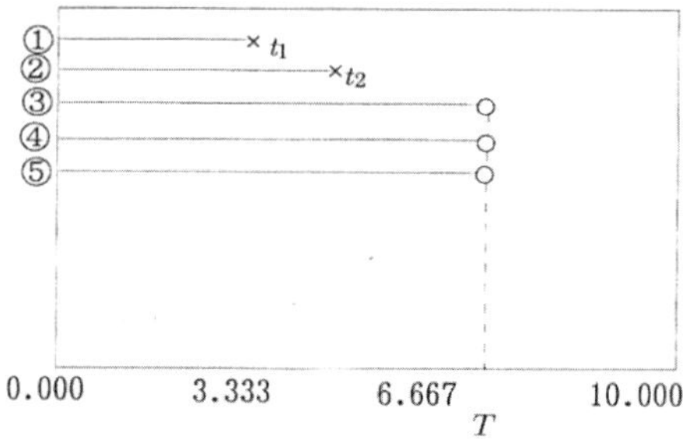

[그림 6.3] 정시중단 데이터의 예

이 경우 어느 시료가 가장 먼저 고장 나는가는 불명확하지만, 수명이 짧은 것부터 순서대로 나열한다. 데이터 해석을 위해서 시간이 짧은 쪽부터 긴 순서로 순차적으로 나열한다. Field Data의 경우에는 출하 시점(관측개시 시점)이 다르므로 혼재되어 있지만 해석을 위해 시작점을 동일하게 표시한다.

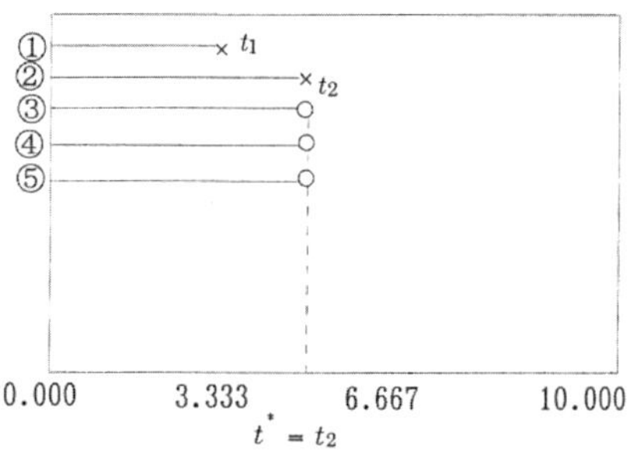

[그림 6.4] 정수중단 데이터의 예

2) 다중중단

정시, 정수 중단에서는 중단된 시점 T, t^*가 다 같이 동일 시점인데 이것은 단일중단(Single Censoring)이라 한다. 그런데 시험 관측 중의 아이템이 도중에 임의의 시점에서 여러 가지 이유로 중도 중단되는 것을 다중중단(Multiple Censoring)이라 한다. 그림 6.5에 ○으로 표시하였다.

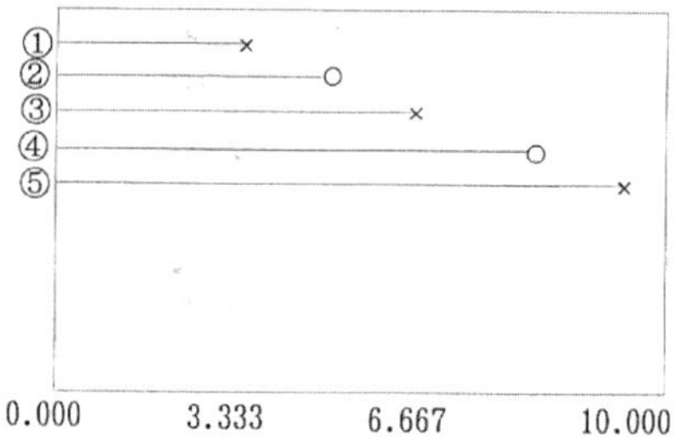

[그림 6.5] 다중중단 데이터의 예

3) 복수 고장 모드(비수리계)

지금까지의 아이템의 고장은 한 가지의 원인, 단일 고장모드이었으나 단일의 메커니즘이라도 여러 가지의 고장모드가 존재하게 되며 실제는 몇 개의 고장모드가 혼재되어 있으므로 이를 고려하여 분석을 하여야 한다. 이와 같은 경우의 해석은 복잡하므로 2개의 고장모드로 하여 A 고장모드는 X, B 고장모드는 Δ로 하고 시험을 T 시점에서 정시중단한 것이 그림 6.6, 6.7, 6.8이다.

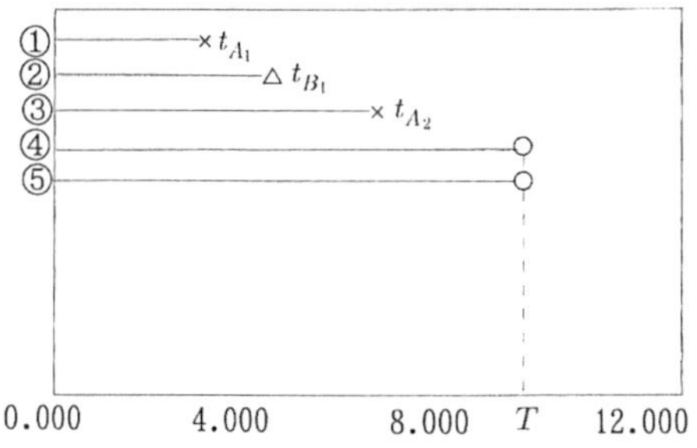

[그림 6.6] 복수고장모드에서 가공되지 않은 데이터

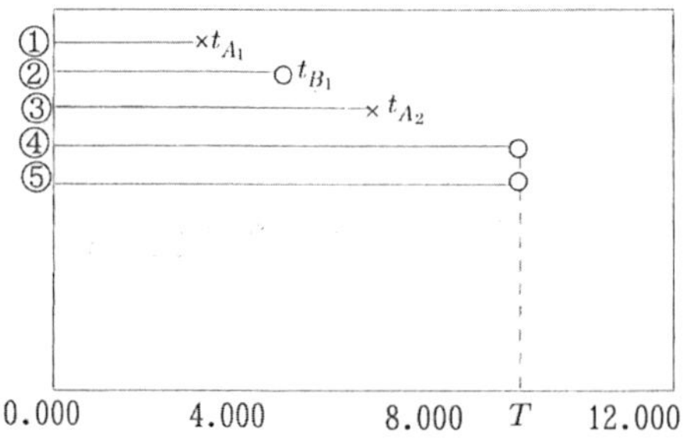

[그림 6.7] 복수고장모드에서 모드 A에 해당하는 데이터(모드B의 데이터는 중도중단 데이터로 된다)

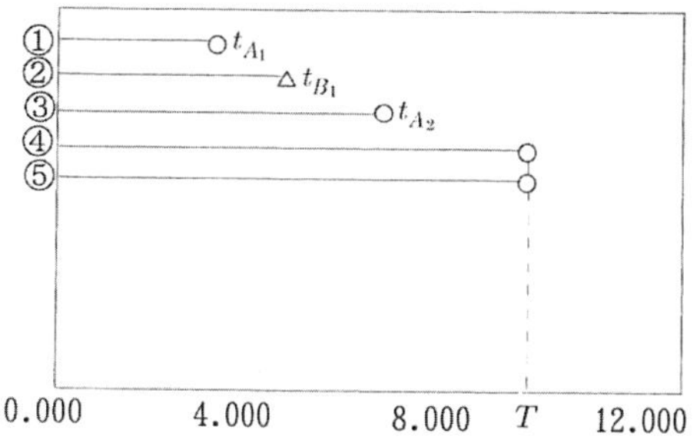

[그림 6.8] 복수고장모드에서 모드B에 해당되는 데이터(모드A 데이터는 중도중단 데이터로 한다)

고장모드 A에 대해서는 신뢰도를 구하는 경우 A가 발생하기 전에 B가 발생하면 그 시점 t_{B1} 시점 이후에서는 고장모드 A는 관측되지 않게 되며 A에 대해서는 중도중단(○ 표시)이 된다. (그림 6.7) 한편 모드 B에 대해서는 그림 6.8과 같이 t_{A1}, t_{A2}는 중도중단으로 되어 ○로 표시한다.

4) 복수 고장 모드(수리계)

수리계의 아이템 두 대를 동시에 관측을 시작하여 고장모드 A, B가 혼재되어 있다면, 이때 어떠한 고장이라도 일어나면 바로 수리하여 가동해 관측을 지속, 시점 T에서 중도 중단하는 것으로 하자.

어느 한쪽의 고장 모드 (A) 가 발생하면 그 시점에서 다른 고장모드 (B) 는 관측되지 않고 (B) 의 입장에서는 중도 중단으로 한다.

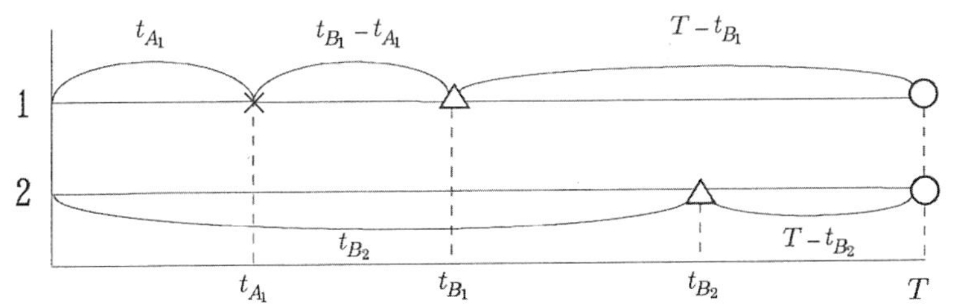

[그림 6.9] 2개의 고장모드가 혼재된 수리 가능계의 예

이와 같은 관측결과로 A(× 표시)의 고장을 해석하는 경우에는 t_{A_1}만 관측된 고장시간에서 다른 $t_{B_1}-t_{A_1}$, $T-t_{B_1}$, T_{B_2}, $T-t_{B_2}$의 4개의 시간은 전부 중도중단으로 고려하지 않으면 안 된다. 그러나 고장 B(△ 표시) 입장에서 해석하는 경우에는 고장시간 $t_{B_1}-t_{A_1}$(t_{B_1}에서 고장발생 시점은 t_{A_1}을 기점으로 한다), t_{B_2}의 2개의 데이터로 중단된 시간은 t_{A_1}, $T-t_{B_1}$, $T-t_{B_2}$의 3개의 데이터이다.

이들 데이터의 해석을 위하여 모드 A 또는 B의 입장에서 각각의 5개의 고장 및 중단데이터를 짧은 순으로 나열하지 않으면 안 된다. 위의 예와 같이 독립된 2개 이상의 고장 메커니즘과 모드가 존재할 때 어느 하나의 고장이 발생하면 그 부품은 고장 나서 다른 고장모드는 관측되지 않는다.

6.2 신뢰성 데이터 해석

6.2.1 분포를 가정하지 않는 신뢰성 데이터 해석

신뢰성 데이터의 해석에서는 고장 나기까지의 시간 (수명) 분포에 와이블 분포 등 분포를 가정하여 해석한다. 그러나 수명 분포를 특정하기에는 정보가 너무 적다는 등의 이유로 분포를 가정하지 않고 데이터를 해석하는 것이 타당한 예도 있다.

본 장에서는 순서와 누적해저드법에 기반한 신뢰도 추정법, 신뢰도 성장모델, 고장률의 추정법 등 분포를 가정하지 않는 신뢰성 데이터의 해석법에 대하여 설명한다.

1) 신뢰도의 추정

(1) 순위에 기반한 추정법

신뢰도(Reliability)라는 것은 어느 시각에 대상으로 하는 아이템이 정상으로 가동하고 있을 확률이다. 신뢰도는 시각에 따라 변화하므로 신뢰도 영어표기에 두 문자 R과 시각을 표시하는 t를 이용하여 $R(t)$와 같이 표기한다.

신뢰성을 검토할 때에는 어느 시각 t에 있어서 정상으로 가동하고 있는 비율 $R(t)$과 함께 어느 시각 t까지에 고장 나는 비율 $F(t)$를 이용하는 것이 많다. 이 $F(t)$를 불신뢰도라 한다. 전부 가동 또는 전부 고장 난 상태는 비율로 나타내면 1 (100 %)이므로 신뢰도 $R(t)$과 불신뢰도 $F(t)$의 사이에는 다음과 같은 관계가 성립한다.

$$R(t) = 1 - F(t)$$

신뢰도 $R(t)$의 추정법 중 하나로 다음과 같은 평균랭크법이 있다.

$$\hat{R}(t) = 1 - \frac{r}{n+1} \tag{6.1}$$

구체적인 예로 생각해 보자. 표본 크기 n=10, 어느 시각 t까지의 고장 수 r=3일 때 평균 랭크법에 의하면 신뢰도의 추정치는 $\hat{R}(t)=1-2/(10+1)=0.727$로 구할 수 있다. 표 6.3에 신뢰도의 추정방법을 제시하였다.

[표 6.3] 신뢰도의 점추정법

$1-\frac{r}{n}$	(누적시료 랭크법)
$1-\frac{r}{n+1}$	(평균 랭크법)
$1-\frac{i-0.3}{n+0.4}$	(메디안 랭크법 : 근사치)

(2) 누적해저드 함수에 기반한 추정

여기에서는 누적해저드 함수 $H(t)$와 신뢰도 $R(t)$의 관계 $R(t)=\exp(-H(t))$를 이용하여 신뢰도를 구할 수 있다. 해저드 함수라는 것은 의학 통계에서 각 시각 t에 있어서 단위 시간당 사망률을 표시하는 함수의 호칭이다. 이 함수를 통상 λ(t)와 같이 표기하고 신뢰성 분야에서는 고장률 함수라 한다.

누적해저드 함수는 시각 0부터 t까지의 각 시각 x에 있어서 $\lambda(x)$를 누적(합을 구하는 것이 기본이지만 시간은 연속이므로 적분을 한다)한 것이다. 따라서 누적해저드 함수 $H(t)$는 다음과 같이 식으로 나타낼 수 있다.

$$H(t)=\int_0^t \lambda(x)dx$$

실제로 누적해저드 함수 $H(t)$의 추정값은 다음과 같이 구할 수 있다.

n개의 관측치 $t_1, t_2, \cdots\cdots, t_n$이 얻어질 때, 이들을 적은 쪽으로부터 큰 쪽으로 나열한 것을 $t_{(1)} \leqq t_{(2)} \leqq \cdots\cdots\cdots \leqq t_{(n)}$ 로 한다. 각 시각 $t_{(n)}$에 있어서 누적해저드 함수 $H(t)$의 추정치 $\hat{H}(t_{(k)})$ 를

$$\hat{H}(t_{(k)})=\Sigma_{i=1}^{k}\frac{1}{n+1-i} \tag{6.2}$$

로 구하고 신뢰도는

$$\hat{R}(t_{(k)})=\exp(-\hat{H}(t_{(k)}) \quad (6.3)$$

를 이용하여 구할 수 있다.

예를 들면 10개의 아이템을 시험하여 첫 번째와 두 번째 아이템에 대한 고장시간 관측은 실패하였지만 세 번째 데이터 $t_{(3)}$는 관측되었다. 시각 $t_{(3)}$에 있어서 신뢰도 $R(t_{(3)})$을 구해보면 $\hat{H}(t_{(3)})=\Sigma_{i=1}^{3}\frac{1}{10+1-i}=0.336$이므로

신뢰도 $\hat{R}(t_{(3)})=\exp(-H(t_{(3)}))=0.714$이다.

따라서 식 (6.1)에서 구한 값과 유사함을 알 수 있다.

2) 고장률의 추정

고장률이라는 것은 직전까지 정상적으로 가동하고 있던 아이템이 다음 순간에 고장에 이르는 시간당 확률을 나타내는 것이다. 예를 들면 현시점에서 3개의 고장이 발생하고 그 직후에 100개의 아이템이 정상적으로 가동하고 있다면 이 시점에서의 고장률은 3/100시간=0.03/시간이다. 또 다음 순간에 5개의 아이템이 고장에 이르면 이때의 고장률은 5/(100-3시간)=0.05/시간이다. 실제로는 순간의 고장 발생을 관측하여 고장률을 계산한다. 예를 들면 1시간마다 시간 t_i에서의 고장 수 n_i를 관측한 경우에는 다음과 같이 고장률을 구한다.

$$\lambda_i=n_i \,/\, ((N-\Sigma_{j=1}^{i-1}n_j)\ \text{시간}) \quad (6.4)$$

이 식에서 N은 표본 크기이다, 만약 1시간마다 아닌 Δt_i 시간마다 고장 수 n_i를 관측하는 경우에는

$$\lambda_i=n_i \,/\, ((N-((N-\Sigma_{j=1}^{i-1}n_j)\ \Delta t_j) \quad (6.5)$$

로 된다. t_j=1개월이면 월 단위의 고장률을 얻을 수 있다. 이 λ_i의 값이 시간의 경과에 따라 감소하는가, 일정한가, 증가하는가에 따라 고장률 함수는 다음과 같이 분류된다.

(1) 감소할 때 ························ DFR(Decreasing Failure Rate) 형

(2) 일정할 때 ························ CFR(Constant Failure Rate) 형

(3) 증가할 때 ························ IFR(Increasing Failure Rate) 형

아이템을 제조하면 설계와 공정 등의 불량으로 아이템에 잠재하고 있는 약점이 나타난다. 이러한 불량이 다 검출되면 시간의 경과에 따라 단위 시간마다의 고장 발생비율 즉 고

장률은 감소한다. 이런 종류의 고장이 발생하는 시간을 초기고장 발생기간이라 부른다. 이 초기고장의 기간이 끝나면 아이템의 신뢰성은 안정되고 고장률이 시간과 관계없이 일정하게 되는 우발고장기간으로 들어간다. 또한 시간이 경과함에 따라 아이템이 열화되며 그 신뢰성의 유지는 불가능하게 되어 시간의 경과에 따라 고장률이 증가하는 마모고장기간으로 들어간다.

6.2.2 분포를 가정한 신뢰성 데이터 해석(확률지 이용)

분포를 가정한 신뢰성 데이터의 해석에 있어서 정도 높은 결과를 얻기 위해서는 분포의 가정이 올바를 것, 이질적인 데이터의 혼입이 없을 것 등의 조건을 만족할 필요가 있다.

확률지에 의한 해석은 데이터를 확률지상에 타점하여 여러 가정에 적합한지를 시각적으로 판단할 수 있다. 확률지에 의한 시각적 판단은 다른 통계적 방법과 같이 가정에 대한 적합도 판정이라는 의미에서 동등하다. 본 장에서는 와이블 확률지와 각종 확률지의 특징과 사용방법에 대하여 설명한다.

1) 확률지 적합성의 확인

카이제곱 검정과 코르모고로프 스밀로프 검정은 데이터와 분포가 어느 정도 맞는지 정도를 보기에 간편하고 정도가 비교적 높다. 그러나 이러한 통계적 검정에 따라 잘 맞는지를 판단할 수 있는 확률은 생각 이상으로 낮다. 따라서 이러한 통계적 방법과 병용하여 다음에 설명하는 확률지 등을 이용하여 적합성의 정도를 확인하는 것이 바람직하다.

확률지는 분포마다 만들어져 있어 분포에 가정이 정확하다면 확률지상에 타점된 점들은 직선으로 연결된다. 주요 분포 가운데 지수분포를 와이블 분포의 하나로 간주한다면 극치분포, 정규분포, 대수정규분포 등 4가지 분포 확률지에 각각 동일 데이터를 타점하여 비교 검토하여 보면 어느 분포가 어느 정도로 적합한지를 확인할 수 있다.

2) 확률지의 일반적인 원리와 사용방법

(1) 확률지의 일반적인 구성

확률지는 데이터를 그래프용지에 타점 하는 것으로 가정한 분포의 파라미터와 MTTF 등의 값을 추정하는 것이다. 일반적으로 확률지는 그림 6.8과 같다. y축에는 누적고장률의 값 $F(t)$를, x축에는 고장시간 t로 하고 데이터를 타점하여 분포의 가정이 맞으면 직선 관계를 얻을 수 있도록 고안되었다.

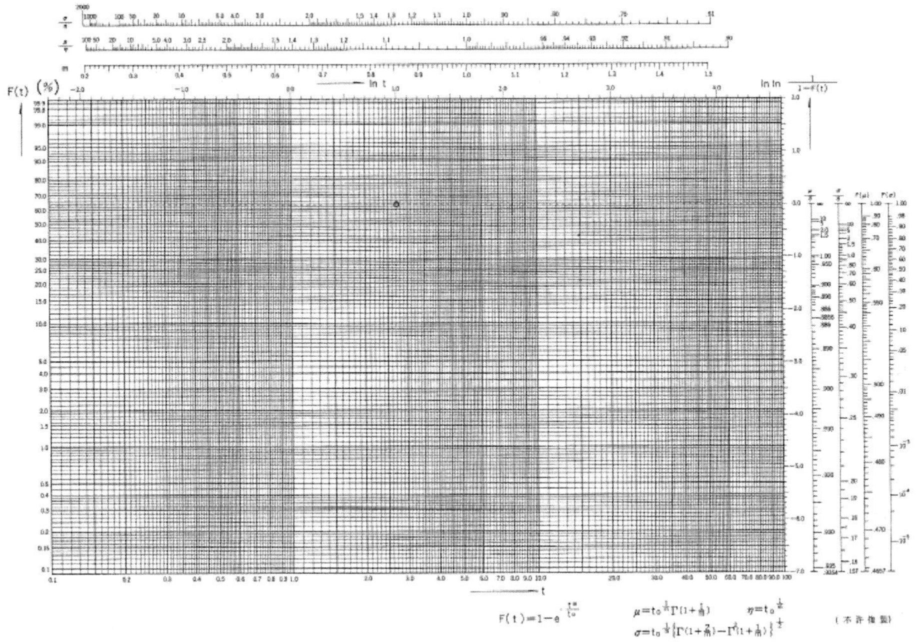

[그림 6.8] 확률지의 일반적인 구조

(2) 확률지 타점의 일반적인 순서

신뢰성 데이터의 해석에는 정규확률지와 와이블 확률지 등 여러 가지 분포에 따른 각각의 확률지가 활용되고 있다. 각각의 확률지에 의하여 분포의 파라미터를 구하는 방법, 데이터의 해석 시 주의하여야 할 사항은 다르지만, 데이터를 확률지 위에 타점하기까지의 순서는 동일하며 다음과 같다.

① x축의 경시적인 값을 구한다. 얻어진 데이터 x_1, x_2, x_3,…… x_n을 값이 작은 것부터 순서대로 $x_{(1)} \leqq x_{(2)} \leqq x_{(3)} \cdots \leqq x_{(n)}$으로 되도록 정리한다.

② y축의 값을 구한다.

메디안 랭크법에 따른 각 순위의 불신뢰도의 값, $\widehat{F_{(1)}}$, $\widehat{F_{(1)}}$, $\widehat{F_{(2)}}$……… $\widehat{F_{(n)}}$을 구한다.

$$\widehat{F(i)} = \frac{i-0.3}{n+0.4} \text{(메디안 랭크법 : 근사값)}$$

③ 아이템에 관한 사전 정보에 따라 결정된 분포의 확률지를 선택한다.

④ 눈금에 따라 타점하고 그 점들을 직선으로 연결한다. (최소제곱법에 따라 직선을 맞추면 좋다)

⑤ 결과를 고찰한다.

ⓐ 직선이 적합하다고 생각되는 경우에는 그 분포에 따른다고 판단하고 각 확률지의 순서에 따라 분포의 파라미터를 구한다.

ⓑ 직선에 부적합하다고 생각되는 경우에는 그 이유를 고찰하고 다른 분포가 적합한가 검토한다.

3) 와이블 확률지

(1) 와이블 확률지의 구조

와이블 확률지의 불신뢰도함수 $F(t)$는

$$F(t) = 1 - e^{-\left(\frac{t}{\eta}\right)^m} \tag{6.6}$$

이다. 이식을 변형하여 양변에 대수를 취하는 조작을 2회 반복하면 다음과 같은 식을 얻을 수 있다.

$$\ln\ln\frac{1}{1-F(t)} = \mathrm{m}\ \ln\ \mathrm{t} - \mathrm{m}\ \ln\ \eta \tag{6.7}$$

여기서 $\mathrm{Y} = \ln\ln\ (1/(1-F(t))$, $\mathrm{X} = \ln t$라 하면

$$\mathrm{Y} = \mathrm{m}\ \mathrm{X} - \mathrm{m}\ \ln\ \eta \tag{6.8}$$

과 같은 직선을 얻을 수 있다.

이 식으로부터 위의 식 X, Y에 대응하는 축을 갖는 그래프용지를 작성하고 와이블 분포에 따른 데이터를 그래프용지상에 타점하면 데이터의 타점은 직선상으로 정렬된다.

이때의 직선의 기울기는 형상 파라미터의 값 m이며, Y=0일 때 X=ln η의 관계가 성립하므로 η의 값도 용이하게 구할 수 있다, 이와 같은 구조에 착안하여 데이터의 해석 연구를 한 것이 와이블 확률지이다.

(2) 와이블 확률지의 사용 방법

와이블 확률지를 사용한 데이터 해석의 순서는 다음과 같다.

① 위에서 설명한 데이터 타점 방법의 순서에 따라 데이터를 와이블 확률지 위에 타점한다.

② 직선의 경사를 구한다. 경사의 눈금은 와이블 확률지의 상단에 X축 눈금, 우측의 Y축 눈금을 사용한다.

a) X축이 1인 위치 바로 아래의 Y=0축 상의 m 추정점으로부터 직선으로 평행선을 그린다.

b) X=0축과의 교점에서부터 우방향으로 X축에 대하여 평행선을 그린다.

c) Y축과 만나는 점의 절대치가 형상 파라미터 m의 추정치 $\hat{m}$이다.

d) 그린 직선이 Y=0축과 만나는 점 바로 아래의 값을 척도 파라미터의 추정치 $\hat{\eta}$로 한다.

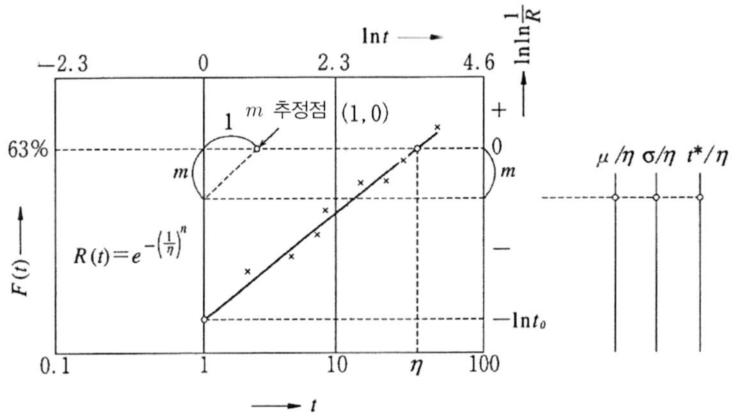

[그림 6.9] 와이블 확률지에 의한 파라미터의 추정

이 $\hat{m}$, $\hat{\eta}$이 구해지면 이들과 관련된 추정치는 다음식으로 구해진다.

평균 MTTF

$$\hat{\mu} = \hat{\eta}\Gamma(1 + \frac{1}{\hat{m}}) \tag{6.9}$$

표준편차

$$\hat{\sigma} = \sqrt{\hat{\eta}^2(\Gamma(1 + \frac{2}{\hat{m}}) - \Gamma^2(1 + \frac{1}{\hat{m}}))} \tag{6.10}$$

메디안 수명

$$\hat{M}=\hat{\eta}(ln2)^{\frac{1}{\hat{m}}} \tag{6.11}$$

고장률

$$\hat{\lambda}(\mathrm{t})=\hat{m}\,t^{\hat{m}-1}/\hat{\eta}^{\hat{m}} \tag{6.12}$$

이들 식중의 $\Gamma(x)$는 감마함수이다. 특별한 경우를 제외하고 $\Gamma(x)$의 값을 간단하게 구할 수 없다. 따라서 표를 이용하지 않으면 안 된다. 이와 같은 순서는 복잡하므로 확률지에서는 μ, σ의 값을 구하기 위하여 노모그래프(그래프의 우측에 붙어 있는 3개의 눈금)가 준비되어 있다(확률지에 따라서는 그래프의 상단에 붙어 있는 예도 있다).

사용법은 순서 (3)에서 그린 화살표를 그대로 우축으로 연장하여 노모그래프의 스케일을 읽어 μ/η, σ/η의 값을 읽어 추정값 $\hat{\eta}$를 곱하면 $\hat{\mu}$, $\hat{\sigma}$의 값을 추정할 수 있다. 또 $\hat{t}$의 값을 추정하는 데는 t/η의 값에 η를 곱하여 $\hat{t}$를 추정하면 된다.

또 μ/η, σ/η의 값은 각각

$$\mu/\eta=\Gamma(1+\frac{1}{m}) \tag{6.13}$$

$$\sigma/\eta=\sqrt{(\Gamma(1+\frac{2}{m})-\Gamma^{2}(1+\frac{1}{m}))} \tag{6.14}$$

이다.

또 여기서 구한 평균 μ는 MTTF(고장까지의 평균시간)이며 수리를 동반하는 경우는 MTBF(평균고장간 동작시간)을 의미한다.

(3) 와이블 확률지 보는 법

와이블 확률지 타점을 하고 직선을 그리는 것은 비교적 단순하고 용이한 작업이다. 그러나 확률지를 바르게 사용하고 정도 높은 분포의 파라미터를 구하기 위해서는 다음과 같은 주의가 필요하다.

① 분포가 스크리닝 등에 의해 절단된 분포이어서 이동(위치 파라미터 γ의 처리)이 필요로 하는 경우와 동일 모집단이라고 생각되어도 초기불량 등 두 가지 이상 이질의 모집단으로부터 표본이 혼입되어 출하된 경우가 있다.

② 적은 수의 데이터라서 표본마다 변동을 받기 쉽다. 원래는 바른 와이블 분포에 따르는 경우라도 대개 20개 이상의 타점은 종종 휜 곡선의 타점으로 된다. 일반적으로 어느 분포로의 가정이 정확한데 그렇지 않다고 판단하는 제1종 오류, 틀린데 올바른 분포라고 판단해 버리는 제2종 오류가 반드시 따라다닌다는 것에 주의하라.

③ 많은 신뢰성 데이터는 완전 데이터가 아니고 중도중단과 같은 불완전 데이터가 많다. 특히 Field Data는 아주 초기 $F(t)$의 값이 작은 영역의 데이터밖에 얻어지지 않는 경우가 많다. 이와 같은 데이터에 분포를 맞추어도 본래의 파라미터 값을 추정할 수 있는 것은 아니다. 오히려 타점이 직선으로 되는가 문제보다도 초기 불량의 내용이 문제가 된다. 이와 같은 경우에는 단일 데이터만으로 결과를 판단하지 말고 과거의 축적된 기술로부터 분포의 적합성을 검토해야 한다.

이상과 같이 ①~③의 주의사항은 와이블 확률지를 사용하는 한 중요한 체크 포인트이다. 여기에 예시한 케이스에서는 확률지상의 타점에 직선으로 맞추는 것은 곤란한 경우가 많다.

다음은 직선으로 맞추는 것이 곤란하다고 인정되는 경우의 대응이다.

① 분포의 가정은 틀리지 않았는가?

때때로 와이블 확률지에 타점하는 것이 적합하지 않은 경우라면 와이블 분포의 가정에 집착할 필요는 없다. 정규분포, 대수정규분포 등 다른 분포를 가정하는 것이 올바를지 모른다. 또 이들 중 어느 것도 아닐지도 모른다. 억지로 직선으로 맞추어서는 안 된다.

② 에이징과 길들이기 조작은 하였는가?

원래 분포에 초기 구간이 포함되어 있지 않다면 포함되지 않은 곳으로부터 급격히 고장률이 상승하므로 위치 파라미터 γ 값은 음으로 되어 조작이 필요하다. 출하 시 에이징, 길들이기 조작 등을 실시하여 출하하면 고장시간은 실제 동작시간보다 크고 γ의 값은+로 된다.

③ 스크리닝은 하였는가?

스크리닝 등으로 단수명의 일부 아이템이 제거되어 있으면 타점의 시작 부분은 일정하지 않게 될 수 있다. 이와 같은 경우는 가상의 데이터를 삽입하여 본다. 그러나 원래의 데이터에 대해서는 여러 가지 고찰이 중요하지만, 이것이 지나치면 제멋대로 개조하여 본질적인 과오를 범하게 되므로 주의가 필요하다.

④ 이질적인 데이터의 혼입은 없는가?

타점이 구부러지고 도중에 변곡점이 있는 경우에는 무엇인가 특별한 고장 메커니즘이 혼재되어 있을 가능성이 있다.

이와 같은 경우에는 데이터 결함으로 취급하여 제거하고 타점이 직선화되는가 본다. 이때 직선화에 집착하기보다 타점을 꾸밈없이 어느 형으로 되는가를 보는 쪽이 좋다. 특히 주의하지 않으면 안 되는 것이 여러 가지 고찰과 조작이 서툴면 단지 직선화하기 위한 작업밖에 되지 않는다. 아주 작은 일부의 특징에 집착하여 무리하게 위치 파라미터 γ를 도입하는 오류, 작은 데이터이므로 본래 휘어져 있는데도 불구하고 직선이라고 생각해 버리는 오류도 일어난다.

⑤ 눈금이 부족한 경우에는 어떻게 하는가?

Field Data 등은 출하된 제품 전체 가운데 아주 일부만이 고장이 발생하여 데이터로서 보고되므로 일반적으로 $F(t)$의 값도 수 % 이하로 이들의 데이터가 타점되는 것은 확률지의 아주 앞부분의 영역에 지나지 않는다. 통상 와이블 확률지에 Field Data를 타점하려 해도 0.1% 이하의 $F(t)$에 대한 타점에는 대응할 수 없다. $F(t)$ 값이 적은 경우에는 y축의 lnln $(1/(1-F(t)))$는 근사적으로 ln $F(t)$와 동등하므로 와이블 확률지의 y축 눈금은 $F(t)$가 대수 눈금으로 된다.

⑥ 초기 고장 데이터로부터 해석결과를 과신하고 있지 않은가?

분포의 초기 시작 부분밖에 데이터가 없는 불완전 데이터로부터 분포 전체의 $\hat{m}$ $\hat{\eta}$를 구하여도 그것은 의미가 있는 것이라고 말할 수 없다. 과거의 데이터가 풍부하여 이미 와이블 분포에 따른다는 보증이 있으면 별개다. 예를 들어 F=10% 정도까지의 타점으로 F=63%에 상당하는 $\hat{\eta}$를 구하게 되면 단순한 억측의 영역을 벗어나지 못한다. 한편 해석의 목적이 출하에 앞서 초기 불량의 혼재를 방지하는 것이라면 허용 사용조건의 최대치 등 조금 엄격한 조건에서 시험하여 초기 데이터를 얻을 수 있다.

⑦ 눈앞의 데이터에 혼동되지는 않는가?

테스트 데이터와 Field Data의 경우에도 현재 획득한 데이터만으로 착안하여 해석하면 우연 변동과 표본 변동에 이끌려 전체를 보지 못하는 경우가 있다. 위에서 설명한 바와 같이 중도중단의 소수 데이터의 경우에는 무리하게 와이블 분포로 된다고 한다든지 파라미터가 어떻다든지 논란을 하지 말고 과거의 동일 데이터와 조건이 다른 유사 데이터 등의 지식을 종합하여 검토해야 한다.

⑧ 기술적인 뒷받침을 확인하였는가?

초기 불량 부분이 혼재하여 있는 등 다른 고장 모드의 혼재가 의심될 때에는 반드시 물리적인 파면 등을 해석하고 또 고장이 발생하는 원인, 예를 들면 생산중의 변동요인, 사용, 환경조건에서 무엇인가 의심되는 것은 없는가 등 기술적으로 검토하는 것이 중요하다.

데이터의 수량적 통계적 해석만으로 초기불량이 있다든지 스트리닝되어 있지 않다는 등의 억측에 빠질 수 있다. 기술적인 뒷받침이 필요하다.

⑨ 재현 실험으로 확인하였는가?

고장시간 해석과 테스트에는 생각할 수 있는 원인(가설)을 실증하는 재현 시험이 중요하다. 테스트 데이터의 경우, 특히 초기고장이 잠재하여 있든가 타점이 휘어지고 어긋나는 문제가 있다면 단 1회의 데이터로 해석하는 것보다는 동일조건 혹은 조금 조건을 바꿔 (가속성 부여) 다시 한번 모집단의 표본에 대한 시험을 시도하면 좋다. 초기 부분의 데이터의 취득에는 많은 시간이 걸리지 않는다.

4) 누적 해저드지

(1) 누적해저드지의 원리

위와 같은 신뢰도 $R(t)$와 누적해저드 함수 $H(t)$의 관계는

$$R(t)=e^{-H(t)} \tag{6.15}$$

라는 간단한 지수함수로 표현할 수 있다. 이 식의 양변에 대수를 취하면

$$\ln\frac{1}{R(t)}=H(t)$$

$R(t)=1-F(t)$의 관계로부터

$$\ln\frac{1}{1-F(t)}=H(t)$$

한 번 더 양변에 대수를 취하면

$$\ln\ln\frac{1}{1-F(t)}=\ln\ H(t)$$

와이블형 누적해저드지의 경우에는 $H(t)=(\frac{t}{\eta})^m$ 의 관계가 성립되므로 이식의 양변에 대수를 취하면

$$\ln\ H(t)=\mathrm{m}\ \ln\ \mathrm{t}-\mathrm{m}\ \ln\ \eta \tag{6.16}$$

여기서 $\mathrm{Y}=\ln\ H(t)$, $\mathrm{X}=\ln\ \mathrm{t}$로 하면

$$Y = m\ X - m\ \ln\ \eta$$

와 같이 직선 식을 얻을 수 있다. 와이블 확률지와 같이 Y축, X축을 갖는 그래프용지를 작성하고, 그 위에 데이터를 타점하여 직선으로 한 후 $\hat{m}$와 $\hat{\eta}$를 구할 수 있다. 단 와이블 확률지의 y축 lnln $(1/(1-F(t)))$는 ln $H(t)$와 동등하므로 확률지 좌측의 눈금을 $H(t)$의 눈금으로 하면 데이터 조합(t, $\hat{H}(t_i)$)의 타점을 직선으로 맞추는 것은 와이블 확률지상에서 직선으로 맞추는 것과 같다. 그림 6.10은 와이블형 누적해저드지의 구성을 보여준다.

오른쪽의 노모그래프는 보조 스케일이다.

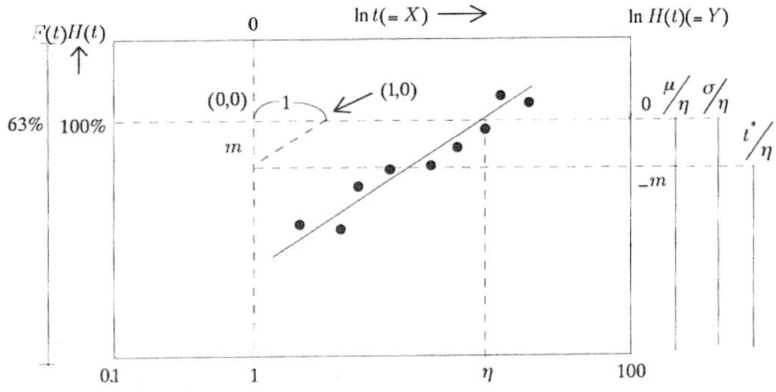

[그림 6.10] 누적해저드지의 원리도

(2) 와이블형 누적해저드지의 사용법

와이블형 누적해저드지는 몇 개의 혼재된 고장모드 가운데 측정의 고장모드에 착안하여 그 고장 시점의 직전에 잔재 수 N_i(역순위 수 K_i)를 구하고 이들로부터 $\hat{H}(t_i)$, $\hat{R}(t)$를 구하고 이것을 타점한 결과로부터 $\hat{m}$, $\hat{\eta}$ 등을 추정하는 순서로 데이터 해석을 한다. 실제의 해석에 있어서는 worksheet를 이용하여 다음의 순서로 누적해저드지 위에 타점하면 좋다.

① 데이터를 작은 값부터 큰 값으로 정렬하여 각각 순위 i에 대응하는 각 난에 기재한다. 또 그것과 병행하여 표본 번호도 기재한다.

② 역순위 난에는 데이터의 큰 값부터 거꾸로 순위를 붙인다. (n, n−1, ⋯ 1)이 역순위를 K_i로 나타낸다.(K_i=n+1−i)

③ 순서대로 정렬된 데이터 t_i에 대응하는 해저드 값 $\hat{h}(t_i)$ 는 $\hat{h}(t_i)=1 / K_i \times 100$으로 구하여 기재한다.

④ 각 데이터에 대응하는 고장 모드 M_j 란에 고장모드를 각각 기재한다. 무고장의 경우에는 공란으로 아무것도 기재하지 않지만, 중도중단데이터의 경우는 C(Censored)라고 기재한다. 단, j는 고장모드에 대응하는 번호를 말한다.

⑤ 해석하고 싶은 고장모드 M_j에 대응하는 해저드 값을 순차적으로 더한 것을 누적해저드 값 $\widehat{H}(t_i)$ 로 한다.

$\widehat{H}(t_i) = \Sigma_{i=1}^{n} \hat{h}(t_i)$(고장모드 M_j에 대해서만 가산)

⑥ 고장모드 M_j 등에 대응하는 t_i와 각각에 대응하는 누적해저드 값 $\widehat{H}(t_i)$, 즉 $(t_i,\ \widehat{H}_j(t_i))$를 누적해저드지 위에 타점하고 맞춰 선을 그린다.

5) 기타 확률지의 이용

(1) 정규 확률지

정규분포 N(μ, σ^2)의 분포함수를 F(x)로 하고, 표준정규분포 N(0, 1)의 분포함수를 $\psi(x)$로 한다. F(x) 또는 $\psi(x)$가 X에 대하여 직선으로 되도록 고안된 것인데 그림 6.11과 같다.

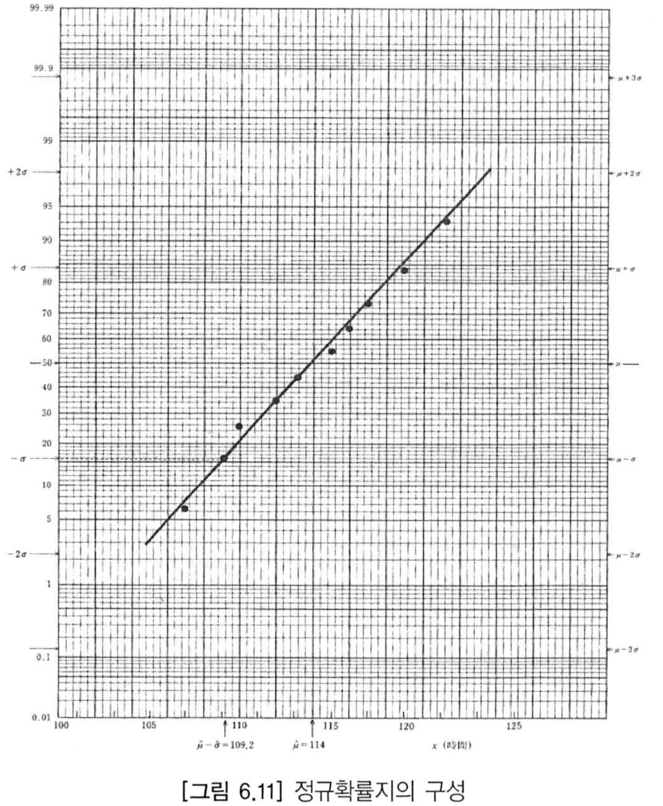

[그림 6.11] 정규확률지의 구성

정규분포의 파라미터인 평균 μ의 추정값은 $F(\mu)=\psi(0)=0.5$이므로 y축 값이 0.5인 위치부터 x축에 대하여 평행으로 직선을 그리고 타점을 맞춘 선과 만나는 점의 x축 값을 읽어서 구할 수 있다. 한편 표준편차 σ의 추정값은 $F(\mu-\sigma)=\psi(-1)=0.159$이므로 μ를 추정할 때와 같이 y축의 0.159인 위치로부터 평행선을 그어 관통하는 선과 교점인 x축의 값을 읽으면 된다.

(2) 대수정규 확률지

정규 확률지의 x축 Scale을 대수 Scale로 한 것이 대수정규 확률지이다(그림 6.12). 사용법은 정규 확률지와 동일하다. x가 평균 μ, 분산 σ^2의 정규분포를 따를 때 $x=\ln t$를 만족하는 t는 파라미터 μ, σ를 갖는 대수정규분포를 따른다. 대수정규 확률지에서 구한 μ와 σ 값으로 평균 E와 분산 V값의 추정값은 다음과 같다.

$$\hat{E}=\exp(\hat{\mu}+\frac{\hat{\sigma}^2}{2}) \tag{6.17}$$

$$\hat{V}=\exp(2\hat{\mu}+\hat{\sigma}^2)\{\exp(\hat{\sigma}-1)\} \tag{6.18}$$

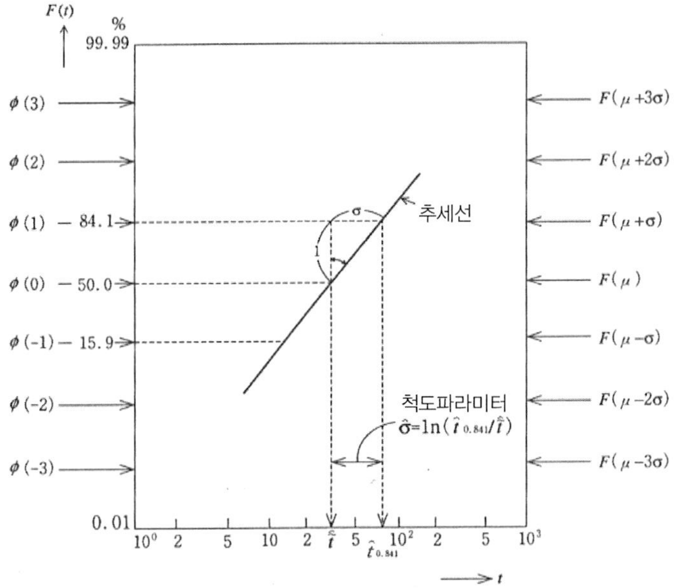

[그림 6.12] 대수정규 확률지의 구성

(3) 극치 확률지

극치분포의 누적분포함수 F(x)의 식 $F(x)=\exp(-\exp\{(x-u)/b\})$의 양변에 두 번 대수를 취한 식을 정리하면 다음과 같은 식을 얻을 수 있다.

$$\ln\ln\left\{\frac{1}{F(x)}\right\}=\alpha(x-u) \tag{6.19}$$

따라서 x축의 x를 등간격으로 하고 y축의 y에 $\ln\ln\left\{\frac{1}{F(x)}\right\}$을 취한 그래프용지를 만들면 극치 확률지를 얻을 수 있다. 이 확률지에 데이터를 타점하여 타점이 직선상으로 정렬되면 이 데이터는 극치분포에 따른다는 것을 알 수 있다.

극치 확률지에 그려진 직선 위 임의의 두 점을 (x_1, y_1), (x_2, y_2)로 하면 α는 직선의 기울기이므로

$$\alpha=\frac{y_2-y_1}{x_2-x_1} \tag{6.20}$$

이다. 또 $y_1=0$(또는 $y_2=0$)로 놓으면 $u=x_1$(또는 $u=x_2$)의 관계를 얻을 수 있다. 이와 같이 극치분포의 파라미터 α, u를 얻을 수 있다.

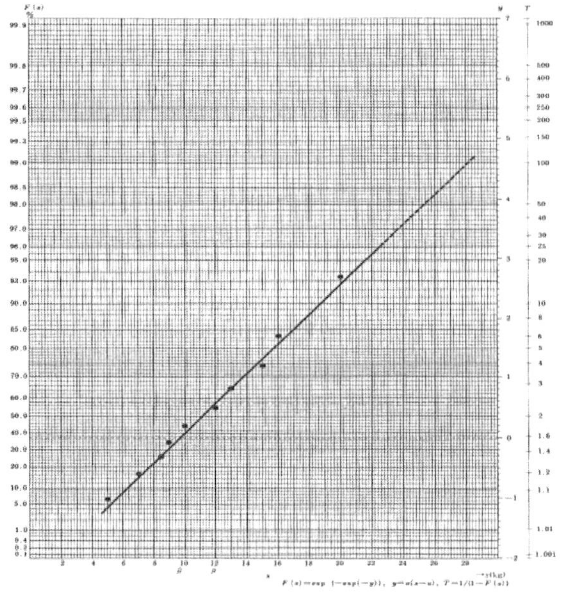

[그림 6.13] 극치확률지

지금까지 신뢰성 데이터의 해석에 자주 이용되는 분포를 표본의 모집단 분포로 가정한 경우의 파라미터 추정방법을 검토하였다. 또 파라미터를 추정할 때 수행한 분포의 가정이 타당한 것인가에 대하여도 검토를 하였다. 그러나 어느 분포를 이용하는 것이 타당한 것인가 판단하는 것은 상당히 어렵다. 그 이유는 신뢰성 데이터의 해석에서 취급할 수 있는 표본의 크기가 많은 경우가 극히 적어 분포의 형상 판단이 곤란한 것이 많다. 또 와이블 분포 등은 형상 파라미터의 값에 따라 다양한 형상을 보여 와이블 분포에 잘 맞지 않는 경우는 추정하기 어려우므로, 데이터가 잘 맞는지 판단하는 방법은 반드시 적당한 결과를 주는 것만은 아니다. Minitab 등 통계프로그램을 이용하면 비교적 용이하게 분석이 가능하다. 따라서 통계적 해석에 의한 신뢰성 데이터의 해석에만 의존하지 말고 고장물리 측면에서도 검토가 필요하다.

제7장

Field 신뢰성 Data의 해석, 대책과 효과 예측

Field에서의 Trouble에 대한 고장의 원인 추정을 위한 Data의 해석과 대책 수립 방법에 대해서 알아보자. 우선 Trouble에 대한 현상파악을 실시한 다음 Data를 분석해야 한다.

Field Data의 해석에서는 몇 시간 가동 후(혹은 몇 km 주행 후) 어느 정도 고장이 발생하는가를 수치로 표시하는 것이 필요하다. 또, 이 고장이 어느 Pattern으로 발생하는가를 판단하여 대책 조치를 마련할 필요가 있다.

수집한 Data에 대하여 누적 고장률을 산출하고 Weibull 확률지 등에 타점하여 가동시간에 대한 고장률과 고장 분포의 Pattern 등을 추정하는 것을 신뢰성 data의 해석 또는 신뢰성 해석이라 한다.

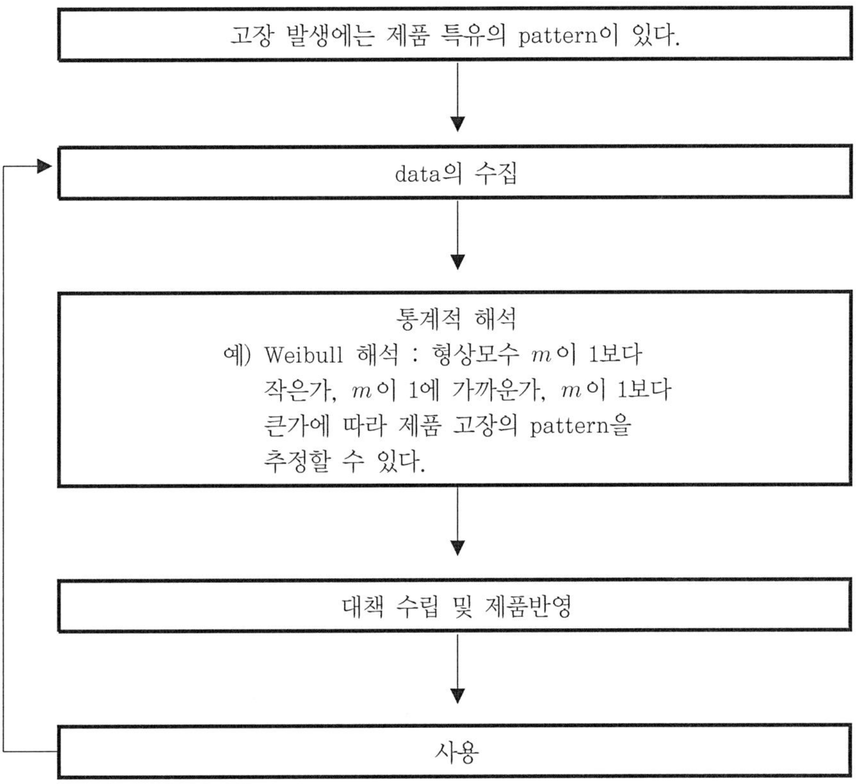

[그림 7.1] 통계적 Field 고장분석 Flow 예

7.1 Field Data의 특징

신뢰성 Data의 해석은 테스트 데이터를 해석하는 경우와 Field Data를 해석하는 경우로 구분된다. 전자는 조건을 관리한 상태에서 수행함과 동시에 테스트 중의 표본을 상시 감시하는 것이 가능하므로 비교적 정확한 데이터를 얻을 수 있다.

그러나 필요한 정도를 얻을 만큼의 충분한 표본 수를 준비하는 것이 곤란하고 테스트 시간을 충분히 확보하지 못하는 경우도 적지 않다. 이것은 아이템 그 자체가 고가이고 소량 생산품인 경우와 아이템의 신뢰성이 높아 단시간 내에 고장이 나지 않는 경우이다. 따라서 가속시험으로 아이템의 중대 결함을 조기에 발견하고 출하 후에는 출하제품의 Field Data를 수집하여 사용단계에서의 신뢰도를 예측한다든지 고장품을 회수, 해석하여 고장 메커니즘을 분석하는 등, 설계 제조상의 Weak Point를 추출하게 된다. 제품의 설계자는 Field에서의 여러 가지 사용 조건을 상정하여 신뢰성 설계를 수행하지만, 고객은 설계자가 예측하지 못한 환경에서 사용하거나 생각지 못한 방법으로 사용하는 경우가 있다. 따라서 Field에서 제품이 어떻게 사용되고 있는가를 조사하는 것은 제품개선과 신뢰도 향상에 매우 중요하다.

Field Data를 이용하여 신뢰성을 고찰하는 것의 장점으로서는

1) 실사용 단계에서의 신뢰도 추정에 이용할 수 있다.
2) 출하제품의 수량이 많으므로 고장 발생 수가 적은 한계를 극복할 수 있다.
3) 테스트 데이터와 비교 분석함에 따라 사용 시 환경조건을 추정할 수 있다.
4) 고객의 사용실태에 준한 제품 개량에 대한 아이디어를 얻을 수 있다.

단점으로서는

1) 고객의 고장정보가 제조사 측에 전달되지 않는 경우가 있다. (정보누락)
2) 고객의 사용환경을 정확히 파악하기 힘들다. (사용환경 불명확)
3) 고장 나지 않는 제품을 고장품으로 잘못 판단하는 경우가 있다. (오판단)
4) 제품의 사용개시로부터 고장까지의 가동시간을 정확하게 알지 못한다.
5) 여러 데이터를 정확하게 분류하고 평가 정리하는 것에 많은 맨아워(Man Hour)가 필요하다. (예 : 제조 연월, 고장모드, 사용환경 등)

Field Data는 설계자에 있어서 매우 중요한 정보이지만, 얻어진 Field Data가 항상 시장에서 제품의 모습을 바르게 반영하고 있다고는 말할 수 없다.

Field Data를 수집하는 경우에 고장 난 제품에 대하여 가능한 한 많은 정보를 입수할 필요가 있다. 사용개시일, 고장발생일, 고장의 상태(외관, 소리, 냄새, 열 등), 고장의 모습(때때로 고장, 전원을 넣고 잠시 후면 고장 나지만 전원을 재차 넣으면 회복되는 등), 제품의 사용환경조건, 하루 평균 사용시간, 사용자에 관한 정보, 과거의 수리 이력 등 고객이 가진 정보를 가능한 한 상세하게 수집하지 않으면 안 된다. 이들의 정보에 더해 각각의 제품의 고유정보와 고장물리 면에서의 해석결과, 제조 연월일, 로트 번호, 고장까지의 추정사용시간, 고장 재현성의 유무, 외관 고장메커니즘(추정되는 고장원인) 등의 정보를 적극적으로 조사하는 것이 필요하다. 이러한 정보를 이용하여 적절한 층별화를 실시하여 Field Data를 종합적으로 해석함에 따라 제품개선과 고유기술의 축적에 도움되는 정보를 얻을 수 있다.

7.2 와이블 해석

고장분포를 Weibull 분포에 맞춰 Parameter m, η, γ 값을 구하는 것을 Weibull 해석이라 한다. Weibull 해석은 Weibull 확률지를 사용한다.

와이블 해석에 있어서 우선 누적 고장률을 산출할 필요가 있다. 와이블 확률지는 y축에 누적 고장률, x축에는 가동시간(또는 주행 거리)을 눈금자로 하는 변형 ln-lnln 방안지이다.

와이블 확률지는 기본적으로는 그래프용지에 불과하지만 좀 더 상세하게 구조를 살펴보면 우선 하단의 x축 눈금은 시간의 흐름이며 분, 시간, 월, 혹은 횟수, 주행거리 등 자유자재로 사용할 수 있는데 눈금은 등간격이 아닌 대수눈금으로 되어 있다. 다음은 좌측의 y축을 보면 여기에는 고장의 확률 $F(t)$에 대한 눈금이다. 순간 고장확률을 취할 수 없으므로 누적 고장확률로 나타내는데 시간의 경과와 함께 발생하는 고장 수가 누적되어 전체 몇 퍼센트 고장 났는가를 나타내는 값으로 결국 100% 고장 나는 곳이 끝나는 점이 되게 된다. 이 $F(t)$를 나타내는 눈금은 lnln 눈금이다. 즉 $F(t)$의 대수의 대수로 눈금을 그린 것이다. 다음에 오른쪽의 y축을 보면 여기서는 확률지의 작은 눈금과는 관계없이 방안지 밖에 등간격의 눈금을 그려놓았는데 그 눈금은 $\mathrm{Y}=\ln\ln\frac{1}{1-F(t)}$이다.

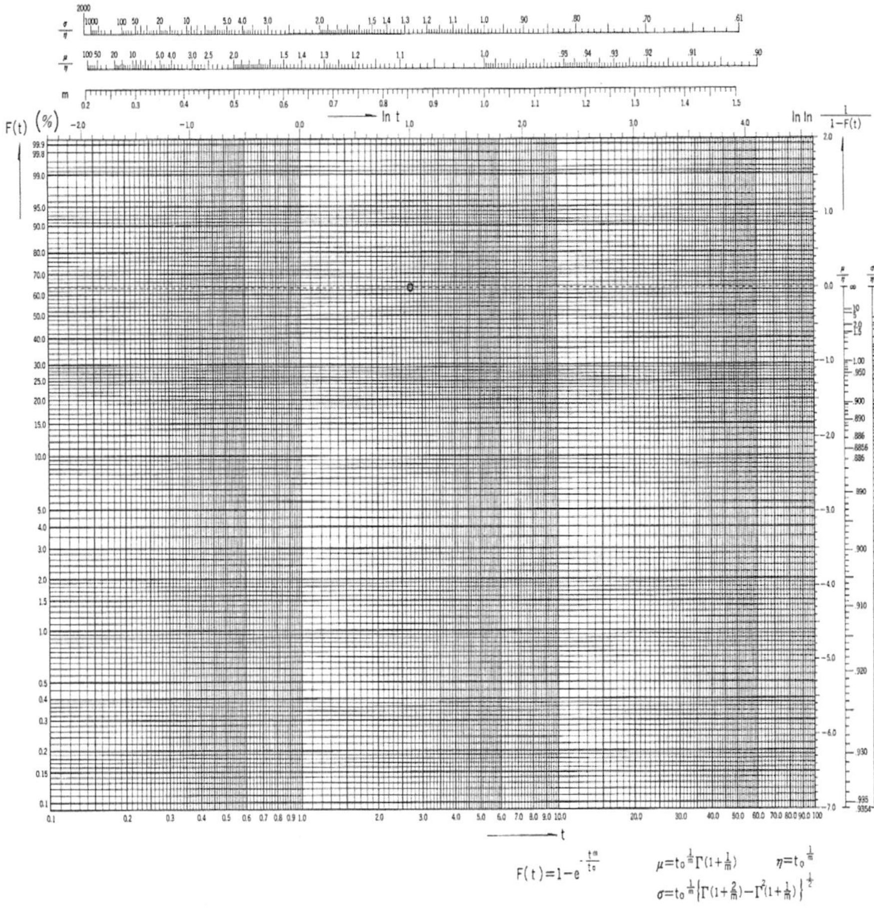

[그림 7.2] 와이블 확률지 예

또 확률지의 윗부분에 등간격 눈금 X=ln t를 읽게 되어 있으며 그래프용지 중에는 X축과 Y축이 지정되어 있다. Y축은 위의 X가 0이고, 아래의 t가 1.0인 곳에 있지만, X 축은 $F(t)$가 63.2%인 곳에 있는데 이는 위치 파라미터 γ가 0일 때 전체의 63.2% 고장 나기까지의 평균 수명을 나타내는 척도 파라미터 η를 나타내게 된다.

또한, X축 위에 좌표가 X=1, Y=0인 곳에 m의 추정점이 있다. 데이터를 대표하는 직선이 이점을 통과하도록 평행이동한 후 m의 추정점을 통과할 때 Y축과의 교점을 읽어 m의 값을 구하도록 하고 있다.

7.2.1 와이블 해석의 장점

와이블 해석의 장점은 형의 파라미터 m의 값을 구함에 따라 고장의 패턴이 초기고장형, 우발고장형, 마모고장형의 판정이 가능하고, 척도 파라미터 η 혹은 MTBF를 통해 내용 수명을 알 수 있다. 또 위치 파라미터 γ로 무고장 시간을 알 수 있다. 이와 같이 m 값, MTBF 등을 알 수 있으므로 그 제품의 신뢰성을 객관적, 정량적으로 파악할 수 있고 고장 원인, 대책, 수리용 부품 수의 예측 등은 물론 신뢰도 예측 등을 용이하게 할 수 있다.

와이블 분포의 확률(고장)밀도함수는

$$f(t) = \frac{m}{\eta}\left(\frac{t-\gamma}{\eta}\right)^{m-1} e^{-\left(\frac{t-\gamma}{\eta}\right)^m} \tag{7.1}$$

이며 누적고장률 함수는

$$F(t) = \int_0^t f(t)dt = 1 - e^{-\left(\frac{t-\gamma}{\eta}\right)^m} \tag{7.2}$$

이다.

7.2.2 와이블 확률지 사용 예

1) m을 구하여 고장의 패턴을 판단한다.

메디안 랭크법에 의한 누적 고장확률을 구하자. 예를 들어 4개의 제품이 사용하기 시작하여 1시간 후에 1개가 고장, 3시간 후에는 다른 1개가 고장, 7시간 후에 다음 1개가 고장, 18시간 후에 또 1개가 고장 났다. 데이터는 단 4개이다. 1시간 후에 1개가 고장 났으므로 이후의 누적 고장확률 $F(t)$는 1/4, 즉 25%라고 생각할 수 있지만 만약 네 번째의 고장이 일어난 그 시점에서 누적고장이 100%라고 판정하는 것은 첫 번째 고장이 일어나는 직후까지의 시간을 무시하는 것이 된다.

메디안 랭크법의 누적고장률은

$$F(t) = \frac{i-0.3}{n+0.4} \tag{7.3}$$

이므로 4개의 데이터로부터 구한 $F(t)$는

$$1\text{시간 후의}\quad F(t)=\frac{1-0.3}{4+0.4}=15.9\%$$

$$3\text{시간 후의}\quad F(t)=\frac{2-0.3}{4+0.4}=38.6\%$$

$$7\text{시간 후의}\quad F(t)=\frac{3-0.3}{4+0.4}=61.3\%$$

$$18\text{시간 후의}\quad F(t)=\frac{4-0.3}{4+0.4}=84\% \qquad (7.4)$$

로 된다.

다음은 이들 4개의 데이터를 와이블 확률지로 타점해 보자. t 눈금 1인 곳에 $F(t)$는 15.9이고, t 눈금이 3인 곳의 $F(t)$는 38.6이다. 그러면 그림 7.3과 같이 4개의 점이 그래프상에 위치하게 된다. 이들의 점을 직선상으로 연결하면 점의 열을 대표하는 1개의 직선이 그려진다.

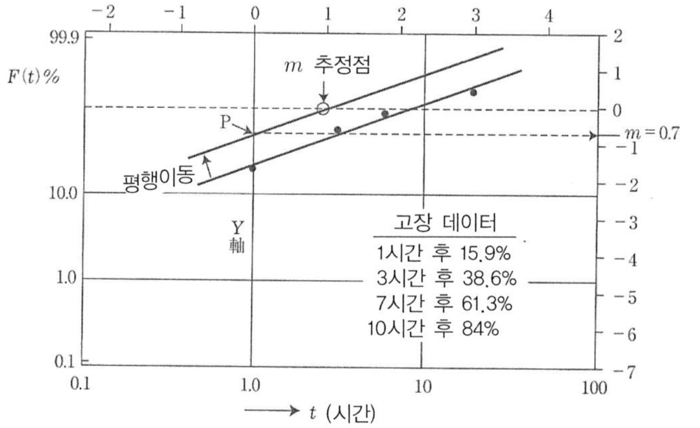

[그림 7.3] m 값을 구한다.

이 점들을 대표하는 직선을 좌상 쪽으로 평행이동하여 m의 추정점과 만나도록 수정한다. 그렇게 되면 이 직선이 Y축과 만나는 점이 생기는데 이 교점을 P로 하고, 이 P 점의 우측 좌푯값을 읽는다. 여기서는 −0.7 정도가 되는데 −를 제거한 절댓값 0.7이 m값이 된다.

위의 4개 데이터로부터 제품의 고장 발생은 m이 0.7인 와이블 분포를 하는 것이 판명되었다. m이 1보다 작으면 초기고장 기간이다.

2) m에 대해서는 γ와 η를 구하자.

다른 예를 사용하여 고장의 데이터가 7, 9, 11, 13, 15, 18, 21, 27, 35의 9개인 경우이다. 데이터는 9개이므로 9.4로 나누어 $F(t)$를 산출하면 그림 7.4와 같이 된다. 와이블 확률지에 타점하여 보면 이번에는 9개의 점이 일직선으로 되지 않고 현저하게 곡선으로 된다. 데이터를 나타내는 점들을 연이은 부드러운 곡선으로 그려지며 그대로 하변과 만나게 된다. 그림 7.4와 같이 그림에서는 t가 5인 곳에 만난다. 여기서 5는 와이블 분포에 있어서 위치 파라미터 γ의 값, 즉 여기부터 분포곡선이 시작하는 위치이다.

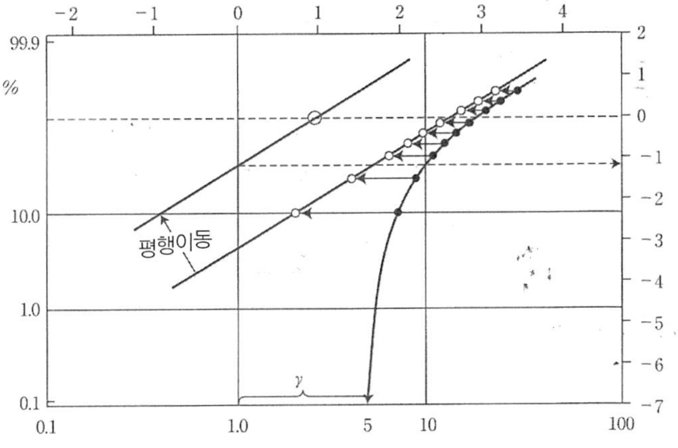

[그림 7.4] m 값

여기서 γ 값을 제거하여 단순화하면 데이터의 횟수로부터 5를 뺀 분포곡선이 원점으로부터 시작하도록 평행이동한 것이다. 정리하면 데이터는 표 7.1과 같이 된다.

[표 7.1] t와 $F(t)$

수정 전 t	수정 후 t	$F(t)$ %
7	2	7.4
9	4	18.0
11	6	28.7
13	8	39.4
15	10	50.0
18	13	60.6
21	16	71.3
27	22	81.9
35	30	92.6

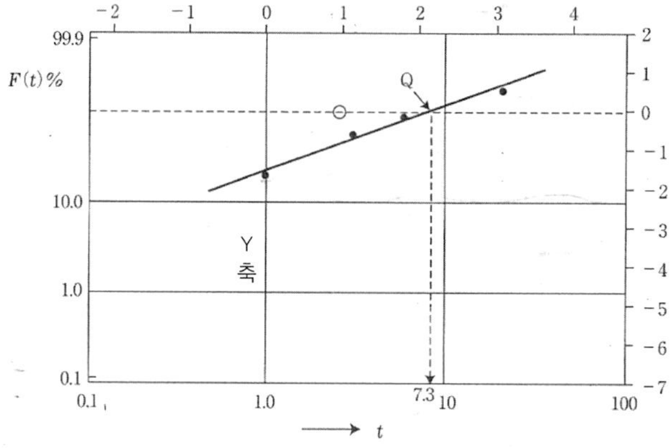

[그림 7.5] 척도 파라미터 η 값

이번에는 수정된 데이터를 와이블 확률지 위에 타점한다. 9개의 점을 타점하고 이것을 직선상으로 연결한다. 다음은 지금까지와 동일하다. 직선을 m의 추정점을 관통하도록 평행이동하고 Y축과의 교점의 위치를 우측의 눈금으로 읽으면 m은 약 1.2인 것을 알 수 있다. 즉 마모고장이라고 판정할 수 있다.

이와 같이 와이블 확률지를 사용하면 간단하게 형상 파라미터 m을 구할 수 있어 제품이 어느 고장모드인가를 판별할 수 있을 뿐만 아니라 위치파라미터 γ도 알 수 있다. 또 척도 파라미터 η 구하는 방법은 처음의 예제에서 4개의 점으로 표시된 데이터를 1개의 직선으로 그린 후 이 직선이 X축과 만나는 교점 Q의 아래 t 눈금을 읽으면 이것이 척도 파라미터 η이다.

와이블 확률지는 아주 편리하다. 간단한 수작업만으로 m, η, γ를 구할 수 있다. 신뢰성공학에서는 이 밖의 정규분포와 극치 확률지 등 수 종류의 확률지가 사용되지만 와이블 확률지가 제일 비중 있게 사용되는 것도 이 때문이다.

7.2.3 와이블(Weibull) 해석에서 형상모수에 의한 분석과 대책

그러면 와이블 해석에 의해 알게 된 각 파라미터 m , η, γ로 어떤 판단을 할 수 있는가? 그리고 무엇을 검토해야 하는가? 이를 정리한 것이 다음의 표 7.2이다.

[표 7.2] m값과 고장 패턴과 대책

m의 값	m<1	m=1	m>1
고장분포의 pattern	초기고장형 시간의 경과에 따라 고장이 감소	우발고장형 시간의 경과와 관계없이 항상 일정의 고장이 발생	마모 고장형 시간의 경과에 따라 고장이 증가한다. 이경향은 m이 클수록 현저하다.
평가 기준	재료결함, 열처리 실수, 용접결함, 타각 마크, 수리 실수, 재료선정 실수, 용접 실수, 과대용접 비드, 잔류응력 큼, 출하테스트 또는 시간 단축 등에 문제가 없는가?	가혹한 조작, 설계상 강도 부족, 체결 토크 부족, Clutch Damper 기능 저하, 이물질 혼입, 간격과대, 조립 오차, 특채품 사용, 열부식, 보수 부족 등에 문제는 없는가?	피로한도가 낮은 재료선정, 안전계수 낮음, 과도한 조립 오차, 공진응력집중이 큼, 부식환경 등에 문제는 없는가?
대책의 지표 항목	① 길들이기 운전에 따라 불량이 확실히 제거된다. ② 작업표준대로 가공, 조립작업을 하고 있는가 체크한다. 예를 들면, bolt를 규정토크로 조이고 있는가, 작업자가 바뀌었는가 등	① 고장이 적은 경우: (MTBF가 큰 경우) 대책은 취하지 않는다. ② 고장률이 높은 경우: 구조 변경 등 설계 변경이 필요 m=1의 경우 재질 up, 부하경감(derating)은 별로 효과가 없고 overhaul 간격을 짧게 하여도 고장률은 사용시간 경과에 관계없으므로 의미가 없다. ③ 어느 특정의 작업을 할 때 파손에 이르도록 하는 부하가 없는가 조사한다.	① 고장 발생까지의 시간이 긴 경우는 대책을 세우지 않는다. 단, 수명에 도달하기 전에 overhaul에 따른 부품 교환이 필요. ② 고장 발생까지의 시간이 짧은 경우 재질 up, 부하 경감이 필요. ③ claim 부품의 전수 교환까지는 적당한 수의 보용부품의 준비가 필요

7.2.4 Field에서의 고장 분석 사례

지금까지 와이블 해석의 방법과 그 결과에 따라, 어떻게 평가할 것이고 대책을 수립함에 있어 고려해야 할 사항 등을 알아보았으나, 고장의 패턴이 하나 일 때의 경우이다. 그러나 Field에서 일어나는 고장은 복잡하다. 실제로 건설기계와 같이 복잡한 시스템이나 다수의 부품으로 이루어진 아이템의 고장 원인은 두 가지 이상이라는 전제 조건하에서 원인을 규명하고 대책을 세우지 않으면 안 된다고 생각한다. 여기에서는 두 가지 이상 고장모드가 존재하는 혼합형 분포에 대한 해석 예를 알아보자.

1) 우발고장과 마모고장의 혼합형 분포

출하 테스트 때, 에이징에 의하여 초기고장형의 고장이 없어진 모집단은 우발고장과 마모고장의 혼합형이 된다. 즉, Bath-tub 곡선의 초기고장 부분이 없어진 것에 해당한다. 와이블 확률지로는 그림 7.6의 모양이 된다. 꺾은 선의 전반이 우발고장이고, 후반이 마모고장이다.

기계 부품의 일례로는 균열에서 절손에 이르는 고장의 경우에 해당한다. 발생확률은 낮지만, 우발적인 과대 응력이 발생하고 부품에 균열이 생긴다. 그 후 시간의 경과와 함께 균열이 진행하여 피로파괴에 이르는 마모 고장형이 된다. 이 혼합형 분포의 특징은 우발고장과 마모고장의 형태에 명확한 차가 있는 것이다.

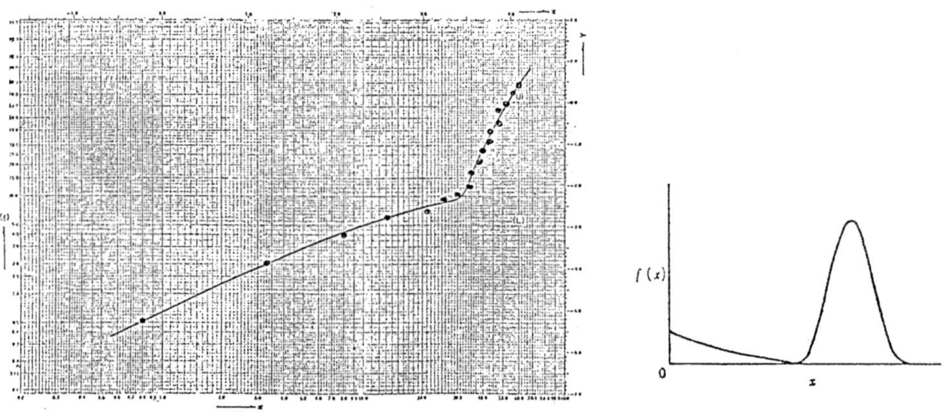

[그림 7.6] 균열과 절손이 혼합된 Gear

2) 마모고장과 우발고장의 혼합형 분포

열처리 불량품이 혼입된 베어링 부의 이상 마모 고장에 대한 예를 와이블 확률지에 타점하면 그림 7.7 형태의 꺾은 선이 되는데 그림의 예가 바로 이런 혼합형의 특징이다.

즉, 이런 종류의 고장은 최초에 마모고장과 우발고장이 혼합되어 일어나고, 마모고장이 끝나면서 우발고장이 발생되므로 와이블 확률지의 타점은 도중에서 아래로 꺾이는 선이 된다.

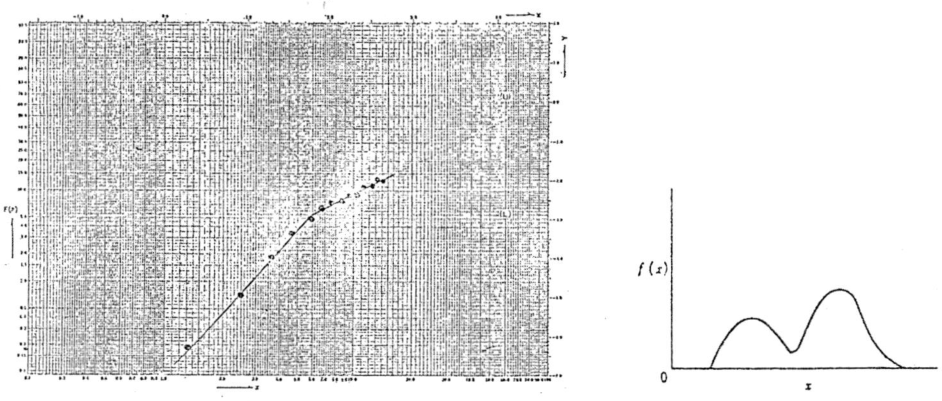

[그림 7.7] 열처리 불량이 혼재되어 있어 이상 마모를 일으킨 샤프트

3) 두 가지 마모고장의 혼합형 분포

샤프트의 베어링 부가 열로 손상되어 절손에 이르거나, 베어링은 열로 손상되지 않았지만 절손된 것 등, 동일 부품이라도 두 종류의 마모고장이 혼합된 경우의 와이블 확률지 타점은 그림 7.8과 같은 꺾은 선이 된다. 와이블 확률지 타점은 유연한 곡선을 그리는 경향을 나타낸다. 오른쪽의 그림은 확률밀도함수의 분포형인데 이 혼합형 분포의 특징은 두 개의 산이 나타나는 것이다.

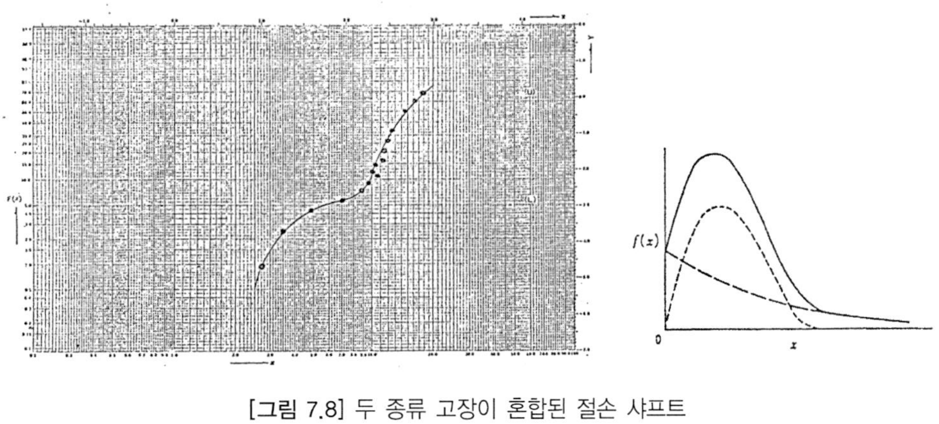

[그림 7.8] 두 종류 고장이 혼합된 절손 샤프트

4) 세 가지 마모고장의 혼합형 분포

두 가지 마모고장의 혼합형 분포와 마찬가지로 동일 부품의 고장이라도 세 가지 마모 고장형이 혼합된 경우, 와이블 확률지 타점은 사행형을 나타낸다. 예로 그림 7.9는 절손된 샤프트의 와이블 확률지 타점이다.

확률밀도함수의 분포형은 우측 그림과 같이 세 개의 산이 된다.

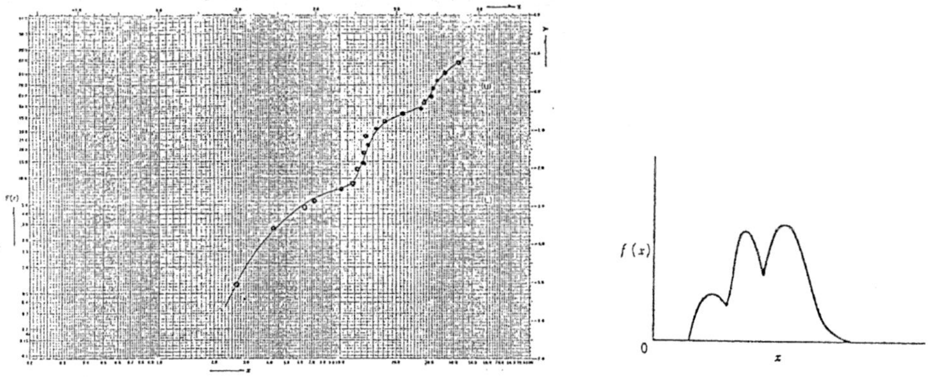

[그림 7.9] 세 종류 고장이 혼합된 절손 샤프트

5) 계단형을 나타내는 우발 고장형 분포

계단형을 나타내는 우발 고장형 분포의 예로써 그림 7.10은 균열 샤프트의 와이블 확률지 타점이다. 이것은 정기점검 등에 의해 일시적으로 복수의 고장이 겹치면 와이블 확률지 타점은 그림 7.10과 같이 두 가지의 고장분포처럼 보이는 계단형을 나타낸다.

이 고장분포의 특징은 계단형이 명확히 나타나므로 Weibull 파라미터를 추정하기 쉽다.

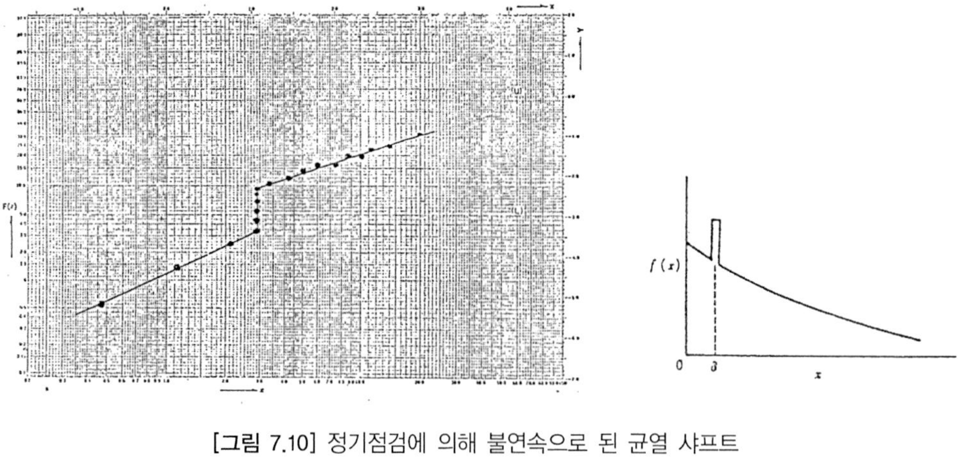

[그림 7.10] 정기점검에 의해 불연속으로 된 균열 샤프트

6) 초기고장, 우발고장, 마모고장의 혼합형 분포

출하 테스트를 충분히 하지 않고 시장에 출하된 제품은 초기고장과 우발고장, 마모고장의 혼합형 분포가 된다. 그림 7.11은 균열품과 절손된 제품이 혼합된 Gear의 와이블 확률지 타점이다.

그림 7.11에서 보듯이 이 분포의 특징은 초기고장과 우발고장이 혼재해 있으므로 거의 일직선이 되어 시작된다. 따라서, 그림 7.6과 같이 우발고장과 마모고장의 혼합형 분포와 구별 가능하다.

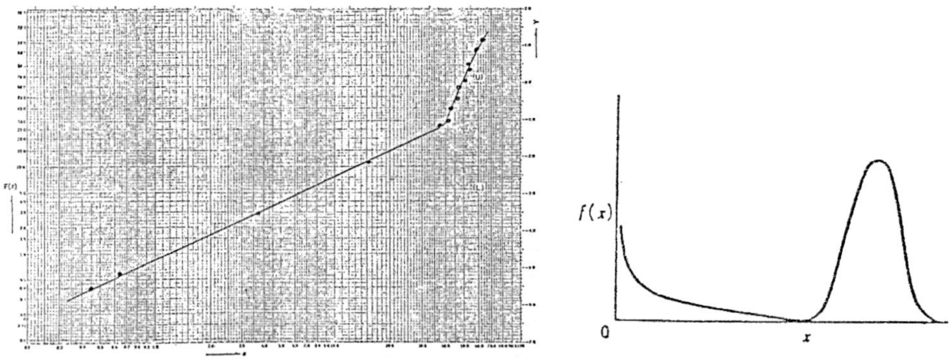

[그림 7.11] 균열과 절손품이 혼합된 기어의 절손

7.3 컴포넌트 아워맵에 의한 해석

와이블 누적해저드지는 Field Data의 해석에 많이 이용되는 수법이다. 한편, 이 방법은 제조 단위마다 또는 경시적인 고장발생 상황의 변화를 파악하기에는 약간 일치하지 않는 면도 있다. 컴포넌트 아워맵은 대량 출하품의 고장발생 상황에 대하여 직관적으로 빠르게 이해할 수 있으며, 와이블형 누적해저드지의 기능을 보충하는 의미에서도 유효한 수법이다. 본 장에서는 컴포넌트 아워맵의 구성과 작성방법 및 이것을 이용한 해석에 대하여 설명한다.

7.3.1 컴포넌트 아워맵의 구조

Field Data의 해석수법으로서 자주 이용되고 있는 방법이 와이블형 누적해저드지이지만 여기서는 누적 해저드법과 같이 또한 유효한 해석 수법인 컴포넌트 아워맵(이하 CHN이라 한다.)을 이용한 Field Data의 해석방법에 대하여 설명한다.

대량으로 생산되는 Hardware 제품이나 부품은 고장률이 상당히 낮으면 와이블 확률지에서는 잘 해석할 수 없는 것이 많다. 와이블 확률지에서는 아래쪽에 양대수 방안지를 추가한다든지 y축에 타점 위치를 계산하는 등의 연구를 하지만 작업이 복잡한데 비해 설명이 부족한 경우가 있다.

부품의 경우는 1회당 생산량이 많지는 않지만 거의 장기간에 걸쳐 동일제품의 생산을 반복한다. 당연히 생산조건 (제조 시의 날씨와 일반적으로 4M이라는 요소 등)을 잘 콘트롤하고 있어도 각각의 제품에는 미묘한 품질의 변화가 생긴다. 생산조건에 편차가 생김에 따라 신뢰성에도 당연히 영향을 끼친다. 이와 같이 제조에 기인하는 신뢰성 문제에 대해서도 생산 로트마다 Field Data를 주의 깊게 살펴보면 아이템의 신뢰성에 영향을 주는 중대한 문제를 조기에 발견할 수 있고 적절한 조치를 하여 막대한 손실은 미리 방지할 수 있다.

또 부품을 조립 제조사에 납품하는 경우에는 Field에서 일어나는 고장 발생에 대한 원인과 대응 또는 그 효과에 대하여 설명을 조립 제조사로부터 얻어야 한다. 설명의 상대는 반드시 신뢰성 데이터의 통계적 해석에 지식이 있는 사람만은 아니다. 구매담당자의 이해를 얻기 위해서는 누적해저드지 등을 이용한 상세한 해석까지는 아니지만, 고장의 발생 상황에 대하여 직접적인 이해를 얻는다는 점에서 뛰어난 수법의 하나라고 말할 수 있다. CHM의 작성방법은 다음과 같다.

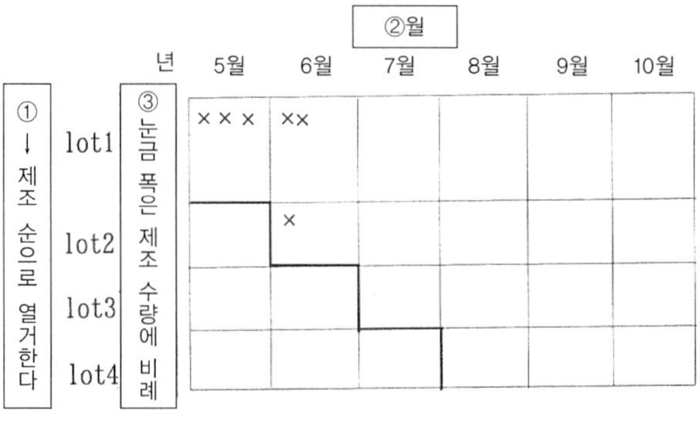

[그림 7.12] 달력으로 표시한 CHM

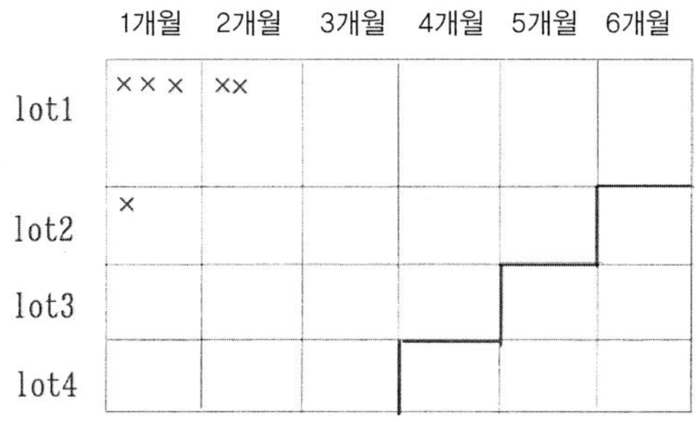

[그림 7.13] 가동개시 시점을 고려한 CHM

1) y축의 눈금은 원점(제조 수가 0인 점)을 상단에 잡고 제조가 오래된 순으로 로트와 월 단위 등의 제조 수에 비례한 폭의 눈금을 만든다.

2) x축에는 일정 기간마다 (예를 들면 1개월마다) 등간격의 눈금을 만든다. CHM에서는 x축에 실제의 연, 월을 기입하는 것이 기본이다.

3) 1),2)에서 작성한 눈금에 따라 종 방향, 횡 방향에 선을 그어 눈금을 만든다.

4) 각 눈금에 당월 발생한 고장 건수를 기록한다.

지금까지는 각 제품은 출하와 동시에 사용이 개시되는 것을 전제로 하였지만, 실제는 출하 후에 일정의 기간을 경과한 후 실사용되는 것이 일반적이다. 따라서 Field Data의 수집에서는 사용 개시점의 기록에 주의하여 CHM을 작성하도록 해야 한다.

이와 같이 작성된 CHM 하나의 눈금 면적은 제품의 가동시간의 합(총 가동시간)을 나타내고 있다. 따라서 타점에 의한 밀도의 변화 때문에 고장 발생의 모습을 바로 이해할 수 있게 된다.

CHM의 x축은 고장의 발생상황을 발생월에 표기하는 방법(그림 7.12)과 각각의 가동 개시점을 맞추고 사용하면서 고장까지의 경과 시간 (또는 사용도수)으로 나타내는 방법(그림 7.13)이 있다.

CHM은 부품만이 아니라 장치에도 응용할 수 있는데 장치의 생산 수량, 사용개시 월, 고장 발생월, 고장모드 등을 알면 똑같이 CHM을 그릴 수 있다. 고장해석에 따라 특정의 부품이 원인이라는 것이 판명되면 그 시점에서 전체장치로부터 해당 부품만 교체하면 된다. 이때, 부품의 제조에 관한 이력을 고려하여 층별하면 고장 발생의 형태 차이를 발견할 수 있고 개선의 힌트를 얻을 수 있는 것이 많다. 층별은 Field Data의 해석에서도 유효한 수단이다.

7.3.2 컴포넌트 아워맵 보는 법

CHM을 이용한 해석에서는 총가동 시간과 고장 발생 수의 관계를 면적과 타점 수로 치환하여 표현함으로 고장 발생의 비율을 직감적으로 판단할 수 있다. 또 CHM의 큰 특징은 고장 발생의 상황이 시간 경과(x축)와 함께 변화하는 모습과 제조단위(y축)마다 변화하는 모습을 동시에 관찰할 수 있다.

그러면 고장 발생이 어떻게 변화하고 있는가를 보자. 우선 타점 수의 변화를 읽어 고장이 증가 경향이 있는가, 감소 경향이 있는가를 추정할 수 있다.

년	4월	5월	6월	7월	8월	9월
lot1 (15,000)	×××××	××	××	×××××	××××	××××× ××××
lot2 (30,000)		××	×××	××	×××××	××××× ×××
lot3 (15,000)			××××× ×××	××××× ××××× ××	××××× ××××× ×	××××× ××××× ××
lot4 (40,000)					××	××××

[그림 7.14] 제조 로트마다 제조 월에 대하여 타점한 CHM의 개념도

lot 2의 경우는 8월부터 특히 9월에 고장 건수가 많다. lot 2 이외의 로트(lot 1과 lot 3)에서도 똑같이 9월의 고장 수가 전월보다 증가하고 있다는 것에 착안한다. 따라서 9월은 사용자가 특별한 사용을 하는 것은 아닌지 의심해 볼 수 있다. 즉 계절 요인을 검토해야 한다.

가동시간	1개월	2개월	3개월	4개월	5개월	6개월
lot1 (15,000)	×××××	××	××	×××××	××××	××××× ××××
lot2 (30,000)	××	×××	××	×××××	××××× ×××	
lot3 (15,000)	××××× ×××	××××× ××××× ××	××××× ××××× ×	××××× ××××× ××		
lot4 (40,000)		××	××××			

[그림 7.15] 가동 개시점에 대해 가동시간을 타점한 CHM

고장 발생패턴 등을 상세는 알았으면 이때부터 누적해저드지에 의한 해석으로 옮기면 좋다. 가동시간의 경과에 따라 고장 건수 등과 같은 변화, 즉 고장 발생 패턴의 변화하는 추이를 분석하는 것도 신뢰성 데이터 해석의 중요한 과제이다. 예를 들면 우발고장기간이 지나 마모고장기에 들어가는 것은 가동시간이 어느 정도 경과한 후인가를 누적해저드지로 해석할 수 있다.

또 제조 로트마다 비교하는 것도 중요하다. 어느 제조 로트가 몇 가지의 원인으로 신뢰성이 떨어져 있는 것이 발견되는 것도 있기 때문이다. 그림 7.15와 같이 가동개시점을 포함하는 CHM을 그리면 제조 로트 마다의 경시적인 비교가 쉽게 된다. 그림 7.15의 로트 3는 생산수가 적음에도 불구하고 다른 제조 로트보다도 고장 발생 건수가 많다는 것은 CHM으로 쉽게 확인할 수 있다. 로트 3에 관한 고장원인을 조사하고 시장 (출하완료 제품)에 대하여 처치방법을 결정함과 동시에 제조공정에 대한 근본 원인 제거의 대책을 실시하지 않으면 안 된다. 이 예의 경우에는 로트 3의 고장발생 확률이 이상하게 높기 때문에 대책을 실시한 결과 로트 4에서 고장 발생 건수가 감소하고 확실하게 개선의 효과가 나오는 것으로 추정할 수 있다.

여기서 제시한 Process로 출하제품의 중대결함을 조기에 발견하는 것은 시장에 있어서 자사의 신용실추를 방지하고 막대한 대책비용과 손해배상 비용을 미연에 방지하는 것뿐만 아니라 고유기술의 축적에도 큰 성과를 가져오는 중요한 활동이다.

7.4 고장 대책 효과에 대한 예측

7.4.1 S-N 곡선과 와이블(Weibull) 분포와의 관계

기계계열의 신뢰성 해석에 있어서 Field Data를 Weibull 해석하고, 원인조사, 대책을 행하기 위해서는 고장 물리적인 검토가 필요하다. 여기에서는 기계계열에 있어서 종래의 고유기술의 대표 예인 S-N 곡선과 Weibull 해석의 결과와의 관계를 생각해보자. 이 관계의 파악이 신뢰성 설계의 중요한 자료가 된다.

7.4.2 S-N 곡선과 와이블 분포의 경험적 동일성

S-N 곡선을 양대수 용지에서 구하여, 그 구배 k로부터 수명계수(N_2/N_1)를 구하면

$$\frac{N_2}{N_1} = (\frac{S_1}{S_2})^{\frac{1}{k}} \tag{7.5}$$

된다. 즉 수명은 스트레스 k 승 루트(root)에 반비례하는 것이다. 그 관계는 그림 7.16과 같다.

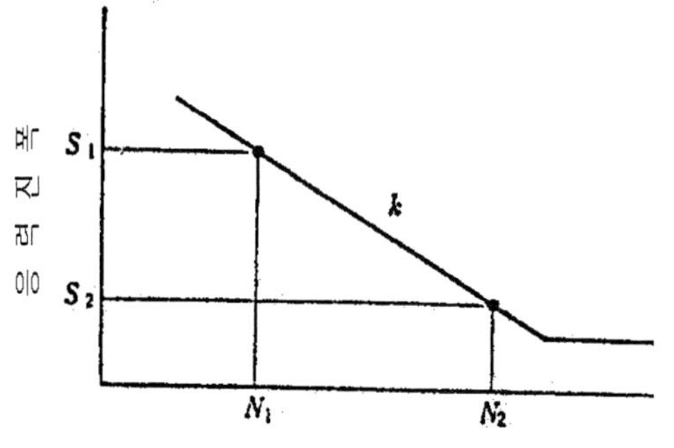

[그림 7.16] S-N 곡선

한편 Weibull 확률지 그림 7.17에서 가로축에 X=ln x, 세로축에 Y=lnln(1 / (1−F(x))) 를 구하고, 구배 m으로부터 수명계수(μ_2/μ_1)를 구하면

$$\frac{\mu_2}{\mu_1}=(\frac{\alpha_2}{\alpha_1})^{\frac{1}{m}} \tag{7.6}$$

로 된다. 두 식 (7.5)과 (7.6)는 식의 모양이 동일하고, N과 μ는 각각 대응 가능하므로 다음 식이 성립된다.

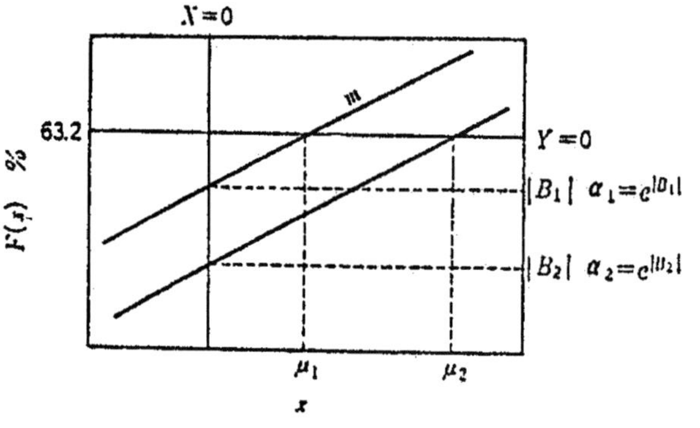

[그림 7.17] 와이블 확률지

$$\frac{\mu_2}{\mu_1}=(\frac{\alpha_2}{\alpha_1})^{\frac{1}{m}}=(\frac{S_1}{S_2})^{\frac{1}{k}} \tag{7.7}$$

$$\frac{\alpha_2}{\alpha_1}=(\frac{S_1}{S_2})^{\frac{m}{k}} \tag{7.8}$$

여기에서 식 7.8에서 S-N 곡선과 Weibull 분포의 관계도를 만들 수 있다.

$m=1\sim3$, $\dfrac{S_1}{S_2}=1\sim1.5$, $k=0.05\sim0.1$에 대한 계산 예는 그림 7.18과 같다.

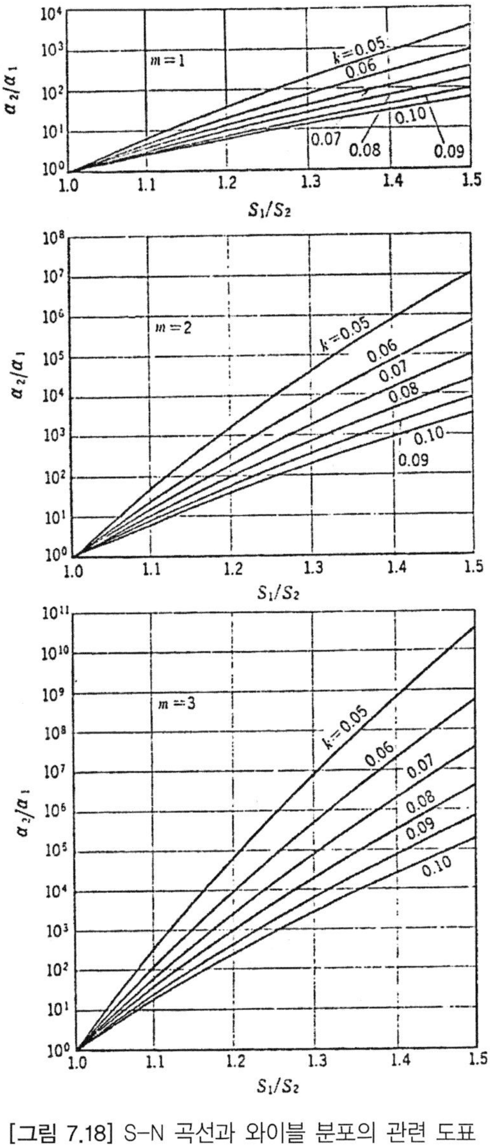

[그림 7.18] S-N 곡선과 와이블 분포의 관련 도표

형의 파라미터 m 각 경우의 $\dfrac{\alpha_2}{\alpha_1}$, $\dfrac{S_1}{S_2}$ 중 어느 하나를 알고 다른 하나를 구하기 위한 실무 그래프이다. 단 k(재료의 특성)를 파라미터로 표시하였다. Weibull 분포와 기계 재료의 S-N 곡선의 경험적 동일성으로부터, 실무 응용 예를 다음과 같이 소개한다.

응용 예 1 형의 파라미터 m과 응력 저감의 효과

응력 저감 효과의 확인 평가를 할 경우, 구배 k만으로는 불충분하다. 반드시 고장의 분포형을 나타내는 Weibull 파라미터 m을 고려해 넣는 것이 필요하다. 회전 굽힘 피로의 고장사례에 대해서, 응력을 5% 저감 시켰을 때 m=1과 3에 대해서 대책의 효과를 비교해 보자. (그림 7.19 및 그림 7.20)

그 결과 MTBF의 늘어남은 같지만, m이 1보다 3일 때가 대책의 효과(고장이 줄어들 비율)가 현저하게 반응하는 것을 그림 7.21과 그림 7.22에서 알 수 있다.

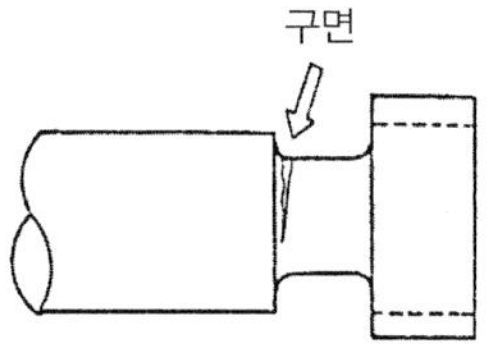

[그림 7.19] 고장사례

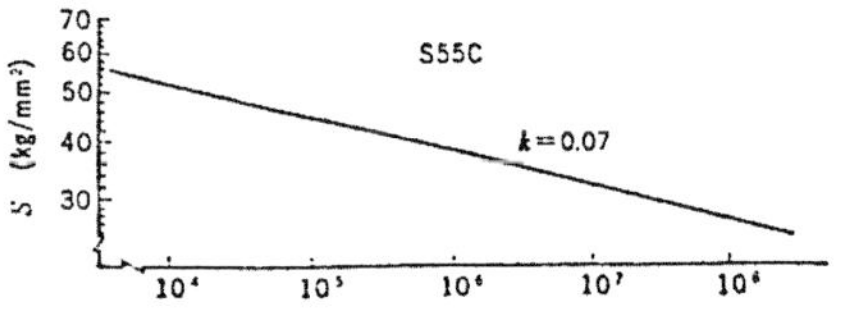

[그림 7.20] S-N 곡선

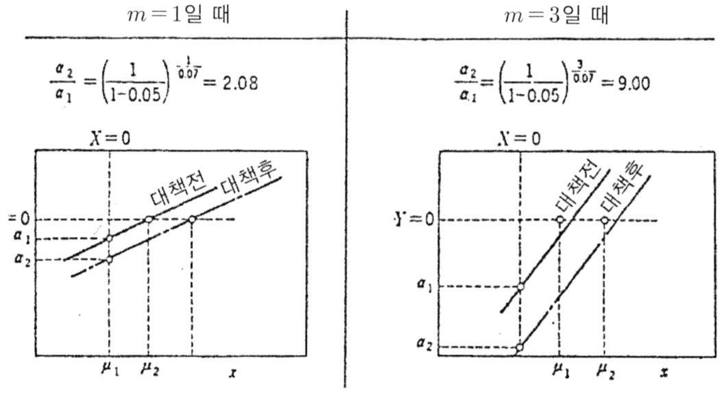

[그림 7.21] 응력 저감의 효과 비교

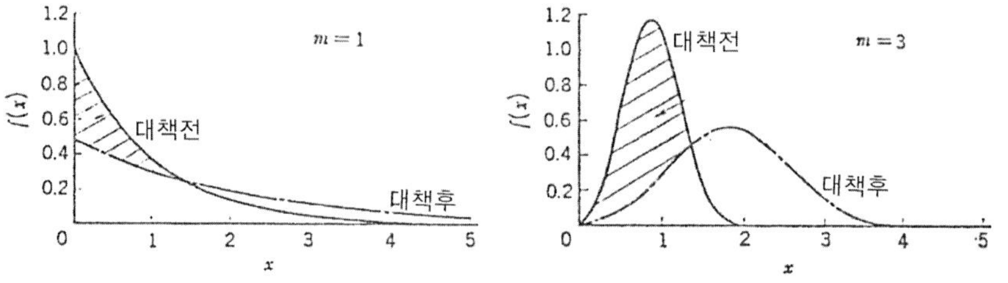

[그림 7.22] 응력 저감의 효과 비교

응용예 2 응력치를 저감시키지 않고 구조를 바꾸는 효과

식 (7.8)에 $\frac{S_1}{S_2}=1$을 대입하면 $\frac{\alpha_2}{\alpha_1}=1$이 되므로, Weibull 확률지 상에서는 구조변경의 차이에 의해 형태의 파라미터 m은 변화한다. (그림 7.23)

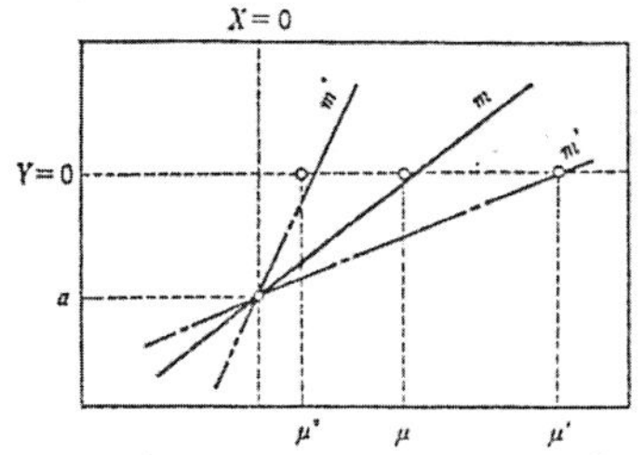

[그림 7.23] 응력치 저감 없는 구조변경 와이블 확률지

응용예 3 재료만을 향상시킨 대책의 효과

샤프트 지름 등 치수를 전혀 변경하지 않고 재료만을 향상시킨 경우를 생각하면 식 (7.6)에서 $\frac{\alpha_2}{\alpha_1}=(\frac{\mu_2}{\mu_1})^m$로 되므로 Weibull 확률지상에서 평행이동한다. 수명은 μ_1에서 μ_2까지 연장되므로, S-N 곡선의 N_1은 N_2까지 연장된다. 즉 형태의 파라미터 m이 기계의 구조에 의해 결정되는 정수이지, 재료에 좌우되지 않는 것을 알 수 있다 (그림 7.24, 7.25). 또한 실제 신뢰성 해석에서 제품을 개량하는 경우는 구조변경과 재료향상의 효과를 동시에 시도하는 경우와 각각 단독으로 실시되는 경우가 있다. 상황에 따라 효과적으로 운용하면 된다.

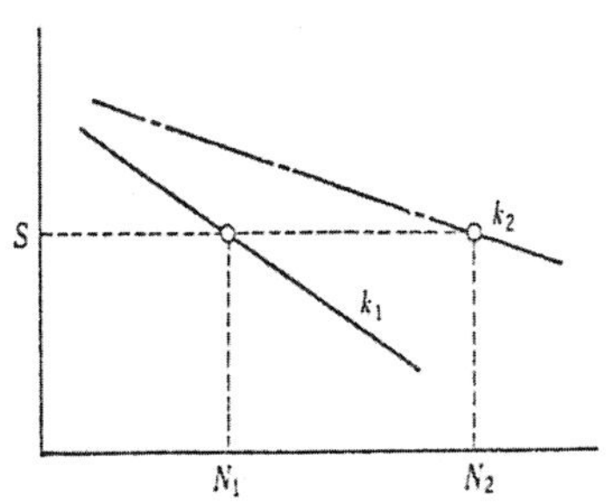

[그림 7.24] S-N 곡선

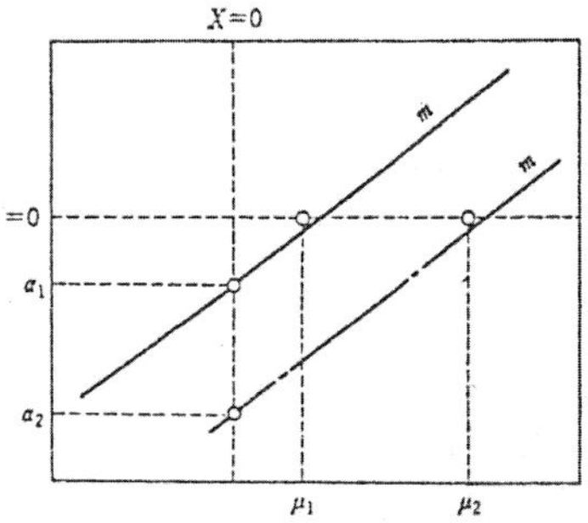

[그림 7.25] 와이블 확률지

7.5 상용통계프로그램(Minitab)을 이용한 신뢰성 데이터 해석

7.5.1 Minitab 개요

Minitab은 1972년 미국 펜실베니아 주립대학교에서 통계학 교육용으로 개발되었으며 1986년 PC용으로 개발되면서 보편화되기 시작하였는데 배우기 쉽고 기능도 다양하여 교육용으로 적합하며 실제 통계자료 분석 도구로서도 유용한 패키지이다. 특히 사용방식이 메뉴 형태로 되어 있어 기업의 업무용으로 많이 활용되고 있다.

7.5.2 Minitab 신뢰성 분석 기능

Minitab 통계 패키지의 "신뢰성/생존분석 (Reliability/Survival)" 메뉴를 사용하는데 (그림 7.26) 주로 5가지로 구성되어 있다. (그림 7.27)

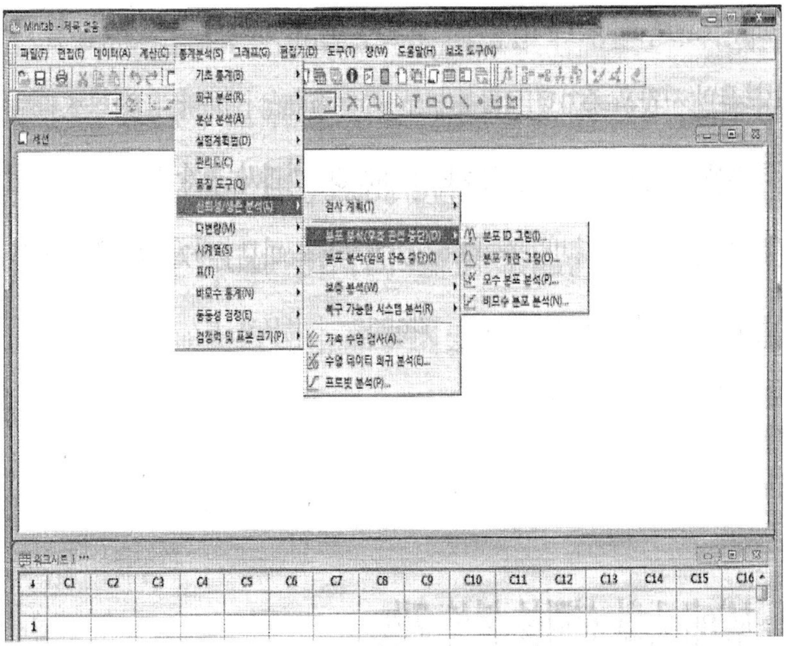

[그림 7.26] Minitab 통계분석 모듈

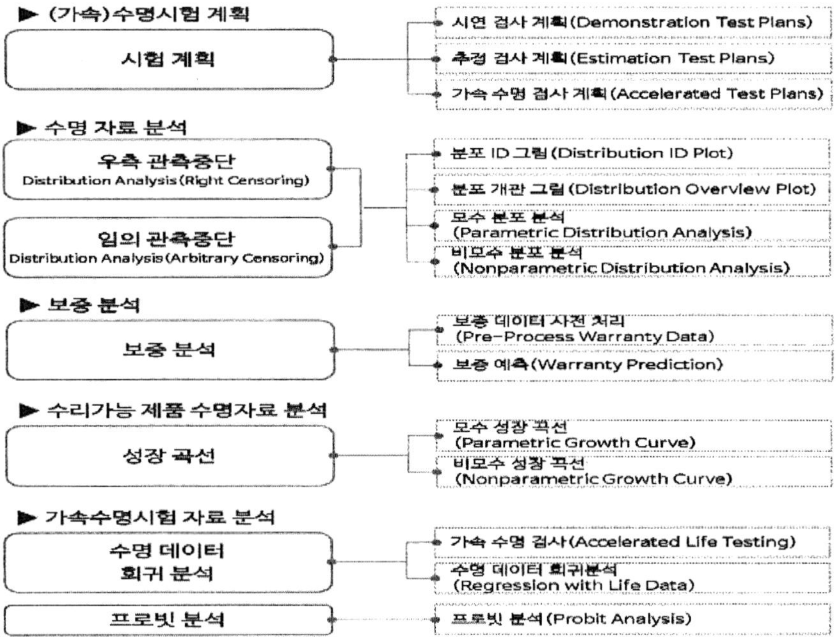

[그림 7.27] Minitab “신뢰성/생존분석” 기능

또 “신뢰성/생존 분석” 기능의 “분포분석(우측/임의 관측중단) (Distribution Analysis (Right/Arbitrary Censoring))” 메뉴에서 제공되는 수명자료에 대한 통계적 추정법은 모수 및 비모수적 방법이 있다. (그림 7.28)

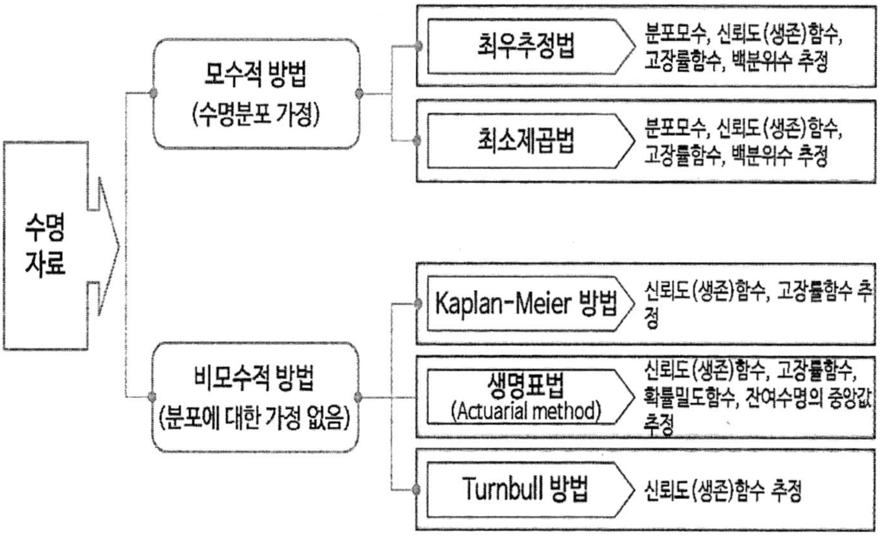

[그림 7.28] Minitab 제공의 “분포분석” 메뉴의 추정방법

7.5.3 Minitab 신뢰성 분석 메뉴

Minitab 통계 패키지의 "신뢰성/생존분석 (Reliability/Survival)" 메뉴는 다음과 같은 기본적 내용을 제공한다.

1) 수명시험계획

신뢰성 시험 중에서 가장 많이 쓰이는 다음 세 종류의 시험계획을 도출할 수 있다.

(1) 추정검사계획(Estimation Test Plans)

우측과 관측중단에서 주어진 정밀도(신뢰구간의 길이)를 만족하는 분위수 또는 신뢰도를 추정하는 신뢰도 결정시험에 필요한 시험계획(시험표본 크기)을 구할 수 있다.

(2) 시연검사계획(Demonstration Test Plans)

신뢰도 적합시험 중에서 우측과 구간 관측중단 상태에서의 신뢰성 실증시험에 필요한 시험계획(시험시간 및 시료 수)을 산출한다.

(3) 가속수명검사계획(Accelerated Test Plans)

우측과 구간 관측중단 상태에서 가속수명 시험을 시행하기 위한 시험계획(각 스트레스별 시료 수)을 세울 수 있다.

2) 수명자료분석(Distribution Analysis–Right/Arbitrary Censoring)

수집된 수명자료를 대상으로 확률지 타점, 다양한 관련 함수, 분포적합 및 모수추정 등의 통계적 분석이 가능하다.

(1) 우측 관측중단(Right Censoring)

단일 및 다중 우측 관측중단이 포함되며 사용 현장자료를 수집할 때 경제적인 이유, 시험 특성상 정해진 시간 (Type 1 Censoring)이나 특정 고장 개수 (Type 2 Censoring)까지 수명자료가 수집된 경우

(2) 임의 관측중단(Arbitrary Censoring)

한 자료 중에 좌측, 우측, 구간 관측중단 (Left, Right, Interval Censoring) 자료 등 여러 가지 관측중단 유형의 자료가 포함된 경우

(3) 분포 ID(Distribution ID Plot)

Minitab 신뢰성 분석에서 제공하는 주요분포는 11가지가 있다. 즉 최소극단치, 와이블, 3-모수와이블, 2-모수와이블, 지수, 2-모수지수, 정규, 대수정규, 로지스틱, 대수로지스틱, 3-모수 대수로지스틱 등인데 그중에서 "모든 분포 사용" 또는 "지정(4개까지만 가능)" 입력항목을 선택하면 분포 적합, 분포에 따른 분위수값(사용자가 다수 개 지정 가능)과 표준오차, MTTF, 사용자가 선택한 확률지 도시 등의 분석결과를 제공한다.

이때 분포적합도 검정 통계량으로 제공되는 Anderson-Darling 값은 관측자료가 어떤 분포에 적합한지 판단할 수 있도록 그 값을 제공한다. 가장 작은 AD(Anderson-Darling) 값을 갖는 분포가 가장 잘 적합한 분포임을 의미한다.

(4) 분포개괄도(Distribution Overview Plot)

분석하고자 하는 분포를 지정하게 되면 그 분포의 확률밀도함수(Probability Density Function), 생존함수(Survival Function), 고장률 함수(Hazard Function) 등에 대한 확률지 도시를 볼 수 있다.

(5) 모수분포 분석(Parametric Distribution Analysis)

분석하고자 하는 수명자료를 대상으로 최우추정법(Maximum Likelihood Estimation; MLE) 또는 최소제곱법(Least Squares Estimation; LSE)을 선택하여 원하는 분포의 모수 추정값 및 여러 가지 통계량 값들을 구할 수 있다.

(6) 비모수 분포분석(Nonparametric Distribution Analysis)

완전 및 우측관측 중단자료일 경우는 Kaplan-Meier 추정방법과 생명표법(Actuarial method), 임의 관측 중단자료일 경우는 생명표법과 Turnbull 방법을 선택하여 수명자료를 분석할 수 있다.

(7) 가속수명검사(Accelerated Life Testing)

각 스트레스 수준에 따른 가속수명시험 자료를 대상으로 수명분포와 가속모형의 모수추정, 수명과 스트레스의 관계 도시 등과 같은 가속수명자료의 신뢰성 분석자료를 구할 수 있다.

(8) 수명 데이터 회귀 분석(Regression with Life Data)

가속수명 자료(스트레스 변수와 질적 변수 등)를 대상으로 회귀분석을 통한 신뢰성 분석을 할 수 있다.

(9) Probit 분석

반응변수 값이 두 종류인 계수적 반응자료일 때 다수의 설명 변수에 따른 신뢰성 분석결과를 얻을 수 있다.

3) 보증분석

보증자료가 획득되는 전형적인 형태로부터 신뢰성 분석용의 통상적인 형식의 자료로 변환하는 기능(Pre-Process Warranty Data)과 이로부터 미래의 보증청구수나 보증비용을 추정할 수 있는 보증예측(Warranty Prediction) 메뉴로 구성되어 있다.

(1) 보증데이터 사전처리(Pre-Process Warranty Data)

삼각행렬 형식의 원시 보증데이터를 통상적인 수명자료 형식으로 변환하여 다음의 보증예측 메뉴에서 분석하는 사전처리를 수행할 수 있다.

(2) 보증예측(Warranty Prediction)

위 메뉴에 의해 변환된 보증자료로 모수적인 방법에 따라 미래의 보증 청구 수나 보증비용을 예측한다.

4) 수리가능 시스템의 수명자료 분석

수리가능 시스템의 신뢰성 자료를 분석하는데 활용되며 기본 통계적 모형의 가정은 다음의 두 개와 같다.

(1) 모수성장곡선(Parametric Growth Curve)

많이 활용되는 성장곡선 모형(Poisson Process(HPP), Nonhomogeneous Poisson Process (NHPP)을 따를 때, 수리가능 시스템의 신뢰성 분석(고장발생률 추정과 추세검정)에 활용되며 신뢰성성장시험의 분석에도 적용할 수 있다.

(2) 비모수 성장곡선(Nonparametric Growth Curve)

수리가능 시스템에 적용 가능한 비모수적 통계 방법을 이용하여 평균누적 고장 수 추정 등의 신뢰성 해석에 활용된다.

5) 가속수명 시험(Accelerated Life Test) 자료 분석

가속시험에 의해 수집된 수명자료의 통계적 분석은 "가속수명검사(Accelerated Life Testing : 가속수명시험)" 메뉴를 통해 수행할 수 있으며 이를 확장한 회귀분석모형을 이용한 가속수명자료의 통계적 분석을 위해서는 "수명 데이터 회귀분석(Regression with Life Data)" 메뉴를 가속시험 조건까지 포함하여 반응변수의 값이 두 종류인 경우의 통계적 분석일 경우 "Profit Analysis"메뉴를 이용한다.

7.5.4 Minitab 신뢰성 분석

지금까지 설명한 내용을 기본으로 하여 수명자료에 적용할 수 있는 Minitab 신뢰성 메뉴를 활용하여 분석하여 보자.

1) 분석 절차

수행한 수명시험의 형태, 획득된 수명자료의 관측중단 여부와 형식, 적용, 분석방법의 구분에 따라 Minitab의 신뢰성/생존분석(Reliability/Survival) 기능 중에서 사용 및 가속 조건에서의 수명자료를 통계적으로 분석하는 기능을 이용하여 다음과 같은 절차로 수행한다.

여기서는 지면 관계상 모수적 방법에 관하여 기술한다.

(1) "분포 ID 그림(Distribution ID Plot) 메뉴"에서

수명자료를 11가지 수명분포 중에 적합되는 가장 작은 A-D 검정값(최우추정법(MLE), 최소제곱법(LSE))을 나타내는 분포를 찾는다.

메뉴 상에서 선택 가능한 분포의 수가 최대 네 종류인 메뉴도 있으므로 2~3회의 분석이 필요로 할 수도 있으며 수명의 비음조건을 만족해야 되는 경우는 와이블, 지수, 대수정규분포, 대수로지스틱 분포를 선택하여 1회의 수행으로 분석할 수 있다.

(2) "분포 개괄 그림(Distribution Overview Plot)" 메뉴에서

(1)의 메뉴를 통해 수명자료에 가장 잘 적합된 분포에 대하여 pdf(Probability Density Function : 확률밀도함수), 확률지, sf(Survival Function : 신뢰도 또는 생존함수), hf(Hazard Function : 고장률 함수) 함수들을 그려본다.

(3) "모수 분포 분석(Parametric Distribution Analysis)" 메뉴에서

최우추정법(MLE : Maximum Likelihood Estimation), 또는 최소제곱법(LSE : Least Squares Estimation) 등을 이용하여 가정한 분포의 모수 추정값(점추정과 구간추정) 및 기초통계량값, 관심 있는 분위수들의 추정값들을 구한다.

2) 모수적 방법

(1) 완전자료

완전자료의 경우 우측관측 중간이 없어 Censoring 열을 지정하지 않아도 되므로 지면상 생략하고 우측중단 자료부터 설명한다.

(2) 우측관측중단자료

단일/다중 우측관측중단 예로서 22개의 모타 중 다음과 같이 13개 고장이 발생하였으며 나머지 9개는 321 개월 만에 관측 중단되었다. 다음 사항을 Minitab을 이용하여 분석하여 보자.

60, 90, 90, 99, 108, 120, 150, 158, 210, 215, 215, 308, 308

가) A–D 통계량을 비교한 후 와이블 분포의 선택 타당성을 조사해 보자.

⊙ **워크시트 입력자료의 출력**

```
MTB > print c1-c3

데이터 표시
행  개월    센서    개수
 1   60      1       1
 2   90      1       2
 3   99      1       1
 4  108      1       1
 5  120      1       1
 6  155      1       1
 7  158      1       1
 8  210      1       1
 9  215      1       2
10  308      1       2
11  318      0       9
```

C1 열에는 수명(개월)을, C2 열에는 관측중단여부표시(Censor,1-고장,0-관측중단)를 C3 열에는 빈도수(개수)를 입력한다.

[메뉴]
통계분석 > 신뢰성/생존 분석 > 분포 분석(우측관측중단) > 분포 ID 그림

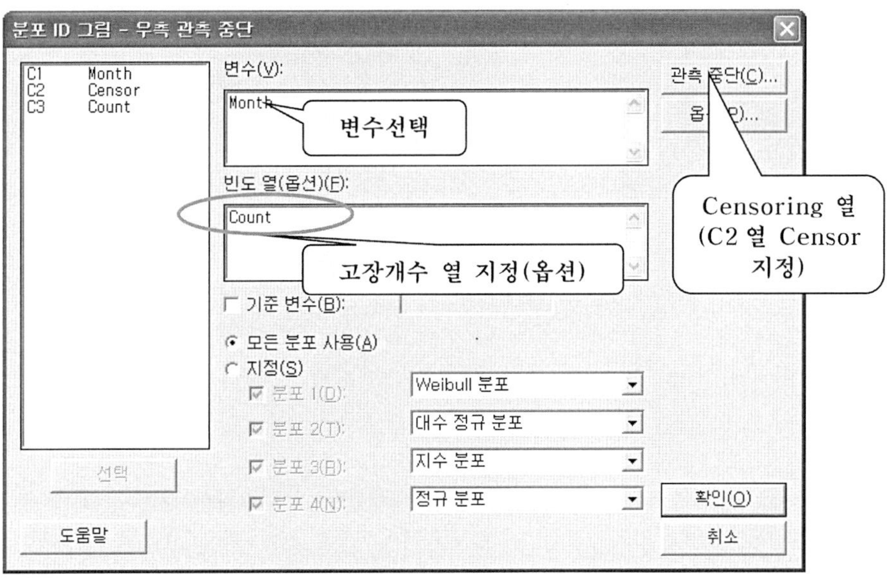

• 자료분석 결과

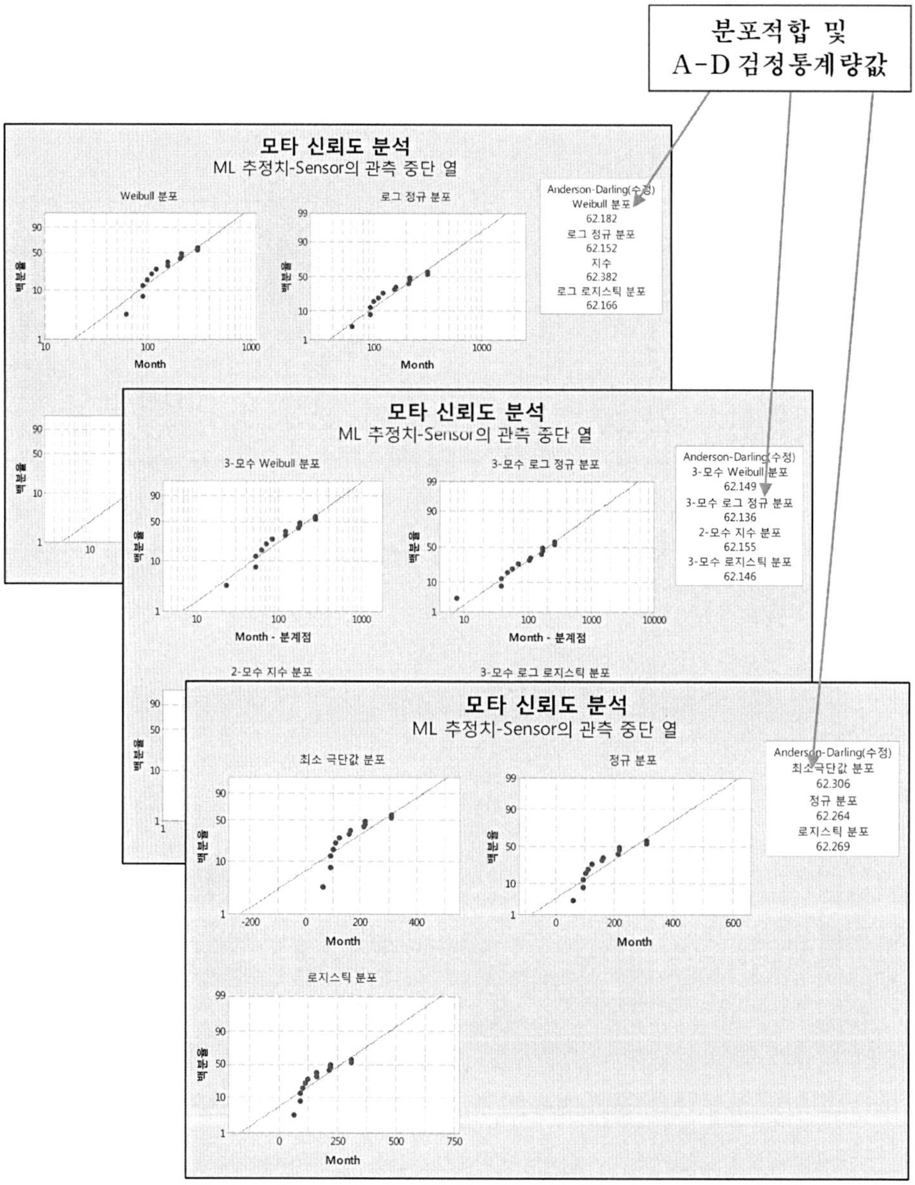

11가지 분포에 적합된 결과를 보면 대수정규와 대수로지스틱 분포에 가장 잘 적합되나 와이블 분포와 큰 차이가 없으므로 수명분포로 널리 쓰이는 와이블 분포를 택하여 분석한다.

나) 와이블 분포의 pdf, sf, hf, 확률지를 도시하고, 모수를 추정한다.

[메뉴]
통계분석 > 신뢰성/생존 분석(Reliability/Survival) > 분포 분석(우측관측중단) >
모수 분포 분석(Parametric Distribution Analysis)

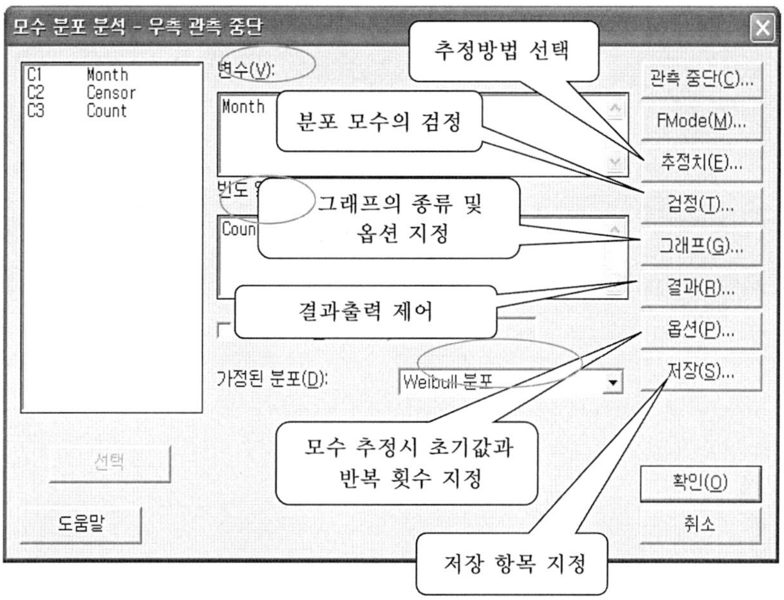

– 와이블 분포의 모수의 추정결과

분포 분석 : Month

변수 : Month
빈도 Count

관측 중단 정보	카운트
비 관측 중단 값	11
우측 관측 중단 값	9

관측 중단 값 : Censor = 0
추정 방법 : 최대우도법
분포 : Weibull 분포

모수 추정치

			95.0% 정규 CI	
모수	추정치	표준 오차	하한	상한
형상 모수	1.63230	0.442601	0.959393	2.77719
척도 모수	121.880	24.0074	82.8541	179.316

로그 우도 = -64.459

와이블 분포의 형상모수는 1.60813 이고, 척도모수는 332.8 로 추정되었으며 평균, 이의 표준오차와 더불어, 중앙값, 제 1, 3 사분위수, 사분위수 범위, 백분위수값 등을 알 수 있다.

• 적합된 분포의 확률지 도시 결과

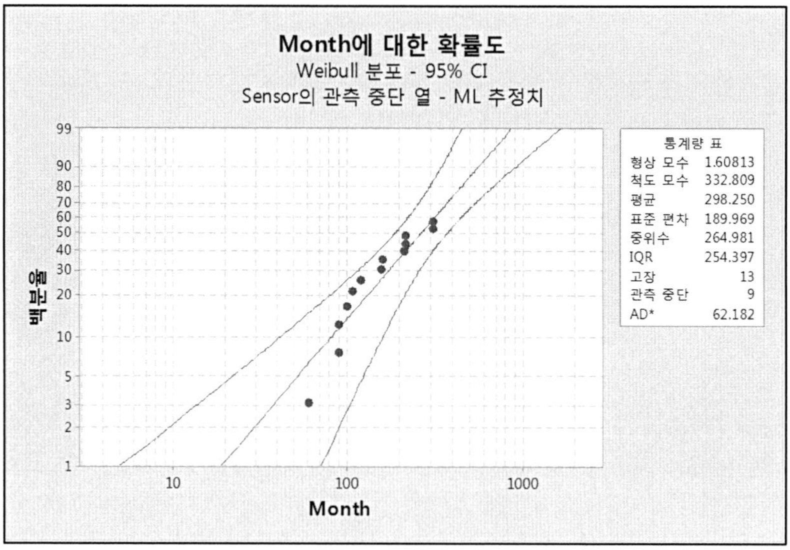

다) 와이블 분포의 형상모수가 1.60813(1보다 크므로 마모고장에 가깝다고 판단할 수 있다)이고 95% 신뢰구간이 0.992786~2.604880이다.

(3) 임의관측중단 자료

다음 자료는 부품의 결함 발생시간 자료로서 연속검사가 아닌 간헐적 검사에 의해서 획득된 수명자료이며, 이 중에서 마지막 구간의 15개는 고장이 나지 않았다. Minitab을 이용하여 분석해 보자.

검사(단위 : 시간(hours))		수(110개)
Start	End	
100	200	6
200	300	16
400	500	12
600	700	18
700	800	18
900	1000	2
1000	1100	6
1100	1200	17
1200	∞	15

데이터 표시

데이터

행	Strat	End	Count
1	100	200	6
2	200	300	16
3	400	500	12
4	600	700	18
5	700	800	18
6	900	1000	2
7	1000	1100	6
8	1100	1200	17
9	1200	*	15

〈주의〉 구간자료일 경우 Minitab 에서의 자료 입력

임의 관측 중단(Arbitrary Censoring)메뉴에서는 구간의 시작과 끝으로 자료를 입력해야 하며, 관측중단(우측, 좌측, 구간자료 등)을 표시할 때는 한쪽을 *로 표시한다.

가) 수명분포 중 A-D 검정 통계량을 이용하여 가장 잘 적합되는 분포를 찾고 적합된 분포의 pdf, sf, hf 등을 그려보자.

[메뉴]
통계분석 > 신뢰성/생존 분석 > 분포 분석(임의관측중단) > 분포 ID 그림

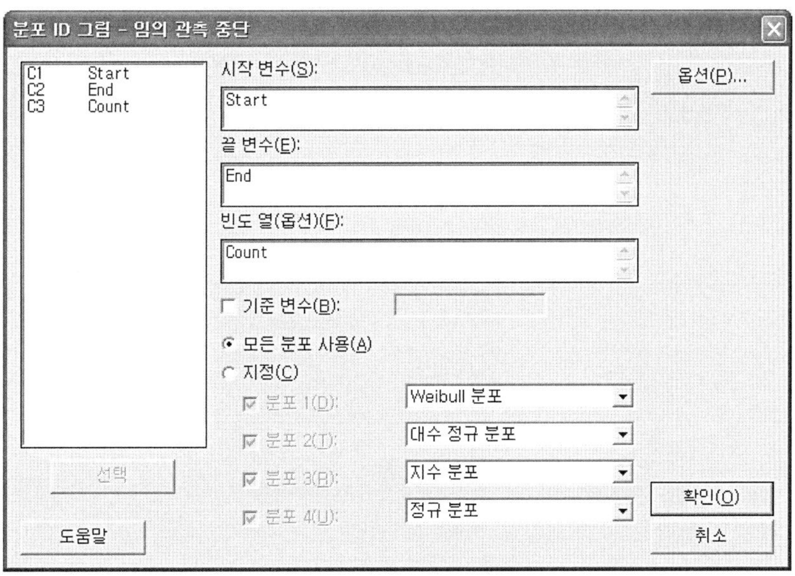

- 자료분석 결과

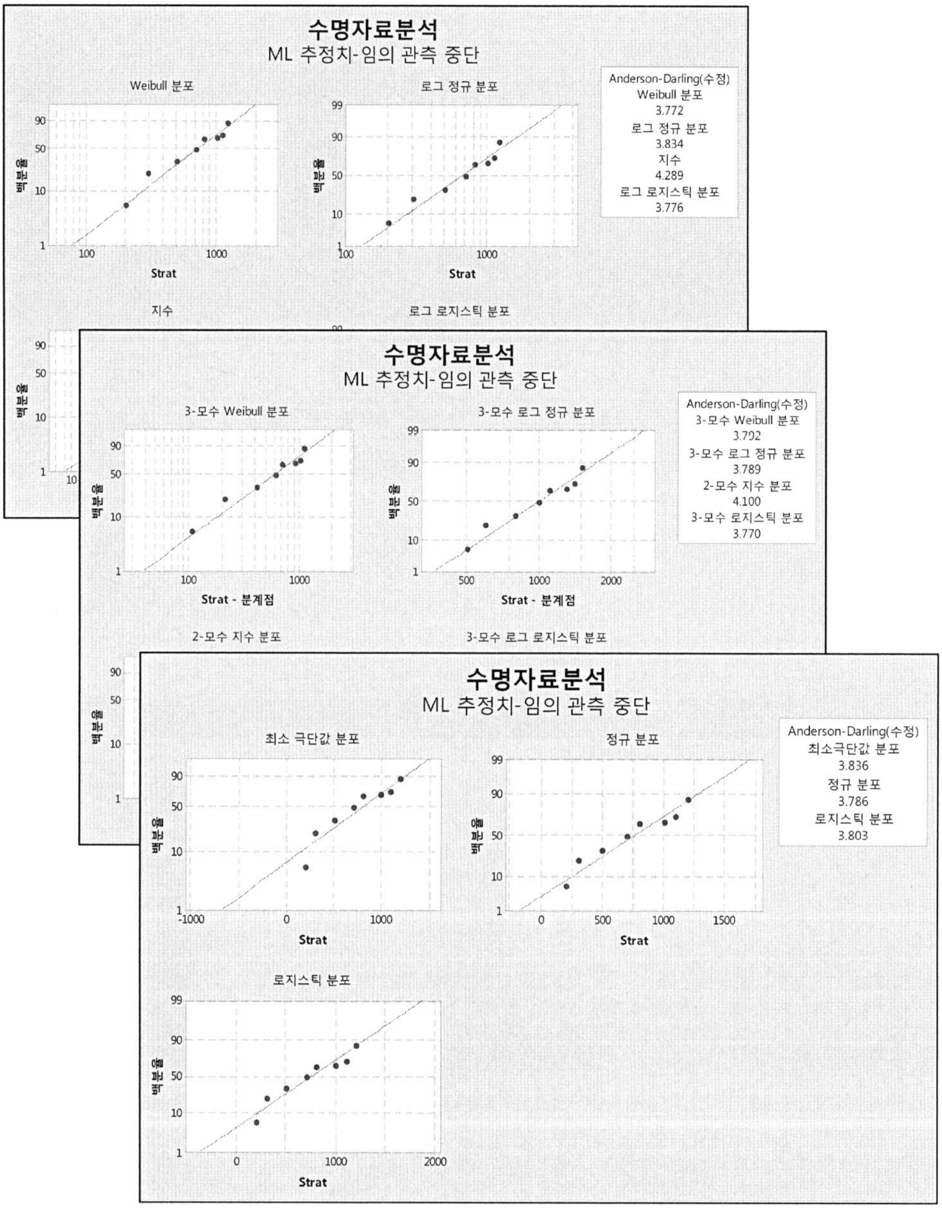

적합된 11가지 분포 중에서 와이블 분포(3.772)와 로그로지스틱(3.776)이 A-D 값이 가장 적은데 분석한 경험이 있는 와이블 분포를 선택한다.

나) 적합 분포의 pdf, sf, hf의 도시하고 모수를 추정한다.

[메뉴]
통계분석 > 신뢰성/생존 분석 > 분포 분석(임의관측중단) > 분포 개관 그림

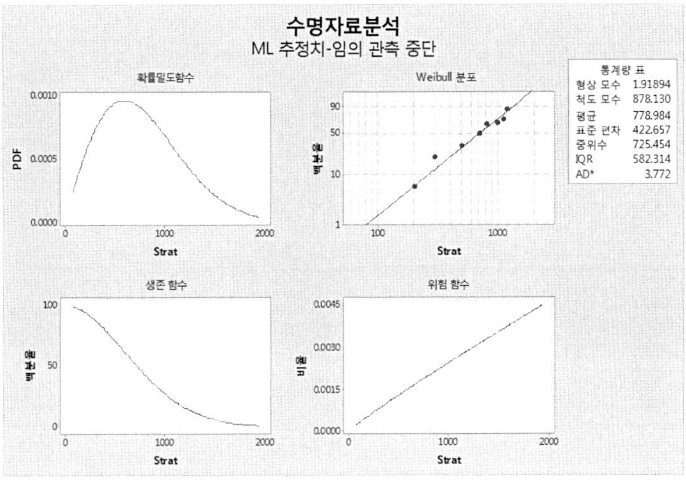

다) 확률지에 도시하여 적합된 분포의 모수를 추정하고 적합된 직선 및 신뢰구간을 찾아 보자.

[메뉴]
통계분석 > 신뢰성/생존 분석 > 분포 분석 > 모수 분포 분석

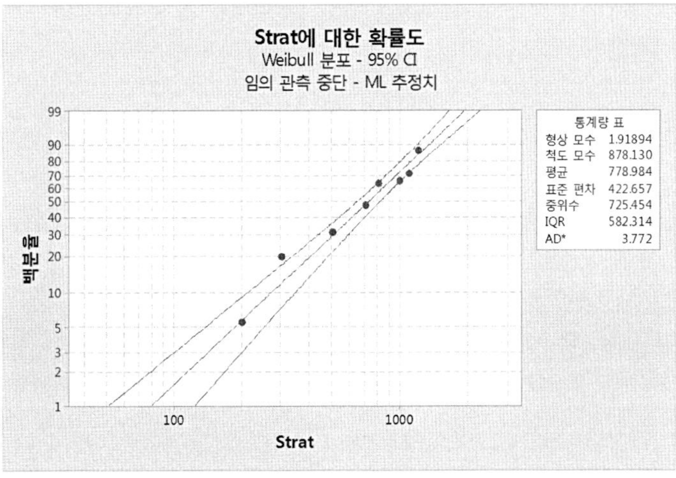

• 세션 출력 창의 결과

분포 분석(시작 = Strat 및 종료 = End)

변수 시작: Strat 끝: End
빈도: Count

관측 중단

관측 중단 정보	카운트
우측 관측 중단 값	15
구간 관측 중단 값	95

추정 방법: 최대우도법
분포: Weibull 분포

모수 추정치

모수	추정치	표준 오차	95.0% 정규 CI 하한	95.0% 정규 CI 상한
형상 모수	1.91894	0.168858	1.61496	2.28015
척도 모수	878.130	47.5181	789.765	976.382

로그 우도 = -277.465

(4) 다중고장모드

– 단일분포가 아니고 다수분포 혼합이다.

(a) 경쟁위험 모형(Competing risk model)

- 독립인 다수고장방식 존재 : 제일 먼저 발생한 원인에 의해 고장 발생 ⇒ 확률지 도시 경우 dogleg 형태()로 나타난다.
- 각각의 방식에 대해 분포 적합하여 결합 분석 : 타 방식에 의한 고장은 다중중단자료로 취급한다.

(b) 혼합 모형(mixture model)

- 기준에 미달하는 일부 모집단의 초기고장(비율 : α)에 의해 발생
- 확률지에 도시시 곡선(, )
- 고장 개수를 총표본 수로 간주하여 도시, 그리고 이를 증가시켜 가면서 도시 후 가장 잘 적합한 n을 찾는다.

어떤 부품이 사용 중 마모 혹은 파손으로 고장이 다음과 같은 시간과 고장 유형으로 발생되었다 하자. 와이블 분포를 따른다고 하고 200,000사이클에서 고장확률을 추정해보자.

수명 (1000 cycle)	고장모드	수명 (1000 cycle)	고장모드	수명 (1000 cycle)	고장모드
826	W	319	S	265	S
40	S	901	–	742	S
448	W	902	W	85	S
70	S	637	–	430	S
544	W	900	–	901	–
91	S	901	–	70	S
196	S	902	S	901	–
31	S	10	S	241	S
901	–	784	S	736	W
520	S	874	W	799	W

가) 분리된 두 고장모드를 결합하여 분석한 경우

[메뉴]
통계분석 > 신뢰성/생존 분석 > 분포 분석(우측 관측중단) > 모수 분포 분석

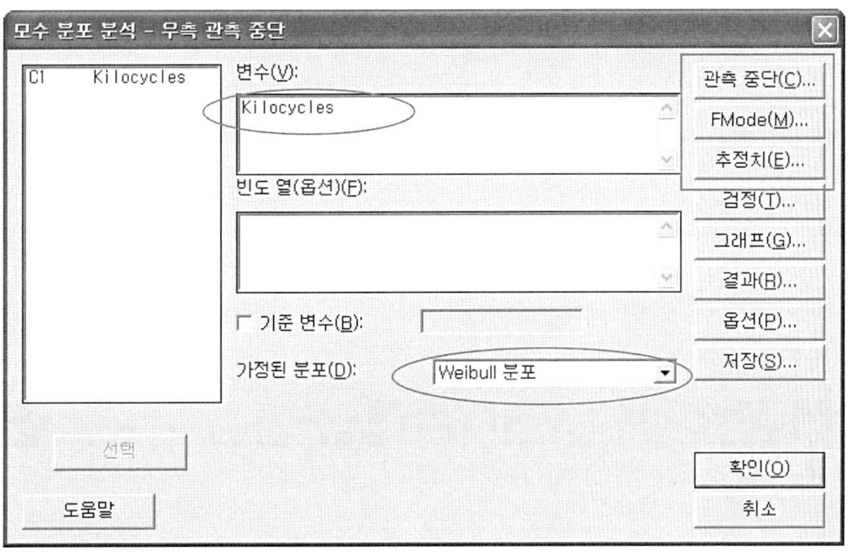

– '관측중단' 옵션

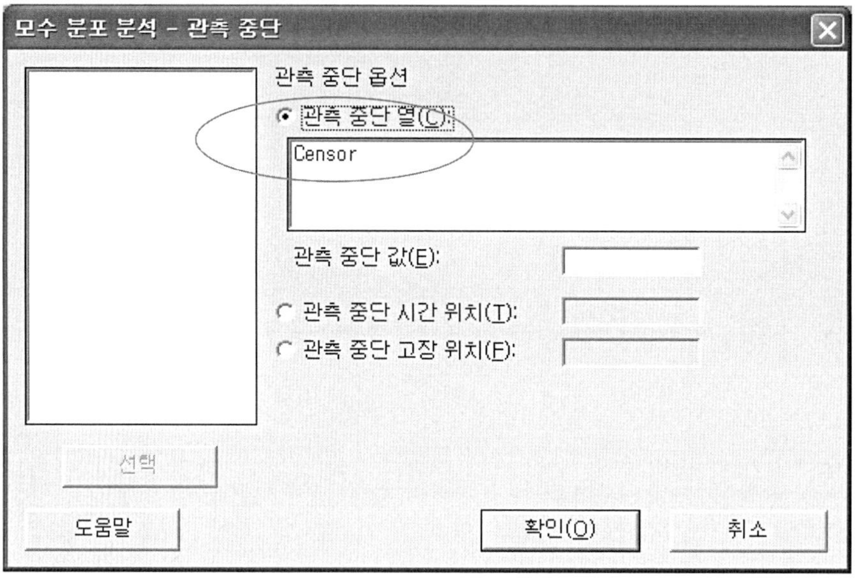

– '추정치' 옵션

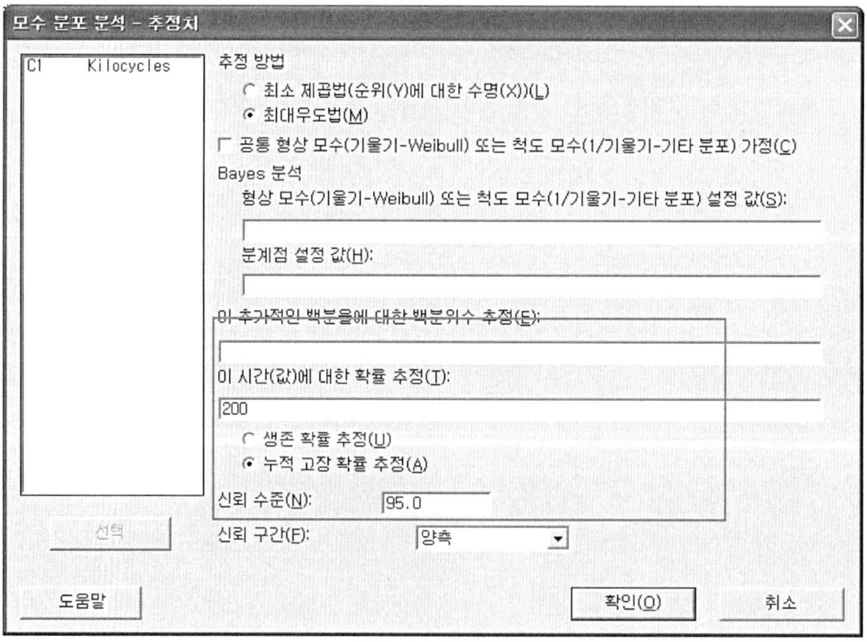

• 세션 출력창의 결과

분포 분석: kilocycles

변수: kilocycles

관측 중단

관측 중단 정보	카운트
관측 중단되지 않은 값	23
우측 관측 중단 값	7

관측 중단 값: Censored = 0

추정 방법: 최대우도법

분포: Weibull 분포

모수 추정치

			95.0% 정규 CI	
모수	추정치	표준 오차	하한	상한
형상 모수	1.00367	0.186313	0.697557	1.44411
척도 모수	694.193	144.225	461.994	1043.10

로그 우도 = -173.484

• 두 고장모드를 결합한 확률지 도시 결과

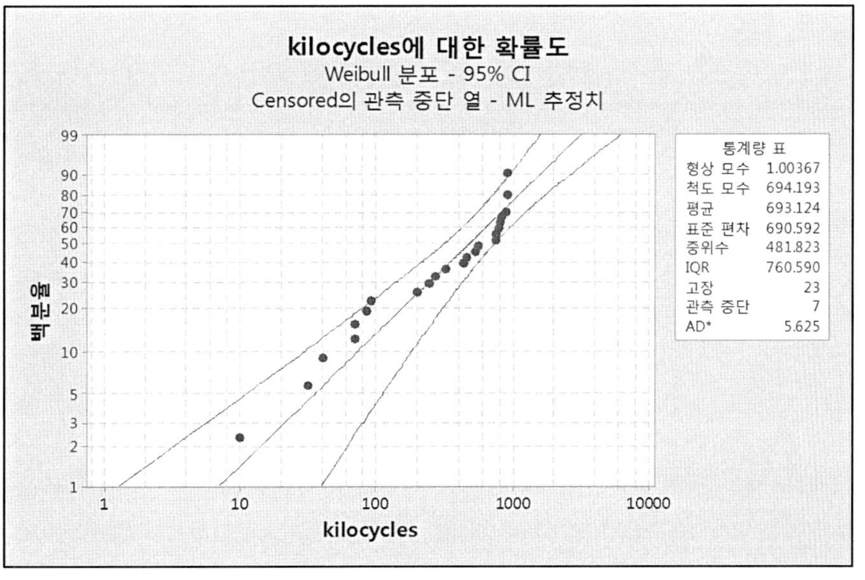

“고장모드(Fmode)” 옵션 창에서 ‘모든 고장모드 사용’을 지정해도 각 고장모드에 대한 분석 결과는 제공되지 않는다.

나) 두 고장모드를 분리한 분석

– '고장모드' 옵션

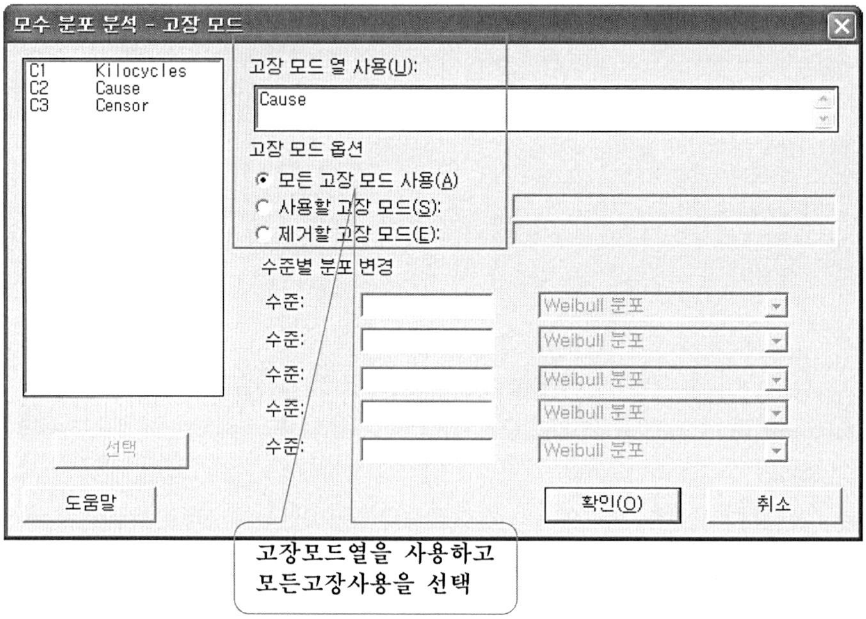

• 두 고장모드를 분리한 확률지 도시 결과

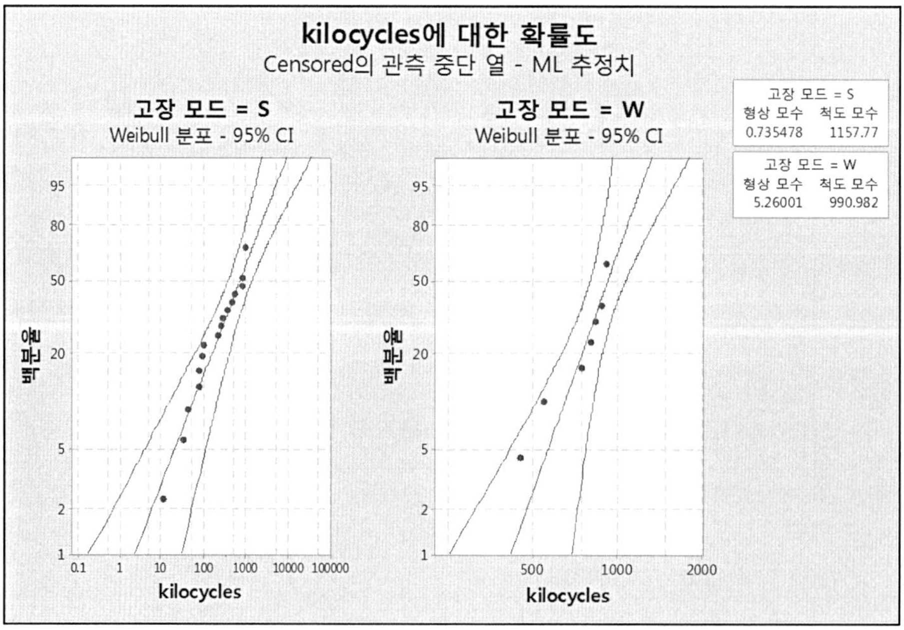

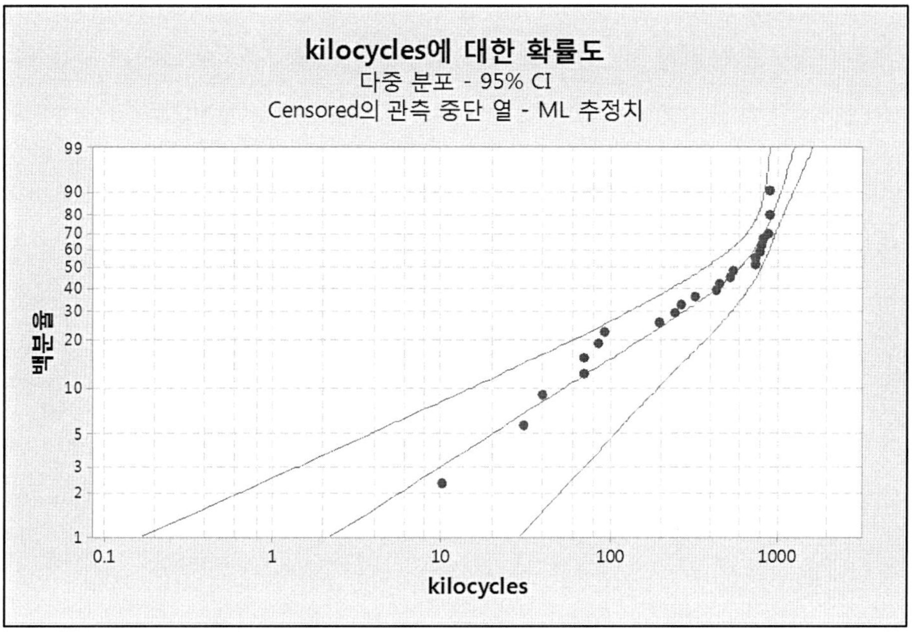

• 세션 출력창의 결과

분포 분석: kilocycles

변수: kilocycles
고장 모드: Mode = S, W

관측 중단

관측 중단 정보	카운트
관측 중단되지 않은 값	23
우측 관측 중단 값	7

관측 중단 값: Censored = 0

추정 방법: 최대우도법

분포: Weibull 분포, Weibull 분포

백분위수 표

		95.0% 정규 CI	
백분율	백분위수	하한	상한
1	2.22467	0.166825	29.6668
2	5.74850	0.645691	51.1779
3	10.0460	1.42628	70.7584
4	14.9592	2.50461	89.3444

따라서 고장분석 시 고장모드가 파악되지 않은 상태에서 "고장모드(Fmode)" 옵션 창에서 '모든 고장모드 사용'을 지정하여 분석을 실기한 후 만약 확률지에 도시된 선이 절곡된 상태로 나타나게 되면, 두개 이상의 고장모드가 포함되어 있을 확률이 높으므로 포함된 각 고장모드를 찾는 노력을 하여야 한다. 경험에 의하면 많은 부품이 포함되어 시스템을 이루고 사용조건이 다양한 건설기계에서의 고장은 두개 이상의 고장 모드가 포함되어 있는 경우가 대부분이어서 고장분석 및 대책 수립 시 주의를 기울여야 한다.

(5) 위치모수(분계점모수)가 있는 모형

다음과 같은 파손 시간을 갖는 고장에 대하여 분석하여 보자

파손 Data : 413, 614, 579, 581, 566, 682, 642, 534, 589, 365, 368, 218, 920, 716, 840, 274, 548, 303, 635, 331, 256, 1053, 819, 243, 499

시험중단 Data :

시간	빈도	시간	빈도	시간	빈도
1111	18	1081	18	1050	19
1019	18	989	20	958	19
928	19	897	18	866	20
838	19	807	19	777	19
746	20	716	20	685	18
654	20	624	20	593	20
563	18	532	20	501	19
473	20	442	19	412	19
381	18	351	20	320	20
289	19	228	20	198	20
167	20	136	20	108	20
77	20	47	20	16	20

가) A-D통계량을 비교한 후 분포의 선택 타당성을 조사해 보자.

[메뉴]
통계분석 > 신뢰성/생존 분석 > 분포 분석(우측관측중단) >분포 ID 그림

• 자료분석 결과

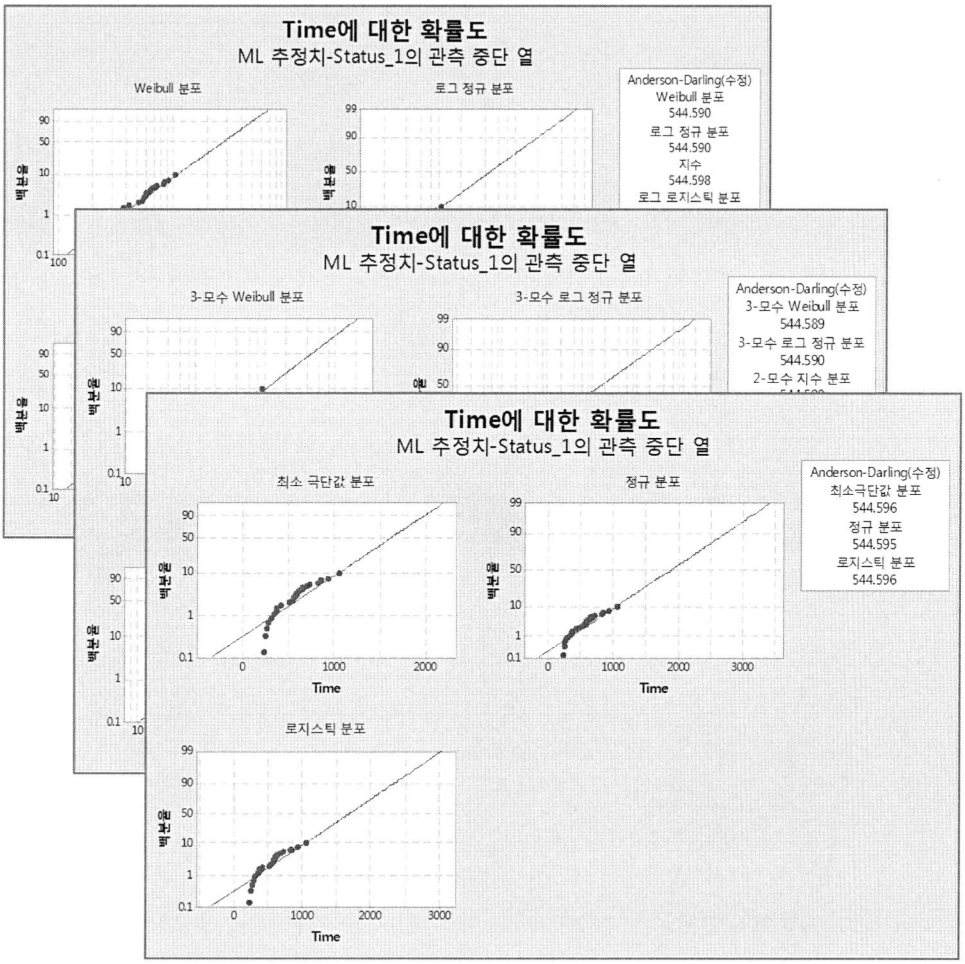

11가지 분포에 적합된 결과를 보면 와이블 분포와 기타 분포값에 큰 차이가 없으므로 수명분포로 널리 쓰이는 와이블 분포를 택하여 분석해보자.

나) 와이블 분포의 pdf, sf, hf, 확률지를 도시하고, 모수를 추정한다.

[메뉴]
통계분석 > 신뢰성/생존 분석(Reliability/Survival) > 분포 분석(우측관측중단) > 모수 분포 분석(Parametric Distribution Analysis)

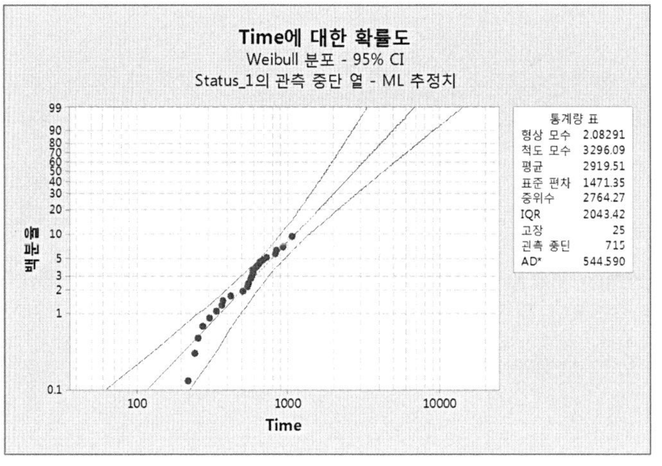

그러나 그래프의 점들은 직선을 따르지 않는다. 잘 적합되지 않았는데 특히 분포의 낮은 꼬리가 잘 적합되지 않았음을 알 수 있다. 그러면 위치모수 (분계점모수)를 가진 3-모수 와이블 분포를 택하여 분석해보자.

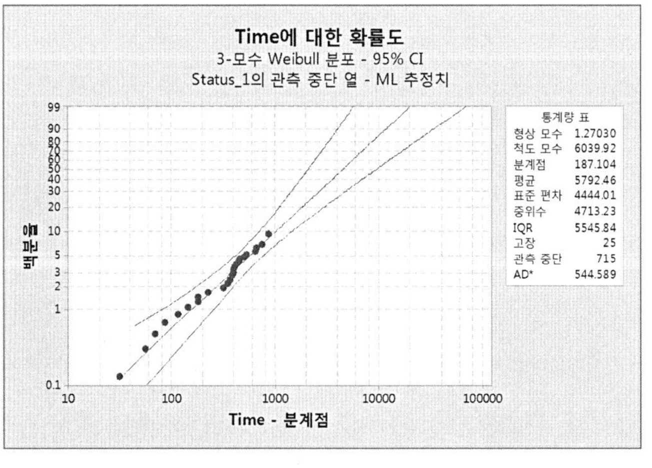

결과 그래프의 점들은 거의 직선을 따르므로 데이터는 3-모수 와이블 분포에 적합함을 알 수 있다. 즉 187시간 이후부터 고장이 발생하고 있다.

제8장

신뢰성 활동과 관리

8.1 신뢰성 활동과 인재 육성

8.2 감독자의 역할 인식

8.3 신뢰성과 원가

8.4 신뢰성과 Life Cycle Cost

8.5 신뢰성활동과 TQM

8.6 개발 및 생산 단계별 신뢰성 평가와 관리 및 개선 활동

사회가 고도화되고 시장의 요구가 다양해짐에 따라 제품이나 시스템 또한 복잡해지고 있다. 더욱이 납기 또한 경쟁의 심화로 단납기가 요구됨에 따라 제품이나 기술의 개발 기간을 단축하지 않으면 안 된다. 이에 따라 새로 적용되는 신기술 및 신재료에 대한 평가나 검증이 사내 인적, 물적 인프라 부족과 관리의 실패로 고장의 빈도가 증가하여 기업에 큰 부담을 주고 있다. 또한, 사용조건이 다양화되면서 극한 환경에서 사용되는 경우가 많아지고 보증연수의 증가 및 안전에 대한 PL 문제 등 여러 가지 사회적 요구로 고신뢰도 제품이 요구되고 있다.

다양한 고객 요구에 부응하고 고신뢰도 제품을 고객에 인도하기 위해서는 개발, 제조 부문의 조직능력 고도화와 검증 시험을 위한 다양한 설비 구축, 사내외 협업체제 강화, 신뢰성 기반 개발 체제의 구축 및 리더쉽 확보가 기업의 당면 과제로 되었다.

8.1 신뢰성 활동과 인재 육성

신뢰성 활동은 여러 방면에 다양하게 이루어져야 한다. 제조사의 입장에서 보면 앞에서도 기술한 바와 같이 신뢰성 설계, 신뢰성 평가, 신뢰성 시험과 데이터의 해석 및 Feedback, 신뢰성의 최종 확인, Field Data 수집 및 활용 등 어느 하나가 결여 되어도 높은 신뢰성을 확보하거나 보증한다는 것은 불가능하다.

사용자의 입장에서는 제조사의 신뢰성 활동을 모니터링하고 심사하여 시스템이나 제품을 선정하고 구매 후 사용하면서 운영과 보전을 중심으로 하는 신뢰성 활동이 주를 이루게 된다. 여기서 중요한 것은 모든 시스템은 Man-Machine 시스템으로 운영되므로 시스템이 정지된 경우의 대책 수립 및 대응도 신뢰성 활동의 일환으로 취급되어야 한다.

이들의 신뢰성 활동은 상호 유기적인 관계를 가지면서 적절한 발란스를 갖지 않으면 안 된다. 기업 내부 조직의 이해관계에 의해 지나친 신뢰성을 요구하면 수비적 업무 태도로 인한 책임회피 분위기로 업무의 효율성이 저하된다. 신뢰성은 기술의 가치를 이해하는 경영자의 의식에서 출발하여 기본개념에 충실하고 내부에 기술 역량을 갖추어야 그 위에 신뢰성을 구축할 수 있다.

조직과 회사의 미래를 보고, 신뢰성을 확보할 수 있는 기업 생태계를 구축하고 요소기술을 개발하는 과정에서 인재 육성에도 초점을 맞추는 것이 진정한 의미의 신뢰성 활동이라고 본다.

따라서 적당한 목표를 내세워 발란스를 취하면서도 일관된 신뢰성 활동을 하기 위해서는 기업 내 경영자의 일관되고 흔들리지 않는 신뢰성 관리 의식이 필요하다.

첫 번째는 신뢰성 관리의 조직을 만들지 않으면 안 된다.

신뢰성 관리를 총괄하는 기능을 사내 어디에 부여하는가? 즉, 신뢰성 평가부나 품질 보증부에 부여할 것인가 혹은 독립된 부나 과를 만드는 것은 기업의 규모와 신뢰성 활동의 상대적인 중요도에 따라 다르지만, 신뢰성 활동의 의미와 추진 방향을 정확하게 이해하고 있는 조직에 부여하고, 사내의 각 관련 부서마다 신뢰성 담당자를 지정하여 개발 및 판매 과정에 적극적으로 개입하게 하는 등 주어진 권한과 책임을 명확히 하는 것도 하나의 방법이라고 생각한다.

두 번째는 신뢰성 활동의 제도를 확립한다.

예를 들면 디자인 리뷰는 어느 단계에서 실시하는가, 신입사원에 대한 교육은 어떻게 하는가 등 제도화하지 않으면 안 된다. 사용자로서도 정기적인 점검과 부품 교환 등 보전의 현장관리 체계, 신뢰성에 대해서 데이터의 수집과 보고 체계, Man-Machine을 의식한 운영자의 근무 체제 등도 때로는 회사 운명을 좌우할 정도의 영향력을 갖는다.

또 시스템 일부를 구성하는 인간은 미묘한 정신구조와 생리를 갖고 복잡한 행동 양식을 취하므로 신뢰성 확보를 위해서는 이에 대한 이해가 필요하다.

그러나 그 이전에 인간도 하나의 아이템으로 간주하여 신뢰성에 기반하여 대응하지 않으면 안 된다. 예를 들면 항공기의 조종사와 부조종사는 공급원이 다른 음식을 제공함에 따라 동시에 식중독이 걸리지 않도록 하는 등의 2인 조종사가 완전히 OR 이 되도록 한다.

세 번째는 그 제도가 원활하게 운영되도록 Process를 정한다.

이는 관련된 각 조직 간의 정보 흐름을 원활히 하여 최종의 목표를 달성하기 위한 체계적인 활동이므로 많은 양의 서류가 준비되거나 교환되게 될 가능성도 있는데 가능한 한 노력은 적게, 효과는 크게 되도록 Process를 편성한다. 그리고 시스템 운영을 체계화하여 그것이 자생적으로 원활히 운영되는 환경을 만들어야 한다.

네 번째는 교육이다.

많은 사람에게 신뢰성의 중요함을 강조하고 인식시키면 그것으로 끝나버리는 경우가 많다.

최고 경영진으로부터 신입사원에 이르기까지 모든 계층에 신뢰성을 중시하는 것이 경제적으로 유리하다는 것을 확실히 교육하고 인식시켜야 한다. 형식을 갖춘 집합 교육으로만 가능한 것은 아니다. 때로는 분위기 제고를 위한 교육이라기보다는 홍보라고 하면 부담이 적고 효과가 좋게 되는 경우가 많다.

자사의 품질 사고뿐만 아니라 타사의 리콜 뉴스 등도 사내에, 특히 관리자들에게 회람한다든지 실무자들에게 사용자의 클레임을 접하도록 순회방문 기회를 만들어 주의를 환기해야 한다.

마지막으로 분위기를 만든다.

Management의 진정한 의미는 목적을 위해 전원이 즐겁게 힘을 합쳐 노력하도록 분위기를 만드는 것이다. 책임추궁으로 개선하고자 하여 조직 활동을 경직되게 하거나 위축시켜서는 효과적인 신뢰성 활동을 할 수 없다. 이것은 조직의 간부, 특히 최고경영층이 수행해야 하는 최대의 책무이다. 어떻게 하면 그것이 가능한가 조직 구성원으로서 끊임없이 추구해야 하는 과제이다.

1986년 1월 28일 미국 스페이스셔틀(첼린저호)이 발사된 직후 폭발이 일어나는 사고가 발생하였다. 발진할 때의 스페이스셔틀은 본체와 본체를 둘러싸고 있는 거대한 연료탱크와 그 양쪽에 장착된 두 개의 고체연료 로켓(부스터)으로 구성되어 있는데, 이 부스터는 발진할 때만 사용되고 연료가 다 사용된 후에는 해상에 떨어지게 되어 있는 길이가 45m 이상의 거대한 부품이다. 또한, 부스터는 여러 개의 부분으로 나뉘어 그 연결부는 연소에 따라 생기는 고온과 고압에 잘 대응할 수 있도록 설계되어 있어야 한다.

그런데 이 연결부가 문제였다. 연결부에 사용된 Seal이 손상되어 고열의 가스가 새고 그것이 공중 폭발의 원인이 되었다. 보고서는 Seal의 손상이 사고의 원인이며 이 손상은 불완전한 설계에 기인한 것이라고 결론지었다고 한다. 불화탄소계의 합성고무로 되어있는 Seal은 저온에서 취약하다는 것을 설계 시에 놓친 것이다.

사고의 원인은 위와 같지만, 우리가 관심을 가져야 하는 것은 사고의 간접적인 원인이다.

첫 번째는 미국 항공우주국(NASA)이 다수의 회사로부터 부스터를 선정함에 있어 신뢰성보다도 코스트를 우선했다는 점이다. 그 결과 예상치 못한 엄청난 비용을 지불하게 되었다.

두 번째는 부스터의 연결부에 기술자 등이 우려를 표명했음에도 발사 당일까지 개선의 손이 미치지 못한 점이다.

세 번째는 발사 당일 플로리다 지방이 예외적인 한파로 Seal이 저온에 취약한 것을 숙지하고 있던 기술자가 일제히 반대했음에도 불구하고, 제조사의 수뇌부가 기술진의 반대를 무시하고 발사에 동의했다는 것이다.

첼린저호의 경우 저온에 대한 영향을 조사하기 위하여 발사대에 파견된 기술자가 발사 1시간 전에 오른쪽 부스터의 표면에 이상이 있다는 것을 발견했으면서 보고되지 않았다는 보도도 있었다.

많은 비용과 인력이 소요되는 시험 검증은 결국은 전체 계획의 일부에 지나지 않는다. 스페이스 셔틀의 발사는 미국의 우주개발계획 일부에 지나지 않고 시작기의 테스트 비행은 비행기의 개발 양산을 위한 일련의 과정에 지나지 않는다. 그런데도 테스트의 지연은 전체 계획의 지연에 직결되고 때에 따라서는 전체 계획 그 자체에 심각한 영향을 주므로 시험 검증의 책임자는 스케줄을 지키도록 유무형의 심리적인 압력에 시달리게 된다.

또한 예산과 집행의 제약, 고객과의 약속 시한, 다른 테스트와의 관계 등 검증 시험 책임자에게 걸리는 압력도 상당하다. 해보지 않으면 모르는 불명확한 것이 있기 때문에 테스트를 하는 것이므로 테스트에 100% 예측을 기대한다는 자체가 무리이다. 이런 입장에 있는 시험 검증의 책임자는 운을 걸고 “Go” 할 것 인가, 만일을 고려하여 “No” 할 것인가 심리적인 압박을 받게 된다.

테스트에 관계되는 사람에게 아니라고 말하는 것을 주저하게 해서는 안 된다. 누구라도 말해야 하는 것을 담담하게 말하고 그것이 조직에서 냉정하고 대국적으로 판단하여 공헌할 수 있는 사내 환경 즉, 사풍이라든가 제도를 확립하는 것이 관리의 비법이다.

8.2 감독자의 역할 인식

감독자는 자사의 설계 및 제조 생산 Process를 숙지하며, 낭비를 철저하게 배제하고 지속적인 신뢰성 개선을 추진하기 위한 실질적인 책임자이다.

현장에서는 표준작업과 작업표준이 훌륭하다 하더라도 이것을 지키지 않으면, 공정의 안정은 없고 목표로 하는 품질을 만족시켜 저렴한 제품을 안전하게 생산하는 것은 어렵다.

작업할 때는 반드시 표준작업과 작업표준을 준수하고 표준에서 벗어났을 때 즉, 이상 발생 시 즉시 조치를 해야 한다. 그 이상이 누구라도 보면 알 수 있도록 가시화하는 것이 관리의 point이다.

특히 감독자는 작업자에게 표준작업의 중요성을 잘 설명하고 이해시켜 준수하도록 철저하게 지도해 나가는 것이 중요하다. 작업자에게 이해시켜 지켜나가게 하기 위해서는, 감독자 자신이 지키고 충분히 교육하지 않으면 안 된다.

표준작업을 지킬 수 없는 경우에는 왜 지키지 못했는가? 원인을 찾고 누구라도 지킬 수 있는 표준으로 개선해 가야 한다. 세상은 항상 변화하고 신제품과 신공법의 등장과 생산 방식도 계속 진보해 나간다. 표준작업이 언제까지나 바뀌지 않는 직장이나 현장이 최선이라고 만족하고 있는 부서가 있다면 조직의 발전은 기대할 수 없다.

감독자는 현장을 보고 이상을 인지할 수 있는 안목을 가져야 하며, 부하를 잘 통제하고 지도하여 전사적 관점에서 항상 최적화를 추구해야 한다.

8.3 신뢰성과 원가

신뢰성 활동은 생산자 입장에서는 상당한 비용이 들어간다. 시스템과 신제품을 개발하는 초기 단계에서 하는 FTA와 FMEA 등을 확실하게 하려면, 설계비용의 10% 정도 비용 상승을 각오하지 않으면 안 된다. 설계 자체가 신뢰성과 보전성에 대하여 대응한 만큼 고가로 되는 것은 어찌할 수 없다.

외부로부터 구매하는 재료와 부품은 신뢰성이 보증되지 않으면 저가품이라도 적용 할 수 없다. 새롭게 만드는 서브 시스템과 부품은 그 신뢰성을 보증하기 위하여 많은 시험이 필요하게 된다. 시험에 소비되는 시제품의 수량이 최종적으로 사용되는 수량보다 많은 경우도 있어 때에 따라 많은 비용이 발생된다. 더욱이 시험을 위하여 많은 설비와 기술자를 유지하는 비용도 상당하게 된다.

따라서 무시할 수 없는 것이 신뢰성 관리에 소요되는 비용이다. 신뢰성 설계, 신뢰성 평가, 신뢰성 시험 및 해석, Feedback, 최종적인 신뢰성 확인, Field Data의 수집과 활용 등 여러 가지 분야에서의 신뢰성 활동은 상호 유기적으로 연결되어야 하며 일관된 신뢰성 활동으로 되지 않으면 안 된다. 이러한 신뢰성 활동은 보다 객관적이고 정량적으로 평가하여야 하며 체계적이고 효과적으로 운영되어 궁극적으로 소비자 만족과 기업 신뢰성 확립으로 경쟁력 확보와 이윤을 극대화하는 것이다.

신뢰성은 제품의 외관만으로는 알지 못하므로, 신뢰성이 조금 떨어져도 운 좋게 고객이 인지하지 못하고 지나가기를 기대하고 고액의 경비를 절감하기 위해 생략해 버리는 유혹에 빠질 수 있다.

리콜은 직접 발생하는 손실 이외에 신용 실추라는 계측할 수 없는 타격을 입힌다. 리콜이라는 행위를 따르지 않더라도 고객 한 사람 한 사람이 제품의 신뢰성을 체험하게 되고 그 결과에 따라 제조사와 제품의 평가가 여론으로 만들어지게 된다.

신뢰성을 높이려 하면 경비가 소요된다고 하여 신뢰성을 간과하면 나중에 리콜 등 그 이상의 경비가 소요되는 경우가 적지 않다. 추상적이지만 신뢰성 활동에 투자하는 경비와 추후 발생하는 손실을 고려하여 최적의 신뢰성을 설정한다. (그림 8.1)

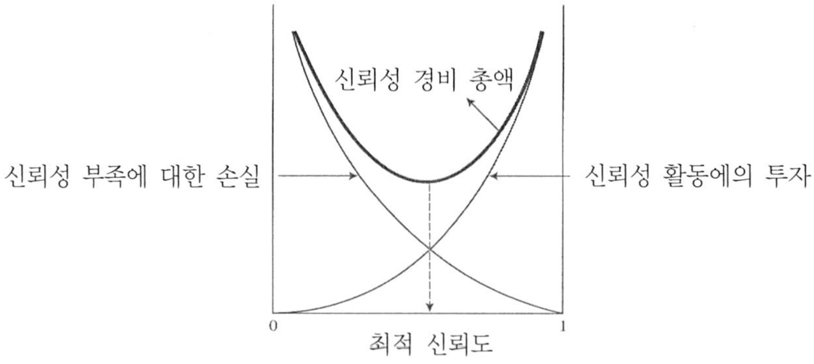

[그림 8.1] 최적 신뢰도와 투자비용

추후에 발생하는 손실이라는 것은 신뢰성 활동을 하면 방지되는 손실이며 직접적인 비용지출 이외 신용 저하 등에 의한 간접적인 손실도 포함된다. 이 두 개의 곡선을 합계하면 그림 가운데 두꺼운 곡선으로 되는 것이 보통이며 그것이 신뢰성에 관한 경비의 총액을 나타낸다. 따라서 합계의 곡선이 최저로 되도록 신뢰도를 설정하여 신뢰성 관리를 하는 것이 좋다. 이 신뢰성을 최적 신뢰성이라 한다.

어디에 최적 신뢰성이 있는가를 찾기에는 수량화의 기술과 OR 수법에 의존할 수밖에 없지만 그들의 수법을 충분히 구사하여도 바른 값을 찾을 수 있다고 할 수 없다. 무엇보다도 어느 정도의 손실이 어느 정도의 확률로 일어나는가를 정확하게 예측하는 것은 불가능에 가까우므로 이론에 의존하여 엄밀한 값을 찾으려 하여 큰 흐름을 오판하는 우를 피하고 사회상식과 기술적 감각이 풍부한 경험자의 의견을 들어 영업과 개발이 협력하여 목표로 하는 신뢰도를 정하는 것이 현실적인 해결책이라고 말할 수밖에 없다.

8.4 신뢰성과 Life Cycle Cost

어느 건설기계(a)는 구매 경비가 높아도 연료 소모가 적고 고장이 적어 운전과 정비에 필요한 비용도 낮다. 이와 반대로 다른 건설기계(b)는 낮은 구매가이지만 연료 소비가 크고 고장이 많아 운행과 정비의 비용이 많다고 하자. 이 경우 장기적으로 보면 초기 구매비가 높은 기계(a)를 선택한 쪽이 경제적으로 득이 될 수 있다.

근년 라이프사이클 코스트라는 개념이 폭을 넓히고 있다. 라이프사이클 코스트 LCC(Life Cycle Cost)는 어느 제품이 구매부터 일정 사용 기간에 발생하는 경비 총액을 의미한다. 예를 들면 유압식 굴착기를 구매하여 5년간 운행한다고 하면, 본체, 초도 구비 부품, 점검 및 정비용 기재 등 구매비, 수리 및 보급부품 등 경비(5년분), 인건비, 연료비, 운행 경비(5년분), 보험 및 할부금 원금 및 금리 등 기타 경비(5년분)를 합계한 것이 LCC이다. 그리고 굴착기를 5년간 가동하여 얻은 수익으로부터 LCC를 제한 것이 이익이다. 따라서 몇 개의 기종 가운데 1개를 선정할 때, 각 기종의 수익과 LCC를 산출하여 가장 이익이 큰 것을 선정하는 것이 당연하다.

이 LLC 가운데 의외로 큰 부분을 차지하는 것이 수리와 부품 비용이다. 기종에 따라서는 본체의 구매비보다도 5년간 소요되는 점검 수리와 부품 비용이 높은 경우가 있는데, 그 비용은 신뢰성에 따라 좌우된다. 즉 제조 공급자의 신뢰성 투자가 결국 사용자와 공급자의 경비 절감으로 연결되는 것이다.

이것은 건설기계뿐만이 아니고 신뢰성을 문제로 하는 제품과 시스템에 공통된 경향이다.

8.5 신뢰성 활동과 TQM

신뢰성 전문자가 신뢰성 기술은 본래 품질관리에 전혀 포함되어 있지 않은 신기술이며 이것 없이는 고품질 제품은 불가능하다고 하는데 반하여, 품질관리 전문가들은 신뢰성 기술은 품질관리의 연장선상에 있는 한 분야에 불과하고 기본은 품질관리라고 주장한다.

그래서 신뢰성은 설계할 때 만드는 것, 품질은 제조의 과정에서 주어지는 것이라는 설이 의외의 설득력을 갖고 중재의 역할을 수행하고 있는 것도 사실이다.

품질관리의 기원은 호환성이었다 한다. 근대 공업이 발달하고 제품을 대량으로 만들기 위하여 부품의 호환성은 필수조건이었다. 즉 부품의 치수가 동일하지 않으면 안 된다. 따라서 부품의 제작 오차를 일정한 치수 이내로 관리할 필요가 있다. 이것이 품질관리(Quality Control QC)의 태동이다.

제2차 세계대전 당시 미국은 질 좋은 병기를 대량 생산해야 하였기에 품질 관리의 수법도 크게 발전하였다. 여기서 활약한 QC는 통계 수학을 활용한 것으로 통계적 품질관리(SQC, Statistical Quality Control)라고 부르고 있다,

SQC는 제작오차가 정규분포를 하는 것에 주목하여 제품의 품질을 통계적으로 관리하고 확률론을 이용하여 표본에 의한 품질 관리를 하는 등 추측통계학을 꾸준히 활용하고 있다.

이렇게 신뢰성과 QC의 기원을 거슬러 올라가면 신뢰성은 설계의 단계에서 만들어지는 것이고 품질은 제조의 단계에서 주어지는 것이라는 구별이 어느 정도 타당하다고 생각된다.

신뢰성은 설계의 단계에서 이루어진다는 생각에는 변함없지만, 내구성과 함께 보전성의 중요함도 같이 인식되어 왔다. Man-Machine system의 신뢰성과 사용신뢰성 활동이 설계단계부터 사용 단계까지 영역을 넓혀 왔다. 또 거의 일어나지 않는 대형 사고 등을 대상으로 할 때는 통계학적인 수법에 의존하지 않고 FTA라든가 FMEA와 같은 독특한 수법도 개발되었다. 신뢰성 기술은 완성된 것이 아니므로 계속 발전해 나가야 하며 끊임없는 개선 활동으로 시간적이나 공간적으로 그 영역을 넓혀 가고 있다.

QC 개념도 제작 오차를 관리하여 제품의 치수, 중량, 조성 등을 갖추는 것부터 품질관리가 시작됐다 하여도, 본래 품질은 치수와 조성이 정해진 대로 되어야만 하는 것은 아니다. 고객의 요구에 꼭 맞는 제품이야말로 뛰어난 품질을 갖고 있다고 말할 수 있다.

따라서 하드웨어만이 아닌 소프트웨어와 서비스 등도 제품의 일부로 간주된다. 생산 공정의 현장만이 품질을 만드는 것이 아니고 고객의 요구에 맞는 품질을 완성하기 위해 설계, 자재, 제조, 판매 등 사내의 전 부문이 힘을 모으지 않으면 안 된다.

이러한 사고에 기반하여 행해지는 품질관리를 TQC(전사적 품질관리, Total Quality Control)라 하는데, 이를 공급자 입장에서 고객지향의 관점으로 더욱 발전시켜 고객 만족을 목표로 하는 TQM(총체적 품질관리, Total Quality Management)이 모든 업종에서 활동을 하고 있다.

신뢰성 활동과 TQM 활동이 상당히 중복되어 있다. TQM 입장에서 보면 고객이 신뢰성을 요구하는 이상 신뢰성도 품질의 일부라고 할 수 있다. 또 신뢰성 입장에서 보면 TQM이 전사적으로 품질관리 활동을 통해 제품의 신뢰성 향상에 공헌하는 이상 TQM과 지향하는 방향이 같다.

한편, 제품의 결함을 줄여 좋은 품질을 만들기 위해 소비자가 요구하는 품질 수준을 파악하고 달성하기 위한 체계적인 활동을 품질보증(QA, Quality Assurance)이라 하므로 QA는 신뢰성과 TQM을 포함하고 있다.

따라서 신뢰성 활동과 TQM은 기본 방향과 원칙을 같이하고 상호 보완하고 협력하는 유기적인 체제를 구축해야 한다는 인식이 정착되고 있다.

8.6 개발 및 생산 단계별 신뢰성 평가와 관리 및 개선 활동

8.6.1 신뢰성 활동

신뢰성 활동은 크게 나누어 기술과 관리로 분류할 수 있으며 기업의 수준과 상황에 따라 업무별 비중을 두어 적용해 나가야 한다.

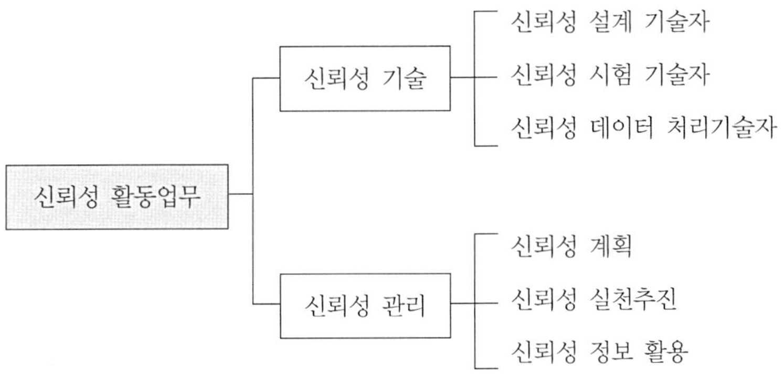

[그림 8.2] 신뢰성 활동 업무와 기술

또한 신뢰성 관련 정보를 항상 분석하여 개선 및 신규 설계에 반영하여야 한다. MTBF, 최소수명, 고장률, 내구수명, 정비시간, 사고 등의 신뢰성 지표관리와 Failure Mechanism, Failure mode, Failure Theory 등의 고장에 대한 객관적이고 과학적인 분석과 사용 환경 조건 등을 분석하여 재질, 설계 등에 대한 사내 표준을 마련해야 한다.

신뢰성에 대한 데이터를 와이블 확률지에 넣어 고장의 패턴과 평균수명을 조사하고, 중도 중단방식의 신뢰성 시험에서 합격 여부를 판정하거나 혹은 제품이 가혹한 환경에 견딜 수 있는가를 확인하는 것도 신뢰성 평가의 일환이다. 더욱이 직렬(AND)과 병렬(OR) 그리고 그 혼합 변형에 대한 확률계산도 신뢰성 평가의 한 수단이다.

8.6.2 APQP 기반 개발체계의 확립

APQP(Advanced Product Quality Planning)는 사전 제품 품질계획을 의미한다. 사전에 제품의 품질을 확보할 수 있도록 계획해서 단계별, 각 조직의 역할을 규정하고 Input과 Output을 명확히 하는 전사적인 신제품 개발 체계이다.

건설기계의 경우 약 3천여 개 이상의 서브 부품이 모여서 완성되는 것이고, 그중 한 개 부품이라도 신뢰성이 확보되지 않으면 가동률이 저하되어 고객의 수익 활동에 지장을 초래하게 되므로 기본적으로 신뢰성의 확보는 제품 경쟁력의 기반이 되는 것이다.

따라서 각사는 APQP(Advanced Product Quality Planning) 기반의 독자 신제품 개발 체제를 구축하여 품질 및 신뢰성을 확보하고자 노력하고 있다.

APQP의 탄생은 1970년대 오일쇼크로부터 일본 자동차 회사의 경쟁력이 구미시장을 앞서게 되고 미국 내 일본 자동차 점유율이 30~40%를 넘어서게 되자 미국의 Big 3 자동차 회사는 일본 자동차 회사의 경쟁력에 대해 조사를 하게 되는데, 이것이 유명한 린 생산방식(Lean Production)이라고 하는 도요타 연구보고서로 주요 내용은 그림 8.3과 같다.

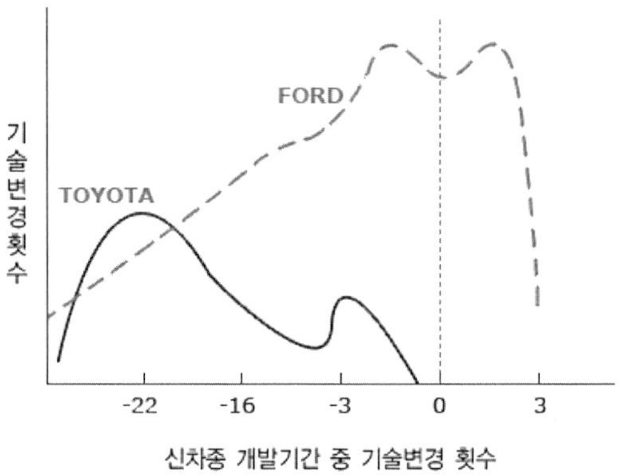

[그림 8.3] 업체별 신차종 개발기간 중 설계변경 횟수

사양의 변경은 주로 고객 만족을 위해서 이루어지게 되므로 품질의 추이와 동일하다고 간주할 수 있다. (그림 8.3 참조) 즉 포드의 품질문제는 양산 시작을 개시하면서 3개월 기간 동안 가장 많이 발생하였지만 도요타는 신차를 개발하는 과정 중, 선행 단계에서 걸러내고 있는 것이 일본 자동차 경쟁력의 핵심이라는 결론을 내렸다.

이에 자동차 전문 컨설팅 그룹을 이용해 이의 해결 수단을 마련하게 되고 1980년대 초반 AIAG는 APQP라는 예방품질 확보를 위한 제품개발 절차를 만들고 이를 중심으로 하는 품질경영 시스템을 다시 규정하게 되는데, 이것이 QS9000 품질시스템이다. 모든 부품 공급회사는 QS9000을 통해 APQP가 가능한 공급자의 예방품질 능력을 갖추도록 유도한 것이다.

APQP를 위한 핵심 전략은 첫 번째, 시스템적 사고이다. 부품을 개발해 가는 과정은 아주 길고 복잡한 검토 과정을 거쳐 문제를 조사하고, 해결해 가는 과정이다. 이는 어느 개인의 일이 아니고 전 기능부서의 일이 되어야 할 것이다. 이를 위해서는 개발과정에 따른 일의 순서와 각 기능 조직의 역할 및 단계별 Input과 Output을 정의하여 유기적으로 잘 연결되도록 한다. (그림 8.4 APQP 기반 개발 일정표 참조)

두 번째, 문제 해결 능력이다. 아무리 시스템적으로 잘 연결되어 있어 문제가 도출된다 하여도 각 조직이나 구성원이 문제를 해결할 능력을 확보하고 있지 못하면 곤란하다. 문제 해결 능력은 개인 혹은 조직의 경험, 풍부한 기술적 자료, 벤치마킹 자료 및 설계검증(대체계산, 컴퓨터 시뮬레이션, 실험계획) 능력과 시험 검증을 의미한다.

시스템적 문제는 외견상 외부 컨설팅이나 전문가를 통하여 비교적 단시간에 구축 가능할지 모르지만, 그 체제를 유지할 수 있는 인프라 구축은 지속적인 투자가 필요하다. 그렇지 않으면 각 부서 간 책임 회피의 수단으로 변질되기 쉽고, 개발 기간의 심각한 지연을 초래할 수 있다. 문제 해결 능력 또한 하루아침에 갖추어지는 것이 아니다. 연도별, 단계별 갖추어야 할 핵심 역량을 구체적으로 기술하고 꾸준하게 인재를 육성해 경쟁 우위의 조직역량을 확보해 나가야 한다.

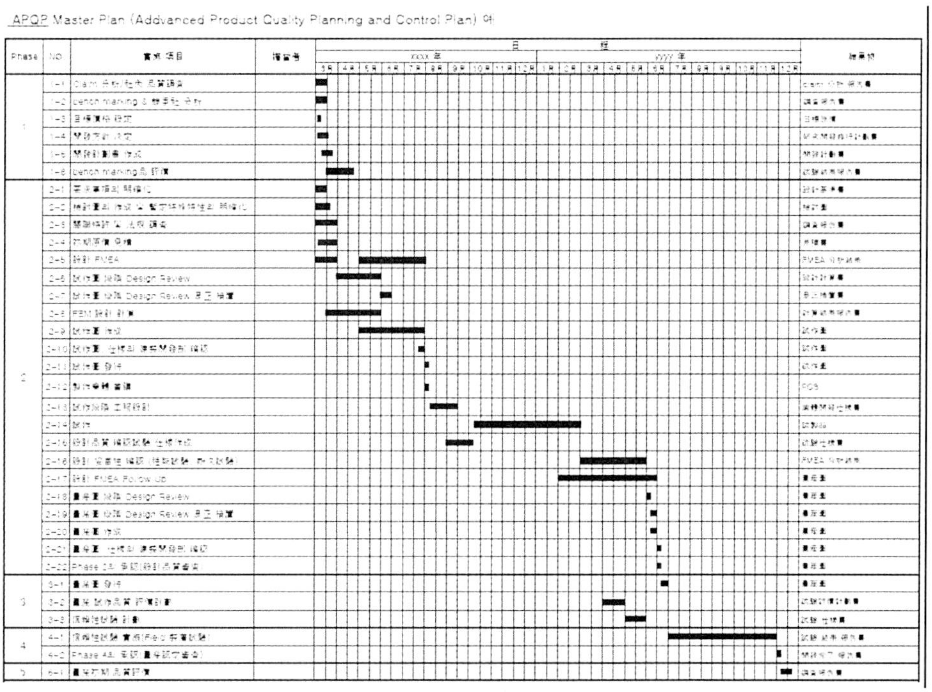

[그림 8.4] APQP기반 개발 일정표 사례

APQP는 ISO/TS 16949 규격의 Core Tool로써 1) 상품기획 2) 제품의 설계, 개발 3) 제조공정의 설계, 개발 4) 제품과 공정의 타당성 확인 5) 양산개선 등의 5단계 Face로 구분하여 Error Proof, 지속적인 개선을 기본으로 확실한 제품 실현을 목표로 하는 중요한 수단이다. 이러한 일련의 프로세스는 Functional Team의 구성으로부터 시작되며 이 팀이 각종 리뷰 작업의 중심적인 역할을 수행하여 품질 개선을 도모함과 동시에 각 단계가 완료될 때마다 다음 단계로 이행될 수 있는 상태인가를 평가하는 체계적인 활동이다.

Face 1 은 기획단계로 고객과 시장의 요구사항 (성능, 신뢰성, 품질 레벨, 생산 시기, 생산 규모 등)을 파악하여 이들 요구를 충족하기 위한 기술, 제조능력, 신뢰성 등의 관점에서 상품기획을 수행한다. APQP 계획서가 작성되어 이에 대한 평가와 검증이 완료되면 Face 2 단계로 이행된다.

Face 2 와 3 에서는 개발설계 및 제조공정 설계 단계로 시스템 구성, 기능 사양, 전기적 특성 등의 사양을 명확히 하는 시스템 설계와 회로설계, 레이아웃 설계, 테스트 프로그램 설계 등을 하는 기본설계와 상세설계를 수행하게 되는데 최종적인 검증은 시작개시 디자인 리뷰이다. 설계기준의 준수 여부, 안전 및 신뢰성, 생산성 등의 검증이 이루어진다. Face 3 의 최종단계에서는 경영진이 참석하여 시작기의 제작 여부를 결정하게 된다. 경영진의 참석은 ISO/TS 16949 의 요구사항으로 되어 있다.

Face 4 에서는 제조 프로세스의 확립을 목표로 완성된 시제품의 특성평가, 시스템 평가, 신뢰성 평가가 시행된다. 즉 시작기 제작을 통하여 제조 프로세스의 양산성과 기계설비 등을 확인함과 동시에 공정관리 규격 등의 검증을 실시한다. 즉 제품과 공정의 타당성 확인 프로세스이며 평가에는 공정능력 조사, 측정시스템 해석 등도 포함된다. 시작기 평가가 완료된 후에 생산성, 제조 Cost, 투자회수 계획, 판매계획 등을 심의하여 양산화 및 판매 여부를 결정하는데 설계 부문, 프로세스 개발 부문, 제품기술 부문, 계획 부문, 품질관리 부문 등의 경영진이 참석하여 조직으로서의 최종적인 양산 승인 여부를 결정한다.

Face 5 에서는 초기 유동관리를 실시하면서 초기품질을 확인하고 고객만족도 조사를 통하여 지속적인 품질개선을 수행하며 APQP 프로세스의 유효성을 확인한다.

한편 신제품 개발 시 단계별 신뢰성 활동 및 수법을 보면 다음 표 8.1과 같다.

[표 8.1] 개발단계별 신뢰성 활동 및 수법

	대책	수법
1. 정보수집	1) 사용실태조사 2) 사용목적의 파악과 해석 3) 유통경로조사	사용환경 및 시장환경조사
2. 상품기획	1) 신뢰성 문제의 기술 2) 검토사양의 타당성 확인	FMEA, FTA, DR
3. 연구개발	1) 기술문제의 정리와 해결 2) 평가법 개발	DR, 신뢰도예측
4. 설계	1) 신뢰성문제 예측과 설계에서의 고장 미연방지 2) 안정화 설계의 추진	FMEA, FTA, DR 강건설계, 중복설계 가속시험
5. 시작평가	1) 고장해석 2) 문제요인 해석 3) 품질평가, 설계품질에 Feedback	FTA, FMEA 가속시험
6. 생산준비	1) 공정능력 파악과 편차의 축소 2) 공정의 FMEA에 의한 사전 검토	공정FMEA

8.6.3 신제품의 구상 및 기본 설계 단계

우선 시스템과 신제품 개발 시 신뢰성 활동 및 수법을 단계별로 설명하면 구상단계와 기본설계의 단계에서는 DR, FTA, FMEA 등이 행해진다. 부품조차 만들어지지 않은 상태이므로 정량적인 데이터가 적어 특성을 고려한 정성적인 진단을 해야 한다.

한편 시스템과 신제품의 구상은 기본적인 골조를 정하는 중요한 시기이므로, 전체를 보는 균형 있는 판단이 필요하다. 따라서 고급 경험 지식 등의 노하우를 오랫동안 축적해 온 전문가, 자문을 위촉 활용하는 것도 좋은 방법이다.

각종 신뢰성 시험과 와이블 확률지 등을 이용한 데이터의 해석은 설계가 진행되어 부품과 서브 시스템 혹은 그 시작품이 만들어진 이후에 이루어진다. 따라서 데이터 해석에서 얻어진 정도 높은 정보는 상세설계에 국한하지 않고, FTA와 FMEA로 Feedback 하여 전체 구상과 기본설계 일부를 변경하여 개선하는데도 활용되어야 한다.

FTA(고장나무분석, Fault Tree Analysis)와 FMEA(고장유형 및 영향분석, Failure Mode and Effects Analysis)는 통상 상당히 많은 시간과 비용이 소요된다. 그러나 한번 확실하게 서식과 절차를 완성하여 놓으면 새로운 정보에 따른 일부 수정은 의외로 간단하다.

시스템과 신제품의 개발 과정에서 발생하는 문제에 즉각적으로 대응할 수 있어 기대 이상의 효과를 얻을 수 있다.

1) FTA(고장나무분석, Fault Tree Analysis)

간단한 예를 들어 설명하면 그림 8.5는 험지에서 사용되어 안전이 중요시되는 산악자전거의 고장이 어떠한 원인에 따라 일어나는가를 그림으로 해석한 것이다. 자전거의 고장은 프레임의 절손 등으로는 잘 일어나지 않지만, 브레이크 고장, 타이어의 누기, 체인 불량 등에 의한 것은 자주 발생한다. 중간에 그려진 초승달 형의 Gate는 OR Gate라 불리며 어느 것이 하나라도 고장 나면 전체가 고장 나서 작동되지 못하는 것을 의미한다.

브레이크 고장의 원인을 전륜브레이크 고장과 후륜 브레이크 고장으로 나누어지는데 도중에 반달 모양이 그려져 있다. 이것은 AND Gate라 불리며 전륜과 후륜의 브레이크가 모두 고장 난 경우만 자전거의 브레이크 고장이 되는 것을 의미한다. 안전제일의 입장으로 보면 어느 한쪽이라도 고장 나면 고장이라고 판정해야 하는 것은 아니냐는 의견도 있을 수 있지만, 한쪽의 고장이라면 다른 한쪽으로 사용하면 되므로 자전거 운행에 치명적인 장애는 되지 않는다고 하여 그림 8.5와 같이 도시하였다.

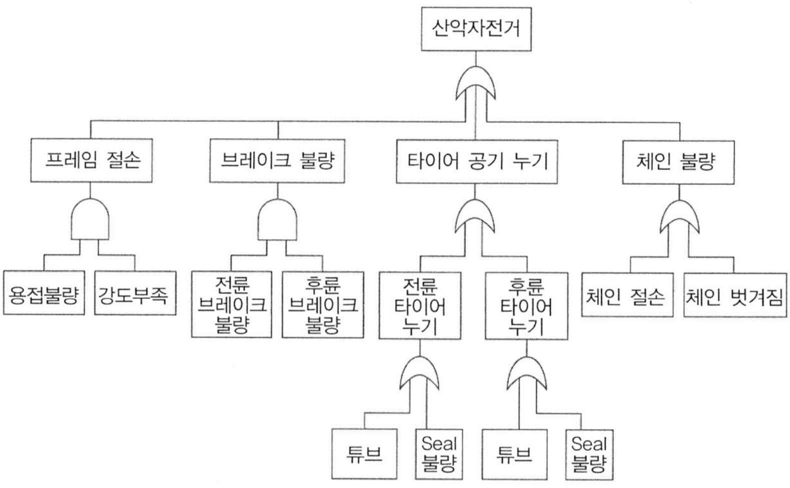

[그림 8.5]

동일하게 타이어의 누기는 전륜 타이어와 후륜 타이어의 공기 누기에 OR Gate를 거치게 분류하고 전・후륜 타이어의 공기 누기의 원인은 Sealing과 바퀴의 손상에 OR Gate를 두어 작성한다. 체인 불량은 체인의 절단과 빠짐을 원인으로 하고 있지만, 어느 쪽이 일어나도 자전거는 주행할 수 없으므로 OR Gate로 정의하였다.

이와 같이 고장의 원인과 요인을 분석하는 수법이 FTA이다. 나무는 두꺼운 줄기와 가지로 나뉘어 순차 또한 세밀한 작은 가지로 나누어져 있으므로 그것과 같은 구조를 갖는 그림을 Tree Diagram이라 한다. 따라서 FTA는 고장에 대한 책임을 나무 형태로 분석하는 기법이라고 말한다. FTA의 그림을 보면, 계층구조를 연상하게 한다. 그러나 그 양자에는 큰 성격의 차가 있다. 계층구조의 그림은 시스템의 기능 혹은 구조가 순차적으로 조합되어 올라가는 모양을 도해한 것이며, 신뢰성 해석을 직접적인 목적으로 하는 것은 아니다. 이에 반하여 고장나무(FTA, Fault Tree Analysis)는 명확하게 신뢰성 해석을 직접적인 목적으로 하고 있다.

그림 8.6은 그림 8.5와 동일하지만 편의상 잘 발생하지 않는 프레임 절손을 제외하고 고장확률을 % 단위로 나타낸다. 이들의 값으로부터 산악자전거가 고장 나는 확률 f를 계산하여 보자.

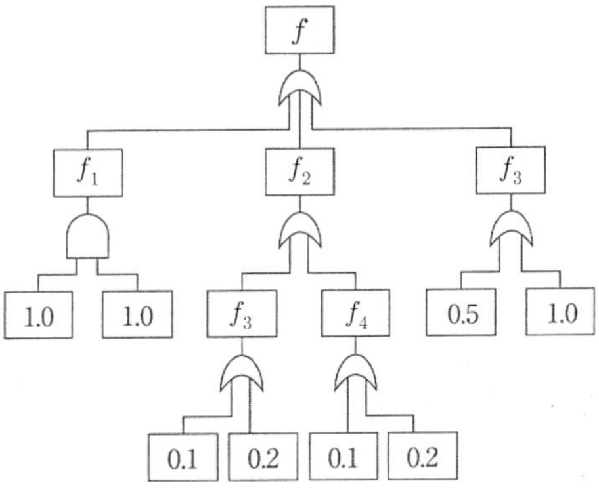

[그림 8.6]

두 개의 아이템이 이들이 OR Gate로 연결되는 시스템의 고장확률 P는 고장 나는 확률 P1과 P2가 다 같이 작은 값이면

$$P = 1-(1-P_1)(1-P_2)$$
$$= P_1+P_2-P_1 \cdot P_2 = P_1+P_2$$

이므로 두 아이템의 고장확률의 덧셈에 불과하다. 또 두 개의 아이템이 AND Gate로 연결되어 있는 시스템의 고장 확률은 P_1과 P_2가 작든 크든 $P=P_1 \cdot P_2$ 이므로 곱셈을 하여 구할 수 있다. 이것을 참고하여 f를 계산하면 약 2.1%가 된다.

그림 8.5와 그림 8.6은 극히 단순한 예지만 실제의 큰 시스템에서는 고장 나무를 그려보지 않고서는 고장 원인과 그 영향의 정도 등을 쉽게 파악할 수 없는 것이 많다.

더욱이 고장 나무를 그려보면 적어도 제일 끝단에 속한 아이템이라도 정상적으로 작동하면 전체 시스템의 기능이 가능하지만, 적어도 이들의 한 아이템이 고장 나면 전체가 작동 불능으로 되는 아이템의 집합 등을 발견할 수 있는데 이는 신뢰성 설계에 있어 의미 있는 힌트를 얻는 경우도 많다.

2) FMEA(고장유형 및 영향분석, Failure Mode and Effects Analysis)

위에서 설명한 FTA는 일어나서는 안 되는 고장을 톱다운(Top Down) 사상으로 검토하고 그 고장은 어떠한 원인으로 일어나는가를 순차적으로 분석하는 톱다운 수법이라고 말할 수 있다. 이에 대하여 보틈업(Bottom Up) 적인 수법도 있다. 즉, 시스템을 구성하는 아이템의 하나하나에 대하여 어떠한 고장이 어느 정도의 확률로 일어날 가능성이 있고 고장이 일어나면 시스템에 어떠한 악영향을 끼치는가를 아이템부터 검토하는 수법이다. 이것을 FMEA (Failure Mode and Effect Analysis)이라고 한다.

[표 8.2] FMEA

아이템	기능	고장	고장원인	상위기능에의 영향	評価Rank 심각도	검출도	발생률	총평균	PL 危険度	검토내용	종래실적	타사조사	확인결과
			C/B 원통부 응력 과대에 의한 피로파손		5.0	1.3	0.7	1.7			設計計算書:		
												C/B応力	
			C/B 원통부와 Port부의 공구 Radius 과소에 의한 피로		5.0	1.3	0.7	1.7		実績値R0.8図面指示	機種	Kgf/mm2	
		Cylinder Block 파손									21t	15.2	
			C/B Port부 응력 과대에 의한 피로파손		5.0	1.3	0.7	1.7		比例設計:Port Bridge	20t実績値	15.2	
											30t実績値	17.7	
			C/B 재료강도 부족에 의한 피로파손	주행불가능	5.0	1.3	0.7	1.7		비례설계	基準値	17.7	
										実績있는材質使用			
			열처리에 의한 강도저하(목표 : Tuftride온도+α)							FCD600주조후 어니일링하여 FCD500確保			
			C/B Spline부 응력, 면압 과대에 의한 피로파손		5.0	1.3	0.7	1.7			設計計算書:		
			과대 압력에 의한 파손		5.0	1.3	0.7	1.7		常用停止圧力420Kgf/cm2設計 }	実機確認		
										低頻度의最大圧力600Kgf/cm2 }	必要		
											試験結果		
			C/B 재료 경도부족(풀림 처리에 의한 강도 저하 포함)		5.0	1.3	0.7	1.7		강도부족을 고려하여 FCD600로 주조후	Motor部品精度基準참고		
										어니일링하여 FCD500確保			
Block	고압유와 용적		주철제 C/B의 pearlite 부족		3.0	1.3	0.7	1.4		球状化率80%以上으로관리			
Sub Ass'y	의 확보	Cylinder Block 마모	(pearlite가 많은 편이 내소착성이 높음)							図面球状化率80%以上明記			
										Manufacturer:FCD600→주조후10Hr경과후주형탈거→図面指示			
			C/B 표면처리 경도와 경화 깊이 부족(연질화보다 염욕질화가 양호)	주행불가능	3.0	1.3	0.7	1.4		実績値Hv400以上／200g을図面指示			
										염욕질화처리한다			
			C/B 진원도, 원통도 불량, 열처리에 의한 입구 수축		3.0	1.3	1.0	1.6		真円度5μ로管理→図面指示			
			(가공공구 불량, 주물풀림 불량)							円筒度10μ으로管理→図面指示			
			C/B의 표면 조도 불량		3.0	1.3	0.7	1.4		実績値8S를図面指示			
			Piston 표면 조도 불량		3.0	1.3	1.0	1.6		実績値1.6Sを図面指示			
			Piston 정도 불량		3.0	1.3	1.0	1.6		実績値를図面指示 真円度3μ			
										円筒度5μ			

표 8.2는 주행모터 실린더 블록 부분에 대한 FMEA 예이다. FMEA를 실시할 때에는 모든 아이템을 열거하여야 하나 여기에서는 설명을 단순화하기 위하여 실린더 블록 부분만 예를 제시하였다. 두 번째 열에는 각 아이템이 수행하는 기능을 기술하고 있는데 이에 따라 필요한 기능을 확인하고 고장의 의미를 정확하게 파악하기 위함이다.

세 번째 열은 아이템의 기능이 상실되는 여러 가지 상태. 즉 각종의 고장을 열거한다. 따라서 실제로는 한 개의 아이템에 두 개 이상의 고장 모드가 있는 경우가 많다. 네 번째 열에서는 고장의 원인이다.

그리고 다섯 번째 열은 상위에의 영향을 분석하고, 여섯 번째 열은 고장의 심각도이다. (표 8.3 참조)

[표 8.3] 심각도에 의한 평점

심각도	5.0	치명적 손상
	3.0	중대 손상
	1.0	기능 불량
	0.5	기능 유지

또 일곱 번째 열은 검출 난이도로 표 8.4를 참조하여 분석하는데 고장 발생 전에 징후를 검출하여 고장 발생 전에 간단하게 조치가 가능하면 0.7, 검출이 가능하면 1.0, 검출이 불가능하면 1.3으로 평가한다.

[표 8.4] 검출도에 의한 평점

검출도	1.3	검출 불가능
	1.0	검출 가능
	0.7	간단하게 검출 후 조치 가능

이어 여덟 번째 열은 일어나기 쉬움의 정도를 표8.5를 참조하여 0.7부터 1.5까지의 3단계로 구분하고 각각의 구분에 따라 평점을 주는 방법이다.

[표 8.5] 발생률에 의한 평점

발생률	1.5	해당품이 개발단계에서 발생한 적이 있다 ⇒ 대책실시완료
	1.0	유사품에서 발생되었지만 해당품은 대책실시 완료하였고 그 대책의 타당성을 평가한 경우
	0.7	과거에 전혀 발생경험이 없는 경우

마지막으로, 치명도 평점과 검출 난이도, 빈도의 평점을 곱하여 기하평균을 구한다. 이 값을 평가하여 총평균 값이 1.8 이상인 경우 변경이 필요하며, 1.6 이상인 경우 설계 타당성이 증명되었는가 확인해야 하고, 1.4 이상이면 수치로 관리하고 확인하여야 하는 항목이 된다. (표 8.6 참조)

이와 같은 순서로 시스템의 고장 결함을 놓치지 않고 적출함과 동시에 개선의 노력을 집중하기 위한 판단의 근거를 마련하는 것이 FMEA의 목적이다.

[표 8.6] 총평균의 평가

총평균 값	1.8 이상	변경 필요
	1.6 이상	설계 타당성이 증명되었는가 확인
	1.4 이상	수치로 관리하고 확인

이렇게 분석한 결과를 활용하여 항목별 고장 발생의 방지를 위하여 구체적으로 시행 방안을 강구하는 것도 중요하다. 즉 도면상에 어떻게 기술하였는지, 작업공정도 및 QC 공정도에는 어떻게 반영했는지 기술하여야 한다. 또 도면 배포 시 Control Plan도 작성, 배포하여 후공정에서 중점적으로 관리되도록 하여야 한다.

FMEA를 작성하는 데에는 많은 수고가 필요하지만 한번 실시하여 놓으면 계속하여 사용 가능하고 또 경험을 바탕으로 개정해 가면 신뢰도를 향상하는데 큰 도움이 된다.

8.6.4 기본 및 상세 설계 단계

1) Design Review

우리가 새집을 구하기 위해 조사하려 할 때 천천히 시간을 두고 신중하게 체크하였다고 하지만 나중에 보면 여러 가지 누락된 것이 많다고 느꼈을 것이다. 문의 열림 방향은 어디로 향하는지, 조명은 어떠했는지, 창의 높이는 어느 정도인지 자신의 기억력과 주의력에 한계를 실감하는 경우를 누구라도 경험하였을 것이다.

정신을 집중하여 보지만 다음에도 결과는 정도의 차이일 뿐 동일한 경험을 한다. 따라서 완벽한 점검과 조사를 하기 위해서는 사전에 충분한 준비를 하지 않으면 안 되며 다른 사람의 생각도 들어 보고 미처 생각하지 못한 부분이 있는가 확인하고 반영하지 않으면 안 된다.

신제품을 개발하는 경우도 동일하다. 디자인 리뷰는 설계 프로세스 단계마다 전문가들을 모아 완료된 설계에 대하여 점검하고 각각의 기술자와 전문가가 보유하고 있는 지식과 경험을 이용하여 설계상 불합리한 부분을 검출해 내는 방법이다. 구상이 거의 확정되는 단계, 기본설계가 끝나는 시점에서 관계자 및 경험자들의 의견과 비판을 듣고 참고하여야 한다. 참가하는 사람들은 사내의 관련 부서 담당자 및 책임자로 하고 때로는 고객이나 발주처로부터 파견된 전문가 등으로 구성한다. 경우에 따라서는 단순히 지혜나 경험을 빌리는 경우도 있지만 최종 결정권자의 정책 결단을 받기 위해서, 혹은 고객과의 계약으로 의무적으로 하는 경우도 있다.

이들을 총칭하여 디자인 리뷰라고 하는데 처음에는 설계심사라고 번역되는 경우도 있었지만 상하 관계의 경직된 분위기보다는 부문 간의 수평관계를 강조하기 위하여 심사라는 말 대신에 디자인 리뷰(DR)라고 부르고 있다.

그런데 디자인 리뷰를 할 때 토론하고자 하는 주제를 명확히 해 놓지 않으면 참가자들이 열심히 경청하고 토론을 하여도 각자의 입장만 주장할 뿐, 결과를 도출하기가 어려운 경우가 많다. 혹은 개발 담당자의 설명이 사리에 맞게 잘할수록 참가자들로부터 도움이 되는 비판과 의견이 나오지 않는 경우도 많다. 비판과 의견에 따라 담당자가 인지하지 못한 결점을 바로잡고 각 부문의 일치된 신제품에 대한 인식을 갖게 하기 위하여 디자인 리뷰를 하는 것이다.

따라서 디자인 리뷰의 범위를 좁히는 것이 좋다. 예를 들어 구상과 설계의 전 내용을 설명한 후 성능, 중량, 비용, 신뢰성 등 세분화된 과제의 분과회를 만들어 각각의 분과회에서 취급하도록 주제를 좁힌다. 물론 참자가는 그 주제에 해박한 사람이 참가하는 것이 바람직하지만 꼭 그렇다고 해서 전문가만일 필요는 없다.

비용 등의 경우 전반적인 구상과 설계의 설명회에서는 구체적이고 현실적인 제안 등은 거의 기대할 수 없지만 비용으로 주제를 좁힌 디자인 리뷰의 분과회로 하면 유용한 의견이 나오는 경우도 있다.

이와 같이 구상이 굳혀질 때 기본설계 단계에서 신뢰성에 주제를 좁혀 디자인 리뷰를 하는 것을 권장하고 싶다. 개발 담당자가 신뢰성에 대한 인식을 갖고 노력을 기울이는가? Verification은 제대로 수행하고 있는가? 혹은 환경시험 등을 포함한 신뢰성 시험 계획은 타당한가? 라는 기본적인 것부터 이 부품은 왜 표준품을 적용하지 않는가? 이 스위치는 빗물에 견디게 하기 위하여 위아래를 거꾸로? 라는 세부 사항까지 다각적으로 검토를 수행한다.

물론 내용이 풍부한 디자인 리뷰를 하기 위해서는 설계, 제조, 검사 등 각 분야의 전문가가 참가하도록 하는 것이 바람직하지만 참가자가 신뢰성의 중요성을 인식하고 있지 않으면 안된다.

신뢰성의 중요성을 모두가 인식함과 동시에 세세한 부분까지 주의를 기울여 신제품 신뢰성 체크리스트를 만들어 점검하여야 한다.

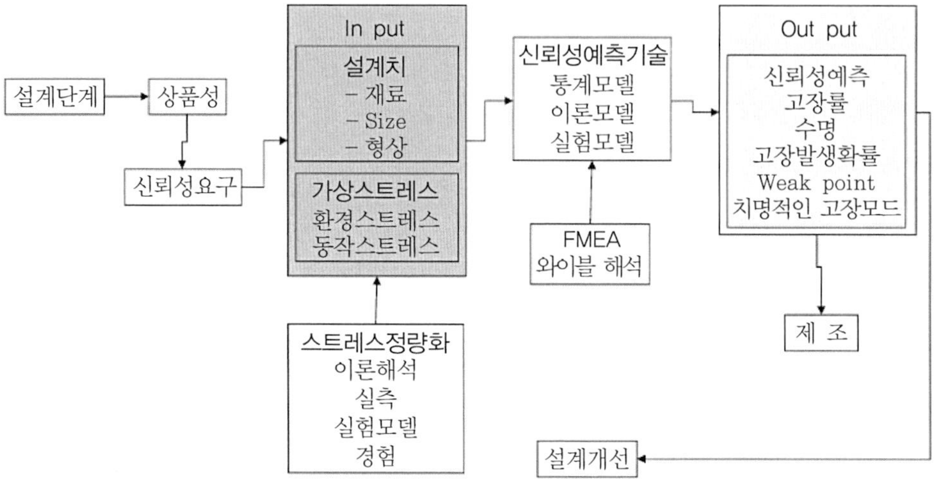

[그림 8.7] 설계단계에서의 신뢰성 활동

디자인 리뷰에는 제삼자를 참여시키는 종합디자인 리뷰와 설계부문 내에서 해당 설계에 직접 관련되지 않은 전문가를 중심으로 시행하는 개별디자인 리뷰가 있다.

종합디자인 리뷰는 신규 개발제품 중에 중점기종에 해당하는 제품을 대상으로 실시하는데 관계되는 설계 외 각 부문의 적임 전문가가 제삼자의 눈으로 설계를 평가하는 것이 상징적이다. 이때 시스템 전문가, 제품개발 전문가, 제품기술자, 생산기술 전문가, 검사 전문가, 신뢰성 전문가, 품질 전문가, 원가 전문가, AS 전문가, 부품사업 전문가 등이 참석한다.

개별디자인 리뷰는 중점기종과 Family를 이루는 기종이나 종합디자인 리뷰의 후속 Follow up으로써 설계 담당자가 속하는 설계부문의 동료, 상사, 관계되는 부문 전문가로 소그룹을 구성하여 시행한다. 종합디자인 리뷰 시 상세하게 점검되지 못한 부분을 관련 전문가들이 심도 있게 점검하게 된다.

8.6.5 신뢰성 평가

1) 신뢰성 평가 시험

신뢰성 시험은 제품을 개발하여 고객에 인도하기 전에 의도된 기능을 충실히 발휘할 수 있는가를 확인하는 시험으로, 예상되는 시장 불량을 조기에 검출하여 초기고장부터 마모고장 단계까지 시장에서의 불량률 감소를 도모하며 고객의 요구에 적합한가를 판단하기 위하여 실시된다. 또한, 최근에는 제조기술 및 작업자 숙련도가 높아짐에 따라 기존의 품질관리 기법으로는 제품의 품질을 보증하는 데에는 한계가 있어 가속시험 등 신뢰성 시험이 강화되는 추세이다. 신뢰성 시험은 다음의 표 8.7과 같이 분류할 수 있다.

[표 8.7] 신뢰성 시험의 구분

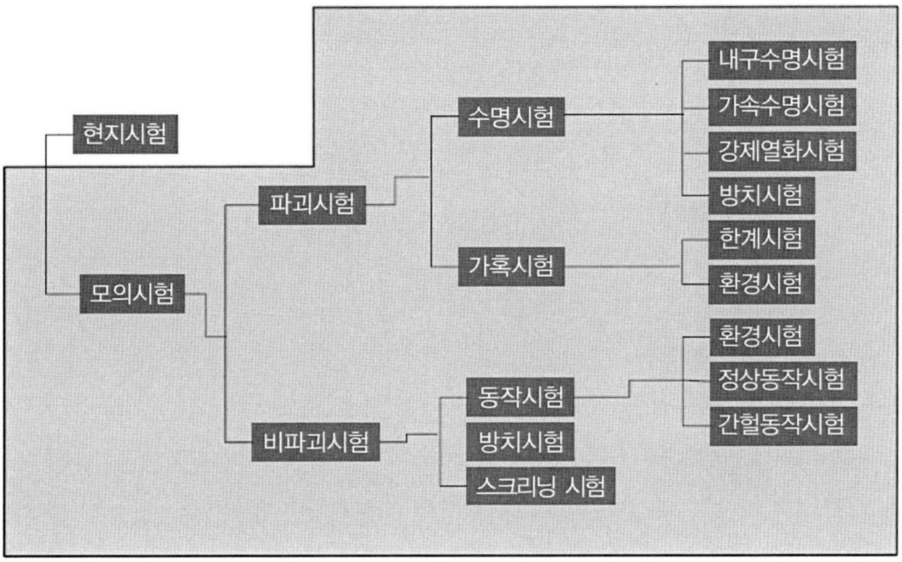

신뢰성 시험의 고려요인으로는 사용환경과 유통환경에 따른 환경적 요인, 진동, 낙하, 충격 등에 의한 기구적 요인, 정전기, 정전에 의한 전기적인 요인과 수명시험의 실시 여부 및 방법 등을 들 수 있다.

신뢰성 평가 목적은 여러 신뢰성 시험을 통하여 규격 및 사양의 적합 여부를 확인하고 개선 방향을 객관적으로 설정하게 하며, 시험 도중 혹은 결과에 따라 확보된 데이터를 수집, 분석하여 신뢰성을 예측하는 것이다.

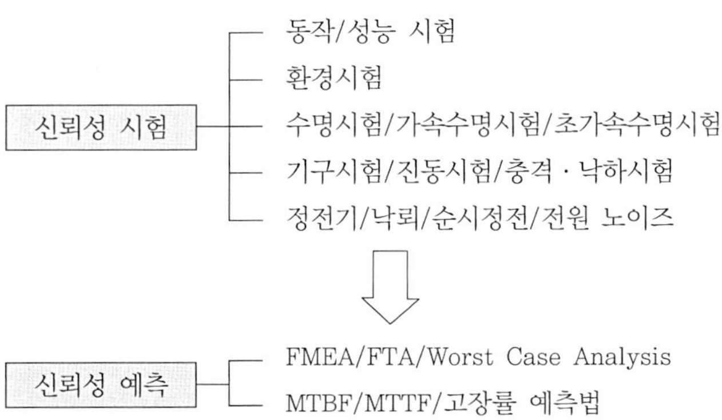

[그림 8.8] 신뢰성 시험과 신뢰성 예측

신뢰성 시험은 먼저 설계조건에 의한 요구 신뢰성을 파악하고 항목 및 조건, 판정 기준을 설정한 후, 시험의 시행과 해석 평가를 순차적으로 실시하여 그 결과를 설계에 Feedback 하거나, 영업 및 고객 서비스 자료로 활용하게 된다.

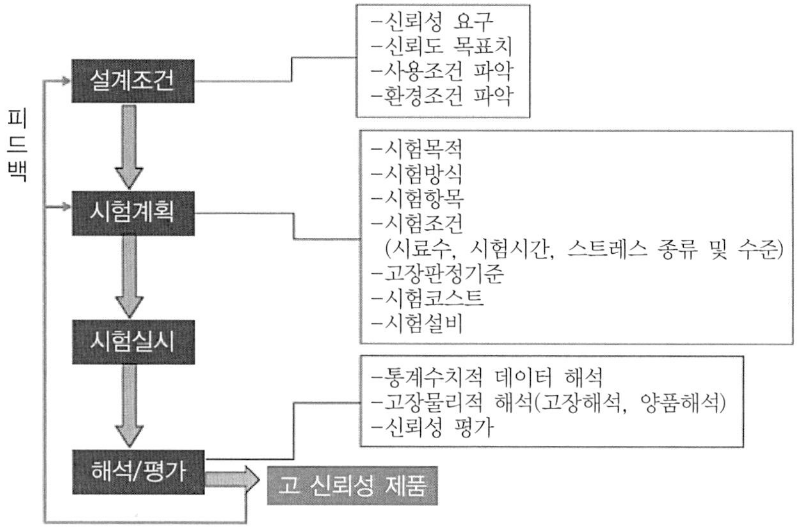

[그림 8.9] 신뢰성 시험의 진행

신뢰성 시험 인자로는 환경 스트레스 조건, 시간, 시료 수 등이며 시험 결과에 대한 데이터 해석은 통계적, 물리 화학적 물성의 해석 등으로 행해진다.

신뢰성 시험은 최소 시료로 최대 효과를 내기 위하여 복합시험이 가능토록 하여야 한다. 또 시험 목적을 분명히 하고 판정 기준에 따라 시험의 결과가 달라지므로 고장에 대하여 적절한 정의가 필요하다. 과거의 데이터와 시험결과로 장기적인 고장을 예측하고 시험에서 발생한 고장품을 해석하여 피드백하기 위해서는 표본시험의 확률적인 사고방법과 분석 방법을 명확히 하여야 한다.

(1) 환경 영향의 모사 및 검증

힘, 온도, 진동, 충격 등 스트레스가 가해지면 고장률은 증대하지만, 실제 제품은 실험실과는 다른 스트레스 환경조건 아래서 사용된다. 그렇다면 제품의 신뢰성을 확인한다든지 보증한다든지 혹은 개선해야 하는 결함을 찾거나, 개선된 제품이 문제없이 실제 현장에서 가동되는가는 사용되는 환경을 모사하거나, 실작업 환경에서 시험해볼 필요가 있다. 따라서 실험실에서는 여러 가지 모사된 환경에서 시험해야 한다. 고온, 저온, 고압, 저압, 습도, 강우, 곰팡이, 염무, 모래 먼지, 폭풍, 누설, 진동, 충격, 가속도 등등...

이들은 단독 혹은 두 개 이상의 시험조건을 조합하여 실시하지만 사용해야 하는 시험설비와 시험의 순서에 대해서는 안전에 관련된 사항 이외는 공통된 규격을 만들기 어려우므로 각 사가 오랜 경험을 바탕으로 각각의 규격으로 정하여 사용하는 경우가 많다.

시험 설비를 전부 갖추는 것은 투자의 한계로 힘들며 시험에 소요하는 비용도 상당하다. 따라서 기업에서는 모든 시험 관련 설비를 갖추기 어려우므로 공공기관이 보유하고 있는 시험 설비를 이용하려 하지만 필요한 시기에 요구되는 반복시험을 시행하기에 결코 충분한 것은 아니다. 따라서 이들을 효과적으로 해결하는 것이 기업의 과제이다.

신뢰성 평가에 사용되는 데이터는 공장과 실험실에서 계획적으로 만들어내는 데이터 외에 고객이 사용하고 있는 상황을 추적하여 얻는 Field Data가 있다.

(2) 중도중단 시험 – 시간의 장벽 극복

품질관리에서 사용하는 표본 개수와 합격 판정 기준표는 제품의 불량 개수 혹은 불량률을 대상으로 하고 있으므로, 이항분포를 기준으로 이미 표가 만들어져 있다. 한편 신뢰성공학에서는 고장률과 평균수명 MTBF를 취급하므로 지수분포를 기초로 한 기준이 필요하다.

신뢰성 관점에서는 평균수명 등을 구해야 하기 때문에 한계 수명에 이르기까지 시험이 필요하므로 시간의 장벽에 부딪히게 된다. 따라서 중도중단 시험 방법을 채택하여 시간의 장벽을 극복한다. 중도중단의 방법에는 규정 시간이 지나면 시험을 중단하는 정시중단 시험 방식, 미리 규정한 수의 고장이 일어났을 때 시험을 중단하는 정수중단 시험방식 등이 있지만, 이 모두 신뢰성공학에 기반한 시험 방법이다.

표 8.8은 고장률 또는 그 역수인 MTBF를 정시중단 시험 방식에 따라 보증하기 위한 것이다. 보증하는 고장률은 이것 이하이면 문제없다는 것이 아니고 이 값 이상은 곤란하다는 것이다. 이 고장률을 λ라 하자. 그리고 로트의 고장률이 λ 이하라는 판정이 잘못인 확률, 바꿔 말하면 소비자의 리스크 β를 10% 로 억제 하자고 할 때 판정의 신뢰수준은 90%이다 라고 말한다. 판정이 바른 확률이 90% 이기 때문이다.

표의 상단은 시험을 중단하기까지의 시간을 T로 하고 λT의 값으로 구분하고 있다. 물론

$$\lambda = \frac{1}{MTBF}$$

이므로 T / MTBF로 구분한다고 생각하여도 지장 없다. 표의 좌측이 합격 여부 판정의 개수로 시험 중에 발생한 고장 수가 이 값 이하라면 로트는 합격, 이 값을 상회하면 불합격이라고 판정하는 것으로 된다. 그리고 표 중의 값은 표본 개수이다.

만약 제품의 MTBF가 1000시간 이상인 것을 90%의 신뢰수준으로 보증하고 싶지만, 출하를 서둘러 200시간에서 시험을 중단한다고 하자. 몇 개를 표본으로 하여 시험하면 좋은가?

[표 8.8] 정시중단에 의한 합부 판정표(신뢰수준 90%)

합격 판정기준 \ λT	1.0	0.5	0.2	0.1	0.05	0.02	0.01
0	3	5	12	23	47	116	231
1	5	9	20	40	79	195	390
2	7	12	28	50	109	266	533
3	9	15	35	69	137	233	688
4	11	19	42	83	164	398	798

MTBF가 1000시긴이므로 λ는 0.001/시간이다. 그리고 t가 200시간이므로

$$\lambda T = 0.001 \times 200 = 0.2$$

이다. 표 8.8로 상단이 0.2의 난을 보라. 표본 개수 n이 12일 경우 시험 중 고장이 제로이면 합격, n이 20개이면 고장은 1개 이하 등등. n을 42로 늘리면 판정 기준은 4가 된다. 즉 표본 개수가 많으면 많을수록 판정 기준은 느슨하게 된다.

따라서 몇 개를 시험에 사용하는가는 주로 로트의 크기에 따라 판단하게 된다. 제품의 수가 몇십 개의 적은 로트이면 42개로 표본시험 하는 것은 너무 많고 로트가 불합격일 때 손해도 크게 되므로 12개로 시험을 하면 좋다. 수천 개의 로트이면 불합격일 때의 큰 손해를 피하고자 시험품의 수를 늘리는 것이 좋다.

이어 표 8.8의 우측 난을 보자. 여기는 λT가 0.01이다. λ가 0.01/시간이므로 시험 기간 T가 작은 10시간을 의미한다. 1000시간의 MTBF가 아주 작은 10시간 시험으로 보증하는 것을 의미하는데 시간의 장애를 극복했다고 할 수 있으나 대신에 표본 수는 많아지게 된다.

(3) 가속시험 – 평가 시간의 단축

위의 중도중단 시험으로 장시간을 필요로 하는 신뢰성 시험을 단시간에 끝낼 수 있지만 신뢰성 시험의 시간을 단축하기 위해서는 가속시험을 활용하게 된다. 제품의 신뢰도를 단시간에 평가하기 위해서는 제품이나 시스템을 통상의 사용 환경조건보다 가혹한 조건(단, 바로 파손된다든지, 다른 고장 메커니즘이 발생하게 하는 스트레스 조건은 제외)에서 수행하는 시험을 가속시험이라 한다.

가속시험은 일반적으로 두 가지로 구분된다. 하나는 ALT(Accelerated Life Testing)이고 다른 하나는 AST(Accelerated Stress Testing) 혹은 HALT(Highly Accelerated Life Test)이다. 정상 상태에서의 수명을 결정하거나 보증하기 위하여 실시하는 것이 ALT이며, 잠재적인 불량, 설계 취약점을 단시간에 확인하고 설계, 공정불량을 사전에 제거하는 것이 AST이다.

초가속 수명 시험(Highly Accelerated Life Test - HALT)은 일반적인 가속시험으로는 신뢰성 시험에서 검증되었음에도 시장에서 예측하지 못한 어떠한 이유로 지속적으로 불량이 발생할 가능성이 있고, 시험시간과 시료 수 대비 검출력이 미흡한 경우가 있을 수 있다. 이를 보완하기 위한 시험법이 HALT이다. HALT(Highly Accelerated Life Test)는 기존 신뢰성 시험과 다른 새로운 개념의 설계검증 시험이다. 제품 설계 혹은 개선 단계에서 실시되며 취약 부분을 빨리 찾는 동시에 개선 방법을 적용해 시장에서 문제 발생을 낮추게 하는 것이 목적이다. Field 환경을 모사하는 개념이 아니며, 취약 부분을 최대한 빨리 발견하고 가속할 수 있도록 저온/고온 조건과 랜덤 진동, 고 Stress를 사용해서 Weak Point 불량을 가속한다. 본 시험은 설계자의 참여로 중요 Parameter를 선정하고 시험 순서에 따라 특성을 모니터링하는 과정으로 이루어진다. 불량이 발생하면 불량 포인트를 찾아내고 개선점을 찾아 제품의 Safety Margin을 확보한다, 무엇보다도 설계자와 시험자 간의 협의로 Test Plan을 설계하고 정확한 시험(목적하는 특성값을 변동시킬 수 있는)을 하며, 문제점 발생 시 원인 분석을 할 수 있어야 한다. HALT 시험의 효과는 잠재적인 설계 혹은 공정상의 불량을 사전에 제거하고 단시간 내에 작은 시료 수로도 검출력을 향상 할 수 있어 시장 불량 개선 시 필수적인 시험항목으로 활용되고 있다.

HALT 사례로서는 Thermal Step Stress Test(Cold & Hot), Rapid Thermal Transient Stress Test, Vibration Step Stress Test, Combined Environment Stress Test 등이 있다.

수리가능계의 제품이 고장 나면 수리하여 반복시험을 하는 경우도 있지만, 여기에서는 비교적 단순한 고장 메커니즘(모드)을 갖는 부품, 재료를 대상으로 하는 가속시험에 대하여 설명해보자.

가속시험의 가장 전형적인 방법은 가하는 스트레스를 크게 하여 빨리 고장 나게 하는 방법이다.

예를 들면 그림 8.10은 금속의 피로 수명을 가리키는 S-N 곡선이며 1kg의 힘이면 100,000회, 2kg이면 1,000회, 3kg이면 100회, 4kg이면 10회로 파괴된다는 예시이다.

가속시험에서는 전압, 온도, 진동 등의 스트레스를 증대시키는 수단으로써 자주 이용된다. 대개 전자기기는 전압이 높게 될수록 또 환경 온도가 높을수록 고장률이 높게 되는 경향이 있으므로, 그것을 역수로 하여 실제의 사용조건보다 전압과 온도를 높여 시험시간을 단축한다.

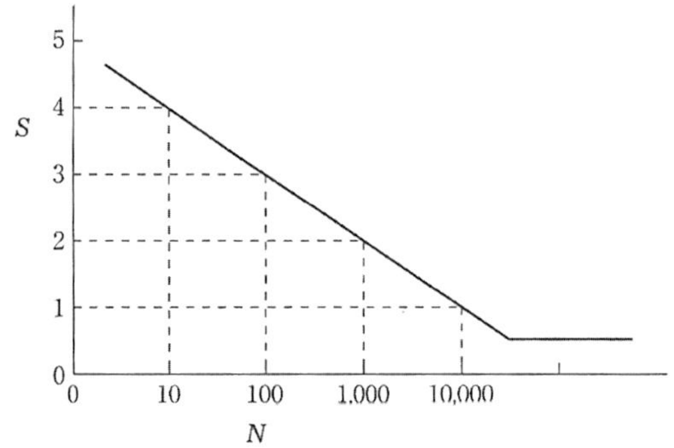

[그림 8.10] S-N 곡선 예

전기 피로시험에서는 동작 1 Cycle 시 걸리는 힘을 가능한 한 실제와 동일하게 부과하는 것이 원칙이다. 예를 들면 1회 시동 시 한 번만 걸리는 힘은 하루에 시동을 1~2회 건다고 하고, 기타 시간을 낭비할 필요 없이 바로 작동을 시켜 실제의 굴착기 작동 5~10년 정도의 시동 횟수를 수주일 혹은 수개월 만에 테스트를 끝내버린다. 시험 기간을 단축할 수 있는 점에서는 가속시험과 동일하지만 이런 시험법은 가속시험이라 하지 않는다.

가속시험 모델에는 스트레스 강도 모델, 최약 링크 모델 등 여러 가지 있지만, 여기에서는 일반적인 반응속도론 모델을 이용하여 설명한다. 이 모델은 제품의 열화, 예를 들면 물질의 확산, 산화, 크랙의 성장, 부식 등 화학 반응론적인 경시변화의 과정을 거쳐 일어나는 점에 착안한 것이다. 고장까지는 많은 메커니즘이 관여하고 있다 하여도 그 가운데 가장 시간을 필요로 하는 부분의 반응속도를 증가시키면 수명을 단축시킬 수 있다.

이 반응속도 Λ와 그것을 촉진하는 스트레스(부하, 환경인자)와의 관계는 여러 가지 고려되지만 여기서는

$$\Lambda = \Lambda_0 \times e^{-\frac{E_a}{kT}} \times S^{\alpha} \tag{8.1}$$

여기서

Λ : 반응속도

Λ_0 = 정수

E_a =활성화 에너지

k =볼쯔만 정수

T : 온도 $T(^0K)=273+T(℃)$

S : 온도 이외의 스트레스(전압, 전류, 증기압, 응력 등)

α : 정수

이라는 관계식으로 설명된다. 이 반응에 따라 단축되는 부품의 수명 L(MTTF)은 Λ에 반비례한다. 즉 반응에 동반하는 변화의 속도가 빠를수록 수명은 짧아지므로 $L \propto 1/\Lambda$의 관계가 성립한다. 양변에 자연 대수를 취하면

$$\ln L = 정수 + E_a / kT - \alpha \ln S$$

로 된다.

여기서 스트레스 S가 일정한 경우, $\ln L = 정수 + E_a / kT$ 는 직선으로 된다.

이 관계는 아레니우스(Arrhenius) 식이라 불리며 온도 T가 높을수록 수명 L은 짧아지는 것을 알 수 있다. 이 관계가 성립하면 가속 상태의 온도 T_1 의 수명 L_1으로부터 기준의 온도 T_2에서의 수명 L_2를 그림에서 읽을 수 있다. 또

$$A_L = L_2 / L_1 = e^{\left(\frac{1}{T_2} - \frac{1}{T_1}\right)} > 1 \quad (8.2)$$

수명이 몇분의 1로 단축되는가 ($1/A_L$)를 나타내는 것이므로 수명가속계수라 한다.

또 T를 일정하게 유지하고 스트레스 S를 높게 가속한다면 $\ln L = 정수 - \alpha \ln S$ 로 되어 $\ln L$ 과 $\ln S$ 는 직선으로 나타내질 수 있다. 이것을 α승 법칙이라 한다.

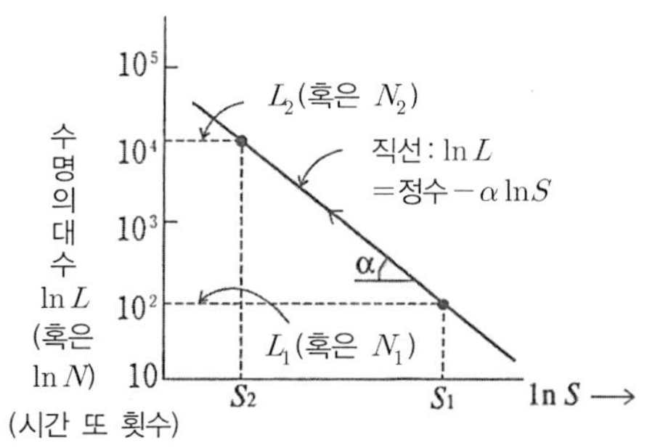

[그림 8.11] α승 법칙(S–N 곡선)

특히 수명이 반복피로수명(횟수 N)인 경우, ln N과 ln S와의 관계를 나타낸 것을 S-N 곡선이라 부른다.

이 경우의 수명가속계수는

$$A_L = \frac{L_2}{L_1} = (\frac{S_1}{S_2})^{\alpha} \text{ 이다.} \tag{8.3}$$

따라서 가속 수명시험 시간은

$$L_1 = L_2 \,/\, (\frac{S_1}{S_2})^{\alpha} = L_2 \,/\, A_L \tag{8.4}$$

로 구할 수 있다.

(4) 가속성의 성립 조건

가속시험에 있어서 가속성이 성립하기 위해서는 다음과 같은 조건이 만족하지 않으면 안 된다.

a) 고장메커니즘이 일정할 것. 따라서 적어도 고장모드가 변하지 않을 것

b) 특성치의 열화 패턴이 스트레스를 바꿔도 바뀌지 않을 것. 여기서 말하는 열화 패턴이란 경시적 변화에 따른 열화량 분포의 모습이다. 열화량의 분포가 스트레스가 변하여도 시간 축상으로 이동함에 따라 중첩이 될 수 있는 것과 같이 수명의 분포도 시간적 이동에 대하여 불변하게 유지되어야 한다. 예를 들면 확률지상에 타점하였을 때 분포의 형상 파라미터(와이블 분포의 m, 대수정규분포의 $\sigma_{\ln t}$, 정규분포의 변동계수 σ/μ 등)는 가속하여도 변화하지 않아야 한다. 와이블 분포의 경우 기준조건(낮은 스트레스)과 가속조건(높은 스트레스)에 대하여 $m_2 = m_1$이고 수명가속계수 $A_L = \eta_2 \,/\, \eta_1 = MTTF_2 \,/\, MTTF_1$의 관계가 성립되어야 한다. 즉 두 개의 와이블 분포의 타점은 평행한 직선으로 η_2로부터 η_1으로 시간상으로 이동하여도 분포는 중첩되어야 한다. (그림 8.12)

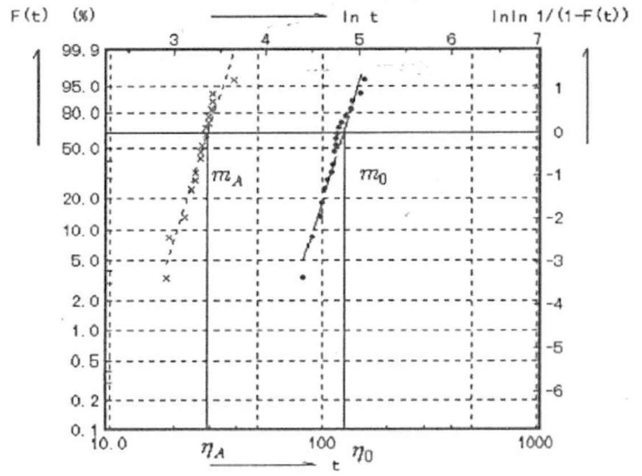

[그림 8.12] 와이블 확률지상에서의 가속성

만약 수명분포가 특정의 분포에 따르지 않고 확률지상에서 휜다든지 직선으로부터 어긋나 있어도 가속성이 성립되면 낮은 스트레스의 타점과 높은 스트레스의 타점은 횡 방향으로 이동(ln t 축상에서 평행 이동)하면 중첩된다.

[표 8.9] 일본 제조사별 중형굴착기 주행 모터의 신뢰성 시험 모드 예

		T 사	N 사	K 사
Motor Assy 실차 주행 내구시험	시험조건	-	-	-
	합격기준	200 Hr	spin turn : 50,000 cyc pivot turn : 240,000 cyc rough road : 120Hr	-
Motor Assy bench 연속 내구시험	시험조건	max 출력 torque 10 rpm	max 출력 torque 11 rpm	max p×1.27 at min Dis
	합격기준	200 Hr	510Hr (정, 역 240,000 cyc, 1방향 150Hr)	600,000 cyc
Motor Assy 과부하 연속 내구시험	시험조건	출력 torque×1.7 15 rpm	-	-
	합격기준	50 Hr	-	-
Motor unit 1속 연속 내구시험	시험조건	350 k 1000 rpm	-	max torque
	합격기준	100 Hr	-	16Hr

[표 8.9] 일본 제조사별 중형굴착기 주행 모터의 신뢰성 시험 모드 예(계속)

		T 사	N 사	K 사
Motor unit 2속 연속 내구시험	시험조건	200 k 2700 rpm	50k at 2500 rpm	–
	합격기준	100 Hr	0.5 Hr	–
Motor unit flywheel 절환 관성 내구시험	시험조건	기동압 350k 2800 rpm (max)	기동압 350k at 1165 rpm	max torque
	합격기준	150,000 cyc	정, 역 500,000 cyc	정, 역 300,000 cyc
Motor unit 1, 2속 절환 내구 시험	시험조건	1속 : 180k, 1300 rpm 2속 : 350k, 2000 rpm	–	350k
	합격기준	150,000 cyc	–	정, 역 30,000 cyc

(5) 신뢰성 관련 시험 계획

건설기계를 비롯한 산업용 기계류 제품에 대하여 신뢰성 평가를 위하여 수명시험을 시행할 때 가장 큰 특징은 고장데이터가 적거나 고장을 모사하기까지 장시간이 소요된다는 것이다. 따라서 총 시험비용과 시간의 제약으로 불가피하게 소수의 시료만으로 한정된 시간 내 시험을 완료해야 한다. 따라서 기계류 부품이나 제품의 시험현장에서 신뢰성 평가나 보증을 위해 가장 널리 사용되는 시험방식 중의 하나가 무고장 시험방식이다. 무고장 시험방식이 선호되는 이유는 비교적 수월하게 요구수명을 주어진 신뢰수준으로 보장하는지 시험하는 방식이기 때문이다. 현재 대표적인 신뢰성 보증시험 규격으로는 지수분포에 의한 것은 Quality Control and Reliability Handbook 108, MIL-STD-690, MIL-STD-781이 있고 와이블 분포에 의한 것은 미 국방성의 Quality Control and Reliability Technical Report TR-3 (1961), TR-4가 있다. 또 유압 기계류 부품에 대한 신뢰성 평가 방법은 Method to Access the Reliability of Hydraulic Components인 ISO TC 131 (2005) 등이 있다.

a) 보증수명(MTBF)의 산출

평균수명(MTBF)은 와이블 분포에서

$$E(t) = MTBF = \eta \Gamma(1 + \frac{1}{m}) \tag{8.5}$$

이며 백분위수명(t_p)는 불신뢰도 $F(t) = p$인 시간 t를 의미하며 수명이 형상모수가 m인 와이블 분포를 따른다면 불신뢰도와 신뢰도의 관계는 다음과 같다

누적고장함수 $F(t)$

$$F(t)=1-R(t)=1-e^{-(\frac{tp-\gamma}{\eta})^m}=p \tag{8.6}$$

$$p=1-e^{-(\frac{tp-\gamma}{\eta})^m}$$

$$1-p=e^{-(\frac{tp-\gamma}{\eta})^m}$$

양변에 자연로그를 취하면

$$\ln\ (1-p)=-(\frac{tp-\gamma}{\eta})^m \tag{8.7}$$

$tp=\eta(-\ln(1-p))^{\frac{1}{m}}+\gamma$ 이므로

위치모수 $\gamma=0$이면, 백분위 수명은

$$tp=\eta(-\ln(1-p))^{\frac{1}{m}} \tag{8.8}$$

이며 특성수명은

$$\eta=\frac{tp}{(-\ln(1-p))^{\frac{1}{m}}} \tag{8.9}$$

가 된다.

이를 10%의 누적고장률 시간을 B_{10}시간으로 표현하면 다음과 같이 표현할 수 있다.

$$\eta=\frac{B_{10}}{(-\ln(1-p))^{\frac{1}{m}}} \tag{8.10}$$

따라서 10% 분위 평균수명 MTBF는

$$MTBF=E(t)=\eta\Gamma(1+\frac{1}{m})=\frac{(B_{10}-\gamma)}{(-\ln(1-p))^{\frac{1}{m}}}\Gamma(1+\frac{1}{m}) \tag{8.11}$$

이다.

여기서 p: tp에서의 불신뢰도

η : 특성수명(63%가 고장 나는 수명)

MTBF : 평균고장시간(Mean Time Between Failures)

b) 무고장(Zero Failure) 시험시간

한편 위와 같이 척도모수가 η이고, 불신뢰도와 신뢰도가 $F(t)$, $R(t)$일 때 시간 t까지의 고장수는 모수가 n, $F(t)$인 이항분포를 따른다.

따라서 합격확률

$$\mathrm{PA} = \Sigma_{x=0}^{0} \binom{n}{x} F(t)^x R(t)^{n-x} = R(t)^n \tag{8.12}$$

이다.

그런데 보증하고자 하는 척도모수가 η_0일 때의 불신뢰도와 신뢰도를 각각 $F_0(t)$, $R_0(t)$라 하면 신뢰수준 CL(소비자위험=1− CL)을 만족하는 시험시간 t는 다음과 같은 관계식으로 구해진다.

$$1-CL = \Sigma_{x=0}^{0} \binom{n}{x} F_0(t)^x R(t)^{n-x} = R_0(t)^n \tag{8.13}$$

따라서

$$R_0(t) = (1-CL)^{\frac{1}{n}}$$

수명은 형상모수가 m인 와이블 분포를 따르므로

$$R_0(t) = (1-CL)^{\frac{1}{n}} = e^{-(\frac{t}{\eta_0})^m} \tag{8.14}$$

이 된다. 따라서 양변에 자연로그를 취하면

$$t = \eta_0 \left(\frac{-\ln(1-CL)}{n}\right)^{\frac{1}{m}} \tag{8.15}$$

여기서 식 (8.10)에서 구한 특성수명 η가 보증하고자 하는 특성수명으로 되도록 하는 무고장 시험을 시간을 구하기 위해 식 (8.15)에 대입하면

$$t = \frac{B_{10}}{(-\ln(1-p))^{\frac{1}{m}}} \times \left(\frac{-\ln(1-CL)}{n}\right)^{\frac{1}{m}} \tag{8.16}$$

$$= B_{10}\left(\frac{\ln(1-CL)}{n\ln(1-p)}\right)^{\frac{1}{m}}$$

이 된다.

c) 시험 표본 개수

랜덤하게 추출된 n개의 시험 표본이 요구 수명을 나타내는 t시간까지의 시험 동안 무고장이고, 시험부품의 신뢰도 함수가 $R(t)$라면, 전체 n개의 부품이 t시간까지 생존할 확률은 $R(t)^n$이 된다. 다시 말해서 t시간까지 적어도 하나의 부품이 고장 날 확률은

$P_A = 1 - R(t)^n$ 이다.

또 랜덤하게 추출된 n개의 시험 표본이 t시간까지의 시험 동안 무고장이라면 시험표본의 최소 신뢰도는 신뢰수준 CL을 갖는 $R(t)$와 같다는 것을 의미한다. 이것은 다음과 같은 수식으로 나타낼 수 있다.

$$\mathrm{CL} = 1 - R(t)^n \quad 또는 \quad R(t) = (1-CL)^{\frac{1}{n}}$$

따라서 양변에 로그를 취하면 시험 표본 개수는 요구되는 신뢰도와 신뢰수준 P_A에 의해

$$n = \frac{\ln(1-CL)}{\ln R(t)} \tag{8.17}$$

로 계산되는데 식 (8.17)에 대입하면

$$n = \frac{\ln(1-CL)}{\ln(1-p)}\left(\frac{B_{10}}{t}\right)^m \tag{8.18}$$

가 된다.

(6) 내구 신뢰성 시험 모드의 개발

신뢰성 평가를 위한 내구가속시험 조건의 설계 기법에 관하여, 휠로더 동력전달계에 작용하는 하중을 실차계측을 통하여 그 이력을 취득하고, 취득된 자료를 통계적으로 분석하여 내구가속시험 조건을 결정한 실례를 들어보자.

휠로더는 엔진에서 발생한 동력을 유압 시스템을 작동시키기 위한 유체에너지와 동력전달계(powertrain)를 구동하기 위한 기계에너지로 각각 전환, 전달하여 사용한다.

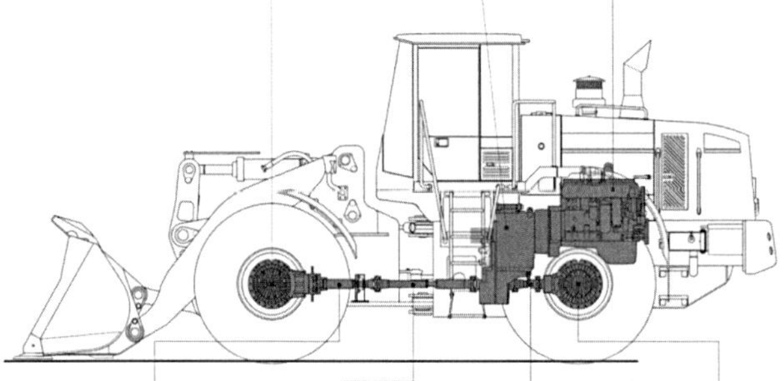

[그림 8.13] 휠로더 동력전달 계통

주행계의 주요 구성품에는 토크컨버터, 트랜스미션(transmission), 드라이브 샤프트(drive shaft), 차축(axle) 등이 있는데 작업 특성상 적입 및 단거리 이동 시 작업장치 구동과 주행작업이 동시에 이뤄지며, 이와 같은 작업을 수행할 때 동력전달계 부하는 단순한 장비 이동 주행 시보다 매우 크기 때문에 이러한 작업 조건으로 동력전달 관련 부품은 내구 신뢰성을 확보하여야 한다.

따라서 그 신뢰성을 시험실 내에서 확인하기 위하여 작업 종류별 부하의 특성을 분석하고 이를 통해 부하 이력을 확보하여 신뢰성 평가와 내구시험 코드를 개발하게 된다. 부하 계측을 위해서 회전 부위 계측 특성상 텔레메트리(Telemetry) 시스템을 활용하였고, 등가 부하 계산 및 내구시험 설계 등을 수행하였다.

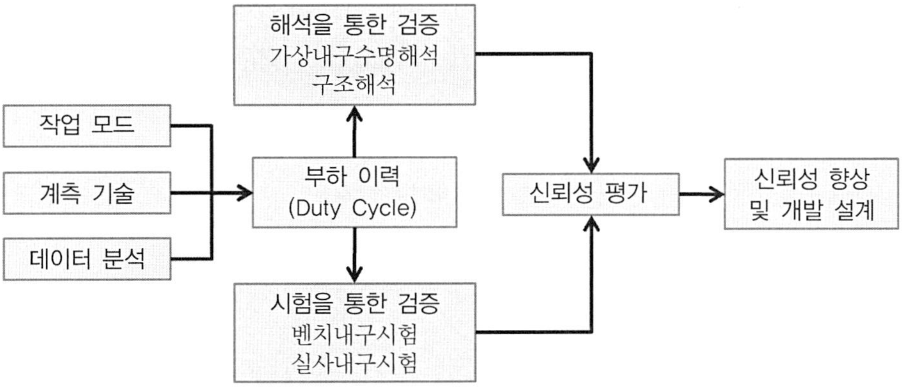

[그림 8.14] 신뢰성 평가 시험 코드 개발과 시험 절차

a) 작업조건 및 부하 계측 분석

동력전달계의 신뢰성 평가에 있어서 고객이 장비를 사용하는 동안 작업 특성을 통계적으로 분석해서 시험결과에 반영해야 하지만, 운전자, 작업 장소, 작업 환경, 지역이나 국가별로 장비 사용 조건이 상이하기 때문에 이 모든 것을 시험조건에 반영하는 것은 현실적으로 어려운 점이 많다. 그런데도 신뢰성 시험의 신뢰수준을 결정하는 가장 중요한 요인이기 때문에 최대한 객관적인 근거에 기반을 두고 시험 조건을 선정해야 하며, 지속해서 수정해야 한다.

여기서는 23톤급 휠로더의 작업조건을 분석하기 위해서 여러 고객의 작업장을 방문하여 모니터링하고, 참고문헌과 오랜 경력의 운전자와의 면담을 참고하여 8가지의 작업모드를 설정한 예이다.

[표 8.10] 휠로더 작업조건의 예

대분류	세부 항목	사용률 (%)		
		조건 1	조건 2	조건 3
도로 주행	정속 주행	10	10	5
	최고속도 주행	40	10	10
작업	작업장 험로 주행	5	10	10
	작업장 경사로 주행	5	10	15
	V-상차	30	25	50
	호퍼	5	25	5
	기타 작업	5	10	5

동력전달계의 부하 분석 항목은 전/후 드라이브 샤프트의 토크와 회전수, 전/후 차축의 수직 하중 등이다. 드라이브 샤프트의 토크는 스트레인 게이지(Strain Gauge)와 텔레메트리(Telemetry) 시스템을 사용하고, 회전수는 장비의 CAN 통신에서 취득하며, 차축의 수직 하중은 스트레인 게이지를 통한 기법으로 측정하였다. 그 밖에 엔진, 토크컨버터의 터빈, 트랜스미션의 회전수, 기어 변속 단수, 연료 소모량 등의 정보는 CAN 통신으로부터 취득하였다. 그림 8.15는 전/후 드라이브 샤프트의 토크 계측을 위한 텔레메트리 시스템을 나타내고, 그림 8.16은 표 8.10의 시험조건에 대하여 실차 계측하는 장면이다.

[그림 8.15] 전/후 드라이브 샤프트의 토크 계측 시스템

[그림 8.16] 부하계측을 위한 실차 시험

b) 부하 분석

실차 시험을 통해서 동력전달계의 다양한 계측 신호를 취득한 예를 그림 8.17에 나타내었다. 그림 8.17에는 V-상차 작업에 대한 결과로 드라이브 샤프트의 토크와 회전수뿐만 아니라 차축의 수직 하중, 엔진 회전수, 기어 변속 단수 등을 나타내고 있다. 내구수명 시험에 있어서 의미 있는 값은 부하의 변동 폭이기 때문에 계측한 결과는 Rainflow Counting 방법을 사용하여 부하의 변동 값과 평균값에 대한 반복 수를 산출하고 Range-Mean 분포를 작성한다. 그림 8.18은 그림 8.17의 결과로부터 작성한 토크 변동에 대한 부하 스펙트럼 예를 나타낸다. 내구 신뢰성에 영향을 주는 고 토크 구간은 주행보다는 작업조건에서 훨씬 많고, 그 가운데 굴착작업 시의 토크가 가장 높으며, 뒤축보다는 앞축의 토크가 더 큰 것을 알 수

있다. V-상차를 포함하여 표 8.10에서 정의한 시험조건별 사용률을 반영하여 단위 시간에 대한 모든 시험 조건의 결과를 정리하고, 이를 다시 설계수명 또는 시험시간으로 확장한다. 그림 8.19는 시험조건별 계측결과로부터 산출한 Range-Mean 분포를 장비별 사용률을 고려하여 총 부하 스펙트럼을 산출하는 개념을 나타낸다. 본 연구에서는 각 시험조건을 1시간 단위로 작업조건별 사용률을 고려하여 정리하고, 이를 다시 장비 사용시간 또는 설계수명으로 확장했다.

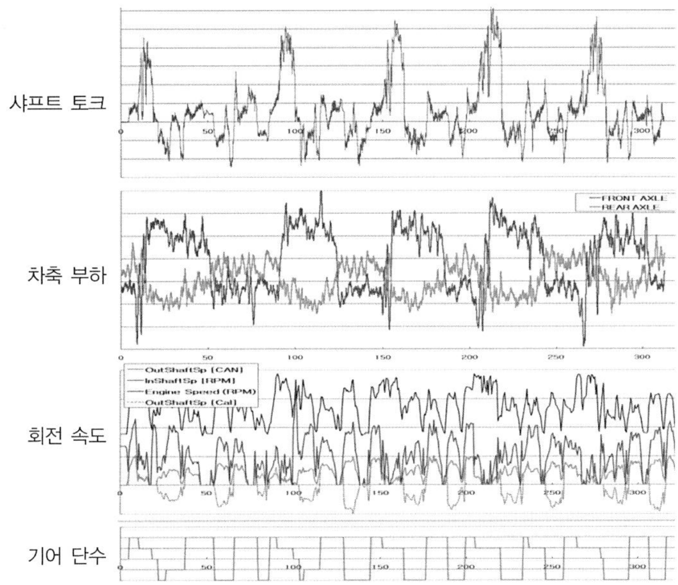

[그림 8.17] V-상차 작업에 대한 계측 결과 예

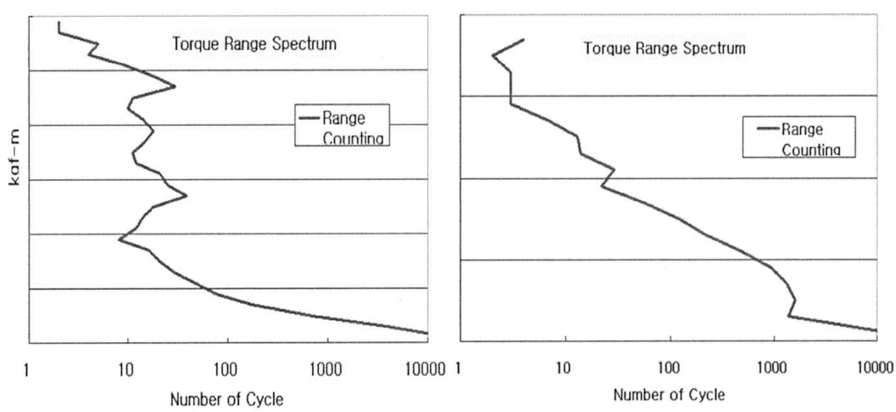

(a) front drive shaft (b) rear drive shaft

[그림 8.18] V-상차 작업에서 전/후 드라이브 샤프트의 부하 스펙트럼 예

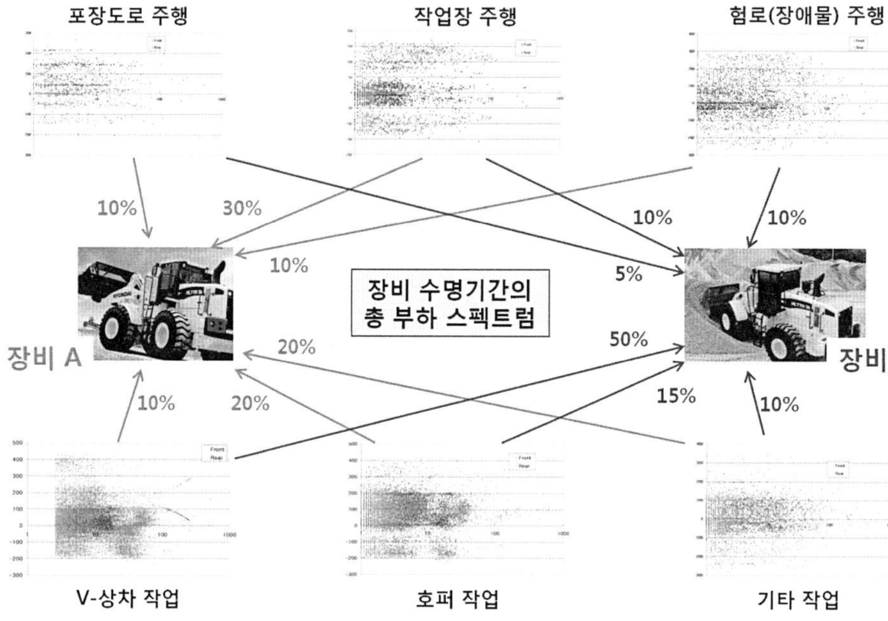

[그림 8.19] 장비별 사용률을 고려한 동력전달계의 총 부하 스펙트럼 산출 개념

c) 내구 신뢰성 시험 설계

내구시험 대상 부품에 대한 손상 모델(또는 가속 모델)을 알면 계측한 부하 이력과 동일한 손상 정도를 나타내는 등가 손상 사이클을 구할 수 있다. 본 연구에서는 기어류, 드라이브 샤프트, 베어링과 같은 동력전달계의 경우 회전체에 대한 피로 수명을 대상으로 하므로 등가 평균 토크와 등가 평균 회전속도의 계산이 필수적이다. 등가 평균 토크와 등가 평균 회전속도란, 실시간으로 변하는 토크와 회전속도에서 부품에 인가되는 피로 손상과 동일한 크기의 피로 손상을 유발하는 평균적인 토크와 회전속도를 의미한다. 같은 방법으로 차축 하우징의 수직 하중과 반복 수에 대해서도 등가의 하중과 반복 수를 계산한다. 일반적으로 기어류나 하우징의 수명은 인가하중 사이에 다음의 가속 모델이 성립된다.

$$N \cdot T^{X} = const. \tag{8.19}$$

여기에서 N과 T는 각각 수명과 토크를 나타내며, 지수 X의 실험적 수치는 6 정도이지만 제조업체 또는 설계자에 따라서 경험적으로 다양한 값을 사용하고 있다. 식 (8.19)의 가속 모델과 수집된 필드 데이터로부터 등가 평균 토크(T_{eq})와 등가 평균 회전속도(ω_{eq}) 사이에 다음의 관계가 성립된다.

$$\omega_{eq}\Sigma\Delta t_i = \omega_1\Delta t_1\left(\frac{T_1}{T_{eq}}\right)^X + \omega_2\Delta t_2\left(\frac{T_2}{T_{eq}}\right)^X + \cdots + \omega_n\Delta t_n\left(\frac{T_n}{T_{eq}}\right)^X \tag{8.20}$$

한편, $\omega_{eq} = \frac{\Sigma\Delta t_i\omega_i}{\Sigma\Delta t_i}$ 이고 등가 평균 토크(T_{eq})는 다음과 같다.

$$T_{eq} = \left[\frac{\Sigma\omega_i\Delta t_i T_i^X}{\Sigma\omega_i\Delta t_i}\right]^{\frac{1}{X}} \tag{8.21}$$

임의의 시험 토크와 회전속도에서 목표수명에 해당하는 시험시간(t_{test})은 다음과 같다.

$$t_{test} = \frac{N_{ieq}}{\omega_i \times 60} \tag{8.22}$$

여기에서 N_{ieq}는 임의의 시험토크 $T = T_i$와 시험회전속도 $\omega = \omega_i$에서 목표수명에 해당하는 피로 손상을 유발하는 총 시험회전수(단위는 사이클)로써 식 (8.19)에 의해 다음과 같이 계산된다.

$$N_{ieq} = N \cdot \left(\frac{T_{ieq}}{T_i}\right)^X \tag{8.23}$$

여기에서 N은 식 (8.21)에 의해 계산된 등가 평균 토크 $T = T_{eq}$에서 목표수명에 해당하는 피로 손상을 유발하는 총 회전수이다.

이러한 과정을 통해서 등가 부하를 계산하여 시험시간을 단축하기 위해 가혹한 조건에서 시험을 시행하는 가속수명시험을 적용한다. 시험시간 단축은 비용뿐만 아니라, 개발 기간 단축과 직결되기 때문에 중요하게 고려되고 있다. 단, 사용조건과 가속조건의 고장 메커니즘이 일치해야 하며, 가속성 검증 등을 통해서 시험의 적절성을 보증해야 한다.

모든 시제품을 시험에 사용할 수 없고 시료 수가 한정되기 때문에 이러한 조건도 시험시간 산정에 반영되어야 한다. 휠로더 동력전달계의 주고장모드는 기어의 마모이기 때문에 일반적으로 사용되는 와이블 분포로 가정하여 무고장 시험시간을 다음으로부터 결정한다.

$$t_n = B_{100p} \cdot \left[\frac{\ln(1-CL)}{n \cdot \ln(1-p)}\right]^{\frac{1}{m}} \tag{8.24}$$

여기에서 p, CL, n, m는 보증수명에서의 불확실도, 신뢰수준, 시료 수, 형상 모수를 각각 나타낸다.

이러한 과정을 통해서 등가 토크, 등가 회전수, 등가 하중 등이 구해지면 목표 신뢰도와 시료 수에 따른 무고장 시험시간을 반영하여 내구시험 조건이 만들어지게 된다. 이때 기어의 변속 조건을 고려하여 단수별 시험시간이 결정된다. 표 8.11과 표 8.12는 표 8.10의 시험조건을 반영한 내구시험 조건의 설계 사례이며, 그림 8.20은 위의 결과로 설계한 내구시험 조건을 적용하여 개발품에 대한 시험을 시행하는 것을 보여주고 있다.

[표 8.11] 트랜스미션의 내구시험 조건 예

항목		Case 0	Case 1	Case 2	Case 3	Case 4
등가 토크(kgf-m)		120	125	125	125	125
등가 회전수(rpm)		450	440	440	440	440
신뢰도	형상모수(m)	2	2	2	2	2
	설계수명(B_p)	10,000	10,000	10,000	10,000	10,000
	신뢰수준(%)	80	80	80	90	90
	시료수	2	2	2	2	2
	백분위(p)	10	10	5	10	5
	무고장 시험시간(hr)	27,637	27,637	39,609	33,056	47,376
가속수명 시험조건	시험 토크(kgf-m)	224	224	224	224	224
	시험 회전수(rpm)	1500	1500	1500	1500	1500
	시험 시간(hr)	78	98	140	117	168
변속조건 (%)	F1	17	20	20	20	20
	F2	43	35	35	35	35
	F3	2	6	6	6	6
	F4	4	6	6	6	6
	R1	2	4	4	4	4
	R2	33	25	25	25	25
	R3	0	4	4	4	4
시험 시간 (hr)	F1	13.2	19.6	28.1	23.4	33.6
	F2	33.4	34.3	49.1	41.0	58.8
	F3	1.2	5.9	8.4	7.0	10.1
	F4	3.1	5.9	8.4	7.0	10.1
	R1	1.6	3.9	5.6	4.7	6.7
	R2	26.0	24.5	35.1	29.3	42.0
	R3	0.0	3.9	5.6	4.7	6.7

[표 8.12] 전후 차축 하우징의 피로시험 조건 예

		Case 1	Case 2	
Front	Max.	35,000	41,800	kg
	Min.	0	0	kg
	Cycle	2,000,000	1,000,000	
	시험시간	150	95	3Hr
Rear	Max.	25,000	28,200	kg
	Min.	0	0	kg
	Cycle	2,000,000	1,000,000	
	시험시간	150	95	3Hr

[그림 8.20] 설계된 내구시험 조건을 사용한 개발품 시험 장면

부품 또는 제품의 내구 신뢰성은 건설장비 시장에서 가장 중요한 경쟁력 항목이기 때문에 개발 초기 단계부터 설계, 시제품 제작, 시험 및 평가, 생산, 고객 모니터링에 이르는 모든 개발단계에 이르기까지 단계별 체계적인 신뢰성 검증 및 평가 작업이 수행되어야 하는데 일련의 위와 같은 신뢰성 시험 코드를 개발하여 시험의 유효성을 높여야 한다.

(7) 완성품 신뢰도 성장의 확인

고장의 빈도에 따라 고객의 평가는 크게 바뀌므로 고장이 적은 기계(수리가 적은 기계)를 만들어야 한다. 수리하는 횟수를 척도로 하여 신뢰성을 수치화하면 잘 판단할 수 있다. 따라서 신제품 개발 시에 각 부품의 신뢰성이 제품 전체의 신뢰성에 기여하는 바를 평가하고 안정적인 신뢰도를 확보해 나가는 과정을 모니터링하게 된다.

다음의 건설기계 개발 단계에서 신뢰성 성장 시험의 한 예를 소개한다,

(a) 시작기 1대를 사용하여 1000시간 혹은 2000시간의 내구 Test를 하며 이 사이의 고장 수를 Count 한다. 양대수 그래프용지에 가로축을 가동시간, 세로축을 수리빈도(Repair Frequency)로 하여 실적을 집계하여 기록한다.

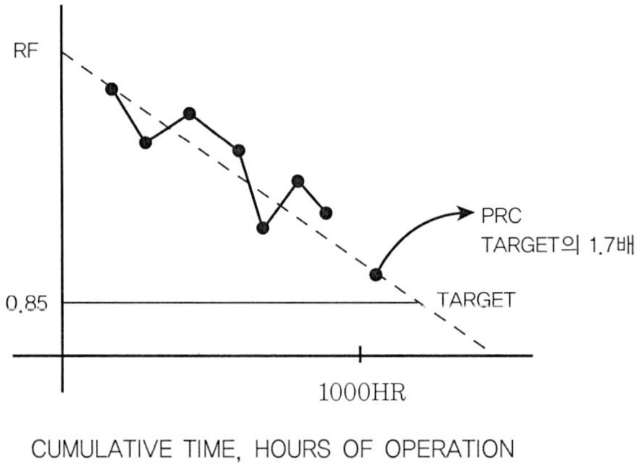

[그림 8.21] RG 곡선

여기서 PRC는 Product Readiness Criteria로 양산 준비 단계로 가느냐를 판단하는 기준이 되며 양산시 최소한 고객이 불만을 제기하지 않는 정도의 고장률을 Target(각 사의 경험에 의해 그 값은 달라진다.)으로 개선을 추진하며 그 고장률 값이 Target의 1.7배 상태에 도달하였을 때 회사의 각 조직이 양산 준비를 착수하도록 하는 회사도 있다. 한편 그 회사의 Target RF는 0.85 정도로 하고 있다.

(b) 개선활동의 결과 RF(Repair Frequency)가 PRC에 도달하면 양산 출도를 개시한다. (PRC를 Clear하지 않으면 다음 단계로 진행하지 않는다. 또한, 현 양산 장비의 생산 중지 기준도 마련되어야 한다.)

(c) 시험 중 발생한 고장에 대해서는 전부 검증된 대책이 포함되어 출도된 후 양산 준비를 시작하게 된다. 각각의 고장에 대해서 대책안을 마련하고 그 대책안이 불량을 해결하는 것으로 검증되면, 그 고장에 대한 Data가 수정되어 RF는 그만큼 내려가게 된다. 이 대책안이 확정되어야 출도가 가능하다는 인식을 심어, 신뢰도 확보의 중요성을 각 조직에 환기시키는 의미로 전체 PRC가 달성될 때까지 양산 도면이 출도되지 않도록 관리할 필요가 있다.

(d) 생산개시부터 정규 조립 라인에서 첫 조립을 개시하게 되는데.

① 양산 1호기로부터 몇 대의 양산 제품을 비공식적으로 미리 Field에 내보내 RF를 계측하여 6개월 이내에 RF의 Target이 만족하는지를 확인한다.

② 이로부터 발생하는 고장 데이터의 추이를 참고로 Field의 고장 발생 추이를 주시하면서 2~3개월 정도 후에 판매를 결정하게 된다.

(e) 중요한 것은 시험기는 양산기와 동일한 것을 사용해야 하며 반환품이나 수작업으로 만든 부품을 사용하거나, 라인 이외의 작업자가 조립하는 것은 무의미하므로 주의해야 하며 전체가 Fact Base로 진행되도록 철저하게 관리하여야 한다.

8.6.6 양산준비

1) 공정 설계

품질관리는 목표품질을 작업자의 손끝 품질로 전사하여 상품을 고객과 시장에 제공하기 위하여 상당히 중요한 역할을 담당하고 있다.

품질 편차의 원인으로는 공정의 4M(Machine, Man, Material, Method)이 있다. 그들을 우선 정한 규격 내로 관리함으로써 목표품질이 손끝 품질로 전사된다. 그 후 시장에서 판매되어 비로소 고객으로부터 평가를 받게 되는 것이다.

품질은 공정에서 만들어진다는 말은 공정 내에서 만들면서 수정하여 목표품질을 달성한다는 뜻으로 오해하지 않아야 한다.

공정에서 만든다라는 말은, 목표품질을 발현하는 부서는 제작 현장으로 충실하게 목표품질을 제품에 전사하는 것을 의미한다. 또 최소 품질비용으로 품질편차를 최소화하는 것이 필요하다.

품질을 만드는 타이밍은 공장에서 양산을 개시하기 전과 개시한 직후이다. 이때의 품질이 목표대로 구현되고 있는가를 양산 전 단계, 양산 개시 후, 초기 유동기간에서 확인을 하여야 한다.

공정에서 관리하는 대신에 검사에서 품질을 체크하는 것은 피해야 한다. 왜냐하면 그것은 검사가 아니라 선별공정이기 때문이다. 공정에서 양산시 어떠한 전사가 불확실하여 불량이 발생하는가를 예상하여 미리 가능한 대책을 세워놓는 것이 바람직하다. 그러한 불량 발생 리스크 예측은 공정 FMEA를 실시하면 사전에 어느 정도 대책을 실행할 수 있다.

또 문제 발생 시에는 현장에서 현물을 확인하다.

설계검증	시작현물확인	설계검증	공정품질확인	최종품질확인
규격, FME, CAE	외관, 제작, 도면미스검증, 공정설계, 심술테스트	검증누락의 체크, 관계부서와의 DR(디자인리뷰)	공정능력, 작업자교육, 작업표준, 치공구류정비, 조립작업성확인	제품의 종합평가, 검토누락의 발견, 품질책임자의 양산개시결정

⬆

공정에서 품질을 만드는 준비를 끝낸다.

[그림 8.22] 양산개시 준비단계

규격이탈	불량품수정비용	불량품폐기	클레임 청구비용
반품선별	재료의낭비사용	검사인건비 검사비용	가격인하압력 판매저하 브랜드 붕괴

[그림 8.23] 양산시 공정과 불량발생

[표 8.13] 유출불량 감소방책 전개 사례

<table>
<tr><th></th><th></th><th></th><th>대책항목</th><th>대책내용</th><th>담당</th></tr>
<tr><td rowspan="11">유출
불량의
감소</td><td rowspan="6">검사
누락의
감소</td><td rowspan="2">검사항목
적정화</td><td>공정능력 확인에 따른 정기재검토</td><td>공정내 외주불량률의 해석 → 외주 공정지도, 중점 관리항목의 재검토</td><td>검사부문</td></tr>
<tr><td>검사항목의 재검토 실시</td><td>검사중복과 누락확인</td><td>검사부문</td></tr>
<tr><td>변화점
관리강화</td><td>변화점 신청제도의 재검토와준수</td><td>검사원의 이동, 추가 공정 변경시 사전신청</td><td>품질보증부문</td></tr>
<tr><td>검사원
교육향상</td><td>교육효과의 유지</td><td>계속적 개선, 변화점 관리, 일정기간 이탈한 경우는 변화점 관리로서 취급 체크할 수 있도록 한다.</td><td>검사부문</td></tr>
<tr><td>검사방법
최적화</td><td>제품검토회의 DR Feedback</td><td>생산준비 스케줄에 따른 관리 포인트 결정과 검사공정수정</td><td>품질보증부문
개발부문</td></tr>
<tr><td>부적합품의
검사강화</td><td>외주공장의 부적합품 재검사, 규정 재검토</td><td>부적합품 수정공정 실적을 기입하도록 개정하여 최종검사의 수정공정에 대한 검사공정을 편입</td><td>품질보증부문</td></tr>
<tr><td rowspan="5">원류
대책의
실시</td><td>공정능력
부족의
재검토</td><td>제품검토회의 결과의 Feedback → 설계변경신청도 포함 활동</td><td>공정능력 확보를 시작 단계부터 검토 확보한다. 설계 문제는 양산준비 개시까지 신청한다.</td><td>품질보증부문
개발부문</td></tr>
<tr><td rowspan="2">외주관리
강화</td><td>변화점신청관리 규정의 재검토와 지도</td><td>외주공장과의 품질계약을 재검토, 정기 체크, 초품관리방법의 규정화 지도</td><td>품질보증부문</td></tr>
<tr><td>우량공장으로 Shift</td><td>관리규정 이행 실적에 따라 담당 제품 구분을 재검토, 생산준비 단계에서 양산 공장 선정 여부 결정</td><td>품질보증부문</td></tr>
<tr><td rowspan="2">공법의
적정화</td><td>생산준비단계에서 외주를 가결정하고 공법을 검토한다.</td><td>생산준비단계에서 양산공장이 되도록 체제를 확립. 문제점은 생산준비위원회에서 검토</td><td>품질보증부문
개발부문
공무부문</td></tr>
<tr><td>생산준비 기재의 생산 준비단계에서의 활용</td><td>생산준비단계까지 정규 치공구로 제작할 수 있는 체제 구축. 불가한 경우는 내용을 명확히하여 양산까지 Follow한다.</td><td>품질보증부문
개발부문,
공무부문</td></tr>
</table>

공정계획은 신제품 양산시 공장 및 공정을 준비하기 위하여 기본구상과 실행계획을 작성하는 것이다. 계획부서는 생산관리부와 생산기술부 생산준비부 혹은 기업 규모에 따라 설계부문이 담당하는 경우도 있다. 일정계획을 SCM(Supply Chain Management)) 전반에 걸쳐 검토하고 QCD(Quality, Cost, Delivery)를 최소 비용으로 실현하는 것이 요구된다. 대일정계획과 중일정 계획은 주로 생산관리 부문이 장악하고 상세는 필요한 생산기술을 보유하고 있는 부문이 관여한다.

공정계획 착수는 일반적으로 양산설계 사양이 결정된 이후에 시작되는 경우가 많지만 Market-In의 시장중시 사상으로 상품 기획력을 요구하는 시대에서는 이렇게 하면 단기 수직양산 체제에 대응할 수 없게 된다.

공정계획의 수립에 있어서 중요한 것은

1) 시작은 계획구상 단계와 시작 단계에서 큰 계획을 수립

2) 설계개발과 병행하여 계획

3) 양산설계 완료 시 공정계획과 공정설계도 완성되어 있어야 한다.

공정계획의 시작은 양산설계의 결정단계가 아니고 설계 시작단계나 기획단계부터 앞당겨 수행되어야 한다.

공정설계를 담당하는 부서에서는 공수가 증가한다고 생각할지 모르지만, 초기부터 공정을 검토하여 필요한 생산기술을 미리 준비해 놓고, 상품 사양 결정단계에서 공정관리가 쉽고 생산기술을 사용하기 쉽게 사양을 결정하게 하면, 공정설계의 총 공수 면에서 효율이 향상된다.

2) 검사기준의 설정

(1) 수의 장벽 돌파 - Sampling 검사.

대량으로 만들어진 제품 중에 소수 표본 품질을 검사하는 것으로 제품 전체의 품질을 파악한다. 이것은 샘플링 검사라고 알려져 있다. 샘플링 검사를 하는 이유는 두 가지다.

하나는 검사를 하면 제품을 사용하지 못하는 경우이다. 예를 들면 제품이 성냥인데 품질을 조사하기 위하여 불을 붙여 버리면 아무것도 남지 않는다. 이런 경우에는 일부의 샘플만을 조사하고 나머지 제품은 표본과 동일한 품질이라고 믿을 수밖에 없다.

다른 하나는 제품이 너무 많아 전부를 검사하면 검사에 비용과 시간이 너무 많이 소요되기 때문에 샘플링 검사를 한다. 동기는 다르지만 결과적으로는 검사에 소요되는 기간과 경비를 절약하기 위함이다.

그러나 랜덤하게 추출한 일부의 표본으로 전체를 추정하는 것이므로 틀릴 가능성을 부정할 수 없다.

하나는 표본 중에 운 나쁘게 불량품이 포함되어 원래는 합격 레벨인 로트에 대하여 불합격이라고 판정해 버리는 오류이다. 다른 하나는 표본 중에 운 좋게 불량품이 조금 밖에 포함되어 있지 않아, 원래는 허용되지 않는 레벨의 로트를 합격시켜버리는 오류이다.

전자는 양호한 로트가 불합격 판정되는 리스크이므로 생산자 리스크, 후자는 조악한 로트가 합격 판정되는 리스크이므로 소비자 리스크라고 한다. 그런데 리스크는 일반적으로 생산자와 구매자의 이해가 상충하는 것이 보통이다. 생산자 입장에서 보면 어렵게 생산된 제품이 다소의 불량품이 혼재되어 있어도 매매가 이루어지기를 바라는데 하물며 불량률이 적은 로트에서 불합격으로 되어 상품으로서 인정받지 못하게 되면 곤란하다. 반대로 고객과 항상 접하는 영업부서나 소비자의 입장에서 보면 아주 작은 불량품이 혼재되면 어찌할 수 없다 하더라도 불량품이 큰 로트는 반드시 검사의 단계에서 배제되지 않으면 안 된다.

이와 같이 양자의 입장은 명확하게 대립한다. 따라서 불량률이 몇 % 이하이면 출하, 그 이상 불량률이면 출하를 금지하는 명확한 기준을 설정해야 하지만 전수를 검사하는 수밖에 없다면 비용과 시간이 너무 많이 소모되고 만다.

따라서 생산자로서는 우량 로트가 불합격되는 확률을 조금 각오하고 영업 입장에서도 불량 로트가 합격하는 얼마간의 확률은 인정하여 표본검사의 리스크를 분담하지 않으면 상호 약속은 성립하지 않는다.

또 이와 같은 리스크는 분쟁의 원인이 되므로 미리 상호 양해를 해 놓을 필요가 있다.

그림 8.24를 보면 이것은 로트로부터 추출한 몇 개 표본의 불량률을 조사하여 그것이 미리 약속한 값보다 상회하면 로트는 합격, 그렇지 않으면 불합격이라고 판정하는 경우에, 로트 불량률과 로트가 합격하는 확률과의 관계를 도시한 것이다,

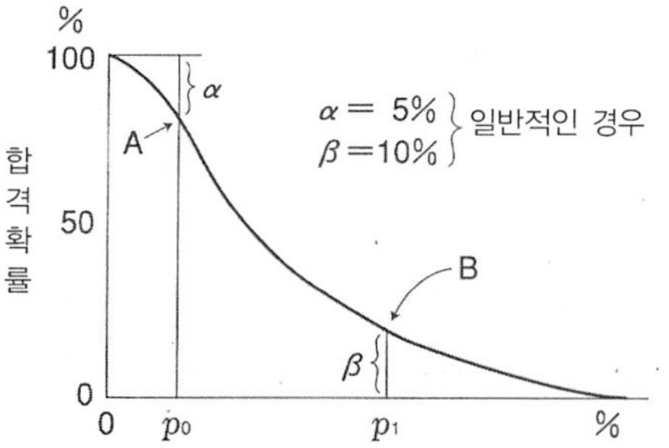

[그림 8.24] OC 곡선

로트의 불량률이 제로이면 표본에 불량품이 포함되지 않으므로 100%의 확률로 합격함에 틀림이 없다. 로트에 불량률이 P_0라는 미미한 값이면 로트는 높은 확률로 합격하지만 운 나쁘게 불합격으로 되는 확률도 α% 만큼 있을 수 있다. 이것이 생산자의 리스크이다. 로트의 불량률이 P_1일 경우에는 확실히 불합격으로 되어 로트마다 배제되는 확률이 높게 되지만 그래도 합격되는 확률이 β 만큼 존재한다. 이것이 소비자 리스크이다. 이 곡선은 표본검사의 성질이 잘 나타나고 있으므로 검사특성곡선 혹은 OC 곡선(Operating Characteristic Curve)이라 부른다.

표본의 수가 적으면 적을수록 운에 따라 로트의 합격 여부가 좌우되므로 양방의 리스크가 크게 되어 버린다.

표본의 수가 많아지면 그림 8.25와 같이 생산자 리스크 α도 소비자 리스크 β도 적은데, 표본의 수가 적어지면 α는 α'로 β는 β'로 증가하여 버린다. 표본의 수를 줄이면 검사의 기간과 비용이 절약되지만 리스크는 증가한다. 표본의 수를 늘리면 리스크는 줄어들지만 검사의 기간과 비용은 증가한다.

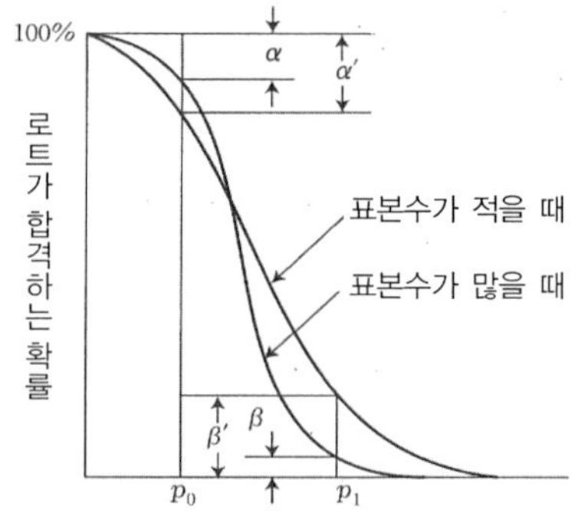

[그림 8.25] 표본이 크면 리스크가 작다.

표 8.14에는 α가 5%이고 β가 10%의 경우에 대하여 P_0와 P_1을 희망치로 관리하기 위해서는 몇 개의 표본을 추출하여, 그 가운데 불량품이 몇 개 이하이면 로트를 합격시키는가를 계산하여 표로 한 것이다. 표 내에 두 수는 좌측이 표본 개수, 우측이 합격판정을 위한 불합격수이다.

[표 8.14] α가 5%, β가 10%의 경우 희망의 P_0와 P_1에서의 표본수와 불량수

p_1 % / p_0 %	2.81 ~3.55	3.56 ~4.50	4.51 ~5.60	5.61 ~7.10	7.11 ~9.00	9.01 ~11.2	11.3 ~14.0
0.281 ~0.355	120 1	100 1	100 1	80 1	20 0	20 0	15 0
0.356 ~0.450	150 2	100 1	80 1	80 1	60 1	15 0	15 0
0.451 ~0.560	150 2	120 2	80 1	60 1	60 1	50 1	15 1
0.561 ~0.710	200 3	120 2	100 2	60 1	50 1	50 1	40 1
0.711 ~0.900	250 4	150 3	100 2	80 2	50 1	40 1	40 1
0.901 ~1.12	300 6	200 4	120 3	80 2	60 2	40 1	30 1
1.13 ~1.40	500 10	250 6	150 4	100 3	60 2	50 2	30 1
1.41 ~1.80	*	400 10	200 6	120 4	80 3	50 2	40 2
1.81 ~2.24	*	*	300 10	150 6	100 4	60 3	40 2

그러면 불량품 1%의 로트에 대한 생산자 리스크를 5%, 불량률 8%의 로트에 대한 소비자 리스크 β를 10%로 하도록 한 발췌개수와 합격의 판정 기준을 구해보자.

좌측의 P_0 난에 0.901~1.12가 있고 이 행을 우측으로 상단의 P_1 난에 7.11~9.00이 있으므로 이 열을 아래로 교차한 곳에 (60, 2)라는 값이 있다. 즉 60개의 표본을 뽑아 그 가운데 불량품이 2개 이하라면 로트를 합격시키는 것으로 한다. 이 표를 사용하면 계획적으로 샘플링 개수를 정하는 것이 가능하므로 표본 수의 장애를 극복할 수 있다.

(2) OC 곡선 원리

건전지, 세제, 종이 기저귀 등의 일상적인 Commodity는 한번 어느 제조사 제품을 사용하기 시작하면 나중에도 관성적으로 그 제품을 사용하게 된다. 그런데 고객은 그 제품에 작은 결함이 나타나면 본질적이지 않은 결함임에도 불구하고 언제든지 간단하게 타사의 제품으로 바뀌 쉽게 돌아오지 않는다. 건설기계도 공급과잉으로 인한 지나친 가격경쟁과 세계 경제 침체로 Commodity 화 되어가고 있으므로 품질과 신뢰성 결여에 대한 인식은 예전과 달라져야 한다고 생각한다.

그런데도 불량품 혹은 불량률에 대한 인식은 제조현장과 판매 현장에서 다르다.

품질관리를 위해서 제조현장에서는 3시그마 정도의 제조공정 편차를 관리하는데, 전사적으로 보면 포장과 배송 등 작업에 동반하는 결함과 같은 여러 가지 불량요소가 가미되므로, 고객 입장에서 3시그마 편차관리가 이루어져야 한다고 생각한다.

건설기계와 같은 제품은 로트 생산량이 적어 해당되지는 않지만 원리를 이해하기 위하여 다음의 예를 생각해 보자. 수백 개를 하나의 로트로 생산하는 공정에서 불량률 1%의 제품을 50개씩 선택하고 하나의 로트에 불량품이 1개라도 포함되어 있지 않을 확률, 1개만 들어있을 확률, 2개 들어있을 확률 등을 구하자.

$P(r) = {}_nC_r p^r q^{n-r}$의 식에 따라 계산하면 된다.

따라서

$$P(0) = {}_{50}C_0 \times 0.01^0 \times 0.99^{50}$$

$$P(1) = {}_{50}C_1 \times 0.01^1 \times 0.99^{49}$$

$$P(2) = {}_{50}C_2 \times 0.01^2 \times 0.99^{48}$$

--------------------- 이하 생략

를 계산하게 되는데 계산의 수고가 너무 많이 들게 된다. ${}_{50}C_r$은 파스칼의 삼각형을 활용한다고 하더라도 n이 15 정도가 한계이다.

따라서 불량률이 적을 때 이항 분포의 근사적인 계산법인 포아송 분포를 활용하면 쉽게 계산할 수 있다.

포아송 분포는

$$P(r) = \frac{(np)^r e^{-np}}{r!} \tag{8.25}$$

이다. np는 n회 시행 시 확률 p의 사상이 일어나는 횟수의 평균치를 의미하므로

$$np = m \tag{8.26}$$

라 하면 포아송 분포는

$$P(r) = \frac{(m)^r e^{-m}}{r!} \tag{8.27}$$

으로 표기되게 된다.

식 (8.27)를 다시 상세하게 적으면 불량이 r 회만큼 일어나는 확률 P(r)은

$$P(0) = \frac{(m)^0 e^{-m}}{0!} = e^{-m}$$

$$P(1) = \frac{(m)^1 e^{-m}}{1!} = me^{-m}$$

$$P(2) = \frac{(m)^2 e^{-m}}{2!} = \frac{1}{2}m^2 e^{-m}$$

$$P(3) = \frac{(m)^3 e^{-m}}{3!} = \frac{1}{6}m^3 e^{-m}$$

--------------------- 이하 생략

으로 구할 수 있으므로

$p=0.01$, $n=50$이면 $m=np=50\times0.01=0.5$이다.

따라서 $e^{0.5}=0.6065$이다.

$$P(0) = \frac{(m)^0 e^{-m}}{0!} = e^{-0.5} = 0.607 \tag{8.28}$$

$$P(1) = \frac{(m)^1 e^{-m}}{1!} = 0.5e^{-0.5} = 0.303$$

$$P(2) = \frac{(m)^2 e^{-m}}{2!} = \frac{1}{2}0.5^2 e^{-0.5} = 0.076$$

$$P(3) = \frac{(m)^3 e^{-m}}{3!} = \frac{1}{6}0.5^3 e^{-0.5} = 0.013$$

$$P(4) = \frac{(m)^4 e^{-m}}{4!} = \frac{1}{24}0.5^4 e^{-0.5} = 0.001$$

이다.

즉 50개가 하나의 로트에서 불량률이 1%이면, 약 61%의 로트에 불량품이 혼입되지 않고 약 30%의 로트에는 1개의 불량이 포함되며, 또 약 8%의 로트에는 2개의 불량품이, 또 약 1%의 로트에는 3개의 불량이 들어가며, 4개 이상의 불량품이 로트에 혼입되는 것은 거의 없다는 것을 알 수 있다.

또 포아송 분포의 식은 이항분포의 식에서 $np=m$의 값을 고정한 채, n을 점점 크게 하든가, p를 점점 작게 하면서 구할 수 있다. 포아송 분포는 n이 크게(가능한 한 50 이상), p는 작게 (적어도 0.1 이하) 그리고 평균치 np가 0~10 정도 값일 때 성립하는 이항분포의 근삿값이다.

이 경향을 1개의 곡선으로 나타낸 것이 그림 8.26이다.

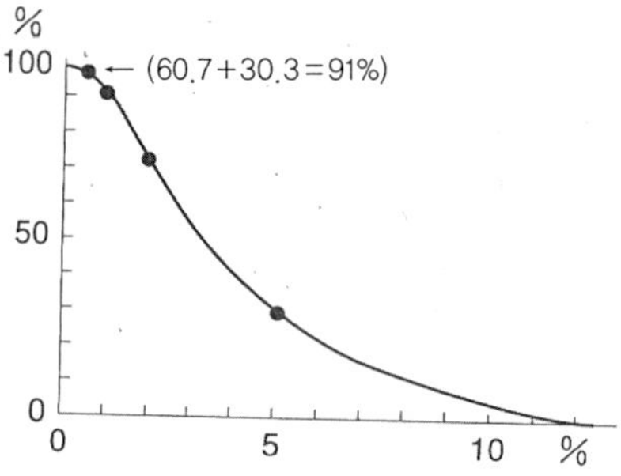

[그림 8.26] OC 곡선

그림 8.26의 OC 곡선을 보면 불량률이 10%에 이르는 초불량 로트에서도 합격하는 확률이 낮지 않은 약 4% 정도이다. 이것을 좀 더 엄격하게 해야 한다. 엄격하다는 것은 검사기준을 50개 중 불량품은 1개 이하에서 50개 중 불량품을 제로로 한다는 것이다.

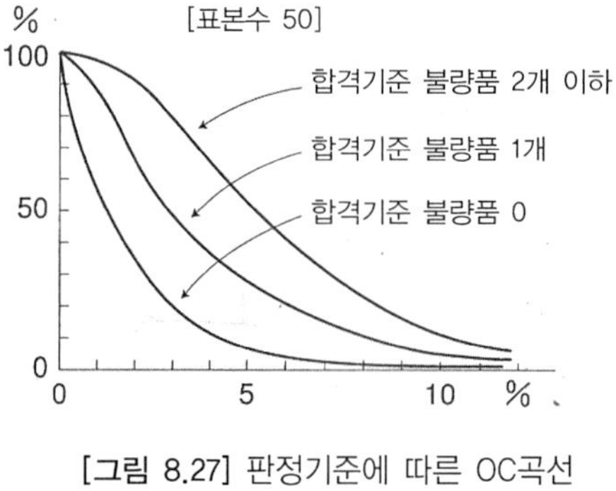

[그림 8.27] 판정기준에 따른 OC곡선

이번은 그림 8.27을 보면 3개의 OC 곡선이 그려져 있지만, 맨 가운데 곡선은 그림 8.26과 동일한 곡선이다. 그 아래 곡선은 50개 중의 불량품 제로를 합격이라고 결정할 때의 OC 곡선이다. 그러면 불량률이 10%인 로트가 합격하는 확률은 거의 없다. (0.7% 정도) 그 대신 불량률이 양호한 로트가 불합격으로 되는 확률이 40% 가깝게 되어 버린다.

지금까지 가정한 검사기준, 50개 중의 불량품이 1개 이하라는 기준은 퍼센트로 말하면 표본 중의 불량품이 2% 이하라는 것인데 불량률 2%를 고정하고 표본의 수를 변화하여 보자.

예를 들면 합격판정의 기준을

(50개 중의 불량품이 1개 이하)

(100개 중의 불량품이 2개 이하)

(200개 중의 불량품이 4개 이하)

의 3단계로 변화시키면 OC 곡선은 그림 8.28과 같이 된다.

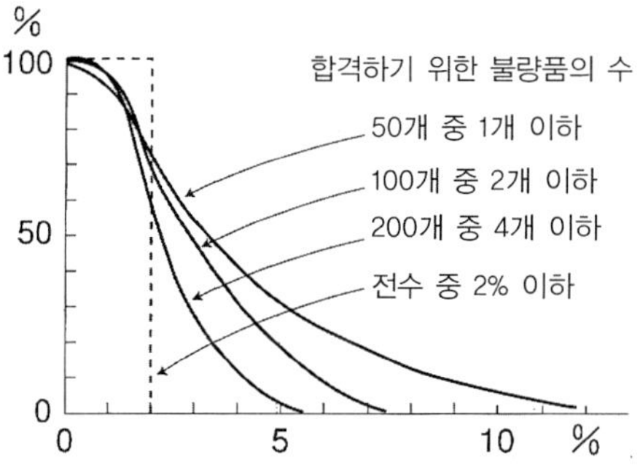

[그림 8.28] 판정기준에 따라 OC 곡선이 바뀐다.

그림 8.28에 의하면 50개 중의 1개 이하를 기준으로 하면 불량률이 5%라도 합격하는 확률이 30% 정도이며, 불량률 10%의 로트조차 합격할 가능성이 약 4% 정도 된다. 그러나 100개 중의 2개 이하로 하면 불량률 10% 이하의 로트는 전부 걸러지고 불량률 5%의 로트가 합격할 위험도 20%로 감소한다. 더욱이 200개 중 4개 이하로 하면 불량률 5% 로트조차 합격할 확률은 거의 없다는 것을 알 수 있다.

한편 50개 중 1개 이하에서는 불량률 1%의 우량 로트를 불합격시켜버리는 위험성을 배제할 수 없었는데, 100개 중 2개 이하, 더욱이 200개 중 4개 이하라는 표본 수를 증가시킴에 따라 우량 로트를 불합격으로 하는 위험성은 감소해 간다.

그런데 표본 검사할 때 50개 중 불량품이 1개 이하 등이라는 검사기준이 되도록 α, β, p_0, p_1을 구하지는 않는다. 이미 정한 α, β, p_0, p_1이 되도록 검사기준을 정한다.

3) 공정능력의 확인

(1) 공정능력 지수의 사고

관리도는 어느 생산공정에 따라 만들어진 품질에 통계적으로 안정되어 있는지 확인함과 동시에 그 안정상태가 붕괴되는 징후를 빠르게 발견하기 위하여 사용되는 것이다. 그러나 안정상태를 판정하기 위하여 상한과 하한은 자신의 데이터에 의해 결정된다.

제품의 품질기준(길이, 중량, 투명도, 감촉 등)은 상한 허용한계(UTL, Upper Tolerance Limit), 하한 허용한계(LTL, Lower Tolerance Limit)로 정해져 있다. 이 상한과 하한은 때로는 고객에 의해 정해지는 것도 있고, 혹은 동업자 간 경쟁에 의해 징해지는 것도 있다.

이때 품질을 측정한 데이터의 표준편차가 σ라 하면

$$\mathrm{Cp} = \frac{UTL - LTL}{6\sigma} \tag{8.29}$$

를 공정능력지수(Process Capability Index)라 하며 Cp로 표기한다. 또 식 (8.29)의 σ는 엄밀하게 말하면 σ의 추정치($\hat{\sigma}$라고 적는 경우가 많다)인데, 데이터의 수를 30개 정도로 하여 사용하는 것이 좋다.

그런데 식 (8.29)에서 제시된 공정능력지수 Cp는 어떤 의미를 갖고 있는가?

우선 Cp가 1의 경우에 대하여 생각해 보자. Cp가 1이면 식 (8.29)의 양변에 6σ를 곱하면 $6\sigma = \mathrm{UTL} - \mathrm{LTL}$이다. 이것은 제품의 품질이 UTL과 LTL 사이에 들어가도록 노력하여 제품을 만들지만, 그 결과 제품의 품질은 정규분포하고, 또한 σ의 크기가

$$\sigma = (\mathrm{UTL} - \mathrm{LTL}) \;/\; 6$$

로 되어 있는 상태라는 것이다. 즉 공정능력 Cp=1이면 제품의 99.73%는 UTL과 LTL의 사이에 포함되어 합격이고, 불합격은 0.27%이다.

Cp가 2의 경우를 생각해보자. 그림 8.29의 가운데와 같다. Cp=2이면

$$12\,\sigma = \mathrm{UTL} - \mathrm{LTL}$$

$$\sigma = (\mathrm{UTL} - \mathrm{LTL}) \;/\; 12 \tag{8.30}$$

이므로 UTL과 LTL의 사이에 σ가 12개도 포함된다. 따라서 이 정도 Cp가 높은 공정에서는 불량품이 발생할 가능성은 거의 없다.

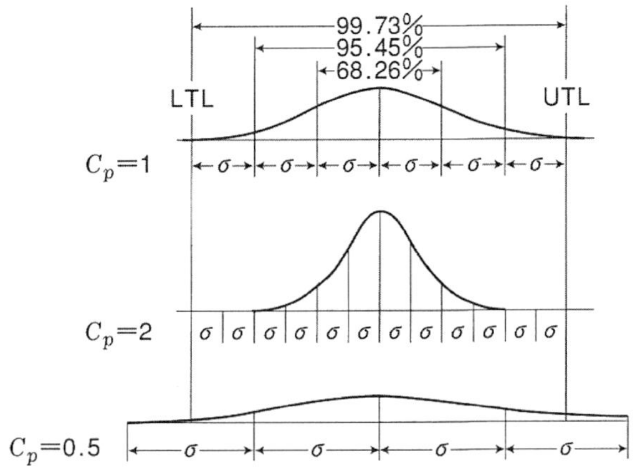

[그림 8.29] 공정능력지수의 의미

한편 Cp=0.5라면 품질의 표준편차가

$$\sigma = (UTL - LTL)\ /\ 3 \tag{8.31}$$

이므로 분포의 중심을 UTL과 LTL의 중점에 맞추면 ±1.5 σ 이상이 규격에서 벗어나는 것은 불량품으로 되어, 그 비율은 정규분포표에 따르면 13.36%에 이른다. 이런 생산공정은 안정되어 있지 않은 상태라는 것을 의미한다.

일반적으로는 Cp 값에 대하여 다음 같이 판단하는 것이 보통이다.

Cp > 1.67	규격에 대하여 능력의 여유가 많다.
1.67 > Cp > 1.33	공정능력은 충분
1.33 > Cp > 1.00	규격에 대하여 여유가 적다.
1.00 > Cp > 0.67	공정능력이 부족
0.67 > Cp	방치하면 위험

일반적으로 Cp에 커다란 영향을 끼치는 요소는 4M인 Machine, Method, Material, Man 네 가지이다.

따라서 Cp가 부족하면 개선하지 않으면 안 되지만 Cp에 여유가 많으면 이들 자원의 일부를 다른 곳으로 돌릴 수 있다. Cp에 의한 공정관리는 품질관리를 전제로 기준을 만드는 것이며, 양산 착수 이전에 그 목표에 달성하고 있는지 확인하여야 안정된 품질과 신뢰성을 확보할 수 있다.

[표 8.15] σ와 불합격률

σ의 배수	편측 돌출 확률	양측 돌출 확률
2.5	0.0062	0.0124
3.0	0.0013	0.0026
3.5	0.000 23	0.000 46
4.0	0.000 032	0.000 064
4.5	0.000 0034	0.000 0068
5.0	0.000 000 29	0.000 000 58
5.5	0.000 000 019	0.000 000 038
6.0	0.000 000 001	0.000 000 002

(2) 장기, 단기 공정능력 지수

여기서 Cp와 Cpk의 차이점에 대하여 이해하고 가자. Cp는 값들이 어느 정도로 모여있느냐(산포가 적으냐)에만 관심을 갖는다. 즉 군대에서 영점사격 시 큰 원 밖에 세 발이나 중앙에 세 발이 모인 정도가 같으면 Cp 값은 같다.

그러나 Cpk는 규격의 중심값(즉 영점타켓의 제일 중앙점)에 가까이 모여 있어야 Cpk 값이 크게 나온다. 즉 원하는 규격의 중심값 주변에 산포가 적은 상태로 데이터들이 모여 있어야 공정이 안정된 것이다. 그러므로 공정능력관리 시 Cp는 사용하지 않고 Cpk를 사용하게 된다.

또 공정능력 지수 Cpm은 목표치에 대한 공정평균의 근접도를 고려한 공정능력을 말한다. 공정이 아직 불안정한 선행 생산 시에는 시간개념이 없는 생산품의 한 로트(동일 생산 로트)에서 표본(예: 100개 정도)을 추출하여 표준편차를 추정하여 Ppk산출에 적용하게 된다. 즉, 동일 로트에서 표본을 추출하므로 시간개념이 들어가지 않은 (군내변동만 고려) 대부분 동일한 조건에서 생산된 제품이므로 Cpk 산출 시(군간, 군내변동 고려) 양산시의 표본(동일한

100개 정도)보다는 품질 산포가 적게 된다. 따라서 공정안정 여부를 판단할 때 Cpk=1.33은 Ppk=1.67과 같은 수준으로 판단하게 된다.

[표 8.16] P_{PK}와 C_{PK}의 관계 및 대응

P_{PK}	C_{PK}	공정능력상태	대응
선행 생산시	양산시		
$P_{PK} \geqq 1.67$	$1.67 > C_{PK} \geqq 1.33$	충분	일반부품 무검사 관리의 간소화
$1.67 > P_{PK} \geqq 1.33$	$1.33 > C_{PK} \geqq 1.0$	개선필요	관리상태 유지필요
$1.33 > P_{PK} \geqq 1.0$	$1.0 > C_{PK}$	부족	선별 혹은 전수검사

(3) 공정능력 지수의 계산

실제 Cpk 값의 계산은 어떻게 하는가? 양쪽 규격이 있는 경우 Cpk 값 계산을 알아보자.

a) 치우침이 없는 경우

$$C_P = \frac{USL - LSL}{6\sigma} \tag{8.32}$$

b) 치우침이 있는 경우

$$C_{PK} = \begin{cases} (1-K)C_P, & 0 < K < 1\text{인 경우} \\ 0, & K \geq 1\text{인 경우} \end{cases} \tag{8.33}$$

여기서 K : 치우침도

$$K = \frac{|M - \mu|}{T/2}, \quad \text{단} \quad M = \frac{USL + LSL}{2}, \quad T = USL - LSL \tag{8.34}$$

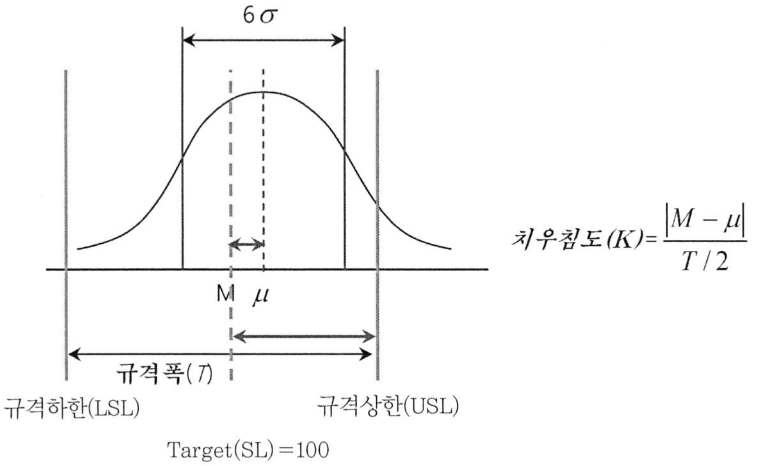

[그림 8.30] 치우침이 있는 경우의 공정능력지수 계산

위의 그림에서 규격 중심의 목푯값인 SL을 기준으로 상하 동일한 범위로 USL과 LSL 값을 주게 되면 M=SL(Target Value)로 동일한 값을 갖는다. 그러나 SL을 기준으로 상하 범위를 다르게 주면 M≠SL으로 동일한 값을 갖지 못하게 된다.

즉, 규격 중심과 목푯값이 다르게 되면 실제 공정의 목푯값에 대한 치우침도(K)값이 적음에도 불구하고, 목푯값이 아닌 M=(USL+LSL)/2 로 규격 중심값으로 치우침도(K)값을 계산하게 되며 K값이 크게 나오기 때문에 Cp 값보다 Cpk 값이 상당히 적은 값으로 산출된다.

다음 그림 8.31처럼 목푯값(SL)을 기준으로 USL과 LSL 값을 동일한 범위로 주지 않을 경우 Cpk값 계산을 하여보자.

① 목푯값(SL)과 규격 중심(M)이 다른 경우, 즉 목푯값을 중심으로 USL과 LSL의 범위가 다른 경우

규격하한(LSL)=90, 목푯값(SL)=100, 규격상한(USL)=130

공정평균(μ)=98, 공정표준편차(σ)=5

$$규격중심(M)=\frac{USL+LSL}{2}=\frac{130+90}{2}=110$$

$$규격\ 중심에\ 대한\ 치우침도(K)=\frac{|M-\mu|}{T/2}=\frac{|110-98|}{40/2}=\frac{12}{20}=0.6$$

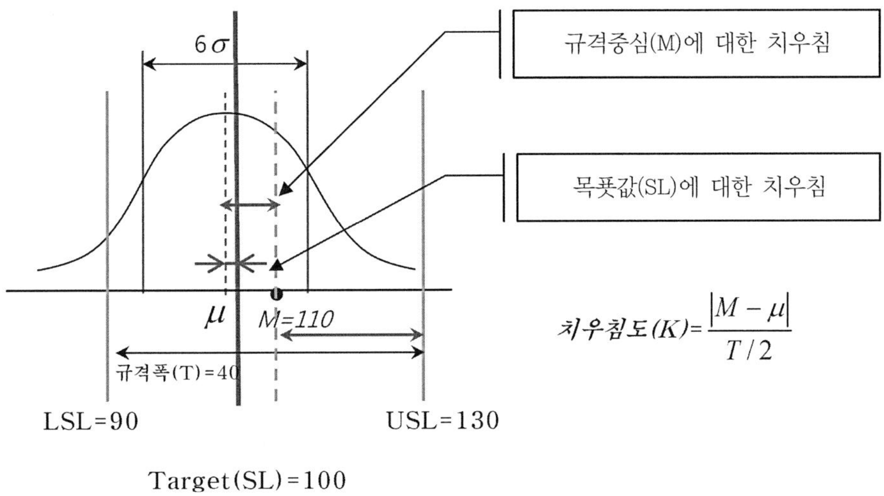

[그림 8.31] 치우침이 있는 경우의 공정능력지수 계산

따라서

$$\mathrm{Cp}=\frac{(USL-LSL)}{6\times\sigma}=\frac{130-90}{6\times 5}=40/30=1.33 \tag{8.35}$$

$$\mathrm{Cpk}=(1-\mathrm{K})\mathrm{Cp}=(1-0.6)\times 1.33=0.532 \tag{8.36}$$

$$\mathrm{Cpm}=\mathrm{Cp}/\sqrt{1+\left(\frac{\mu-SL}{\sigma}\right)^2}=1.33/\sqrt{1+\left(\frac{98-100}{5}\right)^2}=1.03 \tag{8.37}$$

가 된다.

② 목푯값(SL)과 규격 중심(M)이 같은 경우, 즉 목푯값을 중심으로 USL과 LSL의 범위가 같은 경우

규격 하한(LSL)=80, 목푯값(SL)=100, 규격 상한(USL)=120

공정 평균(μ)=98, 공정표준편차(σ)=5

$$\text{규격 중심(M)}=\frac{USL+LSL}{2}=\frac{80+120}{2}=100$$

$$\text{규격 중심에 대한 치우침도(K)}=\frac{|M-\mu|}{T/2}=\frac{|100-98|}{40/2}=\frac{2}{20}=0.1$$

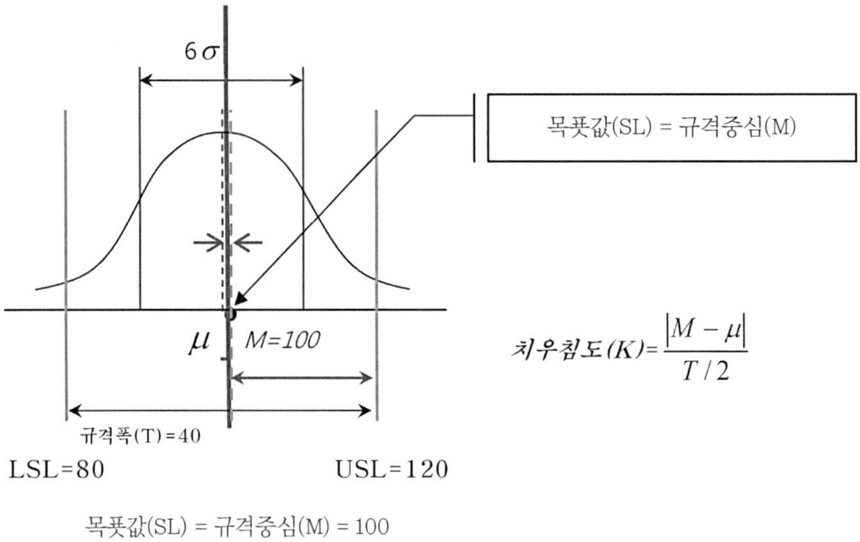

[그림 8.32] 치우침이 없는 경우의 공정능력지수 계산

따라서

$$Cp=\frac{(USL-LSL)}{6\times\sigma}=\frac{120-80}{6\times 5}=40/30=1.33 \tag{8.38}$$

$$Cpk=(1-K)Cp=(1-0.1)\times 1.33=1.197 \tag{8.39}$$

$$Cpm=1.33/\sqrt{1+\left(\frac{98-100}{5}\right)^2}=1.03 \tag{8.40}$$

가 된다.

Ppk 계산에서는 Cpk 계산 시 사용한 군간 편차 σ 대신에 군내 편차 σ를 사용하면 동일한 방법으로 계산할 수 있다.

참고로 공정능력지수와 시그마 수준 관계는 표 8.17과 같다.

[표 8.17] 공정능력지수와 시그마 수준

Cp	Cpk	시그마수준	ppm	수율(%)
0.50	0.00	1.5	500,000	50.0
0.67	0.17	2.0	308,700	69.1
0.83	0.33	2.5	158,655	84.1
1.00	0.50	3.0	66,810	93.3
1.17	0.67	3.5	22,750	97.7
1.33	0.83	4.0	6,210	99.38
1.5	1.00	4.5	1,350	99.8
1.67	1.17	5.0	233	99.997
1.83	1.33	5.5	32	99.9968
2.00	1.5	6.0	3.4	99.99966

4) 양산부품 승인절차(PPAP)

PPAP(양산부품 승인절차: Production Part Approval Process)란 양산을 위한 부품 승인 업무절차를 말한다. 초도품은 제품 품질에 영향을 주는 금형, 게이지, 공정, 자재, 작업자, 환경조건 등이 양산시와 동일한 조건에서 생산되어야 하는데, 초도품에 대하여 제조자가 그 품질을 보증하고 품질관리 부서장이 승인한 제반 검사 성적서와 표본, QC 공정도를 제출토록 하여 승인 절차를 진행한다. 본 승인 절차를 진행하는 대상은 신규 개발품(고객에게 이전에 공급되지 않던 신규 부품 또는 제품 개발 시)이나 설계나 공정이 변경된 부품, 혹은 정기적으로 재승인을 요구하게 되어 있는 부품 등이다.

본서에서 여러 번 강조하였듯이 양산에서의 안정적인 품질과 신뢰성을 확보하기 위한 기본은 철저한 초기유동관리이다. 이는 제품을 구성하는 모든 부품의 초도품에 대한 품질확인 및 공정 절차의 확립에서 시작된다. 이를 위하여 초도품 승인 시 다음과 같은 기록을 요구할 수 있는데 초도품 승인(ISIR, Initial Sample Inspection Report) 시 요구되는 기록은 다음과 같은 것이 있다(표 8.18 참조).

[표 8.18] 승인 의뢰시 보유/제출 서류 예

순	서 류 명	고객 제출 수준				
		수준1	수준2	수준3	수준4	수준5
1	판매제품 설계기록	○	●	●	*	○
2	기술 변경 문서 (있는 경우)	○	●	●	*	○
3	고객 기술/설계 승인 (요구시)	○	○	●	*	○
4	설계FMEA (해당되는 경우)	○	○	●	*	○
5	제조 공정도 (공정흐름도)	○	○	●	*	○
6	공정 FMEA	○	○	●	*	○
7	치수성적서	○	●	●	*	○
8	재질시험 성적시(MS)	○	●	●	*	○
9	성능시험 성적서(ES)	○	●	●	*	○
10	초기공정능력조사	○	○	●	*	○
11	측정SYSTEM조사서	○	○	●	*	○
12	자격부여된 시험실 문서	○	●	●	*	○
13	관리 계획서(QC 공정도)	○	○	●	*	○
14	초도품 보증서(PSW)	●	●	●	●	○
15	외관검사 성적서 (APR;적용가능시)	●	●	●	*	○
16	대량자재 요구사항 체크리스트	○	○	○	*	○
17	견본품	○	●	●	*	○
	MASTER 샘플	○	○	○	*	○
18	검사 보조구 및 성적서	○	○	○	*	○
19	고객지정 요구사항 준수기록	○	○	●	*	○

범례 ● 승인부서에 제출하고 적절한 장소에 사본 보관
○ 적절한 장소에 보관하고 요청 시 즉시 제시
* 적절하게 보유하고 요청 시 즉시 제시

(1) 설계 기록

초도품에 대한 설계기록 또는 판매 제품 상세도를 포함한 모든 설계기록(도면, CAD/CAM 수치 자료, 시방 등)

(2) 모든 승인된 설계 변경 문서

설계 기록으로 기록되지는 않지만 제품, 부품 또는 치공구에 반영된 어떤 승인된 변경 문서

(3) 요구되는 경우 설계 승인

설계 기록에 명시된 경우 고객 설계 승인의 증거

(4) 제조사 설계 책임인 경우 설계 고장형태 및 영향분석(D-FMEA)

설계 책임이 있는 부품 또는 자재에 대하여는 설계 FMEA 자료

(5) 제조 공정도

생산공정 단계 및 순서를 명확히 기술하는 공정 흐름도로 공정도 작성 및 관리요령에 따른 제조 공정도

(6) 공정 고장형태 및 영향분석(P-FMEA)

공정에서 불량발생을 방지하기 위한 공정 FMEA 및 관리요령

(7) 치수 평가 결과

(a) 치수검사는 그 제품에 관련된 설계 도면에 의해 작성된 검사기준서에 따라 빠짐없이 검사하여 고객이 지정한 양식에 작성, 제출

(b) 외부 검사기관에 검사를 의뢰하였을 경우 검사성적서는 검사기관의 사용 양식을 이용하고 그 기관의 이름 및 대표자의 서명, 날인된 것을 제출

(8) 재질(MS)시험 결과

(a) 재질시험은 제품 또는 제품에 연관된 모든 부품에 규정대로의 화학적, 물리적, 금속화학적인 시험을 시행하고 그 결과 Data(단 철강 제품 중 특수강을 제외한 일반 재질은 생략 가능).

(b) 인정시험기관에 의뢰한 경우 그 시험 결과(해당 기관 지정양식)

(c) 동일한 재료 또는 동일한 부품이 여러 제품에 사용될 경우에는 시험기관에서 사전 승인된 자료

(9) 성능(ES)시험 결과

(a) 성능 시험 또는 신뢰성 시험이 요구사항으로 명기된 경우 신뢰성 시험 실시계획서에 따른 시험 결과

(b) 시험을 사내에서 실시할 수 없는 경우 외부 인정시험기관에 의뢰한 시험결과

(10) 초기 공정능력 조사

지정되거나 선정된 특별특성에 대한 공정 능력을 평가하는 것을 원칙으로 하여 규정되거나 합의된 수량(예, 최초 300 ea 이상 연속 생산한 제품에서 50 ea 시료를 추출)을 측정하여 평가하며 평가된 초기공정능력지수(P_{PK})별로 표 8.19와 같이 조치한다.

[표 8.19] 초기 공정능력 평가와 조치

초기공정능력지수(P_{PK})	공정 수준	조 치 내 용
$P_{PK} \geq 1.67$	충 분	공정이 고객 요구사항에 충족됨으로 승인 후 양산을 시작하고 관리계획서를 따를 것.
$1.33 < P_{PK} < 1.67$	수용 가능	공정이 현재 수용 가능하나 약간의 개선이 필요 양산전 미개선시 관리계획서의 변경 필요.
$P_{PK} < 1.33$	부 족	공정이 요구사항에 불만족됨으로 개선 추진, 발주처와 협의

(11) 측정 SYSTEM 분석 조사

(a) 제품 전체 또는 일부분에 특정한 시험이 요구될 때 측정 및 시험을 시행하고 측정 및 시험장비 시스템의 변동을 분석하여 그 결과를 제시

(b) 고객이 요구하는 검사치구의 성적서도 준비, 제출하여 검사치구의 적합성을 입증해야 함.

(12) 자격이 부여된 시험실 문서

자격이 부여된 시험실을 입증할 수 있는 시험실 범위 및 문서

(13) 관리 계획서(QC 공정도)

공정 관리를 위하여 관리계획서에 측정 기법, Sampling 계획, 합격 기준을 명기한 공정도와 관리요령

(14) 초도품 보증서

고객이 요구하는 모든 시험 및 측정을 완료한 후 제품 보증에 관한 정보를 고객지정 양식에 초도품의 승인범위, 적용 범위, 관련 서류 등을 명기

(15) 외관 검사성적서

ISIR 담당자는 당사 제품이 색상, 입도 또는 표면 규제 사양의 부품으로, 외관 제품으로 지정된 경우에는, 그 제품과 고객 지정양식을 이용한 외관검사 성적서

(16) 대량자재 요구사항 Check-List

대량 자재의 경우 고객과 합의된 대량자재 요구사항 체크리스트를 작성

(17) 견본품(Sample)

견본품은 고객 요구사항에 따라 양산시와 동일한 조건을 갖춘 공정에서 준비

(18) 검사 보조구

고객이 요구할 경우 ISIR 담당자는 PPAP와 함께 모든 초도품 검사를 위한 검사 보조구를 제출하고, 검사 보조구 모든 형상이 초도품의 치수 요구사항과 일치함을 증명

또 초도품의 적용 기준에 따라 표 8.20과 같이 ISIR 담당자의 업무를 구분하여 업무의 효율성을 높일 수 있다.

[표 8.20] ISIR 업무와 담당자

ISIR 담당자	업무처리 구분	적 용 범 위
신차관리 검사담당자	신규개발 차종의 초도품	부품(외주부품 포함) 및 제품
품질관리 검사담당자	양산 차종의 초도품	

아울러 초도품 완전승인 대상은 품질에 영향을 미칠 수 있는 변경 사유가 발생하면 ISIR 담당자는 고객에게 출하되기 전 초도품 승인을 받도록 한다.

(1) 신규 개발품(고객에게 이전에 공급되지 않던 신규 부품 또는 제품 개발 시)

(2) 이전에 제출한 부품이 잘못되어 수정한 경우

(3) 설계 기록, 사양 또는 재료에 대한 설계 변경에 의해 수정된 제품

(4) 이전 제품에 사용된 적이 없는 새로운 공정기술

(5) 사용자가 후속적으로 초도품 승인을 위해 요구한 경우

한편 PPAP 서류와 초도품을 제출받은 후 양산부품 승인절차를 시작하는데 그 승인절차는 검사협정 체결부터 시작된다. 일반적으로 납품처의 품질관리 담당 부서와 공급처의 품질보증 책임자 상호 간에 협의한 검사방법에 관한 협약을 약정하고 체결하게 된다.

검사협정 체결 시 ISIR 담당자는 초도품 승인서류 이외에 아래 표 8.21과 같이 검사협정 서류를 제출받아 양산부품 관리 및 승인 담당 부서에 제출하여 계약이 체결되도록 한다.

[표 8.21] 검사협정 체결 시 서류 예

제출할 기본 서류	구 비 내 용	주관부서 및 담당자
검사 협정서	1) 주요 품질항목, 관리항목 2) 검사, 시험항목의 확인시기 및 시료 수	품질관리 담당부서 ISIR 담당자
검사 기준서	도면, 고객 요구사항, 기술표준 등을 검토한 검사항목, 검사기준 방법	"
신뢰성 시험계획서	시험설비 현황을 포함한 신뢰성 시험실시 계획현황	"
검사치구제작 공법계획서 (Planning Sheet)	당사의 외주업체 현황 및 부품 Source List	"
2차 공급업체 현황	당사의 외주업체 현황 및 부품 Source List	개발담당 부서 부품개발 담당자

자작품의 경우, 초도품 제작을 담당하는 생산기술 담당 부서는, 제작된 초도품을 ISIR 담당자에게 요구조건에 부합하는지 품질 수준을 확인하도록 검사를 의뢰하며 ISIR 담당자는 검사한 초도품이 적합하다는 확인을 받은 후 명기된 서류를 취합, 초도품 보증서를 작성하여 승인을 득한 후 양산부품 승인 담당부서로 제출한다. ISIR 담당자는 승인된 초도품 보증서나 불합격 통보서를 접수하면 부서 승인을 득한 후, 개발 담당부서 개발 담당자에게 배포한다.

개발 담당자는 초도품 승인이 완료되면 일정에 따라 제품을 납품하도록 조치하게 되는데, 양산 시작 전에 외주업체와 검사협정 이외에도 품질보증 계약(검사협정, 품질보증협정서, 클레임 보상협정서 등)을 완료하여야 한다.

8.6.7 양산

1) 공정관리 - 목표 품질의 실현

설계도에 표시된 품질특성을 공정 내에서 완수하는 것이 제조부문의 역할이다. 품질이 좋고 나쁨은 제조과정에서 좌우된다. 제품과 부품의 품질을 확보하기 위해서는, 구매품과 제조공정의 관리가 중요하게 된다. 최근에는 공정 합리화, 원가절감, 단납기 등을 위해 구매품 비중이 증대되는 경향이 많아짐에 따라, 외주 협력 업체의 품질 확보에 대한 협력이 중요하다.

제조단계에서 목표품질을 실현하기 위해서는 품질에 영향을 주는 "요인의 관리"와 제품의 "품질 특성"의 관리가 필요하다. 이러한 관리를 공정관리라 한다.

제품품질에 크게 영향을 주는 것으로 4M(사람, 기계, 재료, 제조방법)이 있는데 제조공정의 완벽한 품질을 위해서는 4M의 관리가 중요하다.

일반적으로 제조과정 관리에는 QC 공정표가 활용된다. 제조단계에서 품질 특성으로써 무엇을 체크할 것인가? 품질에 영향을 주는 것은 무엇인가? 등을 체크하는 일람표를 준비할 때에는 다음의 4가지가 중요하다.

(1) 공정에 있어서 확보돼야 하는 품질의 명확화

(2) 관리해야 하는 항목과 관리기준, 관리방법의 명확화, 확인방법

(3) 품질특성과 검사규격, 검사방법의 결정

(4) 이상 발생 시 처치와 기록의 처리, 보관 등을 정한다.

한편 QC 공정표에서 설정된 작업 포인트가 작업표준에 반영되어 있어야 한다. 작업표준은 표준작업을 하기 위해 작업의 방법, 기계 조작 등을 표준화한 것이다. 작업조건, 작업방법, 관리방법, 사용재료, 사용설비, 기타 주의사항에 관한 기준이 기재되어 있다.

대표적인 것으로 표준작업표, 공정별 능력표, 표준작업 조합표, 표준작업 지도서 등이 있는데 단순히 순서를 정의하는 수준에 머물러 있어서는 안 된다.

설비상태 관리에는 작업자가 운영자로서 자신이 취급하는 설비상태를 점검하여 보전기록에 기재한다.

[표 8.22] QC 공정표 예

QC 공정표	1. Flow Chart를 작성하고 공정명을 기입 2. 관리특성, 관리항목, 규격 3. 관리 포인트를 기입, Sampling법, 계측기기 데이터의 기록	1. 검사기록(제조, 생산관리, 자재, 검사) 2. 이상처치담당 3. 관계표준류 4. 개정내용
	작업표준서	검사기준서

2) 자공정 완결

품질관리의 원칙은 "불량을 받지 않고 만들지 않으며, 후공정에 넘기지 않는다"이다. 품질은 공정에서 만든다는 사고는 각 작업자가 책임을 지고 공정 내의 작업마다 품질을 확인하고 양품을 후공정에 넘기기 위해, 검사를 공정 내에 포함시켜 불량품을 그 자리에서 추출하여 선별한다. 작업자가 직접 자신이 만든 것을 검사하는 것이 필요하다.

자공정 관리의 프로세스를 명확히 하여 확실하게 운용해야 한다. 이것이 자공정 완결의 시스템이다.

설계는 만들기 쉽게 하고, 생산기술은 공정능력을 확보하고 불량품을 만들지 않게 하는 시스템을 확보하며, 제조는 표준작업을 준수하는 것이다.

작업자 한 사람이 여러 대의 기계를 동시에 담당할 수 있는 자동화 시스템을 갖춰 품질을 확보하면서 동시에 능률 향상을 꾀하여야 한다. 이와 같이 자동기계로 대체하면 사람의 일도 효율적으로 바뀌게 된다.

만약 불량품이 발생한다든지 고장이 발생되었을 때에 기계가 스스로 멈추도록 해야 한다.

수작업에서는 조립라인에서 이상이 발생하면 스톱 버튼을 눌러 라인을 정지시킨다. 정지한 공정이 램프에 표시되도록 하여 동일 요인의 재발을 개선한다.

기본은 표준작업을 준수하고 자주 점검 및 상호 점검을 하여 이상이 발생하면 라인을 멈추고 문제를 가시화시키면 신속한 해결과 개선이 이루어져 능률이 향상되고 공수 저감 및 품질 향상이 되어 효율 좋은 라인으로 되게 된다.

3) 철저한 초기 유동 관리

생산하면서 발생하는 문제를 가능한 한 억제 하기 위하여 제조 과정을 확립, 작업을 표준화(QC 공정도의 완성, 공정간 체크 및 관리 포인트의 작성, 작업자 교육자료 작성 등….) 하여 양산 시 공정관리가 철저하게 이루어지도록 하여야 한다.

초기 유동 관리는 신제품, 신재료, 신설비로 양산 체제로 들어갈 때 일정 기간은 특별 관리 체제를 도입하여 생산초기에 발생하는 여러 가지 문제를 가능한 한 초기에 추출, 즉시 조치하여 양산 개시를 원활하게 하는 것이다.

이것은 제조 착수 단계에서부터 제조부문을 중심으로 실시사항을 분담하여 생산공정의 안정화를 꾀하는 것이다.

이에 대상은

(1) 신제품 개발 규정에 정해진 신제품

(2) 기존 설계, 생산라인, 공정, 재료, 설비, 공법, 제조조건, 외주의 변경이 있는 경우

(3) 신제품 생산라인을 신설한 경우

(4) 외주처와 제조장소 등을 변경한 경우

등이며 주된 착안점은,

(1) 개발 시 시작시험을 충분히 하여 완전한 제품설계로 마무리하고

(2) 최초부터 많은 사양에 대응할 수 있는 유연한 소형 설비로 하며

(3) 생산 준비 단계부터 양산 안정화까지 Follow 해야 한다.

시제품이 완료되거나 혹은 예측된 시점부터 초기 유동 관리가 시작되어야 한다. 따라서 초기 유동 관리 총괄 책임자가 초기 유동 관리 통지서를 발행한다. 이 통지서를 근거로 생산 준비 회의 등을 개최하여 양산 시기를 정하며 치공구의 수배, 레이아웃 계획을 세운다. 각부서 공동으로 신뢰성 시험, 작업자 교육, 생산 준비 체제 확립을 위한 공정조사 등을 실시하여 문제점을 찾아 해결하고 양산에 들어간다.

이때 관계 부서의 관리자는 정기협의회, 초기 유동관리판, 액션플랜 등으로 Follow 하여 품질, 비용, 납기 확보에 상호 노력해야 한다.

양산 이후에는 시작 시와 비교하면서 신뢰성 시험 결과. 납기준수 상황, 품질문제 발생 현황 등을 보고 초기 유동 관리지정을 해제할 것인가를 검토하고 시행한다.

4) 통계적 품질 관리 상태의 확보

다음은 생산되고 있는 제품의 품질이 정상적인 상태인가 아닌가를 판단하고 이상 징후를 발견하기 위하여 사용되는 관리도의 원리와 관리도 사용방법에 대해 알아보자.

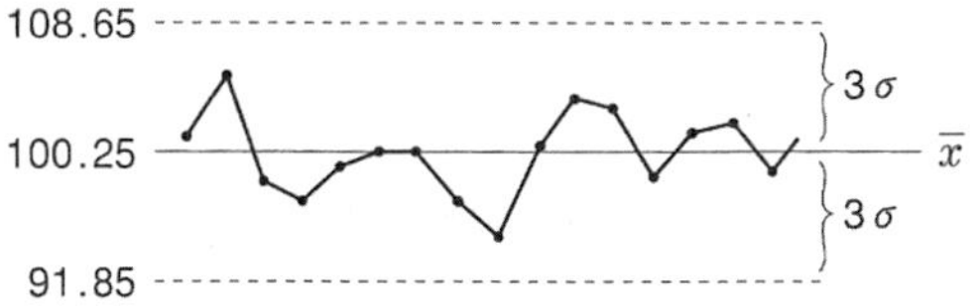

[그림 8.33] 통계적 관리 상태

그림 8.33은 관리도의 예를 표시한 것이다. 평균치 μ는 100.25 표준편차 σ는 2.80인데 평균치 μ를 나타내는 직선과 표준편차 σ의 3배 ($100.25 \pm 2.80 \times 3 = 108.65$ 및 91.85)를 나타내는 두 개의 직선이 있다. 그것은 정규분포하는 집단에서 평균치 μ의 양측에 표준편차 σ의 3배씩 폭을 취하면 $\mu \pm 3\sigma$의 구간에 99.73 %가 포함되며 이 구간에서 벗어나는 비율은 0.27%밖에 되지 않는다. 그러므로 거의 모든 데이터가 그 구간에 들어간다는 것은 정규분포하고 있다는 것을 의미한다. 즉 정규분포를 하고 있으면 그 범위를 벗어나는 것은 우연의 결과라고 생각할 수 있다.

그러나 우연의 결과로 방치하여 좋다는 것은 아니다. 제품 혹은 상품으로서 편차를 줄이지 않으면 안 되는 경우, 필요에 따라 진동에 의한 영향을 줄이거나, 서지 전압을 제거 혹은 안정시킨다든지, 작업자의 의식을 고양시키는 등 세밀한 분석을 통하여 효과적인 대책을 강구하지 않으면 안 된다. 어느 것이든 경비를 고려하여 어느 정도의 편차를 인정할 수밖에 없는데 이렇게 안정된 폭(그림 8.33) 안에서 제품의 품질이 추이하고 있다면 이 품질은 통계적 관리상태에 있다고 한다. 간혹 어떤 값은 갑자기 변하기도 하지만 통계적으로 보면 정규분포의 범주 안에 관리되고 있기 때문이다.

그러나 한 개의 데이터가 우발적으로 3σ의 라인에서 벗어났다면 관리상태에 의문을 가질 필요가 있다. 또 모집단이 정규분포하고 있다면 위와 같이 $\pm 3\sigma$ 관리가 의미가 있지만, 만약 그 분포의 형이 정규분포가 아니라면 $\mu \pm 3\sigma$의 관리가 적정한가 조사해야 한다.

(1) 관리도의 이치

$\bar{x}$ - R 관리도 (그림 8.34)는 표기하고자 하는 데이터를 순차적으로 5개씩 그룹으로 묶고 마치 각각의 그룹이 독립하는 한 개의 데이터인 것처럼 • 와 × 로서 표시한다. 관리도에 따른 품질의 모니터링과 그 판정은 기본적으로 $\mu \pm 3\sigma$ 에 기초한 UCL과 LCL에 의존하게 된다. 따라서 $\mu \pm 3\sigma$ 라는 기준은 모집단이 정규분포하고 있다는 전제에 기초하고 있다. 그런데 품질관리를 위하여 계측된 데이터는 정규분포하고 있다는 증거는 아직 없다. 따라서 어떤 분포로부터 추출한 데이터라도 몇 개씩 묶고 평균치를 계산하면, 그들은 수가 늘어남에 따라 정규분포에 가까이 가게 된다는 중심극한정리를 이용하는 것이다. 이렇게 하여 $\mu \pm 3\sigma$ 라는 판정 기준을 안심하고 이용할 수 있다.

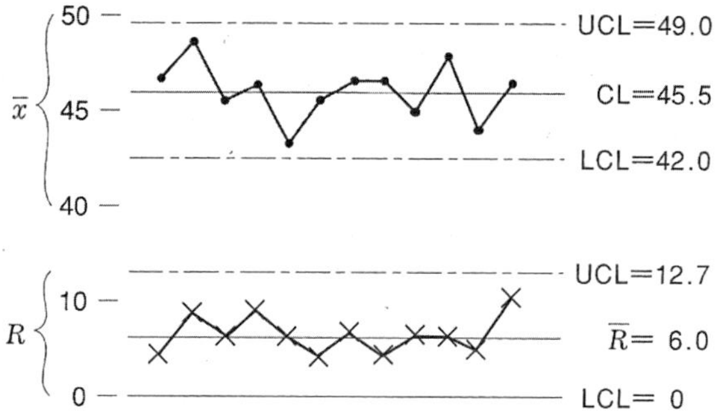

[그림 8.34] $\bar{x}$-R 관리도

여러 가지 참고 문헌에 제시된 관리도는 그룹을 5개로 한 것이 많은데 5개 혹은 10개씩 그룹으로 묶으면 계산이 편리하다. 더욱이 중앙치를 사용해 관리도를 만들 때도 그 수가 홀수인 쪽이 편리하므로 5개를 많이 이용하게 된다.

다음은 UCL, LCL을 계산할 때 사용되는 A_2, D_3, D_4(표 8.23)이다.

[표 8.23] 관리한계값 계수

각 군의 데이터의 수 n	$\bar{x}$ 관리도	R 관리도		Me 관리도
	A_2	D_3	D_4	A_4
2	1.880	0.000	3.267	1.88
3	1.023	0.000	2.574	1.19
4	0.729	0.000	2.282	0.80
5	0.577	0.000	2.114	0.69
6	0.483	0.000	2.004	0.55
7	0.419	0.076	1.924	0.51
8	0.373	0.136	1.864	0.43
9	0.337	0.184	1.816	0.41
10	0.308	0.223	1.777	0.36

관리도는 $\mu \pm 3\sigma$에 기반한 UCL, LCL을 기준으로 품질을 판단하고 관리하게 되는데 $\mu \pm 3\sigma$에서의 μ는 $\bar{x}$의 평균치가 μ의 불편추정치이므로 그 값이 그대로 사용된다.

한편 $\mu \pm 3\sigma$에서의 σ는 실제 σ를 구하는 것이 아니고 간편한 R(레인지)로 대용하게 되는데 $\bar{R}$을 σ로 환산하지 않으면 안 된다. 그런데 $\bar{R}$ 의 분포는 정규분포를 하지 않는다. R은 정규분포하는 n 개의 데이터 가운데 최대의 값과 최소의 값의 차이일 뿐이다. 그 최대의 값은 그다음의 값보다 적게 되면 더 이상 최대의 값이 아니다. 최솟값도 마찬가지이다. 따라서 이를 감안하여 표 8.23과 같이 $\bar{R}$ 로 하면 결과적으로 $\mu \pm 3\sigma$의 3σ 값이 되도록 표를 만들었으므로 이 값을 이용하면 된다.

(2) 관리도 그리기

일반적으로 제품에는 길이, 중량, 경도 등 계량치에 대하여 평균치와 편차의 크기를 관리하지 않으면 안 되는데 그때 사용되는 관리도 작성 요령을 간단하게 설명한다.

표 8.24는 5열로 60개의 데이터가 정렬되어 있다. 이들은 어느 품질을 나타내는 계량치를 차례차례 일정 시간마다 기록한 것으로 그것을 5개씩 묶어 1행, 2행 …식으로 나열한 것이다. 우선 각 그룹의 5개의 평균치 $\bar{x}$를 구하고 전체의 평균치 $\bar{\bar{x}}$를 구한다. 여기서는 45.5이다.

[표 8.24] 데이터 예

군	데이터(n=5)					평균	레인지	메디안
	x_1	x_2	x_3	x_4	x_5	$\overline{x}$	R	Me
1	46	47	45	44	48	46.0	4	46
2	45	47	53	48	48	48.2	8	48
3	45	42	48	47	44	45.2	6	45
4	46	50	42	44	46	45.6	8	46
5	45	43	41	45	39	42.6	6	43
6	44	45	48	45	44	45.2	4	45
7	47	43	46	45	49	46.0	6	46
8	45	48	44	47	46	46.0	4	46
9	41	46	44	45	47	44.6	6	45
10	45	48	47	51	46	47.4	6	47
11	44	42	47	42	42	43.4	5	42
12	50	45	41	46	47	45.8	9	46
합계						546.0	72	545
평균						$\overline{\overline{x}}=45.5$	$\overline{R}=6$	$\overline{Me}=45.4$

다음은 각 그룹 5개의 데이터마다 레인지 R(최대치－최소치)을 계산하고 이들 레인지의 평균값을 구한다. 여기서는 6이 된다.

이를 바탕으로 관리도를 그려보면 그림 8.34와 같이 되는데 우선 평균치 $\overline{x}$의 값을 타점하고 평균치 $\overline{\overline{x}}$ 45.5를 나타내는 중심선(CL, Central line)을 기재한다. 다음은 상부관리한계(Upper Control Limit)와 하부관리한계(Lower Control Limit)를 다음의 식에서 계산한다.

$$UCL=\overline{\overline{x}}+A2\overline{R} \quad (8.41)$$

$$LCL=\overline{\overline{x}}-A2\overline{R} \quad (8.42)$$

여기서 $\overline{R}$은 R의 평균치로 6이며 A2는 표 8.23과 같이 0.577이므로

$$UCL=\overline{\overline{x}}+A2\overline{R}=45.5+0.577\times6=49$$

$$LCL=\overline{\overline{x}}-A2\overline{R}=45.5-0.577\times6=42$$

로 된다. 이 두 개의 직선을 기재하면 $\overline{x}$에 대한 관리도가 완성된다. 여기서 UCL, LCL은 $\mu\pm3\sigma$에 상당하는 값이다. 여기서 타점된 흑점은 각각 특별한 경향을 보이지 않고 있으므로 UCL과 LCL 사이에 평균치 $\overline{x}$는 통계적 관리상태에 있다고 말할 수 있다.

이 평균치 $\overline{x}$의 관리도와 같이 R의 관리도를 그려보면 평균치 $\overline{x}$의 그래프는 ● 로 연결하지만 R은 ×를 사용하곤 한다. R에 대한 LCL은 다음 식으로 구한다.

$$\text{LCL} = \text{D3} \times \overline{R} \tag{8.43}$$

$$\text{UCL} = \text{D4} \times \overline{R} \tag{8.44}$$

표 8.23에서 D4와 D3를 구하여 대입하면

$$\text{UCL} = \text{D4} \times \overline{R} = 2.114 \times 6 = 12.7$$

$$\text{LCL} = \text{D3} \times \overline{R} = 0 \times 6 = 0$$

으로 되므로 이들 위치를 나타내는 두 개의 직선으로 표시하면 R에 관한 관리도가 그림 8.34와 같다. R에 대하여도 12개의 데이터가 UCL, LCL의 사이에 들어가 있으므로 통계적 관리상태에 있다고 할 수 있다.

품질을 관리하기 위하여는 그림 8.34와 같이 $\overline{x}$-R 관리도를 사용하는 경우가 많은데 $\overline{x}$ 관리도를 위에, R 관리도를 아래에 병기하는 것이 보통이며 실무적인 면에서 R이 잘 관리되고 있는 것이 $\overline{x}$ 관리의 전제조건이 되므로 R 관리도를 먼저 확인하는 것이 좋다.

(3) 여러 가지 관리도

지금까지 $\overline{x}$-R 관리도에 대하여 설명하였지만 계량형을 취급하는 관리도에서는 $\overline{x}$-s 관리도, Me－R 관리도, Me－s 관리도 등을 활용하기도 하는데 관리도는 주로 현장에서 사용되는 수법이므로 메디안(Me 또는 $\tilde{x}$ 라고 적는다)도 많이 활용된다. 이는 같은 그룹으로 구분된 n개의 값을 큰 순으로 열거하여 맨 가운데 값을 선택하는 것이므로, 간단하여 현장에서는 Me－R($\tilde{x}$－R)이 다용 되어왔다. Me-R 관리도를 그려보면 메디안의 평균치 $\overline{Me} = 45.4$이다. 이 값이 Me 관리도의 중심선 CL로 되는 것이며 Me의 UCL, LCL을 구하는 식은

$$\text{LCL} = (\overline{Me}) - \text{A4}\overline{R} \tag{8.45}$$

$$\text{UCL} = (\overline{Me}) + \text{A4}\overline{R} \tag{8.46}$$

이며 A4의 값은 표 8.23을 참조하면 된다. 즉 $n=5$일 때의 A4의 값은 0.69이므로

$$\text{UCL} = (\overline{Me}) + \text{A4}\overline{R} = 45.4 + 0.69 \times 6 = 50.0$$

$$\text{LCL} = (\overline{Me}) - \text{A4}\overline{R} = 45.4 - 0.69 \times 6 = 41.3$$

이며 이들의 값을 이용하여 Me−R 관리도를 그려보면 그림 8.35와 같다. $\bar{x}$−R 관리도와 Me−R 관리도 중 어느 쪽을 선택할 것인가는 생산공정의 성격에 따라 판단하면 된다.

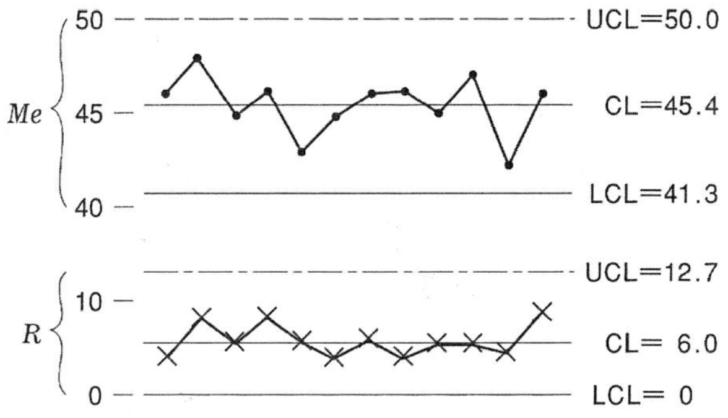

[그림 8.35] Me − R 관리도

(4) 계수형 관리도

관리도에서 사용되는 통계량이 계수 값(불량률, 불량품수, 결점수 등)일 때의 관리도이다. 여기서는 불량품의 관리를 계수형 데이터로 할 경우의 관리도를 그려보자.

[표 8.25] 불량률 데이터

조번호	표본수 n	불량개수 $r = np$	불량률 p
1	50	3	0.06
2	50	1	0.02
3	50	4	0.08
4	50	3	0.06
5	50	2	0.04
6	50	4	0.08
7	50	0	0.00
8	50	6	0.12
9	50	3	0.06
10	50	5	0.10
11	50	4	0.08
12	50	1	0.02
13	50	5	0.10
14	50	3	0.06
15	50	2	0.04
계	750	46	$\bar{p} \fallingdotseq 0.061$

표 8.25를 보면 생산 순서대로 50개씩 구분하여 조마다 적발된 불량품의 개수를 기록한 것인데, 1조에서는 50개 중 3개의 불량품이 발견되어 불량률은 0.06이다. 이때 표본 수 n, p 불량개수 r에 대하여 각 조의 불량률 p와 전체의 불량률 $\bar{p}$를 구하면

$r/n=p$이고 각 조의 불량률 p를 15조에 대하여 평균한 $\bar{p}$는 15조의 총개수 750개에 대한 총불량개수의 비율은

$$\bar{p}=\Sigma r\ /\Sigma n=46\ /\ 750=0.061 \tag{8.45}$$

이다. 그런데 관리도는 평균치의 상부로 3σ 만큼 떨어진 곳에 UCL(상부관리한계), 하부로 3σ 만큼 떨어진 곳에 LCL(하부관리한계)을 나타내는 직선을 그렸다. 그러므로 σ는 이항분포를 반복시행하여 정규분포하면 표준편차는

$$\sigma=\sqrt{\frac{(p(1-p))}{n}} \tag{8.48}$$

인데 p 대신에 $\bar{p}$ 를 사용한다. 이는 전체를 대표하는 p 는 $\bar{p}$ 이기 때문이다. 그렇게 하면 관리도의 중심선은

$\bar{p}=0.061$이며 UCL과 LCL은

$$\mathrm{LCL}=\bar{p}-3\sqrt{\frac{(\bar{p}(1-\bar{p}))}{n}} \tag{8.49}$$

$$=0.061-3\sqrt{\frac{(0.061(1-0.061))}{50}}$$

$$=0.061-0.102=-4.1\%$$

$$\mathrm{UCL}=\bar{p}+3\sqrt{\frac{(\bar{p}(1-\bar{p}))}{n}} \tag{8.50}$$

$$=0.061+3\sqrt{\frac{(0.061(1-0.061))}{50}}$$

$$=0.061+0.102=16.3\%$$

로 되는데 불량률이 마이너스라는 것은 의미가 없으므로 UCL만을 관리도상에 적어놓는다. (그림 8.36)

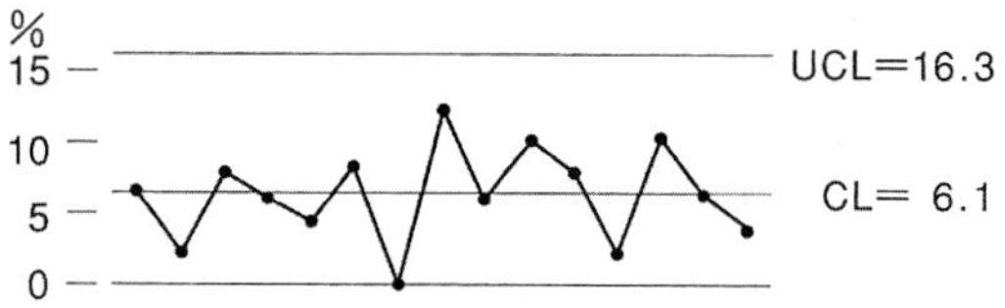

[그림 8.36] p 관리도

그러면 각 조의 표본 수가 일정한 경우에 각 조의 불량률이 아닌 불량개수로 관리하는 pn 관리도를 작성하여 보자.

3개의 기준선 중 중심선은

$$\mathrm{CL} = \bar{p}n = 0.061 \times 50$$

혹은 불량개수의 총계 / 조의 수

$$= 46/15 = 3.07$$

이고 하부관리한계 LCL과 상부관리한계 UCL은

$$\mathrm{LCL} = \bar{p}n - 3\sqrt{\bar{p}n(1-\bar{p})} \quad (8.51)$$

$$= 3.05 - 5.08 = -2.0$$

$$\mathrm{UCL} = \bar{p}n + 3\sqrt{\bar{p}n(1-\bar{p})} \quad (8.52)$$

$$= 3.05 + 5.08 = 8.1$$

로 되는데 마이너스 LCL은 실질적으로 의미를 갖고 있지 않으므로 무시하고 CL과 UCL의 직선을 기입한 좌표에 조마다 불량개수를 타점하면 그림 8.37과 같은 pn 관리도가 된다.

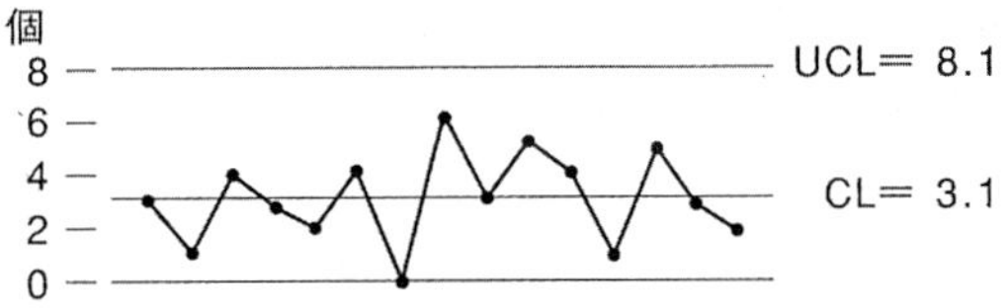

[그림 8.37] pn 관리도

(4) 품질에 대한 위험신호

관리도의 목적은 생산라인을 가동하고 있을 때 통계적 관리상태에 있는가 확인하고 그 후에는 그 상태가 지속하고 있는가를 모니터링함과 동시에 이변의 징조가 있다면 그것을 재빠르게 인지하는 것이다. 그림 8.38의 8가지 경우를 위험신호로 간주한다. 이러한 상황이 나타나면 통계적 관리상태에 이변이 일어나고 있을 가능성이 있다고 주의를 촉구하고 있는 것이다.

이것은 하나의 가이드라인에 불과하다. 하지만 다음과 같은 중요한 의미가 있다. 그림 8.38은 $\overline{x}$와 UCL과의 사이, $\overline{x}$와 LCL 사이를 각각 삼 등분 하고 그림과 같이 각 구간을 A, B, C로 하였다.

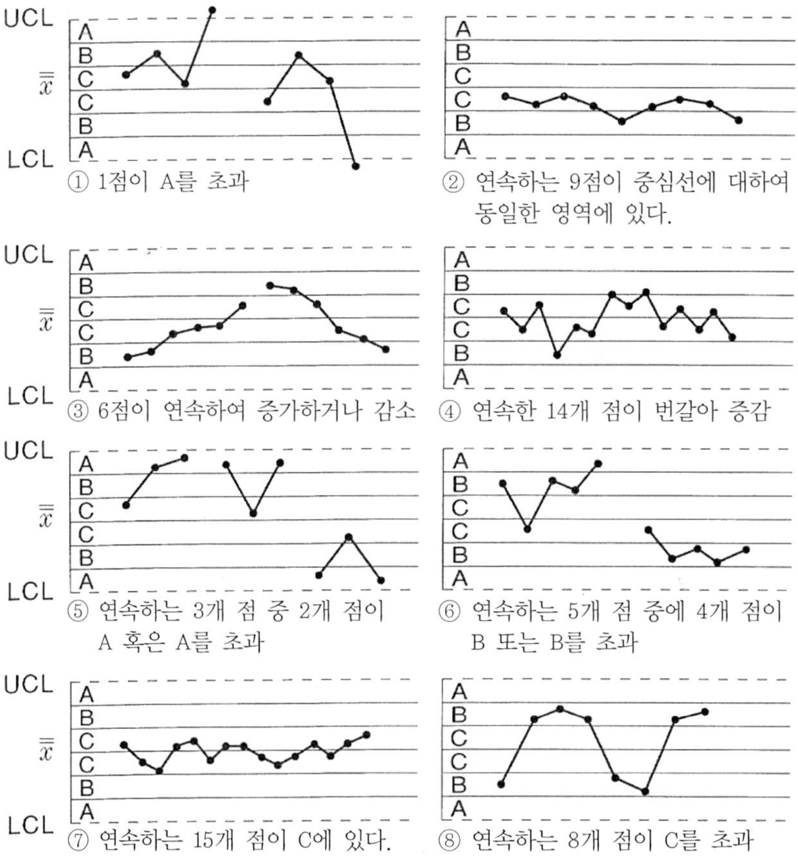

[그림 8.38] 주의 신호 패턴

$\overline{x}$와 UCL, $\overline{x}$와 LCL의 거리는 각각 정규분포의 3σ로 되도록 결정되어 있으므로 A, B, C의 각 구간은 각각 1σ에 상당한다. 그렇다면 이 좌표 위에 랜덤하게 1개의 점을 표시했을 때, 그 점이 각 구간 내에 들어가는 확률은 정규분포표에 따라 각각 0.3413, 0.1360, 0.02135(편측기준)과 같이 될 것이다.

그러면 이 8가지 케이스는 무엇을 의미하는가? 우선 ①에 대하여 생각해보자. 지금 통계적 관리상태에 있다고 생각되는 데이터 1개가 위 혹은 아래의 A 구간을 넘어 밖으로 나왔다 가정하면 이런 것이 우연히 일어나는 확률은

$$0.00135+0.00135=0.0027=0.27\% \tag{8.53}$$

에 지나지 않는다. 이렇게 드문 것이 정말로 우연히 일어난 것인지 우연이지 않고 필연성이 있는 것은 아닌지 ①의 케이스는 주의 깊게 관찰이 필요하다.

다음은 ⑤가 발생하는 확률을 계산하여 보자. 우연히 추출된 3개의 데이터 가운데 2개가 A 혹은 A 초과에 있을 확률은

$$_3C_2\times(\text{A확률}+\text{A초과확률})^2\times2\times\text{B와 C의 확률}\times2$$

$$_3C_2\times(0.02135+0.00135)^2\times2\times0.4773\times2=0.00295 \tag{8.54}$$

로 계산할 수 있는데 이는 0.3%에 불과하다. 이와 같이 진기한 것이 우연히 일어났다고 생각하는 것보다는 이변의 징조인지 의심해 볼 필요가 있다.

또 ⑦을 보자. 이번에는 연속하는 15 데이터가 C의 구간에 들어가 있다. 확률통계를 계산해보면

$$(0.3413\times2)^{15}=0.00325 \tag{8.55}$$

로 0.3%에 불과하다. 즉 통상 통계적 관리상태에서는 별로 일어나지 않아야 하는 진기한 일이 일어나고 있다고 보수적으로 생각하여 관찰하는 것이 좋다.

제9장

고장물리분석

동력 기계의 파손사고는 작동 불능이나 오작동, 때로는 사람의 생명에 해를 끼치고 그 제품과 회사의 신뢰도에 큰 상처를 준다. 파손에 의한 고장사고를 완전히 방지하는 것은 불가능하다 해도 그 재발을 방지하거나 내용 시간 이후로 지연시키는 것은 가능하다. 파손에 의한 고장 재발을 방지하기 위해서는 품질관리의 수준을 높이거나 해당 기계, 구조물의 설계를 개선하지 않으면 안 되지만 때로는 정확한 원인 규명에 실패하여 과도한 설계 개선(Over spec)으로 원가가 상승한다든지, 잠재하고 있는 원인은 그대로 두고 다른 대책을 시행하여 파손의 원인만 증가시키는 사례가 현장에서 종종 일어난다. 따라서 개선을 위해 중요한 정보(고장시간, 고장환경, 파손형태 등)를 여러 각도로 조사하고 파손에 이르게 한 원인을 규명해야 한다.

5장에서는 고장시간 등의 Field Data를 활용하여 원인 및 대책을 추정하는 방법에 대하여 공부하였으나 고장 물리 해석 등의 현상분석을 등한시한 채, Data에 의존하는 원인 분석 및 대책은 자칫 오류를 범하거나 이해 당사자 간의 견해 차이로 혼란과 갈등을 일으킬 수 있다. 따라서 고장물리를 이해하여 정확한 대응을 해나간다면 회사의 조직 발전은 물론 효율적이고 일관된 개선을 기대할 수 있을 것이다.

파손 파괴의 원인은 정적파괴, 동적파괴, 피로파괴, 지연파괴, 응력부식균열 등이 있지만 특히 최근에는 자원과 에너지의 최소화, 최적화, 고밀도화, 신소재의 실용화 등과 관련하여 파손 파괴현상도 복잡화되고 있다.

9.1 고장분석

9.1.1 고장분석 개요

고장 (Failure)이란 아이템이 요구기능을 수행하지 못하게 되는 사건(event)을 말하여 결함(Defect, Flaw)은 불량과 동의어로 사용되기도 하나, 현재 고장 나지 않았으나 잠재적으로 고장 날 가능성이 있는, 즉 외부적인 스트레스 인자와 결합하여 고장이 발생할 가능성을 내포하고 있는 상태를 말한다.

한편 고장물리란 아이템의 신뢰성 예측 및 성능향상을 위하여 신뢰성 설계의 실행방안으로 아이템에 고장을 유발하는 고장 메커니즘이나 고장 프로세스에 대한 이해와 지식을 이용하는 기술로 고장을 분석하여 고장의 메커니즘을 규명하고 원인을 제거하여 신뢰성을 높이는 고유 기술이다.

고장분석이란 MIL-STD-883 에서는 보고된 고장을 확인하고 고장모드 또는 고장 메커니즘을 규명하기 위해 기계적, 전기적 특성, 물리·금속·화학적 분석기술로 고장원인을 조사하는 것이라 정의하였고, JIS Z8115에서는 아이템의 잠재적 혹은 나타난 고장 메커니즘, 고장 발생률 및 고장의 영향을 검토하고 시정 조치를 검토하기 위한 계통적인 조사 연구라 정의하였다.

고장모드(Failure mode, 고장형태)란 고장이 나타나는 형태를 말하며 고장 메커니즘(Failure mechanism) 이란 해당 고장모드가 나타나는 이유이다.

[표 9.1] 고장의 발생원인과 결과

외적 요인		내적 요인		고장(결과)
▲ 응력(stress)		▲ 재료의 물리적 요인		▲ 기계적 고장
• 전기적		• 도금두께 부적합		• 균열(crack)
• 기계적		• 기공		• 파단(fracture)
• 화학적	+	• 박막 등 두께 부적합	=	• 마모(wear)
▲ 사용환경 조건		▲ 재료의 화학적 요인		▲ 전기적 고장
• 온·습도		• 오염		• 단락
• 진동		• 성분부적합		• 단선
• 충격		• 습도		• 특성변화
• 윤활				• 특성불안정

9.1.2 고장분석의 접근방법

고장분석을 시행하면서 통계적으로 접근하여 예상되는 고장모드를 추정하고 고장물리적으로 접근하여 고장메커니즘을 분석하면 효율적이고 객관적인 개선 활동이 가능하다고 생각한다.

1) 통계적 접근방법

고장이 발생할 때마다 발생 일시, 명칭, 고장상태, 고장 원인, 조치사항, 대책 등에 관한 자료를 수집하고 통계적으로 분석한다.

2) 고장물리적 접근방법

고장 전의 상황, 고장 발생 시의 상황, 고장 후의 상황 등 종합적인 자료를 기초로 고장의 근본 원인과 고장 메커니즘을 규명한다.

3) 관리적 접근방법

고장방지를 위해 설계도면 및 관리 규정을 검토하고 수정하는데 검사표준이나 점검표준서 개정, 운전 매뉴얼 개정 등을 통하여 고장 재발 방지수단을 마련한다.

9.1.3 고장분석 시 주의사항

① 고장상태를 변화시키지 말아야 한다.

② 고장분석은 파괴분석이기 때문에 단계별 상황을 명확히 기록한다.

③ 우량품과 다른 점을 주의 깊게 관찰해야 한다.

④ 선입견을 갖지 말아야 한다.

⑤ 안전성을 고려한 분석을 해야 한다.

⑥ 고장 이력, 사용환경 등을 충분히 조사해야 한다.

⑦ 논리적이고 합리적인 태도로 접근해야 한다.

⑧ 고장 메커니즘을 규명하고 재현해야 고장분석을 완성할 수 있다.

9.1.4 고장분석 절차

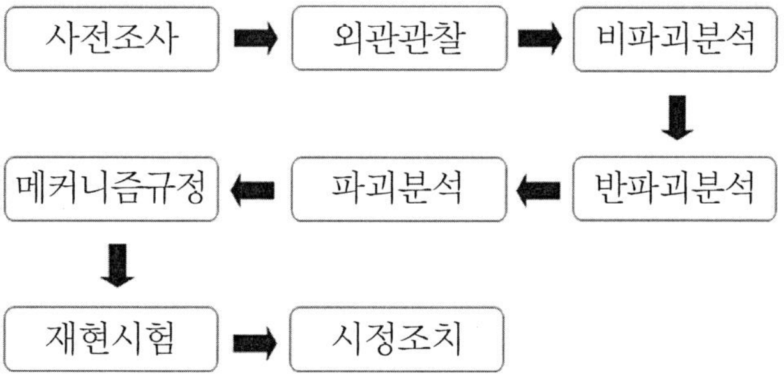

[그림 9.1] 고장분석 절차

1) 사전조사

① 고장품 종류: 아이템의 회로도, 부품 사양 승인서(approval sheet), 업체 카탈로그 등을 기초로 고장품의 품종명, 제조업체, 규격을 조사한다.

② 제조 시기 : 아이템의 제조와 출하 시기를 조사한다.

③ 사용조건 : 사용 장소, 외력의 종류 및 크기, 반복상태, 장착 위치 및 상태 등을 조사한다.

④ 고장 발생 상황 : 사용환경(온도, 습도, 진동 등), 고장 발생 시기, 고장 발생 빈도, 고장 모드 등을 조사한다.

2) 외관관찰

광학현미경(Optical Microscopy, OM) 등을 이용하여 외관 및 형상 관찰을 한다.

외관관찰에서 주된 체크 포인트는

① 균열이나 변색이 있는가?

② 표면에 흠집이나 균열이 있는가?

③ 주변에 오염이나 이물질 부착이 있는가?

④ 이상 외력이 가해진 흔적이 있는가?

⑤ 고장 부분에 발열이나 누설 등의 흔적이 있는가?

3) 비파괴분석

다음 순서로 비파괴적인 방법을 이용하여 내부구조를 관찰한다.

① X-ray 투시를 이용하여 내부를 관찰한다(단선이나 단락 등 확인). SAT에 의한 내부관찰(초음파를 피관찰물에 투시하여 반사된 초음파 신호의 강도와 위상 차이)로 내부정보를 얻어낸다.

② 전기적 특성 측정(반도체 디바이스의 경우)

직류특성, 기능특성, 스위칭 특성 등을 측정하여 규격을 비교한다.

4) 파괴분석

필요한 경우 파괴 분석을 통하여 원인을 추정하거나 재현 시험을 한다.

9.1.5 고장의 종류

1) 파국고장(catastrophic failure)

외부 충격(stress, 부하)이 내부 강도(strength) 보다 커 일어나는 고장으로 외부 충격의 크기를 예측하여 그보다 큰 강도로 설계한다.

(1) 정하중에 따른 파손

인장시험과 같이 서서히 증가하는 하중에 의해 기계와 구조물이 파손되는 것은 실제로 적다. 그러나 인장시험 등에 따라 얻어진 파면은 그 외관, 형태로부터 재질과 결함을 발견하는 실마리가 되므로 오래전부터 여러 학자에 의해 관찰 검토됐다.

강의 인장파단면은 Cup & Cone의 형태를 보이지만 그 파면은 3개의 주요한 부분으로 나뉘며 그림 9.2와 같이 내측으로부터 Fibrous, Radial, Shear lip(파면의 3요소)으로 이루어진다.

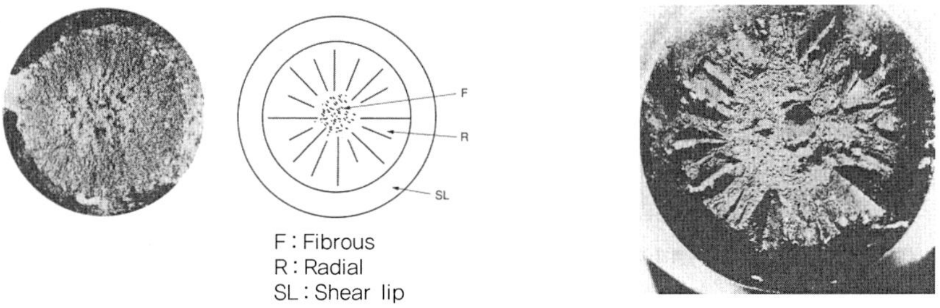

(a) 전형적인 파단면

(b) 높은 경도의 강 파단면

[그림 9.2] 강의 인장 파단면

파손은 Fibrous 부분부터 시작된다. 외주에 노치를 갖고 있지 않은 봉재의 인장하중에서는 통상 파단전에 소성변형(잘록함)이 생기고 그 때문에 중심부에서 횡방향으로 구속인장응력이 발생되며 3축 인장 상태로 된다. 이 상태에서 축방향의 인장응력이 재료 중의 개재물과 미소 결함부에 빈 공간을 만든다. 이 공간은 3축 인장이므로 중앙에서 결합하여 이 부분에 원형의 섬유상(Fibrous) 파면을 만든다.

기점인 Fibrous 부에 이어 방사상의 부분이 관찰되는데 이것은 파손의 초기에 비교적 천천히 발생한 Fibrous 부분으로부터 급속한 균열의 발전으로 변화한 부분이며 방사상의 모양(Radial)은 균열의 확대 방향이다.

파손 프로세스의 최종 단면인 부재 외측에 Shear lip이 형성된다. 파손기점이 중심부로부터 어긋나면 이 Shear lip은 기점과 반대 측에 생긴다.

Shear lip이 발생하지 않는 경우가 있다. 예를 들면 부드러운 재료로 이중컵(티탄재의 인장파단)이 만들어지는 경우와 취성재료, 또는 외주에 예리한 노치가 있는 경우 등이므로 주의가 필요하다. 또 내측으로 균열이 비대칭으로 진전되면 최종 파손부는 단면 중심부로부터 어긋난다.

[표 9.2] 재료 특성별 인장 비틀림 판단 양식

	연성재료	취성재료
단순 인장 하중	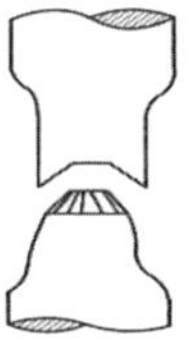	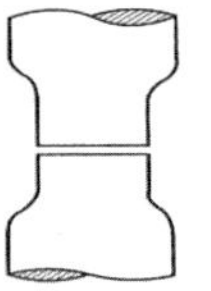
비틀림 하중	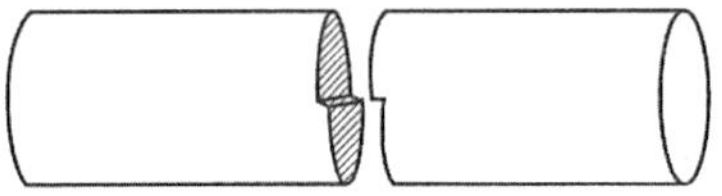	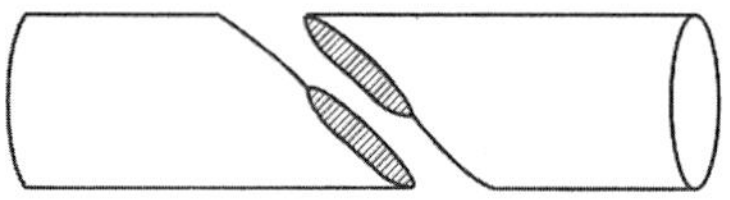

인장의 경우는 취성재료의 경우 직각인 파단면으로 되고, 연성재료에서는 인장 축과 45도를 이루는 미끄럼 전단 면을 볼 수 있다.

반면 비틀림 하중의 경우 그 응력 상태는 축에 수직 또는 축 방향에 최대전단응력이 생겨 축과 45도를 이루는 면에 대하여 수직 방향으로 최대인장응력과 최대압축응력이 작용한다. 따라서 취성 재료에서는 스파이럴 상의 파단면을 만든다. 또한, 연성 재료에서는 축에 수직으로 비틀려 절단되든가 혹은 직각 혹은 평행부에 붕괴된 계단 형태의 파면으로 된다.

(2) 충격에 의한 파면(급속파단면)

하중이 급속하게 부가되기 때문에 과부하에 따라 발생한다. 바꿔말하면 부하의 관성효과에 따른 것이다. 따라서 변형진동이 그 구조의 고유진동수와 합치하고 그 때문에 변형진폭이 증대되어 파손을 일으키는 경우와 구별하지 않으면 안 된다.

강의 급속 파단면에서도 정하중에 의한 경우와 같이 파단면은 통상 3개의 부분으로 나타난다.

그림 9.3은 샤르피 충격시험에 의한 파단면의 대표적인 예인데 그 파단면을 상세하게 관찰하면 정하중의 경우와 같이 3개의 부분으로 나눌 수 있다.

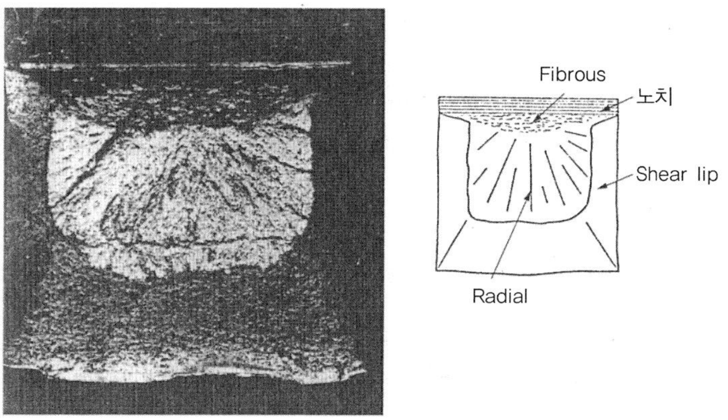

[그림 9.3] 샤르피 충격에 의한 파단면 예

최초의 균열이 발생한 노치 저부에는 초승달 모양의 Fibrous가 생기고 그다음에 방사상의 Radial 부가 생긴다. 외부에는 45도 전단 방향으로 경사진 Shear lip 부가 생기며 이 부분에서 상당한 변형이 생긴다.

이들 3개 부분은 조건이 바뀌면 그 영역의 면적이 바뀌고 경우에 따라서는 관찰되지 않는 것도 있다. 따라서 파면 상의 이들 3요소를 비교 검토함에 따라 파손 조건(하중, 환경 온도, 부하속도 등)을 추정할 수 있다.

2) 열화(degradation)고장

제품의 성능(강도)이 시간에 따라 점진적으로 저하되어 강도가 부하(스트레스)보다 작을 때 일어나는 고장으로 스트레스의 영향이 누적되어 나타난다.

원인으로는 부품 또는 재질의 마멸이나 변형, 피로, 균열, 크랙, 박리와 같은 물리적 현상과 부식이나 오염과 같은 화학적 반응에 의한 것 등이 있다.

[표 9.3] 스트레스의 종류

구 분	세부 분류	
물리적인 스트레스 (Physical Stress)	온도(temperature) : 열충격, 열 사이클 습도(humidity) 방사능(nuclear)	
기계적인 스트레스 (Mechanical Stress)	진동(vibration) 충격(shock)	압력(pressure) 마찰(abrasion)

[표 9.3] 스트레스의 종류(계속)

구 분	세부 분류	
방사 (Radiation)	전자파 적합성(electromagnetic compatibility, EMC) 전자파 내성(electromagnetic susceptibility, EMS) 전자파 간섭(electromagnetic interference, EMI)	
전기적인 스트레스 (Electrical Stress)	과전압(over voltage) 서지(surge & spike)	과전류(over current) 정전기(electrostatic discharge)
화학적인 스트레스 (Chemical Stress)	이온(ionizing) 부식(corrosion)	

9.2 고장 메커니즘

고장 메커니즘(failure mechanism)이란 어떤 스트레스가 어떤 과정(process)을 거쳐 특정 부위(failure site) 에 특정 고장모드를 발생시키는가를 규명하는 것이다. 즉 해당 고장모드가 나타난 이유를 명확히 밝히는 것이다.

고장이 발생하는 유형에 따라 우발고장(overstress failure, 파국고장)과 마모고장(wearout failure, 열화고장)으로 구분할 수 있는데 고장모드(failure mode)는 고장 메커니즘으로 인해 나타난 결과이다.

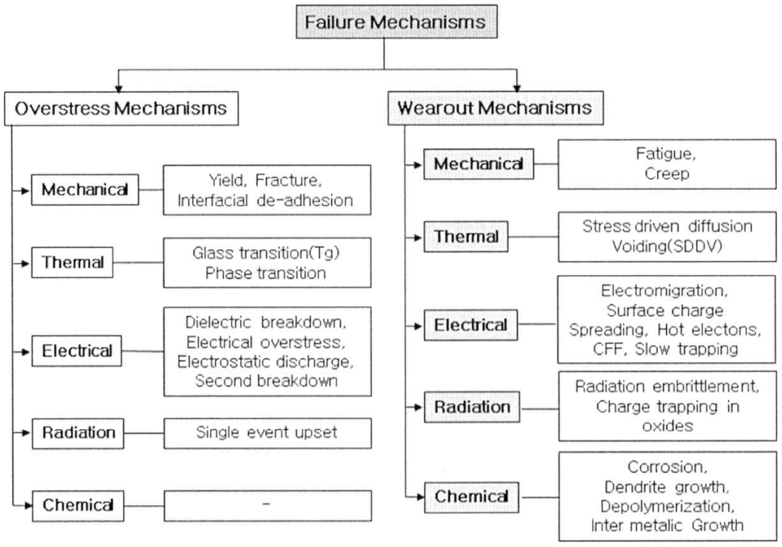

[그림 9.4] 고장 메커니즘 구분

9.2.1 마모고장 메커니즘

1) 피로(fatigue)

피로란 충분한 변동 사이클 이후에 완전한 파괴(fracture) 또는 균열(crack)에 이르는 것으로 몇몇 부분 혹은 한 부분에서 변동 응력과 변형을 일으키는 조건에 재료가 노출되어 일어나며, 국부적(localized)으로 영구적인 구조 변화의 진행(progressive) 과정을 보인다. 피로 과정은 균열 발생 → 균열 성장 → 최종 파괴로 발전된다.

[표 9.4] 피로고장 메커니즘과 고장모드

고장 메커니즘	고장모드(failure mode)	사용환경조건	발생하기 쉬운 부품, 재료
피로	파괴	반복, 충격	구조부품(금속, Plastic)
	마모	미동운동	미동운동, 회전부를 갖는 부품

기계부품 사용 중 파괴는 피로파손이 가장 많아 70% 이상을 차지한다고 한다. 피로파손은 반복 굽힘 하중, 반복 비틀림 하중 혹은 반복 인장 압축에 의한 것이 있는데 통상 반복 굽힘에 의한 것이 제일 많지만, 건설기계 부품에서는 반복 인장 압축에 의한 것도 의외로 많다.

(1) 피로파손의 메커니즘

금속재료는 다수의 아주 작은 결정의 집합체이다. 이것을 구성하는 각각의 결정립은 각각 독자의 방향성을 갖고 있다. 따라서 엄밀하게 말하면 균일체라고 생각할 수 없다.

이와 같은 다결정체인 금속은 외부로부터 하중이 가해지면 탄성한도 이하의 상태에서도 각각의 결정에는 부분적인 탄성한도를 초과하는 응력이 발생하여 영구변형을 일으킨다.

이 변형은 외력에 의해 생긴 전단응력에 취약한 방향으로 금속 원자가 미끄럼 운동을 일으키기 때문에 생기는 것이다. 이 미끄럼변형은 결정 중의 격자결함(전위, 공간 등)과 비금속 개재물 등의 존재에 의해 촉진된다.

이와 같이 결정입자에 slip band가 형성되는데 반복하중이 가해지는 경우 그 반복 부하의 초기에 slip band의 수는 적지만 부하가 다수 반복됨에 따라 slip band는 중첩되고 각각의 slip band의 결합에 의해 미시적인 균열이 형성된다. 일단 균열이 발생하면 이 미시적인 균열이 모여 가시적인 균열로 된다. 따라서 이 가시적인 균열은 부하의 반복에 따라 인장 응력에 직각 방향으로 확대되어 금속의 전단면 파괴로 발전된다.

(2) 피로과정

피로파괴는 통상 3개의 단계로 나뉘어 진행된다. 제1단계는 발생단계이다. 피로부의 극히 미세한 부분, 금속의 2~3개 결정립 내에서 반복 미끄럼이 발생하고 중첩되어 금속의 피로가 일어나는 단계이다.

이것은 균열의 발생은 아니므로 이 단계에서는 어느 정도 부하가 반복되었다 하여도 그 증거가 파면 상에 남아있는 것은 거의 없다. 이 기점부를 고배율로 관찰하여도 이 부분의 파면적 특징을 찾아내는 것은 극히 어렵다. 따라서 전에 설명한 바와 같이 기점은 전체의 비치마크 상황 등으로 추정하지 않으면 안 된다.

제2단계는 피로균열의 확대기이다. 균열의 확대에는 두 가지 형식이 있는데, 하나는 최대 인장응력에 직각 방향으로 확대하고자 하는 것과 또 다른 하나는 최대 전단 응력에 평행으로 확대하는 것이다. 이들의 피로균열이 확대되는 부분에는 비치마크가 만들어지면서 때로는 평활하지만 명확한 파면 모양을 형성하지 않는 것도 있다. 각각의 비치마크 부분을 더 고배율로 관찰하면 한 쌍의 휴식선 사이에 1,000~10,000개의 스트라이에이션(Striation)이라는 파면 모양을 볼 수 있다.

이 striation 모양은 피로 과정에 있어서 하나의 부하 사이클에 해당하지만 스트라이에이션이 피로부 전체에 인지되는 것은 아니다. 기점부 근방에서는 인지되지 않는 경우가 많고 또 파단 종착부에 가깝게 되면 본래 정적파손 부에서 딤플이 섞여 있기도 하다. 또 가끔 스트라이에이션 대신에 입계파면이 생긴다든지 입계파면상에 스트라이에이션이 나타나는 것도 있다.

제3단계는 피로의 진행에 따라 잔존한 단면이 부하에 견디지 못하고 최종적으로 정적 혹은 충격적으로 파괴하는 과정이다. 따라서 이 부분을 최종파손(Final Rupture)부라 하여 피로 부에 비해 외관적으로도 평활도가 낮아 육안으로 용이하게 구별할 수 있다. 이와 같은 최종파단부에서는 고배율로 관찰하면 dimple이 인지된다.

[그림 9.5] 고사이클과 저사이클 피로 파면

그림 9.5의 피로 파면은 언뜻 보면 비슷하게 보이지만 좌측 그림은 최종파단부(아래측)가 피로 부(상부)에 비해 작아 비교적 수명이 길었다고 판단된다. 그러나 우측 그림은 최종파단부(하부)가 크고 피로부(상부)가 적어 조기에 파손된 것으로 추정된다.

회전축의 경우 축의 외주에 예리한 노치(예를 들면 절삭의 툴 마크 등)가 있으면 노치에 의해 응력집중이 생기므로 노치가 없는 평활한 축에 비하여 현저히 수명이 저하되는 것으로 알려져 있다.

외주에 예리한 노치가 있는 경우 외주부부터 피로균열이 거의 동시에 발생하므로 일정한 기점을 특정할 수 없는 것이 많다. 또 최종 파손부는 축의 중심부에 생긴다. 따라서 회전축에서는 최종 파손부가 중심으로부터 어느 정도 벗어나 있는가는 외주의 노치의 유무, 즉 응력집중의 정도를 판단하는데 도움이 된다.

바꿔말하면 회전축의 피로파면에서는 파손에 이르기까지 부하의 반복 횟수와 응력의 크기가 최종 파손부의 크기와 위치(중심에 존재하는가? 아니면 끝단에 있는가?)를 결정한다.

굽힘부하를 받는 고정축에서 파손 기점은 통상 최대인장응력의 표면에서 생기지만 한쪽 방향의 진동 부하에서는 최종파손부는 기점의 반대측 대칭부에 생기고, 양측 방향 진동부하에서 파손기점은 상하 쪽에 생기며 최종 파손부는 중앙으로 된다.

회전축에서 최종파손부는 외주의 노치의 예리함, 즉 응력집중의 정도에 따라 응력집중이 클 때는 단면의 중심에, 응력집중이 없는 평활한 것에서는 외측에 생긴다. 그림 9.6은 굽힘을 받는 축을 대상으로 피로파면의 형태를 분류한 것이다.

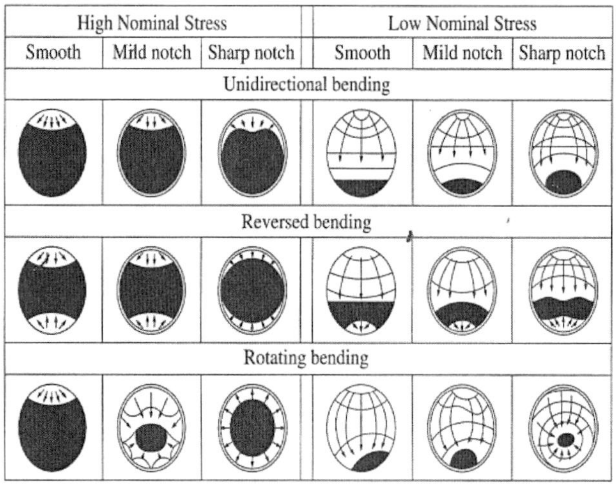

[그림 9.6] 굽힘에 의한 축의 피로 파면

회전축의 경우 기점과 최종 파손부의 관계 위치는 그림과 같이 회전 방향과 역방향으로 어긋나게 되는데 이를 Slewing이라 한다. (그림 9.7)

[그림 9.7] slewing

비틀림 파손에서 피로의 제1단계는 굽힘의 경우와 같이 표면에서 생긴다. 그러나 제2단계, 피로균열의 진행에 있어서는 2가지 형으로 나누어진다. 하나는 굽힘의 경우와 같이 최대 인장 응력에 대하여 수직 방향으로 진행한다. 이것을 인장파괴형이라 한다.

다른 하나는 최대전단응력 면에 평행하게 진행하는 것인데 이것을 전단파괴형이라 한다. 제3형으로서 복합형으로 나타나는 것도 있다.

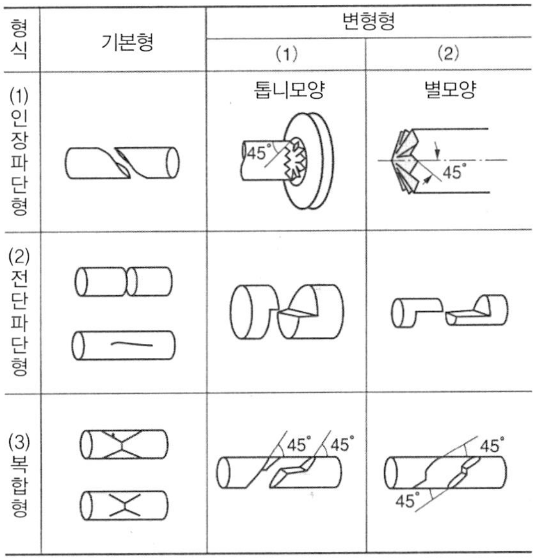

[그림 9.8] 비틀림에 의한 파괴 형상

또 인장형 비틀림 파면의 변형으로 톱니형과 별 모양 피로 파면 등이 있다.

(3) 부하 응력의 차이에 의한 매크로적 피로 파면 형태 예

파괴된 파면은 부하 응력의 종류, 크기와 방향, 사용재료의 강도, 사용환경 등에 따라 다르므로 복잡한 양상을 띤다. 파괴 원인을 정확하게 파악하고 재발 방지에 도움이 되기 위해서는 최종적으로는 미크로적으로 검토하는 것이 중요하다. 그러나 기기의 문제, 시간의 문제, 비용의 문제 등으로 매크로적으로 관찰하여 파괴원인을 대략 조사하는 것도 중요하다.

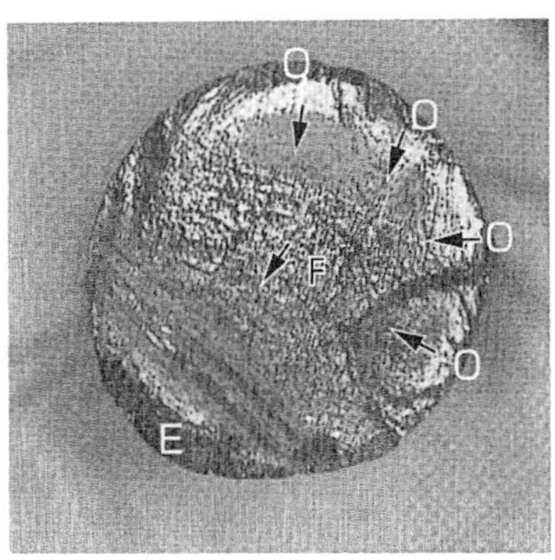

[그림 9.9] 모타 샤프트의 피로파면

그림 9.9는 모터 샤프트의 피로 단면인데 재료가 가진 강도 이상의 부하가 여러 가지 방향으로 작용한 경우이다. O로 표기된 부분부터 균열이 발생하여 F가 균열발전 영역, E가 최종 파단부, 화살표가 균열발전 방향이다.

파면을 보면 균열발전 속도가 비교적 빨랐을 것이라고 추정되는 것은 노치에 의한 발생기점부가 다수 보이고 균열진전 방향도 다르고, 피로 균열 발전영역의 표면상태도 많은 굴곡이 보이기 때문이다.

이와 같은 파면은 재료의 항복강도 이상 과대한 부하 응력이 작용했든지 최초부터 재료의 강도 부족이었을 것으로 추정된다.

따라서 대책으로는 응력집중부에 사용 부하 응력을 저하하여 사용하든지 저하가 불가능하면 인장강도 (피로한도)가 높은 재료로 변경하여 장수명화를 도모할 수 있다.

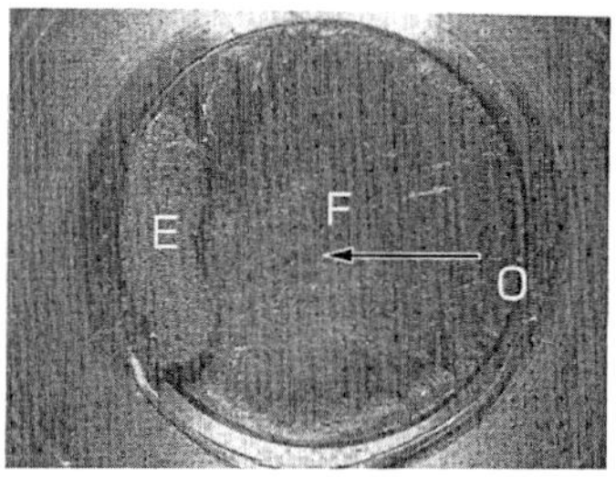

[그림 9.10] 체결 볼트의 파면

그림 9.10은 차량용 체결 볼트가 편 진동 굽힘응력에 의해 파괴된 경우의 피로 파면이다. 균열 발생 기점은 외주의 O 부에 순간적인 과대 응력에 따라 생긴 약간의 단차 모양이 보여진다. F가 피로 균열 발전 영역, E가 최종 파단면이며 화살표는 균열 진행 방향이다. 균열발전 영역은 비교적 평탄하고 최종 파단면의 면적 비는 비교적 크므로 변동적인 과대 응력이 시간에 따라 변화하면서 작용한 것으로 생각한다. 과대 응력 발생의 원인 및 사용재료의 열처리를 재검토하여 금속조직의 변경을 검토할 필요가 있다.

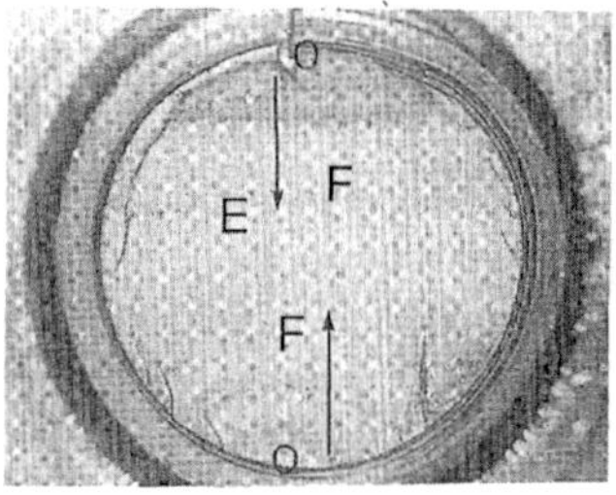

[그림 9.11] 샤프트의 피로파면

그림 9.11은 양쪽의 굽힘 응력에 따라 생긴 모터 샤프트의 피로 파면이다. O 부가 균열발생 기점, F가 균열진전 영역이며 최종 파단면의 면적은 비교적 작아 사용 부하 응력과 재료 강도의 검토보다 균열 발생원인 응력집중 부를 우선 개선할 필요가 있다.

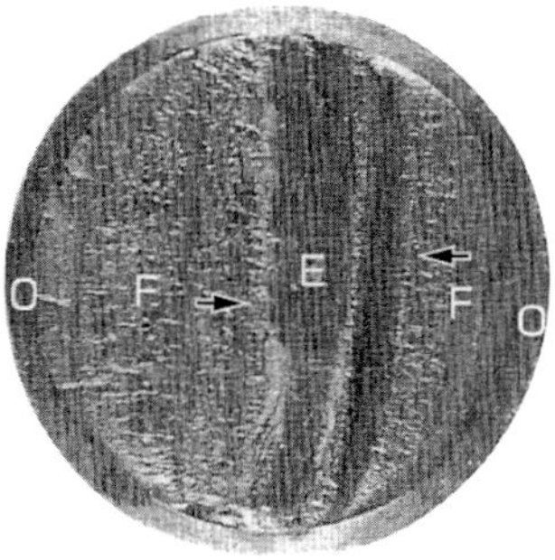

[그림 9.12] 핀의 피로 파면

그림 9.12는 위와 같은 양쪽 굽힘 응력에 의해 발생된 모터 샤프트의 피로 파면이며 표면부 단차 모양이 있는 O가 균열발생 기점, 비교적 거친 F가 균열진전 영역, 비교적 넓은 E가 최종파단면이다. 이와 같은 경우 노치부를 완화하는데 그치지 말고 재료의 인장강도 강화까지 검토할 필요가 있다고 생각된다.

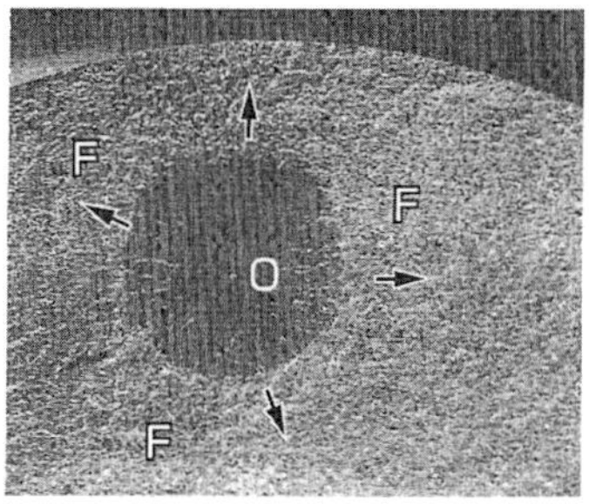

[그림 9.13] 표면경화재의 피로 파면

표면에서 전단응력에 의하여 균열이 발생한 위의 그림들과 달리 그림 9.13은 침탄 열처리에서 발생되는 Fisheye 형의 피로 파면이다. 원형의 흑점부가 균열 발생 기점인데 비금속 개제물 등에 의한 경우가 많다. 이와 같은 Fisheye형의 기점은 경화층 깊이 잔류응력분포, 부하응력의 크기에 따라 표면 부근에서 발생한다든지 보다 깊은 곳에서 발생한다.

2) 크리프(creep)

소재에 일정한 하중이 가해진 상태에서 시간의 경과에 따라 소재의 변형이 계속되는 현상으로 고무 같은 비금속 재료들은 크리프 현상이 발생하는데(특히 높은 온도에서) 오래된 집의 창 유리에서 위쪽보다 아래쪽이 더 두꺼운 것을 볼 수 있으며, 금속재료에서도 크리프 현상이 나타난다.

[표 9.5] 크리프 고장 메커니즘과 고장모드

고장 메커니즘	고장모드(failure mode)	사용환경조건	발생하기 쉬운 부품, 재료
creep	파손	온도+응력+시간	스프링, 구조부품

3) 마모(wear)

두 고체 재료가 서로 접촉하여 마찰할 때 발생하는 고장 메커니즘으로 마찰이 일어나면 열이 발생하여 온도가 상승한다. 온도 상승은 마찰속도에 다시 영향을 미쳐 마모에 영향을 주는데 이때 윤활, 냉각 등으로 마모의 진행속도를 감소시킬 수 있다. 현미경에 의한 마찰부의 검사는 어떠한 형의 마모가 일어나고 있는가를 확인하기 위해 이용된다. 이것은 마치 파면 사진이 파괴모드의 확인에 이용되는 것과 같은 수법이다. 다수의 마모모드가 있는데 다음과 같다.

(1) 피로 마모

피로 마모는 반복 접촉이 행해짐에 따라 금속의 표면 아래에서 피로하여 박리를 일으키는 현상이다. 최초의 피로를 일으키는 접촉면 아래의 전단응력은 표면에서는 작고 표면에서 조금 내부로 들어간 곳, 표면으로부터 0.78b (b는 접촉 타원의 반경)의 깊은 곳에서 최대가 된다. 즉 피로 마모의 기점은 여기에서 시작된다.

그러나 실제의 부품에서 접촉부는 약간의 미끄럼을 동반한다든지 재료결함, 혹은 표면 근방의 잔류응력에 영향을 받으므로 때로는 표면 혹은 더욱 표면에 가까운 곳, 또 어떤 때에는 더 깊은 곳으로부터 피로가 시작된다.

(a) 피팅(pitting)

피팅은 충식(벌레 먹음), 반점 마모 등으로 불리며 순수한 굴림접촉에서는 앞에서 설명한 바와 같이 최대 전단 응력이 가장 큰 곳에서 피로의 기점을 만들고 최대 전단 응력 면 (표면과 거의 45도 경사진다.)에 따라 균열이 진행하고 거꾸로 원추형의 피트를 만든다.

그러나 실제 부품에서는 접촉면에 미끄럼 운동이 생기므로 이 미끄럼 운동에 의해 최대전단응력이 발생하는 곳은 미끄럼 운동이 클수록 표면에 가깝게 된다. (그림 9.14) 통상 피팅은 부채모양으로 박리된다.

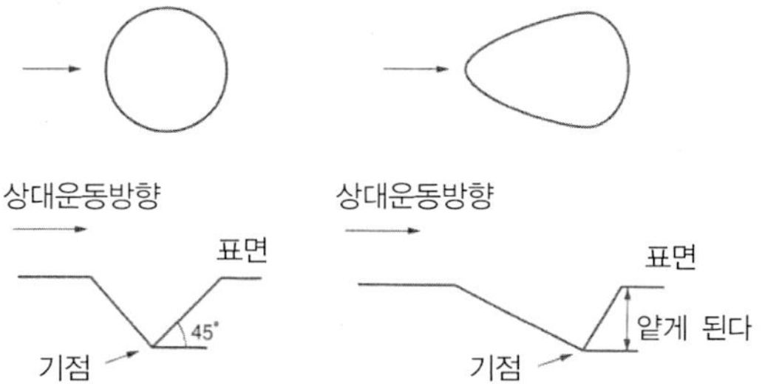

[그림 9.14] 피팅에 있어서 피트의 형태

기어의 맞물림에 있어서 구동 기어와 수동기어는 맞물림의 처음과 끝에서는 각각 그림 9.15와 같은 방향으로 미끄럼이 생긴다. 따라서 기어의 피팅은 피칭라인을 경계로 하여 대칭 형상으로 된다.

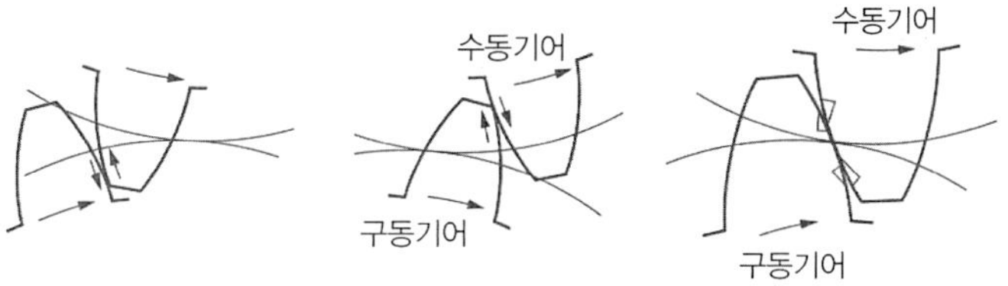

[그림 9.15] 기어피팅의 발생과 그 방향

(b) 스폴링(spalling)

스폴링은 표면 경화한 기어와 굴림베어링의 경화층과 중심부의 경계 혹은 표면 잔류 응력의 압축 응력 층과 인장 응력 층의 경계에서 전단이 발생하기 쉬우므로 피로에 따라 균열이 발생하고 이 균열이 표면과 평행으로 진전하여 그 결과 표면층이 박리될 때 생긴다. (그림 9.16)

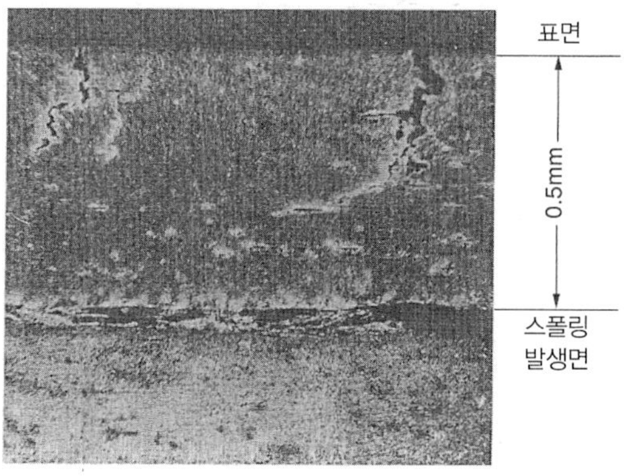

[그림 9.16] 스폴링의 횡단면

스폴링은 피팅과 달리 박리는 넓고 깊게 발생하며 밭의 고랑과 같이 보인다. 피팅도 스폴링도 굴림 접촉에 의한 피로 현상이라는 것은 동일하지만 그 특징을 비교하면 표 9.6과 같다.

[표 9.6] 피팅과 스폴링 비교

	피팅	스폴링
발생 개소	비교적 얕다	깊다
최대 크기	소	대
형상	부채꼴	도려낸 고랑모양
표면에 대한 피트각도	급각도	저부에서 바닥에 평행
발생시기	말기 발생	조기 발생

(2) 응착마모

응착마모(Adhesive Wear)는 금속표면의 건조 미끄럼 접촉 중에 일어난다. 예를 들면 냉간 압연 시 금속과 금속의 접촉부에서 일어난다. 이와 같은 미크로 접합은 상호 횡으로 이동함에 따라 한 면으로부터 다른 면으로 재료가 전이되어 표면이 거칠어지게 된다.

접합력이 큰 것에 비해 모체 금속이 상대적으로 약할 때는 모체 금속을 파고 들어가 금속의 전이량은 크게 된다.

한편 접합력이 비교적 약할 때는 접합부가 쉽게 분리되므로 금속의 전이는 경미하다. 이 타입은 그림 9.17과 같다. 상대금속이 표면에 응착되어 있는 것을 알 수 있다.

[그림 9.17] 응착마모 (강에 황동의 응착)

(3) 연삭마모

연삭마모(Abrasive Wear)는 접촉하는 각각의 면보다 경도가 높은 입자가 표면 사이에서 표면을 절삭한다든지, 파내는 것이다. 경도가 높은 입자(예를 들면 마모분)가 면 사이에서 마모를 일으킨다든지, 한쪽 면에 파묻혀 샌드페이퍼와 같이 작용한다.

4) 확산(diffusion)

컵에 물을 채우고 잉크를 한 방울 떨어뜨리면 수중 잉크의 농도가 균일해지는데 이와 같이 어떤 물질 중으로 다른 물질이 이동해서 균일화되는 현상을 확산이라고 하며 고체, 액체, 기체를 불문하고 확산 현상이 일어날 수 있다.

5) 부식(corrosion)

금속이 액체 용액 혹은 부식 환경에서 퇴보되는 현상으로 주위 환경과의 전기화학적 또는 화학적 반응 때문에 금속에 가해지는 파괴적인 공격에 의해 파손된다.

[표 9.7] 부식고장 메커니즘과 고장모드

고장 메커니즘	고장모드(failure mode)	사용환경조건	발생하기 쉬운 부품, 재료
틈새부식	단선	습도	틈새(접속자 등)
전해부식	저항치 증대	습도+직류전계	저항기, IC 등

응력 부식 균열에 대해서는 문헌에서 여러 가지 정의가 있으나 어느 것이든 그 메커니즘에 대해서는 두 가지 독립된 현상, 응력과 부식의 결합한 효과에 의한 것이다. 응력부식균열에 의한 금속의 파손은 다양한 환경에서 여러 가지 모습으로 나타나는데 그러면서도 그 진행은 예고도 없이 일어난다. 예를 들면 조립된 철도 차륜이 잔류응력과 부식의 환경에서 창고에 보관된 채 순간적으로 파괴되는 것이다. 일반적으로 부재의 국부적 부식은 부식공 또는 국부적 응력집중을 받는 표면결함으로부터 생긴다. 부식과 응력의 복합작용은 고 응력의 결함이 있는 곳에서 시작되어 균열이 확장된다.

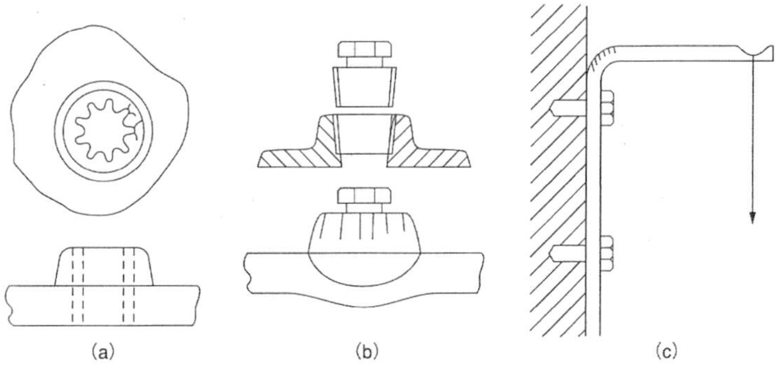

[그림 9.18] 응력부식 균열 사례

6) 마모 산화(Fretting corrosion)

접촉한 두 개의 금속체가 진동 등으로 상호 미세하게 미끄러질 때 그 접촉면에 산화를 동반하는 마모를 Fretting corrosion이라 한다. 이와 같은 마모 산화는 스플라인의 표면이 미소하게 진동할 때 생기기 쉽다.

맞물려 사용되고 있던 축을 제거하여 접촉면을 관찰하면 그림 9.19와 같은 갈색의 녹을 볼 수 있다. 이것을 코코아라 하는데 Fretting corrosion의 결과 접촉면에 생성된 산화철이다. 최근에는 정밀한 맞물림이 확대되고 있어 보다 높은 부하, 고속 회전축이 요구되고 있으므로 점점 이와 같은 Fretting corrosion이 발생될 가능성이 높다.

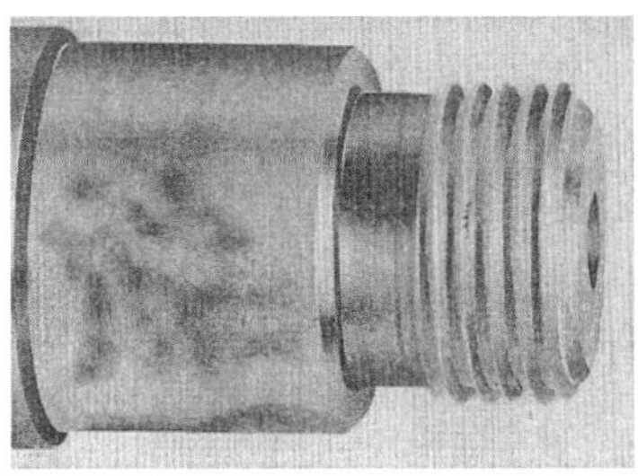

[그림 9.19] 오일팬 구동축 프레팅부식

7) 전기화학적 마이그레이션(electrochemical migration, ECM)

금속이 고온·고습 환경에서 전기의 영향에 의해 수지상(dendrite) 형태로 성장해서 단락에 이르는 현상을 전기화학적 마이그레이션 또는 이온 마이그레이션(ion migration)이라 부른다.

[표 9.8] ECM 고장 메커니즘과 고장모드

고장 메커니즘	고장모드(failure mode)	사용환경조건	발생하기 쉬운 부품, 재료
ECM	단락, 절연불량	습도+직류전계+할로겐이온	할로겐램프
	절연불량, 변질, 분해	온도(25~35)+습도(90% 이상)	Plastic 재료

8) 열화(degradation)

제품의 특성이나 성능이 제조공정, 운반, 보관, 사용환경 등 여러 인자로 인하여 서서히 성능이 저하되어 최후에는 파괴에 이르는 현상으로 열화 요인으로서는 재료, 사용조건, 환경조건, 사용 기간 등이 있다.

[표 9.9] 열화고장 메커니즘과 고장모드

고장 메커니즘	고장모드(failure mode)	사용환경조건	발생하기 쉬운 부품, 재료
열화	강도열화, 절연열화	온도+시간	Plastic재료, 피복수지

9.2.2 우발고장 메커니즘

1) 과도한 탄성변형

과도한 하중에 의한 변형으로 제품이 성능 저하를 일으키는 것으로 시간과 관련되지 않고 하중에 의해 발생한다.

2) 파괴(fracture)

고체가 응력을 받을 때 둘 또는 그 이상으로 분리 또는 쪼개지는 것으로, 파괴과정은 생성과 성장으로 나누고 연성 파괴와 취성 파괴로 나누어진다.

연성 파괴는 소성변형이 생긴 후에 일어나는 파괴이며 취성 파괴는 소성변형이 생기기 전에 일어나는 파괴로 정의할 수 있는데 소성(塑性)변형이란 탄성한도 이상의 힘으로 재료가 영구변형이 일어나 원상회복이 불가능하게 되는 현상을 말한다.

3) 항복(yield)

부품 또는 재료에 항복강도(yield strength, 소성 변형을 발생시키지 않고 재료에 가해질 수 있는 최대 응력의 정도)를 초과해서 스트레스가 인가되어 비가역적 소성변형을 일으키는 것이다.

4) 접착파괴

접합된 두 표면이 분리(원자, 분자, 이온의 인력에 의해)되는 현상으로, 이종 재료 간 접합 방법으로는 접착(adhesion), 용접 (welding), 리베팅(riveting) 등이 있다.

접착파괴에서의 우발고장은 외력이 항복점 이상으로 주어지는 경우 일어나며, 주로 응집파괴(cohesive failure, 접합부에서 접착제 자신이 파괴되는 현상)에 의한 파괴가 발생한다.

5) 트래킹

절연체의 표면을 따라서 전류가 흐르는 주울 열(Joule 열, 저항에 전류가 흐를 때 생기는 열)로 인해 절연체 일부가 성분 분해되는 동시에 미세한 불꽃이 발생하여 침식을 일으키는 현상이다.

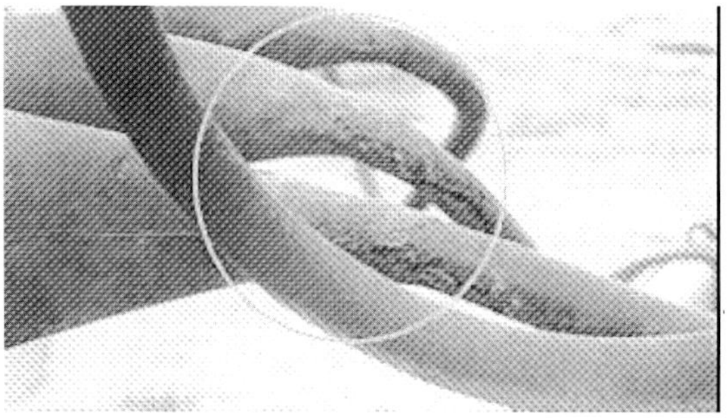

[그림 9.20] 배전선로 인입구의 트래킹 예

9.3 고장원인의 규명

고장의 원인은 초기, 우발, 마모고장기로 나누어 다음과 같이 설명할 수 있다.

9.3.1 초기고장기(Early Failure Period)

아이템의 수명주기 중 초기에 일어나며 설계나 제조상의 결함이 있으면 초기 고장률이 높게 되는데 주로 품질관리 불량에서 비롯되는 경우가 많다. 초기고장의 원인으로는

① 작업자의 실수

② 제조 및 조립 후 검사공정에서 누락

③ 부적합한 품질관리(재료의 결함 존재, 오염물, 자재 혼입 사용 등)

④ 충분하지 못한 디버깅 및 부적합한 스크리닝

⑤ 저장, 수송 및 설치 오류

⑥ 안전법규 위반(safety, EMC, RoHS) 등이 있다.

9.3.2 우발고장기(Random Failure Period)

아이템의 수명주기 중 중기에 일어나는데 설계나 제조상의 결함이 제거되면 품질 안정화가 이루어져 고장률은 일정한 상태로 유지된다. 우발고장의 원인으로는

① 부하경감(derating)의 누락

② 부하–강도 간섭에서 안전여유(safety margin) 부족

③ 잘못된 사용

④ 천재지변(낙뢰, 침수 등)에 의한 고장 등이 있다.

9.3.3 마모고장기(Wearout Failure Period)

아이템의 수명주기 중 말기에 일어나며 시간이 흐르면 재료나 부품은 열화되어 고장률이 증가한다. 마모고장의 원인으로는

① 에이징(aging)

② 마모, 피로(fatigue)

③ 부식, 균열, 열화, 확산

④ 보전 활동 및 수리 오류 등이 있다.

참고서적

(1) 서순근, Minitab 신뢰성분석, 이레테크, 2017

(2) 서순근, 김호근, 권혁무, 차명수, 윤원영, 신뢰성공학2판, 교보문고, 2015

(3) 송지호, 박준협, 기계계열신뢰성공학기초, 인터비젼, 2016

(4) 박동후, 임재학, 남경형, 정기문, 신뢰성 이론과 수명분포 응용, 자유아카데미, 2015

(5) Bernd Bertsche, 한국기계원신뢰성평가센터, 기계와자동차산업의신뢰성공학, 시그마프레스, 2016

(6) 金載周, 白在旭, 信賴性工學, 한국방송대학교출판부, 2001

(7) 塩見弘, 関哲朗, やさしい信頼性データ解析, 日科技連, 1998

(8) 日科技連, 信頼性データの解析, 日科技連, 1967

(9) 益田昭彦, 石田勉, 横川慎二, 信頼性データ解析, 日科技連, 2017

(10) CARE 研究会, 信頼性七つ道具, 日科技連, 2015

(11) 大村平, QC數學のはなし, 日科技連, 2011

(12) 大村平, 信頼性工學のはなし, 日科技連, 2014

(13) 服部龍義, 伊藤恭平, 斎藤善三郎, 市川国延, 機械系フィールドデータの信頼性解析に関する考察, 三菱重工技報 Vol.13 No.6 (1976-11).

(14) 坂倉貢司, 生産技術の本, 日刊工業新聞社, 2015

(15) 岡田貞夫, 林勝昭, 品質改善の本, 日刊工業新聞社, 2011

(16) 吉田亨, 破断面の見方, 日刊工業新聞社, 2010

(17) 藤木榮, 表面硬化処理鋼の疲労強度と破壊破断面の見方, 日刊工業新聞社, 2008

(18) 光藤義郎, TQMの考え方とその推進, 日科技連, 2014

(19) 佐佐木久臣, ものづくり組織能力, 日刊工業新聞社, 2008

(20) 長内厚, 榊原清則, アフターマーケット戰略, 白桃書房, 2014

(21) 坂根正弘, 限りないダントツ經營への挑戰, 日科技連, 2009

(22) 建設機械, 建設機械の長寿命, 耐久性, 信頼性, 建設機械, 2003.8

찾아보기

• ㅁ •

• ㅂ •

• ㅅ •

●○●

● ㅈ ●

• ㅎ •

• 숫자영문 •

저자약력

이민희 : 울산대학교 교수

- 인하대학교 졸업 / 공학석사
- (주)현대중공업 건설장비사업본부 상무 / R&D 부문장
- (주)현대중공업 건설장비사업본부 상무 / 고객지원, 부품사업, 전략제휴 담당
- (사)유공압건설기계학회 부회장
- (주)현대건설기계 상무 / 자문역(현)
- 울산대학교 대학원 건설기계공학과 겸임교수(현)
- (사)유공압건설기계학회 감사(현)

정가 27,000원

동력기계 신뢰성공학 실무

2018년 10월 15일 초판 인쇄
2018년 10월 22일 초판 발행
저　자 : 이민희
발행자 : 송　준
발행처 : 홍릉과학출판사
주　소 : 서울시 강북구 인수봉로 50길 10
01093
등　록 : 1976년 10월 21일 제5-66호
전　화 : (02) 999-2274~5, 903-7037
팩　스 : (02) 905-6729
e-mail: hongpub@hongpub.co.kr
http://www.hongpub.co.kr
ISBN: 979-11-5600-611-4

저자와의 협의하에 인지생략